Gender Mainstreaming

Alle anders - alle gleich

Frauen und Männer im Berufsfeld Polizei

von

Manfred Kloweit-Herrmann

Tectum Verlag
Marburg 2005

Der Originaltitel dieser Dissertation lautete:
Gender Mainstreaming
Eine Untersuchung zur Geschlechtergerechtigkeit in der Polizei Niedersachsen

Kloweit-Herrmann, Manfred:
Gender Mainstreaming: Alle anders - alle gleich.
Frauen und Männer im Berufsfeld Polizei.
/ von Manfred Kloweit-Herrmann
- Marburg : Tectum Verlag, 2005
Zugl.: Osnabrück, Univ. Diss. 2004
ISBN 978-3-8288-8805-0

© Tectum Verlag

Tectum Verlag
Marburg 2005

Meinen tapferen Schwestern Gisela und Irene gewidmet.

Inhaltsverzeichnis

Danksagungen

Eine große Anzahl von Menschen hat an meiner Arbeit Anteil genommen und mir in einer Vielzahl von Gesprächen und bei sonstigen Kontakten mit wertvollen Anregungen und kritischen Nachfragen inhaltlich weitergeholfen.

Herrn Prof. Dr. Carsten Klingemann (Universität Osnabrück, Fachbereich Sozialwissenschaften) danke ich sehr für die fruchtbaren Anstöße zur Verbindung von Theorie und Empirie. Besonders wohlgetan hat mir seine geduldige Begleitung, die mir großen Raum für eigene Entwicklungen ließ, in mir aber stets das aufmunternde Bewusstsein wach hielt, nicht allein unterwegs zu sein.

Ein ganz besonders riesiges Dankeschön geht an Herrn Martin Hüneke für seine Bereitschaft, mir neben inhaltlich bezogenen Hinweisen auch wertvolle „Tipps zu Stil und Form" zukommen zu lassen. In derselben Weise danke ich Frau Ulrike Heuer und Herrn Marcus Tovar für ihre „Werksichtungen mit spitzem Bleistift", um orthografischen und stilistischen Unzulänglichkeiten nachzuspüren.

Der Hilfsbereitschaft von Herrn Lothar Rottmann ist es zu verdanken, dass ich zunehmend effektiver in die Lage versetzt wurde, die Vorteile von PC und Internet nutzen zu können.

Besonders erfreulich waren die Begegnungen mit Polizeibeamtinnen und Polizeibeamten sowie weiteren hilfsbereiten Frauen und Männern.
Andreas Lepper, Annette Niermann, Angelika Schwersmann, Annita Kampe, Antje Kröger, Carola Liebold, Christian Berentzen, Christina Meyer, Ferdinande Waltemode, Gisela Dorn, Günter Krieger, Hannelore Bischoff, Heike Hoppe, Helga Büsing, Helmut Günther, Karin Grobleben, Katja Seidel, Klaus Hackmann, Marion Leutermann, Markus Brylaskowski, Melanie Gerhard, Melanie Wischmeyer, Miriam Vater, Rainer Kuhlmann, Rainer Reckers, Ramona Brylaskowski, Sabine Gora, Sabine Hanke, Sebastian Gregor, Siegfried Stahlberg, Stefan Schriever, Stefanie Meschkat, Sven Schillmüller, Thomas Frank, Thomas Wendt und Thorsten Menke danke ich für die Fachinformationen und besonders auch für das Wohlwollen, welches mir entgegengebracht wurde.

"Unsere Frauen sind bewusste und denkende Menschen
wie wir Männer. Dabei gibt es doch nichts zu befürchten."

Mustafa Kemal, genannt Ata Türk,
Gründer der Republik Türkei,
im Jahr 1923 zur Gleichstellung von Mann und Frau[*]

---

[*] Rill 1985, S. 98

Einleitung

Heutzutage, zu Beginn des 21. Jahrhunderts, wird niemand, der, das sei vorausgesetzt, innerhalb aufgeklärter abendländischer Denktradition steht, ernsthaft bezweifeln, dass jeder Mensch, gleichgültig ob Mann oder Frau, zunächst schlicht und einfach ein Mensch ist. Ein Mensch, der sich als Träger von Grundrechten unabhängig von seinem biologischen Geschlecht in allen Lebensbereichen nach eigenen Vorstellungen frei entfalten können soll.

Die herrschenden Verhältnisse sind jedoch anders. Männer und Frauen konnten sich und können sich auch heute weitgehend nicht in derselben Weise entwickeln und verwirklichen. Männer hatten und haben unter verschiedenen Aspekten weitaus bessere Möglichkeiten dazu als Frauen. Die Diskrepanz zwischen Anspruch und Lebenswirklichkeit ist seit Jahrhunderten bekannt und war zu allen Zeiten Gegenstand vielfältiger wissenschaftlicher Betrachtungen und politischer Zielsetzungen (vgl. S. 38 ff.).

Der griechische Philosoph Platon (427 – 347 v. Chr.), der sich insbesondere um das Aufzeigen mathematischer Zusammenhänge zwischen den Erfahrungen, welche über die Sinne gemacht werden und der Wirklichkeit bemühte, kam zu folgender Überlegung: *„Die Erfahrungswelt, wie sie uns die Sinne zeigen, ist nur ein schattenhafter Abglanz einer geistigen Wirklichkeit"* (Rapp 2002). Wir nehmen unsere Umwelt und das sich in ihr spiegelnde Geschehen, so die von Platon weitergegebene Erkenntnis, nicht als objektive Realität, sondern nach unseren eigenen, von uns selbst erzeugten Bedingungen wahr. Das, was wir über die „Gesichtssinne" erkennen, wird innerhalb der Denkmuster, denen die eigene Persönlichkeit (bisher) unterworfen war und ist, geprägt und als „Wahrheit" verstanden. Unsere Wahrnehmung entspricht also nicht dem realen Bild von Menschen männlichen oder weiblichen Geschlechtes, sondern einer von uns selbst erzeugten Konstruktion.

Anhand einer Metapher, wie sie im Rahmen einer Rundfunksendung (vgl. Eckholt 2001) über den Neokybernetiker Heinz von Foerster verwendet wurde, soll dies näher veranschaulicht werden.

Beim Nachdenken darüber, warum eine Angelegenheit nicht so durchgeführt werden konnte oder kann, wie es beabsichtigt war oder ist, wird schnell erkannt werden, dass „*etwas"* dagegen stand oder steht. Von Foerster nennt dieses „*Etwas,"* das den eigenen Zielen entgegen stand oder steht, einen „*Gegenstand."*

Mit Blick auf die Gleichstellung von Mann und Frau in unserer Gesellschaft wird schnell deutlich, dass dieses „*Etwas,"* welches wirklich praktizierter Gleichwertigkeit der Geschlechter entgegensteht, eindeutig männlicher Natur ist. Denn die Geschlechterverhältnisse sind (nicht nur) innerhalb unseres Kulturkreises zweifelsfrei im und durch das Patriarchat festgelegt worden. Im Prinzip versuch(t)en Männer immer, und das gilt für fast alle Kulturkreise, sich und ihre Interessen durchzusetzen. Die Gegebenheiten dieser Welt, so von Foerster, werden nicht einfach gesehen und abgebildet wie sie sind. Ihr Entstehen ist ein *„schöpferischer Akt des Menschen,"* ein arte fact, geschaffen von Menschen, die ein individuelles Interesse daran haben, ihre Sicht der Dinge als unumstößliche Wahrheit zu manifestieren.

Wir Menschen nehmen unsere Umwelt demzufolge so wahr, wie sie bei uns innerhalb eines „Wahrnehmungsapparates" systematisch verfestigend stabiles Verhalten bewirkt hat. „Nach einiger Zeit läuft ein [...] System in stabiles Verhalten. Wenn Sie [...] einen Taschenrechner haben, [...]. dann geben Sie [...] irgendeine Zahl ein und drücken Sie auf die Wurzeltaste. Dann drücken Sie wieder auf die Wurzeltaste, und so gehen Sie Wurzel für Wurzel runter, und Sie werden sehen, dass die Zahlen immer kleiner, immer kleiner werden, [...] immer mehr zu Eins gehen. [...] Nach ungefähr 10 oder 20 Tastendrücken sind Sie bei Eins angekommen. [...] Das ist ja auch verständlich, denn die Wurzel aus Eins ist Eins. Und diesen stabilen Wert [Wurzel aus Eins gleich Eins] [...] nennt man Eigenwert, der Eigenwert zum System [Wurzelziehen]. "

Der Eigenwert eines Menschen ist unabhängig von seinem Geschlecht als Frau oder Mann für jeden Menschen derselbe, nämlich schlicht und einfach Mensch. Entsprechend dem angeführten Beispiel aus der Mathematik bewegt sich innerhalb einer Analyse der sozialen Wertigkeit der Geschlechter „Mann" und „Frau" unser Wahrnehmungssystem im Endergebnis nicht zu diesen Gattungsbegriffen „Mann" oder „Frau", sondern zu dem Eigenwert „Mensch" hin. Der über die Sinne eingehende Wahrnehmungsreiz „Mann" bzw. „Frau" entspricht jedoch innerhalb der Gesellschaft bei weitem nicht dieser jedem Menschen eigenen Würde. Denn es ist nicht der Wahrnehmungsreiz „Mann" oder „Frau" an sich, sondern das System einer durch und durch von Männern gedachten und in die Welt gesetzten Sozialstruktur, welches dafür verantwortlich ist, dass in unserem sozialen Umfeld der Eigenwert „Mensch" für Männer signifikant positiv, für Frauen augenfällig negativ ausgeprägt ist.

Die in dieser Arbeit von mir analysierte Methode „Gender Mainstreaming"[1] setzt in der ausdrücklichen Betonung der Einheit „Mensch" für die beiden Geschlechter „Mann" und „Frau" an. Im Gegensatz zu bisher eher männerdominanten gesellschaftlichen Strukturen oder feministisch geprägten Überlegungen soll es durch die Einführung der Strategie Gender Mainstreaming keinerlei Bevorzugung, Benachteiligung oder sonstige Parteilichkeit Frauen oder Männern gegenüber geben. Gender Mainstreaming soll als Strategie zur Verwirklichung von Geschlechtergerechtigkeit dazu beitragen, innerhalb aller Lebensbereiche für Männer und Frauen dieselbe Wertigkeit zu gestalten und zu erhalten. Diese Zielsetzung impliziert zugleich den Tatbestand der ungleichen Wertigkeit von Frauen und Männern im derzeitigen Verhältnis der Geschlechter.

---

[1] Es wird stets die deutsche Schreibweise „Gender Mainstreaming" verwendet. Ausgenommen sind Zitationen der dann besonders gekennzeichneten Quellen.

Inhaltlich bezeichnet Gender Mainstreaming einen (noch) offenkundig wenig bekannten Gegenstand, welcher grundlagentheoretischer Erläuterungen, vielleicht auch einiger Ergänzungen bedarf. Daher erläutere ich zunächst Begriff, Inhalt und Entstehung von Gender Mainstreaming und gehe detailliert auf zur Zeit bestehende Ungleichheiten zwischen den Geschlechtern und ihre Ursachen ein. Meine im von mir ausgewählten Berufsfeld und Arbeitsbereich der Polizei Niedersachsen durchgeführten Untersuchungen berücksichtigen einerseits die gegenwärtige Situation, befassen sich aber auch eingehend mit der Entstehung der herrschenden Verhältnisse. Die darin enthaltene historische Übersicht zu Inhalt und Zustandekommen von „Genderrollen" und dem Aufzeigen verschiedener Inhalte zum Begriff von Geschlechtlichkeit sollen zur Vertiefung des Verständnisses über die Notwendigkeit von Gender Mainstreaming anregen. Insgesamt sollen die Darlegungen auch zur Erweiterung des Wissens über Schwierigkeiten bei der Verwirklichung, aber auch über praxisrelevante Möglichkeiten zur Umsetzung dieser Strategie nützlich sein.

Die Fragestellung, der ich nachgehe, befasst sich daher intensiv mit den der Gleichstellungsstrategie Gender Mainstreaming immanenten Chancen zur Herstellung von wirklicher Geschlechtergerechtigkeit. Die Arbeit soll Aufschluss darüber geben, ob es überhaupt möglich ist, mit der Strategie Gender Mainstreaming, die ausdrücklich männliche und weibliche Sichtweisen als einander gleichwertig behandelt, zu einer geschlechtergerechteren Lebenswelt als der bisherigen beizutragen.

Der Ausgangspunkt meiner Untersuchung liegt in der Klärung der Frage, inwieweit männlich geprägte Strukturen und Denkweisen im Vergleich zu weiblichen Lebensanschauungen und Überzeugungen die Grundlagen im Berufsfeld Polizei und darüber hinaus auch in der gesamten Gesellschaft beeinflusst haben. Daher steht die Entwicklung dieser maskulin geprägten Lebenswelt am Beginn meiner Darlegungen. Untersucht wird, wie die eher männerfreundlich strukturierten bisherigen Lebenswelten legitimiert werden, mit *„der nicht weiter hinterfragbaren Gewißheit einer naturhaft unterschiedlichen Ausstattung"* von Mann und Frau, *„die sowohl rechtliche Unterordnung und diverse Beschränkungen von Frauen begründen konnte"* (Rendtorff/Moser 1999, S. 10).

Es wird weiter danach gefragt, inwieweit dies noch immer und aus welchen Gründen es dann, wenn es zutrifft, so ist. Die Arbeit konzentriert sich dann auf die Frage, wie die Abläufe innerhalb der Gesellschaft, aber auch konkret in der Organisation Polizei Niedersachsen, bereits wahrnehmbar auf Gender Mainstreaming ausgerichtet sind bzw. ob und wie dies möglich gemacht werden kann. Die Ausführungen zu Gender Mainstreaming selbst und zu den damit verknüpften rechtlichen Grundlagen nehmen, da eigentlicher Untersuchungsgegenstand, breiten Raum ein. Die anschließenden detaillierten Erörterungen konkreter Sachlagen lassen praxisrelevante Impulse für die Entwicklung einer „neuen

Polizeikultur", wie sie in der aktuell stattfindenden Diskussion und Suche nach einem „Leitbild für die Polizei"[2] gefordert wird, erwarten.

Ausgangslage war der Umstand, dass die Polizei in Deutschland, in dieser Betrachtung exemplarisch durch die Polizei Niedersachsen dargestellt, aus ihrer Tradition und dem darin entwickelten Selbstbild ein reiner Männerberuf gewesen ist, vielleicht auch heute noch als ein solcher verstanden wird. Ich konnte Erkenntnisse darüber gewinnen, wie Frauen und Männer den Übergang von einem reinen Männerberuf in einen solchen für Männer und Frauen erfahren und mitgeformt haben, auch heute noch erleben und mitgestalten. Auf diesbezügliche Einzelheiten wird im Laufe meiner Darlegungen noch detailliert eingegangen. Daher sei an dieser Stelle lediglich ein kurzer Hinweis erlaubt.

Meine in den Interviews gewonnenen substantiellen Erkenntnisse darüber, inwieweit Frauen in der Polizei im Vergleich zu Männern bereits tatsächlich gleichgestellt sind, machen deutlich, dass der Innovationsgrad in der Institution Polizei auch nach zwei Jahrzehnten Berufszugang für Frauen noch nicht abgeklungen ist. Auch Franzke hat dies in ihrer Untersuchung als Mangel festgestellt und, allerdings ohne die Strategie Gender Mainstreaming konkret zu benennen, die Herstellung von Geschlechtergerechtigkeit in der deutschen Polizei angemahnt (vgl. Franzke 1997, S. 8). Schwierigkeiten, wie sie allgemein vor Eintritt von Frauen in den Polizeivollzugsdienst vermutet wurden und auch heute noch in Dienstbereichen, in denen Frauen bisher kaum oder sogar noch gar nicht eingetroffen sind, befürchtet werden, sind bei weitem nicht in dem erwarteten Umfang aufgetreten bzw. zu erwarten. Meine Analyse der von mir erhobenen Daten ebnet daher auch den Zugang zur Beseitigung von Mängeln, die in der Institution Polizei selbst vorhanden sind.

Breiten Raum nimmt die Überprüfung ein, inwieweit subjektiv in Männerköpfen verfestigte Weltbilder der Verwirklichung von Gender Mainstreaming hinderlich sein könnten. Das Berufsfeld Polizei wurde nämlich bis zur Aufnahme von Frauen in diesen Beruf und auch darüber hinaus maßgeblich durch Männer geprägt, die damit nicht nur ihre eigene, lediglich sie selbst betreffende Kultur geschaffen haben. Diese männliche Arbeits- und Organisationskultur umfasst immer auch die in ihr tätigen Frauen und tradiert deutlich die herrschende Geschlechterordnung (vgl. Höyng/Puchert 1998, S. 255 ff). In der Fachliteratur (u. a. Behr 2000, S. 64 ff., Franzke 1997, S 71 ff.) wird daher verstärkt der Blick auf die Wirkung männlicher Handlungsmuster als männliche Polizeikultur oder auch Kultur in der Polizei gelenkt. Als besonders interessanter Untersuchungsgegenstand hat sich mir daher auch die Fragestellung nach offenkundig vorhandenen, aber noch nicht erfassten weiblichen Handlungsmustern als weibliche Polizeikultur oder auch Kultur in der Polizei aufgedrängt. Frauen haben nämlich, darauf kann bereits an dieser Stelle hingewiesen werden,

---

[2] Die Fachtagung Empirische Polizeiforschung II vom 6. bis 8. Juli 2000 an der Fachhochschule der Polizei Sachsen-Anhalt in Rübeland, an der ich teilgenommen habe, stand zum Beispiel unter dem Thema „Leitbild der Polizei".

ihren Platz in der Polizei nicht so besetzt, wie Männer sich das gewünscht haben oder heute noch erwarten, sondern ganz selbstverständlich nach eigenen Intentionen ausgefüllt. Die von Müller-Franke aufgeworfene Frage, ob Frauen in der Polizei lediglich die Funktion eines Maskottchens innehätten oder wirklich gleichberechtigte Partnerinnen der Polizeibeamten seien (vgl. Müller-Franke 1996, S. 38 ff.), hat der Diskussion über männliche und weibliche Lebenswelten wertvolle Impulse geliefert.

Anhand meiner hier vorgestellten explorativen Studie habe ich mich darum bemüht, empirische Erkenntnisse darüber zu gewinnen, in welchem Maße der Anspruch aus Verfassungs- und Gesetzeslage auf Gleich**berechtigung** von Mann und Frau bereits zu einer Gleich**stellung** geführt hat. Die in dieser Untersuchung zur Umsetzung von Gender Mainstreaming deutlich werdenden, geschlechterspezifischen Probleme sind aber nicht nur polizeiintern zu sehen, sondern gesamtgesellschaftlich vorhanden.

Die Arbeit soll gleichzeitig einen Beitrag zur geschlechtsspezifischen Polizeiforschung liefern, die *„hierzulande in den Anfängen liegt und der angelsächsischen Forschung um etwa zwanzig Jahre hinterher hinkt"* (Herrnkind 1999, S. 11 ff.).

Arbeitsweise und Forschungsmethoden

Soziale Wirklichkeit wird innerhalb einer sich gegenseitig beeinflussenden Evolution zwischen Systemen, Organisationen und Institutionen einerseits sowie den sich in ihnen befindlichen und wirkenden Individuen geformt. Es ist daher sinnvoll, den Akteuren die Möglichkeit zu eröffnen, das in ihrer persönlichen Lebenswelt erworbene Erfahrungswissen so exakt wie möglich darzustellen. Die aus den Darlegungen der von mir befragten Polizeibeamtinnen und Polizeibeamten erkennbaren praxisrelevanten Fakten können dann als Basis für adäquate Maßnahmen innerhalb der Organisation „Polizei Niedersachsen" genutzt werden.

Um das innerhalb meines Forschungsvorhabens zu analysierende, real im Berufsalltag Polizei vorhandene soziologische Feld zu erschließen, bedurfte es konkreter Fakten. Es war nicht zu erwarten, dass die mir in den Interviews schriftlich, insbesondere aber mündlich gemachten Aussagen von vornherein mit meinem Forschungsinteresse übereinstimmen. Zur Ermittlung signifikanter Erkenntnisse wurden daher zunächst mir geeignet erscheinende Fragestellungen entworfen und dann evaluierend angewendet[3]. Die Ergebnisse wurden dann

---

[3] Die in den schriftlichen Interviews verwendeten Fragebögen und der Leitfaden meiner mündlichen Befragungen sind als Anlage 1 und 2 beigefügt.

themenzentriert geordnet und systematisiert, um eine wissenschaftlich korrekte Aussage zu dem Gender Mainstreaming betreffenden Zustand innerhalb der Polizei und auch der Gesellschaft machen zu können.

Mit besonderem Interesse habe ich mich dabei der Frage gewidmet, inwieweit die gewonnenen Erkenntnisse als individuelle Einstellung zu Gender Mainstreaming im Sinne eines bereits oder noch nicht vorhandenen Bewusstseins oder als Indikator für schon vorhandene oder erst zu realisierende Maßnahmen innerhalb der Organisation Polizei zu werten sind.

Wobei aber weiterhin zu berücksichtigen ist, dass die innerhalb eines Forschungsprozesses gewonnenen Erkenntnisse keinen Wahrheitsanspruch für sich geltend machen können. Es sind stets die in jeder Frage und Aussage enthaltenen und deutlich werdenden individuellen Anschauungen zu dem alles durchdringenden und überlagernden Untersuchungsgegenstand „Geschlecht" zu beachten. *„Das 'Ich' ist niemals nur ein Mann oder eine Frau; immer ist es eine besondere Frau oder ein besonderer Mann. Geschlecht ist [...] niemals eine einfache Positionierung auf der einen oder der anderen Seite der Trennlinie von männlich/weiblich"* (Cockburn/Ormrod 1997, S. 24).

Ergänzend soll noch kurz auf das allen Interaktionen zwischen Interviewer und Befragten anhaftende Problem des Fremdverstehens eingegangen werden. Es kann nie gänzlich ausgeschlossen werden, dass sowohl innerhalb des Fragenkomplexes als auch bei der Auswertung Verständnisprobleme auftreten, erkannt oder auch nicht erkannt werden. Der *„interpretative Nachvollzug"* von Fragen und Äußerungen ist an das jeweils vorhandene oder auch nichtvorhandene Vorverständnis gebunden. *„Diese Einsicht gehört auch zum untrennbaren Bestandteil des hermeneutischen Zirkels, nach dem wir die Teile einer Äußerung nur richtig verstehen, wenn wir die Sinnganzheit der Äußerung an die Teile herantragen. Und umgekehrt gilt, dass die Sinnganzheit einer Äußerung nur durch seine Teile erschließbar ist"* (Hans Asmus auf der Fachtagung Empirische Polizeiforschung III)[4]. Verstärkt wird das Ganze noch dadurch, dass bei objektiver Betrachtung einer Interviewsituation, so wie sie konkret stattfindet, deutlich erkennbar wird, dass Text und Kontext aller Fragen und Antworten in diesem Augenblick vom Forscher und Interviewten selbst erzeugt werden. Es kann also gefragt werden, ob das Alltagshandeln des Probanden richtig nachgefragt und von diesem realitätsgetreu dargestellt wurde oder ob das Ganze eher dokumentiert, wie ein Forscher ein Interview führt und wie die Testperson einem Wissenschaftler gegenüber antwortet. *„Die Objektivität leidet dadurch, dass in der konkreten Befragung sehr schnell eine Subjekt-Subjekt-Beziehung entsteht"* (Manfred Bornewasser auf der Fachtagung Empirische Polizeiforschung III).

---

[4] Die Fachtagung Empirische Polizeiforschung III vom 5. bis 7. Juli 2001 an der Fachhochschule der Polizei Mecklenburg-Vorpommern in Güstrow, an der ich teilgenommen habe, stand unter dem Thema „Ansätze zur Konzeption und Evaluation polizeilicher Arbeit."

Empirische Polizeiforschung, die seit ca. 30 Jahren in Deutschland existiert, wurde bisher überwiegend quantitativ betrieben Die quantitative Sozialforschung orientiert sich am Modell der Überprüfung von Hypothesen, wie es aus den Naturwissenschaften bekannt ist. Zu Gunsten der Reproduzierbarkeit von Erhebungen und ihrer Auswertungen wird auf Kosten individueller Aussagen der Probanden weitgehend standardisiert und methodisch vorkonstruiert. Dadurch wird die kommunikative und handlungsförmige Selbstdarstellung der Testpersonen weitgehend beschnitten (Asmus, Bornewasser und andere auf der Fachtagung Empirische Polizeiforschung III).

Das Forschungsfeld der gesellschaftlichen Wirklichkeit, in welchem sich sozialwissenschaftliche Untersuchungen bewegen, ist jedoch keinesfalls Standardisierungen und methodischen Konstruktionen unterworfen. Ihre Eigentümlichkeit liegt in der Formung, dem Bilden und Zusammenstellen von Sinnzusammenhängen. Auf der Basis von Bedeutungen erfolgen soziale Interaktionen, die ihrerseits zwischen den Akteuren situationsbezogen *„ausgehandelt"* werden. *„Das Alltagshandeln ist durch sinnhafte Konstruktionen der Akteure gekennzeichnet, die durch Regeln generiert sich als Typisierungen, Wissen, Handlungsentwürfe usf. niederschlagen"*, wie Asmus auf der Fachtagung Empirische Polizeiforschung III unter Hinweis auf Berger/Luckmann 1969 näher ausführte. Die Lebenspraxis der Menschen wird durch diese so entstandenen Denk- und Handlungsmuster bestimmt. Daher ist es (auch unter dem Aspekt der Praxisrelevanz) zweckmäßig, sich qualitativ forschend dem Verständnis dieser Sinnstrukturen zu nähern.

Ab Mitte der 80er Jahre ist, so eines der wesentlichen Erkenntnisse der Fachtagung Empirische Polizeiforschung III, eine deutliche Zunahme von Forschungen, die sich der Rekonstruktion von Sinnstrukturen und Handlungslogiken sowie der Konstruktion von Typen sozialer Wirklichkeit verpflichtet hatten, zu verzeichnen. Bettina Franzke beklagt dennoch das Fehlen von *„Untersuchungen über die Zusammenhänge oder die Qualität der Erfahrungen, die Frauen im Polizeidienst machen"* und fordert, um diese herauszufinden, einen *„qualitativen Untersuchungsansatz"* innerhalb der Polizeiforschung (vgl. Franzke 1997, S. 58)[5].

Qualitative Forschungsergebnisse geben Aufschluss über die Gründe der Antworten, daher wird von mir Wert auf exakt zitierte Wiedergabe der Antworten und Aussagen gelegt. Nur so kann der Versuch gewagt werden, die Darlegung mit Blick auf die beim Probanden vorstrukturierte Sinnkonstruktion möglichst objektiv zu verstehen und darzustellen. Stilistische und orthografische Un-

---

[5] Die Untersuchungen, die Bettina Franzke als Grundlage ihres Beitrages zur geschlechtsspezifischen Polizeiforschung „Was Polizisten über Polizistinnen denken" nutzte, beziehen sich auf fünf narrativ durchgeführte Interviews mit Polizeibeamten, die nach vorher festgelegten Gesichtspunkten (Laufbahn, Lebensalter, Leitungsfunktionsstufe, Größe des Dienstortes) ausgewählt wurden. Es handelte sich um keine Zufallsstichprobe (Franzke, 1997, S. 102 ff.).

sicherheiten werden nur dann korrigiert, wenn dies für die Lesbarkeit und das Verständnis erforderlich ist. Es wird dann jeweils entsprechend darauf hingewiesen.

Hilfreich für meine Untersuchung war das Konzept der Ordnung der Diskurse nach Michel Foucault, wie es von Gertraud Benke kurz vorgestellt wurde (vgl. Benke, Gertraud 2000, S. 140 ff.). Dieses Modell geht davon aus, dass innerhalb einer Gesellschaft eine Vielzahl von Diskursen, die zu einem bestimmten Zeitpunkt in einer bestimmten hierarchischen Ordnung stehen, existieren. Der „höhere" Diskurs ist dann derjenige, der öfter auftritt, mehr präsent ist und damit den öffentlichen Diskurs über eine Sache dominiert. Es war daher von mir zu analysieren, inwieweit der Umsetzung der Strategie „Gender Mainstreaming" ein anderen Gleichstellungsbemühungen (z. B. Quotierung, Normierung, autonome Praxis) übergeordneter Platz einzuräumen ist.

Wie bei jedem, der sich wissenschaftlich arbeitend bemüht, Wirklichkeit möglichst nahekommend zu erfassen und praxisrelevante Erkenntnisse zu gewinnen, hatte auch ich mich damit auseinander zu setzen, ob ich eher quantitativ oder qualitativ untersuchend voranschreiten sollte. Mein Interesse liegt nicht so sehr an einer Bewertung unterschiedlicher Forschungsmethoden, die zweifellos je nach Forschungsziel und Erkenntnisinteresse ihre jeweils eigene hoch anzusetzende Nützlichkeit und Brauchbarkeit besitzen. Daher folge ich der mir vielfach begegneten Empfehlung, einen „Methodenmix" anzuwenden. Grundlage für diese Vorgehensweise sind zunächst entsprechende Erkenntnisse aus neuerer Literatur (vgl. Kelle/Erzberger 1999, Lamnek 2000), insbesondere aber die wesentlichen Arbeitsergebnisse der bereits genannten Fachtagung Empirische Polizeiforschung III, nach denen soziale Realität nur in einer Verbindung zwischen quantitativer und qualitativer Forschung angemessen erkannt werden kann.

Innerhalb meiner Feldforschung zu dieser Arbeit musste ich mir zwei in meiner Person liegende Faktoren bewusst machen und mich entsprechend den damit verbundenen, berufserfahrenen Prägungen verhalten.

Ich war und bin „polizeibekannt". Meine Lebensarbeitszeit von mehr als 41 Jahren in der Polizei öffnete mir jeden gewünschten Zugang in die Polizeidienststellen, in denen ich meine Untersuchungen durchführen wollte. Darüber hinaus bin ich in Bezug auf mein wissenschaftliches Arbeitsthema „Gender Mainstreaming" Zeitzeuge des Wandels innerhalb der Polizei von einem reinen Männerberuf zu einem Beruf für Frauen und Männer, also „voreingenommen." Denn es unterliegt keinem Zweifel, dass meine Denkstrukturen polizeilich vorgeprägt sind, was die Gefahr in sich birgt, nicht die gebotene wissenschaftliche Distanz zu wahren. Mich selbst beobachtend, habe ich daher darauf geachtet, meine polizeilich geprägte Innensicht zu verlassen und die forschungsmäßig erwünschte und auch notwendige Außensicht einzunehmen.

Exemplarisch für die gesamte Polizei in Deutschland wurde von mir die geschlechtsspezifische Situation von Polizeibeamtinnen und Polizeibeamten des

Landes Niedersachsen untersucht. Zur Erhebung der empirischen Daten innerhalb dieses Berufsfeldes habe ich meine vorhandenen guten Verbindungen gezielt und auch spontan zur Herstellung von Kontakten genutzt. Am 24. Oktober 2000 stellte ich mein Promotionsvorhaben und die von mir beabsichtigte Vorgehensweise in Hannover im Niedersächsischen Ministerium des Innern vor. Mir wurde umfassende Unterstützung mit der Maßgabe, mich in Einzelfragen mit den jeweiligen Polizeidienststellen direkt in Verbindung zu setzen, zugesagt. Innerhalb des Zeitraumes von November 2001 bis März 2003 habe ich dann Kontakte mit den Polizeieinrichtungen Niedersächsische Fachhochschule für Verwaltung und Rechtspflege/Abteilung Polizei, Bildungsinstitut der Polizei Niedersachsen und der Bereitschaftspolizei Niedersachsen sowie der Polizeibehörde Bezirksregierung Weser-Ems aufgenommen. Daraus ergaben sich Fragebogenaktionen in Hildesheim und Bad Iburg sowie Einzelinterviews in Bad Iburg, Melle, Osnabrück und Oldenburg. Bis auf zwei Fälle, in denen die Interviews im privaten Umfeld erfolgten, wurden die Probanten innerhalb ihres dienstlichen Umfeldes aufgesucht.

Es wurde von mir Wert darauf gelegt, freiwillige Mitwirkung zu erreichen. Die Fragebögen wurden innerhalb einer dienstlichen Veranstaltung, in deren Mittelpunkt ein von mir gehaltener Vortrag über Gender Mainstreaming stand, ausgefüllt. Hinsichtlich der Teilnahme am Vortrag gab es daher, da es eine dienstliche Fortbildungsveranstaltung war, keine Probleme. An den Vortrag schloss sich ein von mir initiiertes Gespräch unter den Teilnehmerinnen und Teilnehmern über Geschlechterproblematiken innerhalb der Polizei Niedersachsen an. Darin enthaltene Statements wurden von mir mittels Tonband aufgezeichnet und in die Auswertung einbezogen. Das Bearbeiten der Fragen erfolgte vor dem Vortrag innerhalb des Plenums. Es haben sich alle Teilnehmerinnen und Teilnehmern daran beteiligt, insgesamt waren es 172 Polizeibeamtinnen und Polizeibeamte im Alter zwischen 21 und 55 Jahren. In fünf Fällen wurde keine Altersangabe gemacht bzw. auch ausdrücklich verweigert. Einige der ausgeteilten Bögen, die ich aber zahlenmäßig nicht erfasst habe, wurden nicht an mich zurückgegeben. Fragebogenaktionen erfolgten in Studienjahrgängen der Niedersächsischen Fachhochschule für Verwaltung und Polizei Hildesheim, in Qualifikationslehrgängen des Bildungsinstitutes der Polizei Niedersachsen Bad Iburg und bei Tagungen von Führungskräften der Polizei in Bad Iburg.
Die Ergebnisse der kollektiven Befragung wurden von mir als Basis für die danach von mir durchgeführten leitfadengestützten Einzelinterviews genutzt. Darüber hinaus mir die in den schriftlichen Befragungen gewonnenen empirischen Erkenntnisse hinsichtlich ihrer prozentualen Häufigkeit auch zur hermeneutischen Interpretation dienlich.
Die Bereitschaft zu Einzelinterviews, die von mir mit einem Tonband aufgezeichnet wurden, war jedoch nicht so problemlos zu erhalten. Zunächst habe ich versucht, Mitwirkung an meiner Untersuchung über einen entsprechenden Aufruf in den Zeitschriften der drei in der Polizei Niedersachsen vertretenen

Gewerkschaften anzuwerben. Das Ergebnis war niederschmetternd. Nur eine Berufsvertretung hat den Aufruf veröffentlicht, lediglich eine Polizeibeamtin hat sich überhaupt gemeldet. Daraufhin habe ich mich im Sinne des *„snow-ball-sampling"* bemüht, durch Realkontakt Interviewpartnerinnen und –partner zu gewinnen. Dazu habe ich möglichst viele Polizeibeamtinnen und Polizeibeamte, die mir bei meinen Aufenthalten auf Dienststellen und auch in der Stadt Osnabrück innerhalb ihres Dienstes zufällig begegneten, persönlich angesprochen und für ein Interview zu werben versucht. Aus etwa 100 Kontaktaufnahmen ergaben sich insgesamt 28 Interviews, zufällig waren es exakt 14 Polizeibeamtinnen und 14 Polizeibeamte im Alter zwischen 22 und 56 Jahren. Als Grund für die überwiegende Negativhaltung meinem Ersuchen gegenüber vermute ich in einigen Fällen schlichte Mikrofonangst, in der überwiegenden Zahl aber auch eine Scheu davor, sich einem Kollegen, auch wenn er sich bereits im Ruhestand befindet, mit persönlichen Sichtweisen zu öffnen. In zwei Fällen wurde ein zugesagter Termin nicht eingehalten, eine Erklärung dazu blieb aus.

Vor der Auswertung wurden alle Tonbandaufzeichnung transkribiert und anschließend anonymisiert.

Die in den schriftlichen Interviews verwendeten Fragebögen und der Leitfaden meiner mündlichen Befragungen sind als Anlage 1 und 2 beigefügt. Erfragt wurden persönliche Sichtweisen und Erfahrungen hinsichtlich des Zusammenwirkens von Männern und Frauen, wie sie aus individuell erlebter Berufs- und Lebenswelt hervor gegangen sind. Denn das, was im Alltag erfahren wird, festigt einerseits tradierte Gewohnheiten, andererseits können aufkommende neue Denkweisen wie Gender Mainstreaming aber auch den Alltag verändern.

Die Auswertung des empirischen Materiales aus den insgesamt 200 vorliegenden Antworten erfolgte mit Blick auf die jeweils im Mittelpunkt stehende Fragestellung. Da die Fragen nicht überall in derselben Form erfolgten, einige auch nicht beantwortet wurden, unklar blieben oder nicht eindeutig zuzuordnen waren, wurde die Population 200 innerhalb der Einzelkomplexe nicht überall erreicht. Es wurde jeweils eine diesbezügliche neue Grundgesamtheit gebildet. Die sich daraus ergebenden Erkenntnisse wurden prozentual zusammengefasst, einige für die jeweilige Gruppe typische Aussagen als Zitat angefügt.

Begriff, Inhalt und Zielsetzung von Gender Mainstreaming

Das gesamte System Gender Mainstreaming, welches zweifellos als Überschreiten einer Kulturschwelle eingeordnet werden muss, ist erklärungsbedürftig. Der Begriff an sich ist auch in sozialwissenschaftlichen und politischen Fachkreisen im Wesentlichen nur denjenigen, die sich intensiv mit gesellschaftsbezogenen Fragen auseinandersetzen, bekannt. Sogar innerhalb des politischen Verantwortungsbereiches bestehen offensichtlich Unklarheiten darüber, was eigentlich mit Gender Mainstreaming gemeint und beabsichtigt ist. Als aktuelles Beispiel soll hier auf den ehemaligen niedersächsischen Ministerpräsidenten Sigmar Gabriel und die zu dieser Zeit seinem Kabinett angehörende Sozialministerin Gitta Trauernicht verwiesen werden. Am 26. November 2002 bezeichneten sie in einer öffentlichen Veranstaltung in Bad Iburg, an der ich zugegen war, Gender Mainstreaming als *„etwas Frauenspezifisches"*. Die Ministerin rief den Teilnehmerinnen der Veranstaltung, die inhaltlich frauenpolitische Akzente beinhalten sollte, sogar zu: *„Jetzt wird durchgegendert!"* Beide Exponenten aktueller Politik haben damit deutlich gemacht, dass sie Gender Mainstreaming als das ansehen was es nicht ist, als weitere Variante frauenpolitischer Fördermaßnahmen. Auch in Gender-Debatten, zum Beispiel am 13.10.2000 auf dem 10. Frauenbildungstag am 13. Oktober 2000 in Georgsmarienhütte, an dem ich teilgenommen habe, wird häufig noch immer davon ausgegangen, dass sich Inhalt und Zielsetzung von Gender Mainstreaming nur auf Frauen beziehe.

Der wirkliche Inhalt, nämlich das Schaffen einander wirklich gleichwertiger Möglichkeiten für Frauen und Männer in allen Lebensbereichen (vgl. S. 24, 25) ist bisher kaum registriert worden, wird vermutlich von Männern auch bewusst verdrängt. Denn es zeigen sich nur wenige Männer erkennbar an den Forderungen und Herausforderungen der Gender-Debatte interessiert, wie u. a. Jonah Gokova beklagt: *„Männer lassen sich unendlich viele Ausreden einfallen, um ihre Distanz zu diesem Thema nicht aufgeben zu müssen"* (Gokova 2000, S. 33). Zu den Vorwänden gehören nach ihren Erkenntnissen insbesondere Verweise auf kulturelle Traditionen, nach denen es eigentlich nicht üblich sei, dass Männer auf Frauen hören und auch religiös definierte Rollenzuweisungen für Mann und Frau. Als eine weitere Ursache wurde auf dem bereits genannten 10. Frauenbildungstag in Georgsmarienhütte eine interessengeleitete Nichtwahrnehmung der Männer, die um ihre Herrschaftspositionen fürchten, diskutiert. Männer nehmen *„strukturelle und alltäglich vollzogene Ungleichbehandlung von Frauen auf dem Arbeitsmarkt bzw. in der eigenen Organisation"* (Dackweiler 1999, S. 23) nur beiläufig zur Kenntnis. Sie bewegen sich, wie Regina-Maria Dackweiler es nennt, offensichtlich in einem Feld von *„Differenzverges-senheit"*, zu der sich noch eine *„spezifische Differenzversessenheit"* gesellt. Auf der Basis von bis in die Vormoderne zurückreichenden Weiblichkeitsklischees *„produzieren* Männer *argumentative Kausalketten, welche eine Geschlechterparität im Erwerbsleben und konkret in ihrer Organisation unmöglich erscheinen lassen. "*

Im umgangssprachlich üblichen Vokabular ist der Begriff Gender Mainstreaming weitgehend noch völlig fremd. *„Bis vor kurzem hielt ich gender mainstreaming wenn nicht für eine neue Fun-Sportart so doch für ein unbekanntes Objekt soziologischer Forschung. In jedem Fall aber für abstrakt, kompliziert, anspruchsvoll, schwer zu transportieren – und für etwas, was garantiert nichts mit mir zu tun hat"* (Hubert Schulze Hobeling 1999, S. 9).

Meine eigenen Untersuchungen bestätigen diese noch überwiegend vorhandene Unkenntnis eindeutig. In meinen Interviews stellte ich den 200 daran beteiligten Polizeibeamtinnen und Polizeibeamten die Frage, ob der Begriff „Gender Mainstreaming" bekannt sei. Immerhin wussten fünfundzwanzig, also 12,5 Prozent, etwas dazu zu sagen. Die überwiegende Mehrzahl von 87,5 Prozent hatte das Wort noch nie gehört.

Die Antworten ließen teilweise bereits inhaltliche Assoziationen zum Begriff Gender Mainstreaming erkennen:

Polizeibeamtin, Alter nicht bekannt: *„Geschlechterforschung. Eine Strategie, die das Ziel der Gleichstellung der Geschlechter verfolgt. Dabei ist die Gleichstellung bei den Entscheidungsprozessen in Organisationen gemeint. Das ‚Denken' der Gesellschaft muss sich verändern, erst dann das ‚Handeln'."*

Polizeibeamter, 22 Jahre *„Also ich kann es zwar übersetzen, aber ich weiß nicht, was sich dahinter verbirgt."*

Polizeibeamtin, 23 Jahre: *„Schon mal gehört, kann ihn aber nicht definieren"*

Polizeibeamtin, 24 Jahre: *„Mir ist nur der Begriff ‚Gender' bekannt = soziales Geschlecht."*

Polizeibeamter, 25 Jahre: *„Ich habe diesbezüglich keine konkrete Vorstellung (vielleicht die aktuelle Situation des Geschlechtsdualismus in großen Teilen der Gesellschaft?)"*

Polizeibeamtin, 25 Jahre: *„Habe ich schon einmal etwas davon gehört. Kann ich so jetzt nicht wechseln."*

Polizeibeamtin, 25 Jahre: *„Ich habe das schon einmal gehört, aber ich kann jetzt so nichts damit verbinden."*

Polizeibeamtin, 26 Jahre: *„Ich weiß nur, daß ‚gender' übersetzt ‚Geschlecht' heißt."*

Polizeibeamtin, 27 Jahre: *„Ich habe davon gehört. Wir haben es angesprochen in der Psychologie, das weiß ich. Also ich möchte jetzt nichts sagen, ich bin mir nicht sicher."*

Polizeibeamter, 29 Jahre: *„Nein, aber ich denke, dass es darum geht, wie Individuen auf einen bestimmten Idealtypus von Mann /Frau sozialisiert werden."*

Polizeibeamter, 29 Jahre *„Ich habe davon gehört, aber ich kann jetzt nicht zuordnen, muss ich leider zugeben."*

Polizeibeamtin, 30 Jahre: *„Dafür ist der Platz nicht ausreichend. Es beinhaltet ein weitgefächertes Spektrum. Grob gesagt beschäftigt es sich mit den beiden Geschlechtern, deren Unterschiede, deren Vereinbarkeiten und sehr viel mehr. Rollenverständnis, Frauensprache – Männersprache, wie die Gesellschaft damit umgeht ......"*

Polizeibeamtin, 31 Jahre: *„Ich habe ihn schon gehört, kann ihn jetzt aber nicht zuordnen, wenn ich ehrlich bin."*

Polizeibeamter, 35 Jahre: *„Irgendetwas mit Geschlechtern."*

Polizeibeamtin, 35 Jahre: *„ Für mich bedeutet er, dass man im Rahmen der EU einfach darum bemüht ist, dass man einfach festgestellt hat, dass es Unterschie-*

de zwischen den Geschlechtern gibt. Zwischen ihren Einstellungen und auch ihren sozialen Wirklichkeiten gibt es Unterschiede und diese müssen innerhalb der Gesellschaft, also auch in der Politik, aufgefangen werden, also es müsste mehr Beachtung finden. Früher hieß es vielleicht Gleichberechtigung für die Frauen, die halt nicht genug gefördert worden sind. Aber es ist auf der anderen Seite ja auch so, dass Männer auch irgendwelche Nachteile erfahren, so dass man halt bei allen Aktionen oder Projekten, die man halt startet, in Zukunft darauf schaut, ob diese beiden Wirklichkeitswelten dann auch entsprechend angesprochen werden."

Polizeibeamtin, 35 Jahre: *„Beim Gender geht es halt um die Geschlechterkompetenz, d. h. es geht darum, einen Unterschied auch anzuerkennen. Es sind eben nicht alle gleich, sondern es macht einen Unterschied aus, ob ein Erlass, ein Gesetz, eine Aussage, egal was, die ganze Bandbreite vom Verhalten, von der Struktur, von der Organisation wirkt anders auf einen Mann als auf eine Frau. Und um diese Unterschiedlichkeit, um diesen Unterschied zu nutzen, um den geht es. Und Mainstreaming meint eben, dass es nicht oberflächlich ist, sondern von der Wurzel her, dass bei den grundlegensten Entscheidungen, also bei jedem Ansatz, wie, wir kennen es alles aus Beurteilungen der Lage, Raum, Zeit, Wetter, Kosten, dass dazu ein weiteres Kriterium kommt, das Geschlecht. Also Gender, was, wie sind die Auswirkungen auf einen Mann und wie auf eine Frau, was macht den Unterschied aus."*

Polizeibeamter, 38 Jahre: *„Dieser Begriff Gender Mainstreaming war mir bislang gänzlich unbekannt und ich habe in Gesprächen mit Ihnen erfahren, was das heißt, was dahinter steckt, dass man sich bei dieser ganzen Rechtsmaterie, die ja irgendwann auf uns zukommen wird, Gedanken macht, wie weit kann es irgendwelche Bedeutung haben für den Mann, für die Frau, welche Ausflüsse, Auswirkungen wird das Gesetz haben. Das verstehe ich so im Groben unter einem Gender Mainstreaming."*

Polizeibeamtin, 40 Jahre: *„Ich kenne den Begriff und ich sage mal so, er ist mir sehr, sehr bekannt, weiß aber nicht genau, was so dahinter steckt, meine das zu wissen. Wenn ich es so genau definieren muss, fällt es mir doch ein bisschen schwer. Gender Mainstreaming meint aus meiner Sicht so, so ein Ziehen am gleichen Strang von beiden Geschlechtern, kann man das so auf einen Nenner bringen?"*

Polizeibeamter, 40 Jahre: *„Strategie zur Gleichstellung der Geschlechter."*

Polizeibeamtin, 41 Jahre: *„ Ja, der ist mir bekannt, insofern also jetzt grob. Ich kann wahrscheinlich nicht in allen Einzelheiten erklären, aber das bezieht sich auf, na ja geschlechtlich und meines Wissenstandes, dass halt ein Gleichstand, eine Gleichberechtigung von Männern und Frauen, nicht nur in der Polizei, sondern insgesamt im Berufsleben, in der Gesellschaft entstehen soll, so eine Parität zwischen Mann und Frau."*

Polizeibeamtin, 42 Jahre: *„Ungleichheiten der Geschlechter mindern (Gender = Geschlecht Mainstream = Hauptstrom)"*

Polizeibeamter, 42 Jahre: *„Nicht konkret, Strategie zur Geschlechtergleichstellung"*
Polizeibeamter, 46 Jahre: *„ Geschlechter-Gleichmachung, also in etwas Gleichberechtigung. "* Polizeibeamter, 46 Jahre: *„Geschlechtlich ausgerichtete Erziehung. "*
Polizeibeamter, 56 Jahre: *„Ja, das ist die geschlechtliche Strömung, dass man also gerade hier als männerdominantes Unternehmen jetzt in die andere Richtung gehen und wir uns auch darauf einstellen müssen, dass wir dort Wege finden, Integrationswege finden, für die Gleichbehandlung der Frau, diese Belange der Frau auch berücksichtigen, einbauen und eben gleichwertig zu sehen. "*

Innerhalb des deutschen Sprachraumes hat der Begriff Gender Mainstreaming erst in jüngster Zeit, insbesondere durch das „Projekt Weltkonferenzen des Deutschen Frauenrates"[6], Eingang in die aktuelle Diskussion um die Bemühungen zur Herstellung von Geschlechtergerechtigkeit gefunden. Beispielhaft sei hier die 4. Landesfrauenkonferenz der Gewerkschaft der Polizei (GdP) im Deutschen Gewerkschaftsbund (DGB) am 29. und 30. April 2002 in Bad Nenndorf genannt. Die Polizeibeamtinnen beschlossen einstimmig, das Grundsatzprogramm ihrer Gewerkschaft *„im Hinblick auf den Gender-Mainstreaming-Ansatz überarbeiten zu lassen"* (Deutsche Polizei Juni 2002, S. 1).
Es ist daher notwendig, zunächst einige einführende Gedanken zu Begriff, Inhalt, Zielsetzungen und Instrumentarium dieser Strategie zur Verwirklichung des Menschenrechtes „Gleichheit aller Menschen" zu machen.

Zunächst sind es die Wörter selbst, die hinsichtlich des Verständnisses Probleme bereiten, denn es sind keine deutschen Bezeichnungen. Zwei Vokabeln, „Gender" und „Mainstreaming", beide aus dem englischen Sprachraum kommend, sind zu dem neuen Terminus „Gender Mainstreaming" zusammengefasst worden. Innerhalb weltweiter Kommunikation dominiert in fast allen Lebensbereichen, insbesondere in Forschung, Lehre und Wirtschaft, die englische Sprache. Diese Entwicklung ist zwar unumkehrbar (vgl. Brocker 2001), sie stößt innerhalb breiter Kreise einer Bevölkerung, die sich muttersprachlich als rein deutsch versteht, aber auch auf Ablehnung und Unverständnis. Auch Niedersachsens ehemaliger Ministerpräsident Gabriel zeigte dies sehr deutlich[7]. Er sei

---

[6] Spitzenverband von 47 Mitgliedsverbänden, von denen vier selbst Dachverbände oder Arbeitsgemeinschaften sind. Bundesweit sind etwa 80 Organisationen mit rund 11 Millionen Mitgliedern in ihm vertreten (vgl. Nave-Herz 1997, S. 53). Der Deutsche Frauenrat widmete sich in der Zeit vom 1. November 1998 bis zum 31. Dezember 1999 innerhalb des Projektes „Weltkonferenzen" Argumentationen unterschiedlicher Herkunft zu geschlechterrelevanten Themen.
[7] Seine hier sinngemäß wiedergegebene Äußerung fiel am 26. November 2002 in Bad Iburg innerhalb einer Diskussionsveranstaltung zum Thema *„Vereinbarkeit von Familie und Beruf"*, an der ich teilgenommen habe.

sowieso kein Freund von Anglizismen, das Wort Gender Mainstreaming sei aber ein wirklich fürchterlicher Begriff. In diesem Sinne zustimmend äußert sich e-benfalls Susanne Schunter-Kleemann, die in der *„Losung ‚gender mainstrea-ming' nicht gerade eine besonders geglückte Wortprägung"* (Schunter-Kleemann (A) 1999, S. 3 ff.) sieht. Auch bezüglich der klanglichen Nähe von *„Mainstreaming"* zu *„Malestreaming"* erkennt sie die Gefahr von Missdeutun-gen. Denn, darin ist ihr uneingeschränkt zuzustimmen, eine *„Anpassung an die herrschende männliche Sicht der Dinge"* ist nun wirklich nicht beabsichtigt.

Kritisch wird landläufig nachgefragt, warum es denn für diese Angele-genheit in Deutschland kein deutsches Wort geben sollte. Ein Wort, das jeder auf Anhieb verstehen kann. Nicht nur hierfür fehlt weitgehend jedes Verständ-nis. Denn derjenige, der nicht über ein Mindestmaß an Zugang zur englischen Sprache verfügt, kann sich den Begriff inhaltlich auch nur schwerlich näher er-schließen.

Um solcher und anderer aufkommender Kritik zu begegnen, die sich al-lein am Wort entzündet, ist es notwendig deutlich zu betonen:

Das Wesen und der Sinn des Wortes „Gender" liegt darin, mit ihm auf internationaler Ebene einen Begriff eingeführt und zur Verfügung zu haben, der als sozialer Ausdruck des biologischen Geschlechts gilt, *„der jetzt weltweit als künstliche soziale Definition von Frauen und Männern Verwendung findet"* (Eu-roparat[8] 1998, S. 5). Innerhalb von Lehre, Forschung und Politik findet diese auf „Gender" bezogene Aussage des Europarates bereits zunehmend Eingang. So verfügen Universität und Eidgenössische Technische Hochschule Zürich schon über ein eigenständiges *„Kompetenzzentrum Gender Studies"* (vgl. Universität Konstanz 2003). Auch im Koalitionsvertrag der Regierungsparteien SPD und Bündnis 90/Die Grünen vom 16. Oktober 2002 wird das Wort „Gender" mehr-fach als *„Gender-Mainstreaming"*, *„Gender-Budgeting"* und *„Gender-Kompetenzzentrum"* zielgerichtet eingesetzt (vgl. Koalitionsvertrag 2002, In-haltsverzeichnis Ziffer VII, S. 61, 62).

---

[8] Nicht mit der Europäischen Union (EU) oder dem Europäischen Rat (Staats- und Regie-rungschefs der EU-Mitgliedstaaten sowie Präsident der Europäischen Kommission) zu ver-wechseln. Der Europarat wurde am 5. Mai 1949 in London gegründet und hat seinen Sitz in Straßburg. Zur Zeit gehören ihm 41 europäische Staaten an. Auf der Grundlage der Europäi-schen Menschenrechtskonvention vom 4. November 1950 berät er die Mitgliedsstaaten u.a. bei Menschenrechte und Demokratie betreffenden Gesetzen und wirkt auf den Abschluss ent-sprechender europäischer Abkommen (Konventionen) hin. Die von ihm gefassten Beschlüsse haben nur empfehlenden, keinen verbindlichen Charakter (vgl. Zahlenbilder 712001).

Das der englischen Sprache zugehörige Wort „gender"[9] im Gesamtbegriff Gender Mainstreaming dient also zur Kennzeichnung der sozialen Stellung, die als Mann oder als Frau in der jeweiligen Gesellschaft erreicht wurde oder erreichbar ist. Die mit diesem Wort beabsichtigte begriffliche Abgrenzung zum Fachbegriff „sex"[10] wurde erstmals durch Ann Oakley in ihrem 1972 in London erschienen Buch „Sex, Gender, Society" eingeführt (vgl. Frey 2000, S. 6). Die dadurch ausgelösten „Sex and Gender"-Diskussionen fanden ursprünglich in den USA statt und finden sich in Teilen im Gender Mainstreaming wieder (vgl. Wolff 2000, S. 13). Seitdem wird „Gender" als „international übliches Kunstwort für die sozial erworbene Geschlechtsrolle" (Wolff 2000, S. 13) verwendet, als „Begriff für die sozialen und kulturell definierten Aspekte des Geschlechts" (Stiegler 2000, S. 9). Mit dem Terminus „sex" wird dagegen innerhalb des englischen Sprachgebrauches und auch allgemein in den Sozialwissenschaften das natürliche Geschlecht bezeichnet.

Während „Gender" für sich genommen lediglich einen statischen Zustand kennzeichnet, kommt mit dem Hinzufügen von „Mainstreaming" ein dynamisches Element hinzu. Um nämlich auf den als notwendig erkannten prozesshaften Wandel in den derzeitigen Geschlechterverhältnissen hinzuweisen, um diese Wende überhaupt zu benennen, bedurfte es einer Zielvorgabe, welche dem Wort „Gender" als Orientierungsvorgabe hinzugefügt werden musste. Dies ist mit dem Schlüsselbegriff „Mainstreaming" geschehen, einer Wortschöpfung aus den Begriffen „main" für „hauptsächlich" und „stream", zu verstehen als „Strömung". Auch der Begriff „Mainstreaming" ist „vergleichsweise neu. Er soll zum Ausdruck bringen, daß Chancengleichheit nicht mehr ein Sonderthema [für Feministinnen], sondern als ‚Hauptströmung', als elementarer Bestandteil [...] anzusehen ist" (Schunter-Kleemann 1998, S. 25).

Mit dieser Strategie soll die Gleichstellungsproblematik systematisch in die gesamte Gesellschaft eingebracht und Lösungsalternativen unterworfen werden, „wobei Mainstream verschiedene Richtungen, Einrichtungen und Vorstellungen umfaßt, die für Entscheidungen über politische Grundsätze und Ressourcen der Politik im allgemeinen oder im einzelnen zuständig sind" (Europarat 1998, S. 13).

Aber auch die Verbindung der beiden Worte „Gender" und „Mainstreaming" zum Fachbegriff „Gender Mainstreaming", welcher weltweit als Bezeichnung dieser neuen Strategie innerhalb der beabsichtigten Gleichstellungspolitik eingeführt wurde, bereitet offensichtlich erhebliche Definitionsprobleme. Anders sind die bisher dazu ergangenen inhaltlichen Erklärungen, von denen einige hier beispielhaft angeführt werden, nicht zu deuten.

---

[9] Eine genaue Übertragung des Begriffs „gender" in ein einziges deutsches Wort ist nicht möglich. Gender bedeutet soziale und kulturelle Geschlechterrolle (vgl. Stiegler 2000, S. 9).

[10] In der deutschen Sprache wird das Wort „Sex" auch als Synonym für „sexuality" im Sinne von körperlich praktizierter Sexualität verwendet.

Der Europarat versucht erst gar nicht, eine überall verständliche Definition herausbringen. Zum Abschluss einer Übersicht von in Europa üblichen Inhaltsangaben zu Gender Mainstreaming stellt er lapidar fest, dass dieser Begriff in vielen Ländern überhaupt nicht definiert wird und sich als Wort in manche Sprachen auch kaum übersetzen lässt. Daher stellt er schlicht und einfach fest, *„daß das Konzept von jedem Land übersetzt und genau erläutert werden muss"* (Europarat 1998, S. 13).

Die Europäische Kommission[11] interpretierte „Gender Mainstreaming" im Jahr 1997 für ihre damaligen 15 Mitgliedsstaaten im Glossar *„Einhundert Worte für Gleichheit"* (vgl. Schunter-Kleemann 1998, S. 26) wie folgt: *„Gender mainstreaming ist die systematische Einbeziehung der jeweiligen Situation, der Prioritäten und der Bedürfnisse von Frauen und Männern in alle Politikfelder, wobei mit Blick auf die Förderung der Gleichstellung von Frauen sämtliche allgemeinen politischen Konzepte und Maßnahmen an diesem Ziel ausgerichtet werden und bereits in der Planungsphase wie auch in der Durchführung, Begleitung und Bewertung der betreffenden Maßnahmen deren Auswirkungen auf Männer und Frauen berücksichtigt werden."* Jeder, der es gewohnt ist, mit rechtlichen Vorschriften umzugehen, wird diesen Text, der in einem einzigen Satz deutlich macht, worum es bei Gender Mainstreaming geht, wenn nicht auf Anhieb, aber dann doch relativ schnell verstehen. Dem Normalbürger wird sich dies Verständnis mit sehr großer Wahrscheinlichkeit nur schwerlich, wenn nicht sogar überhaupt nicht erschließen. Dabei hat dasselbe Gremium bereits ein Jahr zuvor, am 21. Februar 1996, in den Mitteilungen der Europäischen Kommission eine weitaus verständlichere und anwendungsfreundlichere Erklärung gefunden: *„Bei dem Grundsatz des Mainstreaming geht es nicht nur darum, den Frauen den Zugang zu Programmen und Finanzmitteln [...] zu eröffnen, sondern auch und vor allem darum, das rechtliche Instrumentarium, die Finanzmittel und die Analyse- und Moderationskapazitäten [...] zu mobilisieren"* (Schunter-Kleemann 1998, S. 26).

Eine Auswahl weiterer Begriffsbestimmungen zu Gender Mainstreaming:
Gewerkschaft ÖTV (jetzt Ver.di)): *„Alle Entscheidungsprozesse sollen so überprüft, verbessert und weiterentwickelt werden, dass stets die Frage mitgedacht wird, wie sich ein Vorhaben und/oder eine Entscheidung auf die Gleichstellung zwischen Frauen und Männern auswirkt. Chancengleichheit und Gleichstellung werden zur Aufgabe der gesamten Organisation – auf allen Ebenen"* (Morgenstern, Vera (A) 2000).
Deutsche Polizeigewerkschaft (DPolG) im Deutschen Beamtenbund (DBB): *„Gender Mainstreaming bezeichnet den Prozess und die Vorgehensweise, die Geschlechterperspektive in die Gesamtpolitik aufzunehmen"* (Polizeispiegel Mai 2002).

---

[11] Exekutivorgan der Europäischen Union.

Gewerkschaft der Polizei (GdP) im Deutschen Gewerkschaftsbund (DGB): *„Geschlechter-Interessen-Prüfung"* (Deutsche Polizei April 2002).

Deutscher Frauenrat: *„Ansatz zur Herstellung von Geschlechtergerechtigkeit, der nicht die Benachteiligung der Frauen, sondern die Unterschiedlichkeit der soziologischen Geschlechter (gender) fokussiert. Männer sind Teil der Umsetzungsstrategie, sie müssen und sollen sich an dem Prozeß beteiligen"* (Deutscher Frauenrat, Dokumentation „Adams nachhaltige Erneuerung" 1999, S. 6).

Europabüro für Projektbegleitung: *„Eigentlich ist es mit dem ‚Gender Mainstreaming' ganz einfach. Wir müssen nur immer eine Antwort auf die Frage finden: Profitieren Frauen genauso wie Männer?"* (Europabüro für Projektbegleitung 2000, S. 2).

Hessisches Sozialministerium: *„Erkennen, dass es auf dieser Welt nichts Geschlechtsneutrales gibt, und ausschließlich auf dieser Grundlage handeln"* (Lipinsky 2001, S. 13).

Das Statement einer französischen Sängerin im DeutschlandRadio Berlin am 8. August 2000 soll an dieser Stelle den bunten Reigen inhaltlicher Klärungsversuche zum Begriff Gender Mainstreaming abschließen: *„Ich glaube, dass Gott Männer und Frauen gemeinsam geschaffen hat. Und gemeinsam müssen sie dann auch handeln, um etwas zu erreichen!"*

Deutlich ist allen hier angeführten Definitionen der Gender Mainstreaming innewohnende Prozesscharakter zu entnehmen. Es geht stets darum, in allen Lebensbereichen zunächst die vorhandenen geschlechterspezifischen Ausgangsbedingungen zu analysieren, um danach die Auswirkungen der in Betracht gezogenen Entscheidungen auf Frauen und auf Männer zu bedenken. Eine aus Analysen feministischer Theorien erkannte Tatsache darf dabei aber nicht übersehen werden. Das Verhältnis *„des Mannes zur Frau"* kann nie das gleiche sein wie das Verhältnis *„der Frau zum Mann".* Jedes Mal spricht die Frau *„als"* Frau, spricht der Mann *„als"* Mann zum jeweils anderen Geschlecht (vgl. Stoller 2000, S. 219).

Aus diesem Grunde basiert Gender Mainstreaming auf folgenden Grundlagen (vgl. Stiegler 2000, S. 10, 11):

Frauen sind und bleiben Frauen,
Männer sind und bleiben Männer.

Frauen sind Menschen weiblichen Geschlechtes,
nicht minder- oder höherwertig als Männer.

Männer sind Menschen männlichen Geschlechtes,
nicht minder- oder höherwertig als Frauen.

Frauen haben Stärken, die Männer (noch) nicht haben.
Männer haben Stärken, die Frauen (noch) nicht haben.

Defizite sind nicht aufgrund des Geschlechtes, sondern aufgrund der gesellschaftlich definierten Geschlechterrolle für Frauen und Männer vorhanden. Inhaltlich ergibt sich bei Stiegler eine völlige Übereinstimmung mit den Forderungen des Deutschen Frauenrates aus dem Jahre 1997 zur Verbesserung der Situation von Frauen (vgl. Nave-Herz 1997, S. 52):

Gleiche Rechte und gleiche Chancen für die Frau **und** den Mann.

Partnerschaft von Frau **und** Mann in Familie, Beruf und Gesellschaft.

Beteiligung von Frauen **und** Männern an den Entscheidungsgremien in Politik, Wirtschaft und Verwaltung.

Gleiche Bildung und Ausbildung für Frauen (Mädchen) **und** Männer (Jungen).

Gleicher Lohn für Frauen und Männer bei gleichwertiger Arbeit.

Entlastung erwerbstätiger Mütter **und** Väter.

*„Männersicht ist bislang der einzige Maßstab, es gibt jedoch Frauen- und Männersichtweisen, und **wir** wollen beides"* (Morgenstern, Vera (B) 2000, S. 5). Wir? Im Kontext der bisherigen Gesamtausführungen sind damit sicherlich „die Frauen" gemeint, wenn es überhaupt möglich ist, diese als Gesamtheit zu erfassen und als solche zu bezeichnen. Auf jeden Fall muss gleichfalls in Betracht gezogen werden, dass es ferner „die Frauen," selbstredend unter derselben Problematik der Unmöglichkeit einer vollständigen Berücksichtigung, gibt, die sich nicht in dem hier angesprochenen Bewusstsein befinden, dies ggfs. überhaupt nicht wollen.

In seinen Zielsetzungen definiert sich die Strategie Gender Mainstreaming inhaltlich als konsequente Abkehr von geschlechtsspezifischen Dominanzen, Rivalitäten und Parteilichkeiten, wie sie (aus guten Gründen, vgl. S. 93 ff.) innerhalb der Frauenbewegung vorzufinden waren und zum Teil auch noch sind. Die Frauenbewegung stellt die Frau und nicht den Menschen an sich in den Mittelpunkt. Daher sind die von ihr initiierten Programme in derselben Weise ungerecht, wie es das bisherige Verhalten der Männerwelt und die daraus resultierenden gesellschaftlichen Strukturen den Frauen gegenüber waren und zum Teil noch sind. Gender Mainstreaming versteht sich ausdrücklich nicht als weitere Variante des konservativen Feminismus, in welchem die Männerwelt als Kontrastfolie, als Feindbild benötigt und auch benutzt wurde und wird, um das benachteiligte Frauenbild festigend aufzuzeichnen. *„Werden zwei Pole nämlich* *als absolute Differenz aufgefaßt, wird jede Möglichkeit eines Überganges, der Feinheiten oder Schattierungen und des Durchgangs ausgeschlossen"* (Stoller 2000, S. 218). Gender Mainstreaming begreift sich auch nicht als schlichte Weiterentwicklung der bisherigen Frauenpolitik, sondern als eine neue, beide Geschlechter einbeziehende Strategie, das soziale Geschlecht Gender in den Mittelpunkt aller Überlegungen stellt. Es ist ein Angebot an beide Geschlechter, bisher ungewohnte Denkstrukturen entstehen zu lassen, sie aktiv zu entwickeln und darauf aufbauend neues Handeln einzubringen und in der konkreten Lebensumwelt umzusetzen. Gender Mainstreaming fordert, dass alles, was entschieden wird, nicht allein auf Frauen bezogen und von diesen gestaltet wird, es muss in derselben Weise auch für Männer gelten und von diesen gestaltet werden. Männer sind ausdrücklich aufgefordert, *„sich am Prozeß zur Geschlechtergerechtigkeit zu beteiligen"* (Deutscher Frauenrat 1999, Dokumentation „Adams nachhaltige Erneuerung", S. 7).

Dieser Paradigmenwechsel von zielgerichteter Frauenpolitik zur zielgerichteten Geschlechterpolitik eröffnet den Zugang zu Problemlösungen, bei denen beide Geschlechter von Anfang an als Einheit, als Mensch im Sinne von von Foersters *„Eigenwert"* (vgl. S. 8) gesehen werden. Durch einen die gesamte wirtschaftliche, strukturelle und arbeitsmarktpolitische Wirklichkeit überlagernden (*main*) Kurs (*streaming*) soll das Dasein im Sinne einer realen Chancengleichheit für beide Geschlechter eine völlig neue Färbung erhalten. Quer durch die Praxis aller realen Lebenslagen soll ein Schnitt vollzogen werden, mit dem die Privilegierung männlicher Strukturen zugunsten von Alternativen, bei denen stets beide (!) Geschlechter berücksichtigt werden, beendet wird. Es geht unter anderem um eine familienfreundliche, geschlechtergerechte Arbeitswelt, und da gehören die Interessen von Männern in derselben Weise unabdingbar dazu wie die von Frauen. Arbeitgeber wissen schon lange, dass zufriedene Mitarbeiter und Mitarbeiterinnen motivierter als unzufriedene sind. Die Qualität der geleisteten Arbeit wird dadurch entscheidend beeinflusst. Gender Mainstreaming setzt genau hier an, indem unterschiedliche Bedürfnisse der Geschlechter akzeptiert werden. Es ist daher klug, die Vereinbarkeit von Familie und Beruf innerhalb des Betriebes zu ermöglichen und die Interessen von Frauen und Männern mit denen des Betriebes zu verbinden, zum Beispiel durch Flexibilisierung der Arbeitszeiten. Da es außer den biologisch feststehenden Merkmalen (vgl. S. 48) keinen Unterschied zwischen den Geschlechtern gibt, sondern nur verschiedene Sichtweisen aus unterschiedlichen Perspektiven, ist die Frage nach „Mann" oder „Frau" zunächst ohne Bedeutung. Die Tatsache, dass es sich um eine Frau, um einen Mann handelt, kann und soll dabei nicht wegdiskutiert, auch nicht nur schlicht akzeptiert, sondern sogar als besonderer Wert geschätzt werden. Beide Geschlechter sollen in ihrer Differenz beachtet und in ausdrücklicher Akzeptanz ihrer Unterschiede gleiche Chancen erhalten (vgl. Gonser/Regner 2000).

Gender Mainstreaming enthält bisher nicht erkannte Chancen für neue Formen von Arbeit an sich und das partnerschaftliche Leben und Arbeiten von

Frauen und Männern. Es werden ja nicht nur bestehende Ungleichheiten wesentlich deutlicher reflektiert als es bisher der Fall war, vorhandene Potentiale von Frauen und Männern können weitaus besser erschlossen werden, um nachhaltig und effektiv zu bleiben.

Gleichstellung soll und darf aber keine Gleichmacherei zum Inhalt haben. *„Es ist schmerzlich zu beobachten, wie Formen und Farben verschwinden, wie Linien unscharf werden, wie die Welt unter dem Vorwand des Fortschrittes von der trostlosesten Gleichförmigkeit befallen wird. Wenn alles einheitlich ist, wird es ohne Sinn, ohne wertvollen Inhalt sein. Das war nicht Gottes Wille. Er hat Menschen geschaffen, die sich von einander unterscheiden"*, äußerte sich bereits vor 150 Jahren der französische Lyriker Théophile Gautier (DeutschlandRadio Berlin 30. August 2001).

Jede Handlung, durch die Gegebenheiten des Lebens, die real unterschiedlich sind, pauschalierend gleichgestellt werden, bewirkt Ungleichheit. „Gleich" stimmt nicht synonym mit „Dasselbe" überein. Hinsichtlich ihres Menschseins sind Mann und Frau dasselbe und daher einander gleichwertig zu behandeln. Was aber von Natur aus ungleich ist, nämlich die rein körperlichen Gegebenheiten (vgl. S. 48), soll und muss auch weiterhin als ungleich behandelt werden, aber nicht einseitig aus einer rein männlichen oder weiblichen Perspektive heraus. Es geht bei Gender Mainstreaming um die einander gleichwertige Stellung von Frauen **und** Männern. Gefordert ist der profilierte Blick auf die Lebenswelten von Männern **und** von Frauen. Alle Maßnahmen sollen vor und während ihrer Durchführung dahingehend überprüft werden, ob sie der Gleichstellung dienen oder schaden. Der durch neu geschaffene gesellschaftliche Strukturen bedingte Umgang der Geschlechter soll nicht auf Konfrontation, sondern auf Wertschätzung ausgerichtet sein.

Eine völlige Neugestaltung der Geschehensabläufe steht im Mittelpunkt von Gender Mainstreaming. *„Wir wollen nicht einfach ein größeres Stück vom Kuchen der Männer. Wir wollen vielmehr einen neuen Kuchen backen, nach einer neuen Rezeptur. Wir wollen unsere Kultur wesentlich verändern, so dass sie nicht mehr so einseitig männlich ist, sondern wirklich menschlich wird"* (Jäger-Sommer 2000, S. 29, unter Hinweis auf Halkes). Der neue Gesellschaftsentwurf, zu dessen Herausbildung und Entfaltung Gender Mainstreaming beitragen will, soll von *„Geschlechter-Demokratie"* (Meesmann (C) 2001, S. 8) getragen werden. Männer und Frauen haben durchaus unterschiedliche emanzipatorische Interessen, die sie auch zweifellos gegeneinander vertreten müssen. Mit Gender Mainstreaming soll darüber schwebend eine Vorgabe eingeführt und verbindlich beachtet werden, die immer und überall die Perspektive der Geschlechterverhältnisse nicht nur als selbstverständlich einbezieht, sondern diesen Aspekt auf sämtlichen Handlungsebenen bei allen Entscheidungen zur Gleichstellung der Geschlechter nutzt. Frauen und Männer sind aufgerufen geschlechterparitätisch zusammenzuarbeiten (vgl. Schunter-Kleemann 1998, S. 32).

Bewusst wird innerhalb der Diskussion um Gender Mainstreaming nicht von einem Leitbild gesprochen. Inhalt und Zielsetzungen dieses Wortes werfen Fragen in Richtung „Wer wird wohin geleitet ? Von wem ? Wie ?" auf. Ein Leitbild gibt vor, der einzig richtige Weg zu sein. Im Wortbestandteil „Mainstreaming" wird ausdrücklich auf unterschiedliche Wege zur Herstellung von Gender-Gerechtigkeit Bezug genommen.

Wirkliche Geschlechtergerechtigkeit lässt sich nur dann herstellen, wenn dieses Ziel in allen Politik- und Lebensbereichen nicht nur angestrebt, sondern auch bindend vorgeschrieben und daraus resultierend real umgesetzt wird (Stiegler 2000, S. 7). Innerhalb der Zielsetzung, die Geschlechterfrage bei allen Entscheidungen und Maßnahmen zum integralen Bestandteil eben dieser Entscheidungen und Maßnahmen zu machen, nimmt Gender Mainstreaming die Funktion eines Werkzeuges ein, welches professionell eingesetzt werden muss. Dazu ist neben dem Wissen um die Inhalte und Zielsetzungen von Gender Mainstreaming *strategisches Mitdenken aller Beteiligter, insbesondere aber der Männern, als qualitativer Aspekt von entscheidender Bedeutung"* (Gottschlich 2003).

Die Umsetzung der Strategie Gender Mainstreaming erfordert eine entsprechende Selbstverpflichtung der jeweiligen Organisation, hier innerhalb der Institution Polizei. Wie dies zu verstehen ist, soll anhand des ökonomischen Grundsatzes des Kostendenkens verdeutlicht werden.

Alle Entscheidungsprozesse innerhalb privatgesellschaftlicher und öffentlicher Organisationen unterlagen und unterliegen ausnahmslos und zwingend der Prämisse der Finanzierbarkeit der in Aussicht genommenen Maßnahme. *„Genauso, wie in einer Verwaltung die Frage nach den Kosten in allen Entscheidungsprozessen eine erhebliche Rolle spielt, wird bei Anwendung des Gender-Mainstreaming-Prinzips die Frage nach den Geschlechterverhältnissen Bedeutung gewinnen"* (Stiegler 2000, S. 8). Im selben Maße, wie die Finanzierbarkeit dessen, was vorgesehen ist, den endgültigen Ausschlag dafür gibt, ob das, was vorgesehen ist, in beabsichtigter Weise, in anderer Form oder überhaupt nicht durchgeführt wird, soll dies bei Gender Mainstreaming der Fall sein. Alles, aber auch wirklich alles, soll dahingehend überprüft werden, ob es der Gleichstellung von Frauen **und** (das kann gar nicht deutlich genug hervorgehoben werden) von Männern dient oder schadet.

Der Grundsatz des Kostendenkens steht nicht nur in der hier verwendeten Funktion eines Beispiels. Auch Gender Mainstreaming selbst wohnt die Frage inne, wie es denn um die Finanzierung der sich daraus ergebenden Maßnahmen bestellt ist?

Die Europäische Union (EU) knüpft inzwischen die Vergabe von Fördergeldern an das Kriterium, ob die Antragsteller den Maßstäben des Gender Mainstreaming gerecht werden. Mit der Agenda 2000 wurde am 24./25. März 1999 in Berlin u. a. der Finanzrahmen der EU für die Jahre 2000 bis 2006 festgelegt. In ihm wurde festgeschrieben, dass bei der Inanspruchnahme europäischer Finanzmittel das Prinzip „Gender Mainstreaming" als innovative Handlungsmaxime beachtet werden soll (vgl. Europa von A bis Z, Agenda 2000). Im Koalitionsvertrag der Regierungsparteien SPD und Bündnis 90/Die Grünen vom 16. Oktober 2002 wird erstmals „Gender-Budgeting" in einer politisch bedeutsamen und richtungsweisend verpflichtenden Weise explizit hervorgehoben (vgl. Koalitionsvertrag 2002, Inhaltsverzeichnis Ziffer VII und die Seiten 61, 62). Mit Gender-Budgeting soll zunächst analysiert werden, wie alle (!) Haushaltsmittel aus der Geschlechterperspektive heraus verwendet werden, um dann, wenn es zu Ungleichgewichtungen gekommen oder dies abzusehen ist, für entsprechend gleiche Gewichtung zu sorgen. Dies betrifft aufgrund des zur Zeit nur hier politisch erfolgversprechend anzusetzenden Hebels zur Umsetzung von Gender Mainstreaming alle (stets knappen) Haushalte der Kommunen, der Länder und des Bundes. Bemühungen, entsprechende Regelungen zur beruflichen Gleichstellung von Mann und Frau innerhalb der Privatwirtschaft zu institutionalisieren, sind bisher nicht erfolgreich gewesen (Frankfurter Rundschau 13. August 2003, S.5).

Der Grundgedanke des Gender-Budgeting geht davon aus, dass überhaupt keine geschlechterneutrale Haushaltspolitik möglich ist. Alle Politikbereiche, wie zum Beispiel Wirtschafts-, Verkehrspolitik und Innere Sicherheit haben unmittelbare und mittelbare Auswirkungen auf Ungleichheit oder Gleichheit von Mann und Frau.

Mit Gender-Budgeting, welches sich in Australien, England und Kanada bereits bewährt hat, soll mehr Demokratie erreicht werden. Budgetanalysen sollen nach Geschlecht aufgeschlüsselt sicherstellen, dass Frauen denselben Zugang zu öffentlichen Mitteln erhalten wie Männer. Die Gleichstellungsperspektive des Gender Mainstreaming soll „in die Konzeption, Ausarbeitung und Durchführung aller Haushaltsverfahren" (Heinrich Böll Stiftung 2003) einbezogen werden.

Die Bundesländer Berlin und Niedersachsen gehören nach derzeitigem Kenntnisstand zu den wenigen politischen Gemeinwesen in Deutschland, die hier innovativ vorangehen. In Niedersachsen sollten die Fachhochschulen ab Jahr 2001 ein Prozent ihres Gesamthaushaltes nur dann erhalten, wenn sie dem Landesdurchschnitt entsprechend den Frauenanteil bei den Studenten, Absolventen und neu berufenen Professoren erhöhen. Wer über dem Durchschnitt liegt, sollte zusätzlich Gelder bekommen (Neue Osnabrücker Zeitung 8. Januar 2000). Über den Ausgang dieser als „Erprobungsmodell" bezeichneten Gender-Budgeting-Maßnahme ist bisher (Anfang 2004) nichts bekannt geworden.

Die Initiative für geschlechtergerechte Haushaltsführung Berlin hat sich darum bemüht, einige innerhalb aktueller staatlicher Haushaltsvorgaben vorhandene Gender-Ungleichheiten deutlich zu machen (vgl. Protokoll der Arbeitsgemeinschaft Frauenpolitik Bündnis 90/Die Grünen vom 6. Juni 2002):

Einsparungen im Hochschulbereich: Eine Analyse der Studierendenzahlen nach Geschlecht und verschiedenen Studienfächern ergibt, dass mehrheitlich Frauen geistes- und sozialwissenschaftliche Fächer studieren. Eine Kürzung in diesen Studienrichtungen trifft Studentinnen härter als Studenten.

Sportförderung: Die Förderung von Vereinen mit öffentlichen Geldern und Dienstleistungen ist nur scheinbar geschlechterneutral. Viele Vereine fördern die Männerdomäne Fußball besonders stark. Steuergelder sollten gezielt an Vereine gehen, die quantitativ und qualitativ gleichermaßen Angebote an Frauen machen.

Verschieben bezahlter Arbeitsleistung in den Bereich der unbezahlten Arbeit: Der Wert unbezahlter Arbeit, die durch die Schließung von Tagesstätten für Kinder und Jugendliche, von Altenheimen, usw. in den privaten Bereich „umverteilt" wird, hat eine volkswirtschaftlich bedeutende Größe erreicht. Diesbezügliche Sparmaßnahmen des Staates gehen vorwiegend zu Lasten des Zeitbudgets von Frauen. Sie werden hinsichtlich ihrer beruflichen Möglichkeiten, aber auch im Bereich Bildung und anderer Aktivitäten, erheblich eingeschränkt.

In allen Institutionen (Behörden, Betriebe, Einrichtungen), aber auch innerhalb privater Lebensbereiche wurden und werden die Geschlechterkonstruktionen, so wie sie über Jahrhunderte üblich waren, fortgesetzt tradiert. Die eigentliche Debatte muss daher gezielt dort einsetzen, wo Frauen oder Männern bereichernde Entfaltungsmöglichkeiten verweigert werden, nämlich innerhalb der auf ihrem Besitzstand beharrenden Institutionen dieser Gesellschaft. Männer und Frauen müssen ihre Verhaltensstarre beenden, ihre Verhaltenseinstellung überdenken und ändern. Grundlage von Gender Mainstreaming ist also ein entsprechendes Bewusstsein aller in der Organisation selbst agierender Akteure, zum Beispiel im Innenverhältnis der Polizei Niedersachsen. Ein Bewusstsein darüber, dass die berufliche Gleichstellung der Geschlechter bisher noch nicht verwirklicht wurde und dass daher innerhalb der Behörde ein diesbezüglicher Entwicklungsbedarf gesehen und anerkannt werden muss. Es bedarf der unterstützenden Unterrichtung und Schulung von allen Beteiligten, um diese für geschlechtsspezifische Fragestellungen zu sensibilisieren und ihnen entsprechende Kenntnisse zu vermitteln. Da nicht davon auszugehen ist, dass sich die Akteure und Akteurinnen von alleine um Gender Mainstreaming bemühen, muss dieses von oben in die Administration implementiert werden (Top-Down-Modell). Aber nicht nach dem Motto „gelesen, gelacht, gelocht, geheftet", wie es häufig mit „Programmen, die von oben her angeordnet werden," geschieht. Die Landesregierung Niedersachsen gibt daher kein „landeseinheitliches Konzept" vor, welches „allen Politikbereichen übergestülpt wird" (Niedersächsisches Ministerium für Frauen, Arbeit und Soziales (B) 1999, S. 2). Die Umsetzung soll an den Bedürfnissen und Rahmenbedingungen jedes Geschäftsbereiches ausgerichtet „prozessorientiert erarbeitet werden". Ein sehr vernünftiger Ansatz, der dann, wenn er innerhalb des „Geschäftsbereiches Polizei Niedersachsen" auch wirklich erarbeitend umgesetzt wird, langfristig und dauerhaft erfolgversprechend ist. Es ist stets vorteilhaft, das in Genderfragen bereits vorhandene Wissen von Polizeibeamtinnen und Polizeibeamten als unverzichtbares „Know-how" zu nutzen und es nicht von außen ersetzen zu wollen.

Leitsprüche im Sinne von „Wir machen jetzt Gender Mainstreaming" sind zwar ein Anfang, bringt aber die Geschlechtergerechtigkeit keinen Schritt weiter. Erfolgversprechend ist es nur, wenn Gender Mainstreaming innerhalb der Hierarchie durchgängig auf allen Ebenen auch wirklich gelebt wird. Vom Leitenden Polizeidirektor als Behördenleiter über den Polizeioberrat als Revierleiter und den Polizeihauptkommissar als Dienstabteilungsleiter bis zum Polizeikommissar als Sachbearbeiter. Oder auch von der Leitenden Polizeidirektorin als Behördenleiterin über die Polizeioberrätin als Revierleiterin und der Polizeihauptkommissarin als Dienstabteilungsleiterin bis zur Polizeikommissarin als Sachbearbeiterin. Oder auch in allen denkbaren Mischformen. Solange dies nicht völlig selbstverständlich wirklich gelebt wird, liegt noch ein weiter Weg vor uns. Die höchste Führungsebene und alle ihr nachgeordneten Stufen der behördeninternen Hierarchie müssen sich für jeden erkennbar zielorientiert für das Konzept engagieren. Dringend notwendig sind daher nicht nur spezielle Gender-Seminare für Führungskräfte, persönliches Sich-Einbringen ist erforderlich. Wer nicht selbst brennt, kann auch kein Feuer entfachen und es ist müßig, einen löchrigen Eimer mit Wasser füllen zu wollen.

Gender Mainstreaming ist seinem Charakter nach kein Ergebnis, das zu irgendeinem Zeitpunkt als erreicht festgestellt werden kann. Der dieser Strategie immanente Prozesscharakter erfordert zu seiner Umsetzung neben dem deutlich erkennbaren politischen Willen und der im „Top-Down-Modell" enthaltenen Selbstverpflichtung auf allen Hierarchie-Ebenen auch eine „Bottom-Up-Bewegung." Alle Akteure sind in diesem Sinne eine „Schaltstelle der Vermittlung von Gender Mainstreaming" und nicht nur aufgerufen, die Gender-Problematik sich und anderen bewusst zu machen, sondern sich im Sinne des Gender Mainstreaming zu verhalten. Alle Berufsvertretungen der Polizei, zum Beispiel die Deutsche Polizeigewerkschaft (DPolG) im Deutschen Beamtenbund (DBB), fordern demzufolge den Dienstherrn (damit ist das jeweilige Bundesland bzw. die Bundesrepublik Deutschland gemeint) auf, die dazu erforderlichen Voraussetzungen zu schaffen und umzusetzen (vgl. Polizeispiegel Juli/August 2001, S. 161). Denn nicht nur die gesellschaftlichen, auch die beruflichen Rahmenbedingungen müssen stimmen. Dazu ist es weiterhin notwendig, ein administratives Routineverfahren zur Bewertung geschlechtsspezifischer Auswirkungen von getroffenen Maßnahmen (Gleichstellungsprüfungen) zu entwickeln (vgl. Schunter-Kleemann 1998, S. 33).

Die historische Entwicklung von Gender Mainstreaming

„ Wir, die Völker der Vereinten Nationen – fest entschlossen, [...] unseren Glauben an die Grundrechte des Menschen, an Würde und Wert der menschlichen Persönlichkeit, an die Gleichberechtigung von Mann und Frau [...], Bedingungen zu schaffen, unter denen Gerechtigkeit und [...] gewahrt werden können" (Charta der Vereinten Nationen 1945, Präambel).

Mit dieser sich selbst in die Pflicht nehmenden Erklärung der Vereinten Nationen (UNO bzw. UN) wurde zum ersten Mal die Gleichberechtigung der Geschlechter als weltweit gültiges Menschenrecht proklamiert. Unmittelbar danach verabschiedete die Vollversammlung am 11. Dezember 1946 einen Aufruf, der die UN-Mitglieder aufforderte, die Rechtsgleichheit von Mann und Frau in national gültiges Recht umzusetzen (vgl. hierzu und zu den weiteren verwendeten historischen Details bei Leitner 2002).

Innerhalb der UN-Menschenrechtskommission formierten sich zunächst Frauen aus 15 Mitgliedsländern in der „Commission of the Status of Women". Die mit übernationalem Weitblick agierenden Vertreterinnen ihrer Nationalstaaten erkannten bald die Notwendigkeit rechtlich verbindlicher Übereinkommen, scheiterten aber an den Gegensätzen des inzwischen ausgebrochenen Kalten Krieges. Die erste von dieser UN-Frauenrechtskommission erarbeitete Übereinkunft bezog sich daher lediglich auf die Berechtigung für Männer und Frauen, sich aktiv und passiv an Wahlen zu beteiligen und gleichberechtigt öffentliche Ämter auszuüben. Die entsprechende Resolution wurde von der UN-Vollversammlung am 20. Dezember 1952 angenommen und im März 1953 den Mitgliedsstaaten zur Ratifikation vorgelegt.

Die beiden deutschen Staaten „Bundesrepublik Deutschland" und „Deutsche Demokratische Republik" waren zu dieser Zeit noch nicht Mitglied der UNO. Inhaltlich hatte diese Entschließung für sie keine Bedeutung, da die darin proklamierten Rechte sowohl in der DDR als auch in der BRD verfassungsrechtlich abgesichert und auch praktisch verwirklicht waren. Formal trat die Konvention in den beiden Staaten daher erst Anfang der 70er Jahre in Kraft, in der Bundesrepublik sogar mit einer Einschränkung. Die Gleichbehandlung der Frauen durfte nicht auf die Streitkräfte ausgedehnt werden.

Die UN-Konvention von 1952, die sich lediglich auf politische Gleichstellung der Geschlechter bezog, wurde 1979 durch das weitergehende und auch verbindlichere Abkommen CEDAW zur Beseitigung aller Diskriminierungen von Frauen ersetzt. Diese Übereinkunft wurde von 168 Mitgliedsstaaten der UNO, unter ihnen auch die Bundesrepublik Deutschland, unterzeichnet. Für innerstaatlich gültige rechtliche Vorgaben ist darin eine Vorschrift von besonderer Bedeutung, mit der zeitlich begrenzte Frauenfördermaßnahmen erlaubt werden, um quantitative Gleichheit zu erreichen. Die in Niedersachsen gültige Regelung der Quotierung[12], auf die noch detailliert eingegangen wird (vgl. S. 99 ff), befindet sich somit im Einklang mit dem Völkerrecht.

1975 organisierten die Vereinten Nationen in Mexiko unter dem Einfluss weltweiter Emanzipationsbewegungen die 1. Weltkonferenz über die Rolle der Frau in der nationalen und internationalen Gesellschaft, der fünf Jahre später eine weitere Zusammenkunft in Kopenhagen folgte (zu den Weltfrauenkonferenzen vgl. bei Nave-Herz 1997, S.79 ff.). Die in dieser Zeit erarbeiteten Zielvorstellungen zur Verbesserung sozio-ökonomischer Bedingungen im Leben von Frauen wurden 1985 auf der 3. Weltfrauenkonferenz in Nairobi weiter konkretisiert. Zehn Jahre später, im Jahr 1995, wurde auf der 4. Weltfrauenkonferenz in Peking ein umfangreiches Bündel von Maßnahmen für die Gleichstellung von Frau und Mann erarbeitet.

Nach zähen und kontroversen Verhandlungen verabschiedeten die Vertreterinnen bzw. Vertreter aus 189 Staaten ein Abkommen zur Herstellung weltweiter Geschlechtergerechtigkeit. In diesem Dokument, als *„Aktionsplattform von Peking"* bekannt geworden, wird ausdrücklich betonend hervorgehoben: *„Frauenrechte sind Menschenrechte!"* Es ist wichtig, von Menschenrechten im Plural zu sprechen. Denn die Mehrzahl bewahrt vor der Versuchung, alles einer rein männlichen oder weiblichen Perspektive unterzuordnen. Das, was Inhalt und Zielrichtung von Gender Mainstreaming ausmacht, wurde in Peking wie folgt ausformuliert: *„Die Beteiligung von Frauen an der Macht, an Entscheidungsprozessen in Politik, Gesellschaft und Wirtschaft soll auf allen Ebenen gefördert werden. Das Ziel der Gleichstellung von Frau und Mann muß ein zentrales Anliegen der ganzen Gesellschaft werden"* (Nave-Herz 1997, S. 80). Diese inhaltlichen Vorgaben zur Herstellung wirklicher Geschlechtergerechtigkeit finden sich unter dem Fachbegriff Gender Mainstreaming, der seit 1995 zunehmend Verwendung findet, wieder. Die Vereinten Nationen stellen mit dieser inhaltlichen Zielvorgabe der bisher favorisierten *„Politik der Weiblichkeit, die von der Differenz der Geschlechter und ihrer Unterschiede ausgeht, eine neue Politik der Egalität, welche die Gleichheit der Menschen beiderlei Geschlechts betont,"* (Nave-Herz 1997, S. 24) gegenüber. Neben den bereits vorhandenen speziellen frauenpolitischen Förderungsmaßnahmen Normierung, Quotierung, Managing Diversity, Mentoring und Netzwerken (vgl. S. 96, 97) steht damit ein weiteres Instrument zur Verfügung, um Gleichstellung der Geschlechter herzustellen (vgl. Böker 2000).

Die 1995 in Peking und dann im Juni 2000 in der Konferenz Peking +5 in einem Folgedokument mit weiter konkretisiertem Inhalt beschlossenen Grundlagen sind nicht nur Signale, sondern verpflichtende Zukunftsaufgaben für alle Staaten der Welt und damit auch für Europa und Deutschland.

---

[12] Bis zum 31. Dezember 2010 sind Frauen bei Einstellungen, Beförderungen und Übertragung höherwertiger Tätigkeiten bei gleicher Eignung, Befähigung und fachlicher Leistung so lange vorrangig zu berücksichtigen, bis sie in jeder Besoldungsgruppe zu mindestens 50 vom Hundert vertreten sind (vgl. §§ 5, 6, 26 Niedersächsisches Gleichberechtigungsgesetz).

Europa hat sich dem auch nicht entzogen und sieht sich, insbesondere im Bereich der Europäischen Union, in einer Vorbildfunktion. Bereits im Jahr 1957[13], weit vor den erst seit 1975 stattfindenden Weltfrauenkonferenzen, legte der Art. 119 des EWG-Vertrages den Grundsatz *„gleicher Lohn für Männer und Frauen bei gleicher Arbeit"* verbindlich fest und schuf damit erstmals eine Grundlage für erfolgreich verlaufende Klagen von Frauen vor dem Europäischen Gerichtshof (EuGH)[14]. Obwohl inzwischen fast ein halbes Jahrhundert vergangen ist, besteht die Forderung nach gleichem Lohn für gleiche Arbeit auch heute noch weiterhin völlig zu Recht. In diversen Dokumentationen zum Weltfrauentag am 8. März 2003, zum Beispiel in einem Aktionsaufruf von Bündnis 90/Die Grünen, wird auf Studien verwiesen, nach denen Frauen in Deutschland nur 76 Prozent von dem verdienen, was Männer erhalten. Deutschland ist damit Schlusslicht in Europa. Für Polizeibeamtinnen trifft dies jedoch mit Ausnahme struktureller Nachteile wie offensichtlich geringeren Aufstiegschancen, auf die noch eingegangen wird, nicht zu. Eine Polizeikommissarin und ein Polizeikommissar gehören zum Beispiel derselben Besoldungsgruppe A 9 an und erhalten dasselbe Gehalt.

Innerhalb des Europarates wurde im Jahre 1995 einer Expertengruppe für Gender Mainstreaming das Mandat zur Durchführung einer Bestandsaufnahme aller Maßnahmen erteilt, welche die im Sinne von Gender Mainstreaming innerhalb der Mitgliedstaaten bereits vorhandenen geschlechterspezifischen Aktivitäten und Perspektiven zum Gegenstand hatten. Die Gruppe legte im Mai 1998 einen Bericht vor, in welchem nicht nur Beispiele für bewährte Praktiken gesammelt sind, sondern auch Empfehlungen an die Mitgliedsstaaten ausgesprochen werden, wie sich die Dimension des sozialen Geschlechtes „Gender" wirksam und erkennbar integrieren und evaluieren lässt (vgl. Europarat 1998, S.1). Auch innerhalb der Europäischen Union (EU)[15] wurde die Idee von Gender Mainstreaming als neue Strategie zur Umsetzung einer spezifischen Gleichbehandlungspolitik aufgegriffen und weiterentwickelt (vgl. Nave-Herz 1997, S. 81 ff.). Das Europäische Parlament (EP) setzte schon 1979 die Ad-hoc-Kommission *„Rechte der Frau"* ein, die 1981 erstmals einen die rechtliche Situation der Frauen in den Mitgliedsländern vergleichenden Bericht vorlegte, welcher vom Plenum als *„Instrumentarium einer umfassenden europäischen*

---

[13] Am 25. März 1957 wurden in Rom die Verträge zur Gründung der Europäischen Wirtschaftsgemeinschaft (EWG), die als Kern der europäischen Einigung gelten, unterzeichnet (vgl. Europa von A bis Z 2000).
[14] Nicht zu verwechseln mit dem Internationalen Gerichtshof in Den Haag oder dem Europäischen Gerichtshof für Menschenrechte in Straßburg. Der EuGH mit Sitz in Luxemburg ist als einheitlicher Gerichtshof der EU u.a. zuständig bei Klagen natürlicher und juristischer Personen über die Anfechtung und Unterlassung von Rechtsakten der EU (vgl. Europa von A bis Z 2000).
[15] Die Europäische Union (EU) steht in Rechtsnachfolge von Europäischer Wirtschaftsgemeinschaft (EWG) und Europäischer Gemeinschaft (EG). Bis Ende April 2004 bestand die EU aus 15, seit dem 1. Mai 2004 sind es 25 Mitgliedsstaaten.

Politik zur Verbesserung der Position der Frau" angenommen wurde. Die Europäische Union hat den Begriff „Gender Mainstreaming" sogar ausdrücklich und zielgerichtet in ihrer beschäftigungspolitischen Leitlinie Nr. 19 aus dem Jahre 1999 eingesetzt: *„Daher werden die Mitgliedstaaten einen Gender-Mainstreaming-Ansatz bei Umsetzung der Leitlinien [...] zugrunde legen. Im Hinblick auf eine aussagekräftige Bewertung der mit dem Mainstreaming erzielten Fortschritte haben die Mitgliedstaaten dafür zu sorgen, dass geeignete Datenerhebungssysteme und –verfahren zur Verfügung stehen"* (Niedersächsisches Ministerium für Frauen, Arbeit und Soziales (B) 1999). Mit der Verordnung Agenda 2000[16] wurde innerhalb der Europäischen Union bindend festgelegt, dass bei der Verteilung europäischer Finanzmittel das Prinzip „Gender Mainstreaming" als innovative Handlungsmaxime beachtet werden muss. *„Eine Verordnung ist die stärkste Form der Rechtssetzung in der EU. Sie hat allgemeine verbindliche Geltung und ist in jedem EU-Mitgliedstaat unmittelbar geltendes Recht"* (Europa von A bis Z 2000). Obwohl es bei dieser Verordnung der Europäischen Union *„primär um die geschlechter-egalitäre Verteilung finanzieller Fördermittel geht, bietet sie dennoch Handlungsmöglichkeiten, mit denen Mainstreaming-Maßnahmen auf nationaler Ebene einfordernd verwirklicht werden können"* (Schunter-Kleemann 1998).

In der Charta der Grundrechte der Europäischen Union[17] bekennen sich die Mitgliedsstaaten ausdrücklich und mit Nachdruck zur Gleichheit von Männern und Frauen. Obwohl dieses Dokument noch keine rechtliche Verbindlichkeit besitzt[18], gilt es doch unstreitig als wichtige politische Grundlage, welche sogar (wenn auch kontrovers diskutiert) als Grundstein für die zur Zeit Gestalt annehmende Europäische Verfassung angesehen wird.

Alle hier angeführten Politikansätze zur Verwirklichung von Chancengleichheit der Geschlechter sollen sachfremde und daraus resultierende ungerechte Benachteiligungen und Bevorzugungen verhindern, die allein auf die Zugehörigkeit zum männlichen oder weiblichen Geschlecht zurückzuführen sind.

---

[16] Mit der Agenda 2000 vom März 1998, novelliert am 24./25. März 1999 in Berlin, wurde u. a. der Finanzrahmen der EU für die Jahre 2000 – 2006 festgelegt (vgl. Europa von A bis Z 2000).

[17] Artikel 23 Abs. 1 Charta der Grundrechte der Europäischen Union: *„Die Gleichheit von Männern und Frauen ist in allen Bereichen, einschließlich der Beschäftigung, der Arbeit und des Arbeitsentgeltes, sicherzustellen."*

[18] Zur Frage der Rechtsverbindlichkeit einigten sich die Staats- und Regierungschefs des Europäischen Rates im Juni 1999 in Köln darauf, nach der *„feierlichen Proklamation"* am 7. Dezember 2000 in Nizza zu prüfen, *„ob und gegebenenfalls auf welche Weise die Charta in die Verträge aufgenommen werden sollte"* (Engels 2001, S. 7). Bisher ist dieses nicht geschehen.

Wie es im internationalen Bereich üblich ist, besitzen diese Dokumente, welche als die offiziell gültige Rechtsgrundlage für die Einführung und Umsetzung von Gender Mainstreaming als institutionelle und strategische Leitlinie gelten, „leider" nur den Rang von Empfehlungen. Ausgenommen davon sind die bereits angesprochenen Verordnungen der Europäischen Union, die in allen Mitgliedsstaaten unmittelbar verbindlich zu beachtendes Recht beinhalten. Empfehlungen enthalten keinerlei rechtliche Verbindlichkeit, sondern besitzen lediglich den Charakter einer Absichtserklärung. Um Rechtsverbindlichkeit herzustellen, muss in jedem einzelnen Staat das dort vorgesehene nationale Ratifizierungsverfahren durchlaufen werden. Es bedarf daher nationaler Normierungen, die einen einklagbaren Rechtsanspruch auf Verwirklichung des betreffenden Gesetzes ermöglichen. Mit Blick auf die „in der Regel von Männern dominierten Gerichte" wird sich benachteiligt fühlenden Frauen jedoch empfohlen, nicht so sehr auf eine wegweisende frauenpolitische Rechtsprechung zu hoffen, sondern sich nach der Devise „Nur wer laut Forderungen stellt, kann auch gehört werden" selbst aktiv für die Umsetzung von Gender Mainstreaming in das normale Leben einzusetzen (vgl. Breyer 1998, S. 27).

Alle Mitgliedstaaten der Europäischen Union haben sich inzwischen mit ihrer Unterschrift zur Anwendung des Konzeptes Gender Mainstreaming verpflichtet. Im „Vertrag zur Gründung der Europäischen Gemeinschaft" in der Fassung des Vertrages von Amsterdam, von der Bundesrepublik Deutschland unterschrieben und ratifiziert[19], wird die tatsächliche Gleichstellung von Männern und Frauen ab Mai 1999 auch in Deutschland explizit verbindlich festgeschrieben: „Bei allen [...] Tätigkeiten wirkt die Gemeinschaft darauf hin, Ungleichheiten zu beseitigen und die Gleichstellung von Männern und Frauen zu fördern"(Art. 3 Abs. 2 EG-Vertrag). Dieser Verpflichtung wurde innerhalb der Mitgliedstaaten der Europäischen Union bisher offensichtlich nur unzulänglich nachgekommen. Bergmann, damalige Bundesministerin für Familie, Senioren, Frauen und Jugend, äußerte sich bereits Mitte des Jahres 2000 besorgt über eine von ihr „in europäischen Sondierungsgesprächen festgestellte Tendenz konservativer Kräfte, die Uhren zurückdrehen zu wollen, um Frauen auf ihre traditionellen Rollen in Haus und Herd zu beschränken" (Deutsche Polizei November 2000, S. 238). Auch das Europäische Parlament sah sich am 25. April 2002 veranlasst, sein Bedauern darüber zum Ausdruck zu bringen, „dass nur wenige Mitgliedstaaten Genderaspekte in ihren nationalen Aktionsprogrammen zur Bekämpfung der Arbeitslosigkeit berücksichtigen" (Breyer 2002).

---

[19] Beschlossen am 2. Oktober 1997 zur Ergänzung der Verträge über die Gründung der Europäischen Gemeinschaften und die Europäische Union, in Kraft getreten am 1. Mai 1999 (BGBl. 1999 II, S. 296,416).

Bundestag und Bundesregierung sind trotz allem erkennbar bemüht, den im Vertrag von Amsterdam eingegangenen Verpflichtungen nachzukommen. So setzte das Parlament Mitte April 2002 das Zusatzprotokoll zum *„UN-Übereinkommen zur Beseitigung jeder Form von Diskriminierung der Frau"* (CEDAW) in Kraft. Damit erhalten Frauen und auch Frauengruppen das Recht, sich nach Ausschöpfung des innerstaatlichen Rechtsweges mit einer individuellen Beschwerde direkt an den Genfer CEDAW-Ausschuss der UNO zu wenden (vgl. UNICEF-Nachrichten 1 März 2002). In seinem Beschluss vom 23. Juni 1999 erkannte das Bundeskabinett die Gleichstellung von Männern und Frauen als durchgängiges Leitprinzip der Bundesregierung an und sprach sich mit Bezug auf Art. 2 und 3 Abs. 2 des Amsterdamer Vertrages dafür aus, diese Aufgabe als Querschnittsaufgabe unter „Gender Mainstreaming" zu fördern (vgl. Polizeispiegel Mai 2002, S. 99). Auch im Koalitionsvertrag von 16. Oktober 2002 wurden mit den Begriffen *„Gender-Mainstreaming, Gender-Budgeting, Gender-Kompetenzzentrum"* eindeutige Inhalte und Zielsetzungen zur Anwendung dieser Strategie zur Herstellung von Geschlechtergerechtigkeit festgeschrieben (vgl. Koalitionsvertrag 2002, S. 61/62). Die Bundesregierung setzt damit deutlich erkennbar die durch ihre Vorgänger eröffnete Evolution fort. Unter der Zielsetzung *„alle Vorhaben auf ihre Bedeutung für Frauen zu untersuchen"* und *„Möglichkeiten zum Abbau der Benachteiligungen von Frauen zu finden"* (Nave-Herz 1997, S. 82) wurde bereits im Jahre 1950 im Bundesministerium des Innern ein Referat *„Verfassungsrechtliche Belange der Frauen"* eingerichtet. Dessen Aufgaben sind 1972 dem Bundesminister für Jugend, Familie und Gesundheit übertragen und bis 1987 inhaltlich mit eigenen Kompetenzen zur „Frauenpolitik" erweitert worden. Ab 1991 existiert ein selbstständiges *„Bundesministerium für Frauen und Jugend"*, ab 1993 umbenannt in „Bundesministerium für Familie, Senioren, Frauen und Jugend"[20]. Ferner existieren in allen Bundesministerien Arbeitseinheiten, die sich im Rahmen ihrer besonderen Ressortzuständigkeit speziell mit Frauenfragen befassen (vgl. Nave-Herz 1997, S. 82 ff.).

Als einer der jüngsten Erfolge auf dem Weg zur Herstellung von Geschlechtergerechtigkeit ist die Ratifizierung des UN-Klagerechtes bei Menschenrechtsverletzungen an Frauen durch die Deutsche Bundesregierung zu verzeichnen. Während frühere Bundesregierungen Forderung nach Zulassung einer solchen Klage ablehnten (vgl. Publik Forum 16/2001, S. 6), besteht nach der Unterzeichnung dieses Dokumentes für Frauen, die sich in Deutschland diskriminiert fühlen, die Möglichkeit, vor dem UN-Rassismus-Ausschuss ein Untersuchungsverfahren gegen die Bundesrepublik zu beantragen.

Nicht nur die Bundesrepublik Deutschland an sich, auch alle Bundesländer und damit das Land Niedersachsen, sind aufgrund der Ratifizierung des

---

[20] Diese Bezeichnung wird auch im Koalitionsvertrag vom 16. Oktober 2002 beibehalten.

Amsterdamer Vertrages verpflichtet, innerhalb ihres Zuständigkeitsbereiches Frauen und Männer von Anfang an gleichberechtigt in ihren spezifischen Bedürfnissen zu fördern. Dieses ist, gestützt auf die verfassungsrechtlichen Grundlagen der Bundesrepublik Deutschland[21] und des Landes Niedersachsen[22], de jure schon immer der Fall gewesen. Frauen und Männern werden danach grundsätzlich in allen Lebens- und Gesellschaftsbereichen einander gleiche Rechte, Chancen, Bedingungen und Behandlungen eingeräumt. Das in Niedersachsen fachlich zuständige Ressort trägt nach der Landtagswahl vom 2. Februar 2003 den Namen *„Ministerium für Soziales, Frauen, Familie und Gesundheit"*, an der Spitze steht Ministerin Ursula von der Leyen.

Rechtliche Grundlagen

Sofern es den alltäglichen Umgang zwischenmenschlicher Art unter Individuen angeht, können „Gesetz und Recht" weitgehend unbeachtet bleiben. Von Einzelsituationen abgesehen, dominiert hier in erster Linie das, was innerhalb des persönlichen Umganges unter Anstand, Sitte und Moral verstanden wird. Sobald das individuelle Leben jedoch Bezüge zum Gesamtkontext der Gesellschaft aufweist, erlangt das geltende Recht als grundlegende Rahmenbedingung beachtliche Bedeutung.

Das Wort „Recht" an sich bedeutet seinem inhaltlichen Gehalt nach „das Richtige". Einige Beispiele, wie dieses „Richtige" verstanden werden kann: *„Der rechte Zeitpunkt, von Rechts wegen, jetzt erst recht, mit Recht, so ist es recht, ohne Recht, es soll mir recht sein, etwas für Recht erkennen, das geschieht ihm recht, sein Recht suchen, es ist nur recht und billig, zu seinem Recht kommen, gehe ich recht in der Annahme, dass [...]"* (Duden Band 1). Ein für alle und für alles zu allen Zeiten gültiges Recht kann es, das wird aus dieser kleinen Aufstellung und auch aus unser aller Lebenserfahrung deutlich erkennbar, nicht geben. *„Das Recht ist ein zeitlich Ding, das zuletzt aufhören muss; aber das Gewissen ist ein ewig Ding, das nimmermehr stirbt"* (Martin Luther, aus einem Kalenderblatt zitiert). In diesem Denkspruch werden Recht und Gesetz als vergängliche Einheit verstanden, der das ewig währende Gewissen als Regulativ entgegen gesetzt wird. Kein Gesetz nämlich kann dieselben Rechte für Männer und Frauen so festschreiben, dass diese im täglichen Leben auch überall und wirklich umgesetzt werden.

---

[21] Artikel 3 Abs. 2 Grundgesetz: *„Männer und Frauen sind gleichberechtigt. Der Staat fördert die tatsächliche Durchsetzung der Gleichberechtigung von Frauen und Männern und wirkt auf die Beseitigung bestehender Nachteile hin."*

[22] Artikel 3 Abs. 2 Satz 3 Niedersächsische Verfassung: *„Die Achtung der Grundrechte, insbesondere die Verwirklichung der Gleichberechtigung von Frauen und Männern, ist eine ständige Aufgabe des Landes, der Gemeinden und Landkreise."*

Die hier als Gewissen bezeichnete innere Stimme ist es, die alle Menschen, auch diejenigen, die nicht in der Interpretation gesetzter Normen bewandert sind, in allen Lebenslagen deutlich spüren lässt, was in der betreffenden Situation richtig, also Recht, und was unrichtig, also Unrecht, ist. Jeder von uns hat in eigentlich allen Lebenslagen ein Empfinden dafür, was richtig ist. Alles Gute, alles Schlechte bezieht sich nicht auf die Sache an sich, die Zuordnung „richtig" oder „falsch" beruht auf individuellen Empfindungen. Jedermann weiß aber auch, dass persönliche Sichtweisen nicht weiterhelfen. Was rechtsverbindlich gültig sein soll, muss in einer für alle verbindlichen Form niedergeschrieben sein oder werden. Geltendes Recht muss also, um überhaupt Anwendung finden zu können, inhaltlich in Kraft gesetzt werden, und zwar durch ein „Gesetz"[23].

Unstreitig ist das, was konkret im Gesetz steht, elementar wichtig. Gesetze sind und waren aber auch stets starke Indikatoren für die in einer Gesellschaft dominierenden Werte, vor allem aber für einen sich anbahnenden Wertewandel. Einerseits sichern und tradieren Gesetze die in einer Gesellschaft gültigen Werte, andererseits schaffen sie auch ein verändertes Wertebewusstsein.

Im praktischen Leben kommt es nie allein auf die gesetzte Norm an. Das Bewusstsein des einzelnen, der mit seinem Handeln oder auch Nichthandeln die in der Gesellschaft vorhandenen Überzeugungen reflektiert und tradiert, ist entscheidend. Maßgeblich ist nicht das in Kraft gesetzte Gesetz an sich, sondern der oftmals und viel beschworene Sinn und Geist des Gesetzes. Juristen ist die Unterscheidung zwischen legal, „den Tatbestand der Angelegenheit berührend", und legitim, „den Sinn des Gesetzes betreffend", zweifellos gegenwärtig.

„Den Tatbestand der Angelegenheit berührend" stellen alle Gesetze zur Herstellung von Geschlechtergerechtigkeit zunächst eine objektive Legalität her. Schon allein durch ihr Vorhandensein sichern sie formaljuristisch die verfassungsrechtlich gebotene Gleichwertigkeit von Frauen und Männern in unserer Gesellschaft.

In Bezug auf Geschlechtergerechtigkeit muss dabei konstatiert werden, dass es überwiegend Männer waren, die mit ihren Normsetzungen über alle Aufgaben, die Frauen und Männern zukamen und weiterhin zukommen sollen, entschieden und über ihre Einhaltung gewacht haben. Die bisher an der deutschen Gesetzgebung beteiligten Frauen können aufgrund ihrer im Verhältnis zu Männern geringen Anzahl hinsichtlich dieser Feststellung vernachlässigt werden. Auch die Entscheidungen von *„in der Regel von Männern dominierten Gerichten"* können hinsichtlich einer *„wegweisenden frauenpolitischen Rechtsprechung"* durchaus kritisch hinterfragt werden (vgl. Breyer 2002).

---

[23] Mit dem Wort „Gesetz" sind hier alle schriftlich fixierten Normierungen gemeint. Zu verstehen als Oberbegriff sowohl für alle verwaltungsrechtlich in Kraft gesetzten Vorschriften als auch für die auf parlamentarischem Wege zustande gekommenen Normen. Auf den selten vorkommenden Fall des Gewohnheitsrechtes wird in dieser Darstellung nicht näher eingegangen.

Der Tatsache, dass es überwiegend Männer sind, die über Inhalt und Auslegung der Gesetze befinden, wohnt bereits eine qualitativ hoch anzusetzende gesellschaftliche Funktion inne, die nicht vernachlässigt werden darf. Recht „setzen" bedeutet nämlich auch „geben." Das Ergebnis kann als Gabe im Sinne eines gönnerhaft jovialen Zugeständnisses verstanden werden. Die Vorkämpferinnen der Frauenbewegung haben intuitiv an diesem Punkt angesetzt, indem sie stets klarstellten, dass das, was gegeben wurde und wird, weniger enthielt und enthält als das, was zustand und zusteht. Die Emanzipationsbewegung beschritt und kultivierte daher von Beginn an bis dahin völlig brachliegendes Neuland. Ohne die in ihr aktiv werdenden Kräfte wäre mit Sicherheit kaum etwas, wenn nicht sogar überhaupt nichts passiert. Nach und nach entstanden, aber erst auf nachdrückliche Forderungen aus der Frauenbewegung heraus, Gesetze, denen auch ein einklagbarer Rechtsanspruch auf Verwirklichung innewohnt.

Gesetzestexte an sich sind lediglich das (hoffentlich) redliche Bemühen, dem, was Recht sein soll, in Wortwahl und inhaltlichem Ausdruck möglichst nahe zu kommen. Sie können stets nur eine Begleit- und Hintergrundfunktion ausüben. Viel wichtiger ist das, was wirklich geschieht, was von den Akteuren tatsächlich in das tägliche Lebensumfeld transportiert und dort realisiert wird. Für die Umsetzung von Gender Mainstreaming in das normale Leben genügt es daher nicht, entsprechende Normierungen zu schaffen. Frauen und Männer müssen sich auch aktiv für die Herstellung von Geschlechtergerechtigkeit einsetzen. *„Nur wer laut Forderungen stellt, kann auch gehört werden"* (Breyer 2002).

Die bereits (vgl. S. 24, 25) näher dargelegten legitimen („den Sinn des Gesetzes betreffenden") strategischen Inhalte von Gender Mainstreaming sollen, das ist die erklärte Zielvorgabe, entscheidenden Einfluss auf das alltägliche Zusammenleben der Geschlechter ausüben. Es wird ein neues Leitbild des sozialen Miteinander entworfen, in welchem Männer und Frauen alles, was gerade entschieden und getan werden soll, gemeinsam gestalten. Diese Neuorientierung muss sich erst in den Köpfen der Menschen festsetzen, damit Gender Mainstreaming nicht nur „de jure" als Fiktion vorhanden ist, sondern auch „de facto" Realität wird. Die Weichenstellung für das neue Wertebewusstsein, in welchem Frauen und Männer denselben Wert besitzen, erfolgt nur innerhalb des sich gegenseitig beeinflussenden und befruchtenden Diskurses zwischen dem kollektiven Bewusstsein der Gesellschaft und dem des Individuums. Die Menschen müssen sich erst dessen bewusst werden, was Gender Mainstreaming für sie selbst bedeutet und sich dann diesem Bewusstsein entsprechend verhalten. Gesetze, die nur legal „tatbestandgemäß" eingehalten werden, helfen nicht wirklich weiter. Sie müssen ihrem legitimen Inhalt entsprechend, „ihrem Sinn folgend", mit Leben ausgefüllt werden.

Auch der Satz *„Männer und Frauen sind gleichberechtigt"* (Artikel 3 Abs. 2 Grundgesetz) hat seine rechtliche Verbindlichkeit nicht so unkompliziert, wie heute vermutet werden könnte, erhalten. Dass diese Formulierung, so wie sie ist, überhaupt in das Grundgesetz aufgenommen wurde, ist ein Verdienst von Elisabeth Selbert, (SPD), Mitglied des Parlamentarischen Rates. Ihrer Initiative ist diese *„Wende auf dem Wege der deutschen Frauen [...]* zur *Würde und Wertigkeit einer persönlichkeitsbewussten Frau"* (Marenholz 2003) zu verdanken. Dessen ungeachtet enthielt das Grundgesetz in seiner ersten Fassung vom 23. Mai 1949 noch eine Übergangsbestimmung, dass alles einer Gleichberechtigung entgegenstehende Recht erst am 31. März 1953 außer Kraft tritt. Solche Übergangsfristen sind notwendig und auch allgemein üblich, um einerseits Anpassungsprozesse zu ermöglichen und andererseits bindende Verpflichtungen zu notwendig erkannten Änderungen in einer Vielzahl von Normen festzuschreiben. Eine solche Pflicht endet jedoch nicht mit der jeweils aktuellen Novellierung der Rechtslage, es ist stets eine in die Zukunft gerichtete Evaluation erforderlich. Am 27. Oktober 1994 wurde eine solche Verpflichtung des Staates zur ständigen Umsetzung der Gleichberechtigung in die Lebenswirklichkeit mit dem Hinzufügen des Satzes *„Der Staat fördert die tatsächliche Durchsetzung der Gleichberechtigung von Frauen und Männern und wirkt auf die Beseitigung bestehender Nachteile hin"* in Artikel 3 Abs. 2 des Grundgesetzes festgeschrieben (vgl. Bundesgesetzblatt 1994, I S. 3146).

Das Land Niedersachsen schließt sich wie alle anderen Bundesländer diesen Vorbedingungen unserer freiheitlich demokratischen Grundordnung inhaltlich und formell voll an: *„Das Volk von Niedersachsen bekennt sich zu den Menschenrechten als Grundlage [...] der Gerechtigkeit. Die im Grundgesetz für die Bundesrepublik Deutschland festgelegten Grundrechte [...] sind Bestandteil dieser Verfassung.[...] die Verwirklichung der Gleichberechtigung von Frauen und Männern ist eine ständige Aufgabe des Landes, der Gemeinden und Landkreise"* (Artikel 3 Niedersächsische Verfassung, Nieders. GVBl. 1997, S. 480).

Diesen verfassungsrechtlich gesicherten Ansprüchen musste ganz konkret durch Gesetze und politische Orientierungsvorgaben Nachdruck und Wirkung verschafft werden. Alle Entscheidungsprozesse in einer Organisation, zum Beispiel in der Polizei Niedersachsen, müssen verbindlich so organisiert werden, dass bei ihrer Durchführung das „Verhältnis der Geschlechter" berücksichtigt wird. „Verhältnis der Geschlechter" beinhaltet nicht nur geschlechtsrelevante Gesichtspunkte, sondern auch die in der betreffenden Administration vertretene geschlechtsspezifische Population.

Der Deutsche Bundestag ist dieser Pflicht mit dem Gesetz zur Durchsetzung der Gleichstellung von Frauen und Männern, welches das 1994 eingeführte Frauenförderungsgesetz ablöst, nachgekommen (vgl. Bundesgesetzblatt 2001, I, S. 3234). Im öffentlichen Dienst des Bundes müssen seitdem Frauen in allen Verwaltungsbereichen, in denen sie unterrepräsentiert sind, immer dann bevorzugt eingestellt und befördert werden, wenn Männer nicht besser, sondern lediglich gleich geeignet sind.

Bemühungen, bundesweite Regelungen zur beruflichen Gleichstellung von Mann und Frau innerhalb der Privatwirtschaft zu institutionalisieren, sind bisher nicht erfolgreich gewesen. Bundeskanzler Schröder hatte zwar am 2. Juli 2001 mit den Spitzenverbänden der Wirtschaft vereinbart, auf ein Gleichstellungsgesetz für die Privatwirtschaft zu verzichten und die bis 2003 erzielten Fortschritte freiwilliger Frauenförderung in den Betrieben abzuwarten. Ende 2002 hatten insgesamt aber nur 4,1 Prozent der Firmen entsprechende betriebliche oder tarifliche Maßnahmen eingeführt (vgl. Frankfurter Rundschau 13. August 2003). *„Wie erwartet, bewirken freiwillige Vereinbarungen nichts"*, erklärten Bündnis 90/Die Grünen und Ver.di gemeinsam am 2. Juli 2002 in Berlin und forderten eine gesetzliche Regelung (vgl. Neue Osnabrücker Zeitung 3. Juli 2002).

Das niedersächsische Pendant zum Bundesgesetz zur Durchsetzung der Gleichstellung von Frauen und Männern ist das Niedersächsische Gleichberechtigungsgesetzes (NGG) vom 15. Juni 1994 (vgl. Nds. GVBl. 1994, S. 246). Bei dieser Norm handelt es sich ebenfalls nicht um eine Verpflichtung zur Gleichstellung von Mann und Frau in allen Arbeits- und Berufsfeldern, sondern nur um Tätigkeitsbereiche, bei denen das Land Niedersachsen selbst der Arbeitgeber ist. Der Anwendungsbereich des Gesetzes erstreckt sich demnach auf die Landesverwaltung Niedersachsen, also auf den gesamten Öffentlichen Dienst und damit auch auf die Polizei Niedersachsen. Nach den Vorgaben dieser Regelung soll eine den Männern gleichberechtigte Stellung von Frauen unter anderem durch rigorose Beseitigung weiblicher Unterrepräsentanz (Quotierung) in den Dienststellen erreicht werden (vgl. § 1 NGG).

Innerhalb der Polizei Niedersachsen wurde bereits im selben Jahr 1994 eine Arbeitsgruppe „Frauenförderung" eingerichtet, die den Auftrag erhielt, *„ein auf die Besonderheiten des Polizeidienstes abgestelltes Frauenförderkonzept zu erstellen"*(Erl. des Nds. MI vom 14. November 1994). Die Arbeitsgruppe, bestehend aus fünf Polizeibeamtinnen und vier Polizeibeamten, legte Anfang 1995 das Ergebnis ihrer Arbeit vor, welches auf dem Erlasswege als *„Frauenförderkonzept für die Polizei Niedersachsen"* in Kraft gesetzt wurde. Es handelt sich hierbei nicht um die Umsetzung der in dieser Erörterung dargestellten Strategie Gender Mainstreaming, die in dem selben Jahr 1995 erstmals auf der 4. Weltfrauenkonferenz in Peking (vgl. S. 33) entwickelt wurde, sondern um eine der weiterhin neben Gender Mainstreaming fortbestehenden Frauenfördermaßnahmen (vgl. S. 96, 97).

Gleichwohl ist es von Interesse, was Polizeibeamtinnen und Polizeibeamte mir aus ihren Erfahrungen zur Realität der Gleichstellung von Männern und Frauen berichtet haben.

Die mündlich und schriftlich gestellte Interviewfrage lautete: *„Gibt es innerhalb der Polizei Niedersachsen Bevorzugungen, Benachteilungen von Männern, von Frauen?"*

In 48 (56 Prozent) von 86 Antworten wurde die Ansicht vertreten, dass Bevorzugungen von Frauen und dementsprechende Benachteilungen von Männer vorhanden seien.

Als Hauptgrund wurde die Quotenregelung (vgl. S. 99) genannt.

Polizeibeamtin, 22 Jahre: *„Bevorzugungen, denn allein auf diesen Stellenausschreibungen da steht ja auch immer schon drauf, dass Frauen bevorzugt einzustellen sind."*

Polizeibeamter, 22 Jahre: *„ [...] Das kann dann nicht ausschlaggebend sein, dass die Person eine Frau ist und deswegen genommen wird. [...] Es sollten nur die genommen werden, die in dem Bewerbungsjahrgang wirklich die Besten sind und nicht, weil es Frauen oder Männer sind."*

Polizeibeamter, 23 Jahre: *„Ja, Benachteiligung für Männer durch die Frauenquote."*

Polizeibeamtin, 27 Jahre: *„[...] das ist ein Vorteil, dass du eine Frau bist, weil die werden jetzt gerade gesucht, weil auf allen Dienststellen muss die Frauenquote irgendwie erfüllt werden. Das ist mit Sicherheit ein Vorzug, den wir Frauen jetzt momentan haben."*

Polizeibeamter, 28 Jahre: *„Chancengleichheit wurde aufgehoben. Bei gleicher Leistung wird Frau bevorzugt!"*

Polizeibeamter, 29 Jahre: *„Ja, mittlerweile werden Frauen bei gleicher Leistung bevorzugt, sogar offiziell!"*

Polizeibeamter, 30 Jahre: *„Ja, durch Quotenregelungen, die an den Grundsätzen von Eignung, Befähigung und Leistung vorbeigehen!"*

Polizeibeamtin, 35 Jahre: *„Also wenn da jetzt ne Frau und ein Mann zur Beförderung stehen, dann ist es momentan glaube ich schon auch Usus, was die Männer dann ja auch beklagen, dass es so ist, dass die Frau dann befördert wird.*

Polizeibeamtin, 35 Jahre: *„[...] Frauen haben einen Vorteil, dass die viele Posten kriegen, weil sie nämlich eine Frau sind, [...] dass die Männer sich eben sehr oft benachteiligt da fühlen, weil in diesen Ausschreibungen unsäglicherweise immer drinsteht, Frauen sind bei gleicher Eignung und Befähigung bevorzugt zu nehmen."*

Eine junge Polizeibeamtin (22 Jahre) befürchtet eine Benachteiligung hinsichtlich der Bewertung dienstlicher Leistungen *„In Dienststellen, wo viele (nur) Männer sind, werden Frauen nur aufgrund ihres Geschlechtes schlechter beurteilt"* und findet Bestätigung in den Erfahrungen von zwei weiteren Kolleginnen.

Polizeibeamtin, 35 Jahre: *„[...] dass Frauen es da immer noch ein bisschen schwerer haben, um bestehen zu können. Wenn ihnen irgend etwas passiert, dass es dann vielleicht doppelt zum Tragen kommt."*

Polizeibeamtin, 41 Jahre: *„[...] meine persönliche Meinung ist, dass die Frauen in der Polizei nach wie vor besser sein müssen als die Männer, um gleich beurteilt oder befördert zu werden."*

Völlig anderer Ansicht sind sieben junge Beamte im Alter zwischen 22 und 29 Jahren, die mit Bezug auf körperliche Gegebenheiten und sportliche Leistungen von geringeren Anforderungen für ihre Kolleginnen sprechen.

Polizeibeamter, 29 Jahre: *„[...] Ich selber habe bei meinem Einstellungstest gesehen, dass viele Frauen den Sporttest nicht geschafft haben und trotzdem mit rüber genommen wurden, dass da die Quote erfüllt wird."*
Auch die Verweigerung des Dienstes im Spezialeinsatzkommando (SEK) für Frauen *„weil man Frauen nicht alles zutraut"* (Polizeibeamtin, 23 Jahre) wird ebenso wie das Fehlen von Männerbeauftragten (Polizeibeamte, 23 und 26 Jahre), spezieller Männerseminare (Polizeibeamter, 25 Jahre) und eines Mentoring-Programmes für Männer als Benachteiligung empfunden.
Polizeibeamter, 22 Jahre: *„ [...] es gibt dieses Mentoring-Programm, was für Frauen ausgestaltet wurde, die die Fachhochschule, die Laufbahnprüfung mit einer zwei oder besser abgeschlossen haben. Die bekommen einen Mentor zur Seite gestellt, der sie so ein bisschen in den höheren Dienst einführt. Das gibt es für Männer in der Form nicht."*

Zwei Beamte heben die Bevorzugung ihrer Kolleginnen bei der dienstlichen Verwendung in Heimatnähe als für ihr persönliches Leben gravierenden Nachteil besonders hervorgehoben:
Polizeibeamter, 35 Jahre: *„Also ich habe sehr lange gebraucht, um nach [...] zu kommen, 10 Jahre. Ich weiß von Kolleginnen, die sind, weil es eben Frauen sind, nach drei, vier Jahren schon heimatnah versetzt worden. Sicherlich stößt das negativ auf."*
Polizeibeamter, 38 Jahre: *„Bei der Polizei ist es häufig so, die Versetzung zur Wunschdienststelle Jahre dauert, manchmal Jahrzehnte. Dass bei der Versetzung von Frauen zur Wunschdienststelle da natürlich Vorteile gegenüber den Kollegen, die den gleichen Dienstort anstreben, auftreten, ist festzustellen."*

Die Aussage einer Polizeibeamtin (41 Jahre) *„Ich selber, für meine 17 Jahre* [Dienstjahre], *bin nie großteilig benachteiligt, aber auch nicht total bevorzugt worden"* ist ambivalent zu verstehen. Einerseits werden keinerlei Besonderheiten festgestellt, andererseits aber auch Benachteiligungen und Bevorzugungen eingeräumt.

18 Prozent der Befragten sind davon überzeugt, dass Bevorzugungen und Benachteilungen sowohl bei Männern als auch bei Frauen auftreten würden und auch nicht zu vermeiden seien.
Polizeibeamtin, keine Angabe zum Lebensalter: *„Gerechtigkeit ist nie 100%ig vorhanden."*
Polizeibeamtin, keine Angabe zum Lebensalter: *„Überall, wo subjektiv bewertet wird, kommt es zu Bevorzugungen / Benachteiligungen."*
Polizeibeamter, 35 Jahre: *„Die gibt es immer, die gibt es in jeder Institution. [...] auch wenn nur Männer da sind, wird es immer Vorzüge oder Nachteile geben bei der Polizei, das kann man nicht ausmerzen."*

Polizeibeamtin, 40 Jahre: *„Das ist auch sehr individuell abhängig, in unserer aller Beziehung spielt das Geschlecht eine Rolle, auch wenn wir es wahrhaben oder nicht wahrhaben wollen."*
Polizeibeamter, 45 Jahre: *„Das ist seit ewigen Zeiten Thema. Bevorzugungen / Benachteiligungen gibt es mit absoluter Sicherheit, aber ich glaube nicht bezogen auf die Gruppe Frauen oder die Gruppe Männer. Es mag vielleicht im Moment mal derjenige so empfinden, der sich insgesamt benachteiligt fühlt, aber ich bin da der Meinung, dass dies nicht auf Männer oder Frauen bezogen ist, sondern Benachteiligungen gibt es für den einen oder die andere. Das ergibt sich durch verschiedene Faktoren: zu welchem Zeitpunkt man bei der Polizei eingestiegen ist, wann man welchen Lehrgang gemacht hat, vielleicht auch von der Beförderung eines Vorgesetzten, wenn Positionen frei werden. Das ist viel von Zufällen geprägt, ob man 'ne Chance hat befördert zu werden oder eine bestimmt Position bekleiden zu können. Das kann jeden betreffen, sowohl Männer als auch Frauen."*

Weitere 18 Prozent sehen keinerlei diesbezügliche Probleme, für sie ist die Gleichberechtigung weitgehend realisiert.
Polizeibeamtin, 40 Jahre: *„Ich denke, dass gerade im Rahmen der Frauenförderung die Institution Polizei sehr weit fortgeschritten ist, also wenn ich es vergleiche mit anderen Institutionen, muss ich immer sagen, das klappt bei der Polizei."*

Einen Schwerpunkt von Antworten bilden Hinweise auf klischeehaftes Denken und dem Hervorheben eigener Leistungsbereitschaft.
Polizeibeamtin, 28 Jahre: *„Ich kann das nur insoweit belächeln, weil ja unter jeder Ausschreibung steht, Frauen und Behinderte werden bevorzugt behandelt. Da wird ja auch geguckt, was kann er, was kann sie [...] für diesen Job. [...] Speziell wird dann eine Entscheidung getroffen."*
Polizeibeamtin, 31 Jahre: *„[...] ich denke, wenn eine Frau will, dann kommt sie auch weiter."*
Polizeibeamtin, 35 Jahre: *„[...], wenn man sich die Zahlen anguckt, wie die Frauen abschneiden an der Fachhochschule oder wo auch immer, die sind ja im Durchschnitt sehr viel besser als die Männer, schneiden bei dem Test sehr viel besser ab."*
Polizeibeamter, 38 Jahre: *„Es ist so, dass jede Ausschreibung, wenn man sich auf einen Dienstposten bewirbt, mit dem Satz endet, bei gleicher Eignung, Leistung, Befähigung ist die Einstellung von Frauen dann bevorzugt. [...]. Es steht bei gleicher Eignung und Leistung, d. h., wenn der Mann etwas besser wäre, dann hätte er den Vortritt."*

Ein spezielles Problem liegt offensichtlich in sexuell begründbaren Motivationen, die nicht nur zu dienstlichen Bevorzugungen oder Benachteiligungen führen, sondern auch private, sogar strafrechtlich zu würdigende Aspekte aufweisen können.

Polizeibeamter, 21 Jahre: *„T-Bonus!"*

Polizeibeamtin, 26 Jahre*: „Gut, es gibt einige Vorgesetzte, die nutzen das vielleicht auch aus, dass es jetzt ne Frau ist. Es gibt natürlich Vorzüge, die ne Frau hat gegenüber nem Mann, das kann man nicht abstreiten. Wo jetzt ein Vorgesetzter eher drauf anspringen würde als bei nem Mann.."*

Polizeibeamtin, 27 Jahre: *„Da hat mich ein Kollege des öfteren zum Essen eingeladen oder Laufen. Ich habe versucht, das diplomatisch zum umgehen, weil das wollte ich nicht, es war mir unangenehm. Ich habe so die Ansicht, man sollte doch noch Beruf und das Privatleben trennen, sofern das jetzt irgendwie kein Freund ist, den man schon kennt. Daraufhin ist der zu meinem Vorgesetzten gegangen und hat gemeint, dass man mit dieser Frau nichts anfangen könnte und hat derbe meine Beurteilung nach unten gezogen. Da war ich doch sehr enttäuscht, dass das immer noch irgendwie eine Rolle spielt, also dass man da oder dass dieser Mensch so getrennt hat und er ist mit Sicherheit nicht von der alten Garde, es war einfach gekränkte Eitelkeit und da denke ich mir, dass darf es nicht sein. Das ging auch, ich habe mich auch gewehrt. Aber es ist eine ganz blöde Situation. Ich weiß von Praktikantinnen, denen das gleiche widerfahren ist und die konnten sich nicht wehren, weil ich bin etwas älter schon und die sind, die kommen gerade von der Schule, die haben geweint auf dem Klo. Die kamen nicht klar und haben sich nicht anvertraut und das finde ich, das darf es, das darf es einfach nicht geben."*

Polizeibeamter, 31 Jahre: *„Ja, Frauen werden aufgrund des Äußeren bevorzugt behandelt."*

Polizeibeamter, 32 Jahre: *„Ja, meist ist es so, dass Frauen durch ihr Geschlecht beim männlichen Vorgesetzten zumindest eine ‚Unruhe' erzeugen können."*

Polizeibeamter, 52 Jahre: *„Dadurch, dass auch die Frauen Zugang in die Polizei haben, schaffen die uns natürlich auch manche Probleme in unserem Berufsfeld und es gibt auch Spannungen. Denn es ist ja klar, man lernt sich ja hier bei der Polizei kennen, man lernt sich nicht nur kennen, sondern man lernt sich möglicherweise auch noch besser kennen, man lernt sich lieben, man spannt möglicherweise dem Kollegen die Frau aus und gerade im Streifendienst ist das ja auch gerade beim Nachtdienst nicht ganz unproblematisch. Jetzt, vor zwei Tagen, ein Kollege vergewaltigt eine Kollegin. Auch darüber muss man offen reden und ich bin davon überzeugt, dass nicht alles ans Tageslicht kommt. Diese Probleme hatten wir natürlich zwangsläufig vorher nicht. Aber dadurch, dass Frauen jetzt in unseren Beruf gekommen sind, gibt es diese Probleme, dass dadurch Ehen geschieden werden, aber sich auch zwei hier finden bei der Polizei."*

Abschließend zum Thema Bevorzugungen/Benachteiligungen noch eine Aussage, die aus einer völlig anderen Lebenswelt zu kommen scheint:

Polizeibeamter, 52 Jahre: *„Einer Frau mag man ungern sagen, dass sie viel-leicht Fehler hat oder so. Als Mann ist man da so eher so der Typ Diplomat, dass man sagt, na ja, ist nicht ganz so schlimm oder man sagt o. k., die hat zwar Fehler, aber man versucht das so mit Wörtern zu beschreiben, dass die Frau immer noch ganz gut dabei aussieht. "*

Inhalt und Bedeutung des Begriffes „Geschlecht"

Üblicherweise verstehen wir Menschen uns nach unserem biologischen Geschlecht als Frau oder Mann. Wir werden als solche nicht nur erkannt, wir übernehmen auch aufgrund unserer Sozialisation die mit dem biologischen Ge-schlecht verbundenen Gender-Funktionen (vgl. S. 59 ff).

Neben Gender existieren aber noch einige weitere inhaltliche Zuordnun-gen zum Wort Geschlecht, auf die hier kurz eingegangen werden soll.

Innerhalb der wissenschaftlichen Terminologie, aber auch in der Um-gangssprache des anglo–amerikanischen Sprachraumes, hat sich das Wort „sex" als Fachausdruck etabliert, um eine bestimmte Person aufgrund ihres natürlichen Geschlechtes als Mann oder Frau kenntlich zu machen[24].

In der Genealogie, der Wissenschaft von Ursprung, Folge und Verwandt-schaft der Geschlechter im Sinne von Ahnenforschung, liegt das Verständnis von Geschlecht im Nachvollzug von Herkunft und Abstammung des Einzelnen, seiner Familie und der Abfolge von Generationen. Im Rahmen der hier vorge-stellten Gesamtthematik sind in diesem Zusammenhang biblische Quellen wie die Wiedergabe des Geschlechtsregisters der Patriarchen (vgl. Mose 1, Kapitel 5) und die Aufzählung der Geschlechter des Volkes Israel (vgl. 1. und 2. Buch der Chronik) besonders interessant. Dadurch, dass nur Männer und ihre Söhne namentlich genannt werden, wird deutlich erkennbar die Herrschaft des Mannes über die Frau manifestiert. Auf Frauen, Mütter und Töchter wird im biblischen Kontext zu Herkunft und Abstammung der Patriarchen im Wesentlichen nur Be-zug genommen (vgl. S. 77 ff).

Thematisch aufschlussreich ist auch das in der Anthropogenie, der Wis-senschaft von der Entstehung und Abstammung des Menschen, erforschte Ver-ständnis zur Entstehung und Abstammung des Menschengeschlechtes an sich. In diesen Veranschaulichungen wird bereits eindeutig vom gemeinsamen Oberbeg-riff „Mensch" für Mann und Frau ausgegangen (vgl. S. 89).

Die uns als völlig normal erscheinende und keinerlei Zweifel unterworfe-ne Dichotomie aufgrund körperlicher Gegebenheiten war nicht zu allen Zeiten so selbstverständlich wie es heute ist. Im Verständnis der Antike nahm man in

---

[24] In der deutschen Sprache findet das Wort „Sex" außerdem als Oberbegriff für körperlich ausgeübte Liebespraktiken Verwendung.

jeder menschlichen Gestalt nur einen Körper wahr und der war männlich. Der Phallus wurde dabei als Symbol für *„kreative Tätigkeit, die eindringt und eingreift, die weibliche Brust für das nährende Wesen, das für andere sorgt"* (Becker-Schmidt 1999, S. 7) wahrgenommen. Über Tausende von Jahren galt die Ansicht, dass Frauen über dieselben Genitalien wie Männer verfügen, die aber innerhalb und nicht außerhalb des Körpers sind. Erst etwa ab dem 18. Jahrhundert, mit dem Fortschreiten der Wissenschaften und als Folge der gesellschaftlichen Veränderungen aufgrund der Aufklärung, kam es zum Zusammenbruch der *„Konstruktion des Ein-Geschlecht-Leibes"* und zur *„Entdeckung des biologischen Geschlechtsgegensatzes"* als Voraussetzung zur Durchsetzung der Biologisierung zweier Geschlechter (vgl. Wege 2001).

Die darauf fußenden, konkret vorhandenen biologischen Unterscheidungen zwischen Frauen und Männern werden im Sinne von *„Markern"* wie folgt aufgeschlüsselt (vgl. Spannbauer 1999):

1. nach dem chromosomalen (das das Erbgut tragende) bzw. genetischen (das die Entstehung betreffende) Geschlecht: das 23. Chromosomenpaar entscheidet über das Geschlecht,
2. nach dem hormonellen (ein körpereigener Wirkstoff) Geschlecht: bei der Frau liegt eine Vorherrschaft des Hormons Östrogen (weibliches Sexualhormon), bei dem Mann eine größere Konzentration an Testosteron (Hormon der männlichen Keimdrüsen) vor,
3. nach dem gonadalen (die Geschlechtsdrüse, die Keimdrüse betreffend) Geschlecht: Ovarium (Eierstock) bei Frauen, Testikel (Hoden) bei Männern,
4. nach dem genitalen Geschlecht (die inneren Genitalien betreffend): Gebärmutter und Eileiter bei Frauen, Samenleiter und Prostata bei Männern,
5. nach dem morphologischen (die Form, den Bau betreffend) Geschlecht: äußere Genitalien und sekundäre Geschlechtsmerkmale.

Neben diesen natürlichen Unterscheidungsmerkmalen eröffnen sich gegenwärtig noch interessante andere Aspekte zu biologisch begründeten Differenzierungen zwischen Männern und Frauen. So wurde jüngst beklagt (vgl. Evangelische Zeitung 16. September 2001), dass die Testverfahren, die von der Pharmaindustrie vor der Zulassung von Medikamenten durchgeführt werden (müssen), im Wesentlichen an Männern erprobt werden. Es hat sich nämlich herausgestellt, dass Arzneimittel, die vom Arzt verschrieben werden, bei Frauen mehr und andere Nebenwirkungen hervorrufen als bei Männern. Außerdem benötigen Frauen je nach Hormonzyklus andere Dosierungen als Männer. Die pharmakologische Forschung wird in dem Bericht aufgefordert, auf Frauen zugeschnittene Testverfahren zu entwickeln und für die Praxis bereitzuhalten.

Der Norddeutsche Rundfunk (NDR 1 Radio Niedersachsen 30. April 2003) nahm sich inzwischen ebenfalls dieses Problems an und berichtete über unterschiedliche Wirkungen von Medikamenten auf Frauen und Männer. Danach sind nur etwa 20 Prozent aller derzeitig verwendeten Arzneimittel hinsichtlich ihrer Verträglichkeit sowohl auf Männer als auch auf Frauen geprüft worden. Als Ursache für die Vernachlässigung der aufwendigen Testverfahren bei Frauen wurde der durch die Contergan-Katastrophe ausgelöste Schock bei Verbrauchern und vor allem innerhalb der Pharma-Industrie ausgemacht. Da Frauen unerkannt schwanger werden können und es ggfs. auch bereits sind, bestehen bei allen weiblichen Test-Personen Risiken gesundheitlicher und vor allem haftungsrechtlicher Art, denen sich niemand aussetzen will.

Die aktuelle Politik erkennt mittlerweile in dieser Sache ebenfalls dringenden Handlungsbedarf. Im Koalitionsvertrag zur Bildung der Bundesregierung zwischen den Parteien SPD und Bündnis 90/Die Grünen vom 16. Oktober 2002 wird auf Seite 62 im Kapitel „*Gender Mainstreaming im Gesundheitsbereich [...]*" festgeschrieben: „*Der im Jahr 2001 vorgelegte Bericht zur gesundheitlichen Situation von Frauen in Deutschland macht deutlich, dass eine zielgenaue, geschlechterdifferenzierte Gesundheitsvorsorge und -versorgung erforderlich ist. Wir brauchen künftig eine geschlechterdifferenzierte Gesundheitsberichterstattung.*"

Auf andere Varianten biologisch begründbarer Zuordnungen der Geschlechter und Auffassungen zur Geschlechtszuschreibungspraxis, die über die Dichotomie der üblichen und hier vorgestellten Differenzierungen in „männlich" und „weiblich" hinausgehen, soll zumindest kurz hingewiesen werden. Käthe Trettin setzt sich in einem ihrer in vorwiegend feministischer Wissenschaft diskutierten Beiträge sehr intensiv mit der Frage auseinander, inwieweit die Kategorie „Geschlecht" überhaupt benötigt wird. Sofern man sich nicht mit ihren Gedanken näher auseinander gesetzt hat, überrascht und verwirrt ihre unglaublich anmutenden Feststellung: „*Zudem ist es leicht vorstellbar, daß wir mit 17 oder 87 Geschlechtsbegriffen wunderbar zurechtkommen würden, vorausgesetzt, wir hätten sie nur lange genug eingeübt*" (Trettin 1994, S. 226). Thomas Laqueur beschäftigt sich, um ein weiteres Beispiel aus der Geschlechterforschung anzuführen, mit der sich ihm aufdrängenden Frage, ob das „*Körperliche*" nicht lediglich eine Konstruktion sei (vgl. Laqueur 1992). Unter anderem macht er auf die zwar bekannten, im öffentlichen Bewusstsein bis vor kurzem weitgehend verdrängten psychischen und sozialen Probleme von Homosexualität (das auf dasselbe Geschlecht gerichtete sexuelle Verlangen, bei Männern homosexuell, in Bezug auf Frauen lesbisch genannt) und Zwittertum (Doppelgeschlechtlichkeit) aufmerksam. Inzwischen können sich gleichgeschlechtliche Paare in Deutschland aufgrund des seit dem 17. Juli 2002[25] rechtsgültigen „*Lebenspart-*

---

[25] Am 17. Juli 2002 hat das Bundesverfassungsgericht eine von der CDU/CSU eingebrachte Klage gegen das „*Lebenspartnerschaftsgesetz*" abgewiesen. Die Kläger sahen darin einen Angriff auf Ehe und Familie und sahen die Zukunftsfähigkeit der Gesellschaft bedroht. Die von SPD und Bündnis 90/Die Grünen gebildete Bundesregierung, unterstützt von der in der Opposition befindlichen PDS, legte dagegen Wert auf eine Stärkung geschlechtsneutraler zwischenmenschlicher Beziehungen (Neue Osnabrücker Zeitung 16./18. Juli 2002).

nerschaftsgesetzes" staatlich anerkennen lassen. Die Ehepaaren zugute kommenden steuerlichen Erleichterungen werden ihnen bisher jedoch vorenthalten.

Rein körperbedingte Charakteristiken von Mann und Frau sind schlichtweg da. Soweit es sich um diese rein biologischen Kriterien handelt, in denen sich Männer und Frauen zweifellos unterscheiden, ist jeder Streit über Gleichheit der Geschlechter, sofern er nicht die Gleichwertigkeit einbezieht, müßig.

Gegenstand der hier geführten Diskussion ist aber das mit „Gender" bezeichnete soziale Geschlecht. Dieses soziale Geschlecht ist untrennbar mit dem biologischen Geschlecht sowie der Gesellschaft, in welcher man lebt, und dem darin vorherrschenden Verständnis zu den Rollen von Mann und Frau, verbunden[26]. Denn was eine Frau oder ein Mann in der jeweiligen Gesellschaft erreichen kann oder nicht erreichen kann, welche Rollenzuweisungen erfolgen und wie das geschieht, hängt entscheidend davon ab, ob der betreffende Mensch männlich oder weiblich ist. Die bekannten körperlichen Gegebenheiten, welche die individuelle Persönlichkeit eines Menschen als Frau oder Mann prägen, beinhalten weitreichende psychische, insbesondere aber auch soziale Auswirkungen. Jeder, jede kann dies schnell nachvollziehen, indem sie, indem er kurz die möglichen individuellen Lebensgestaltungen von Männern und Frauen in Staaten wie Jemen, Schweden, Deutschland oder auch anderswo überdenkt.

Das natürliche Geschlecht einer Person verkörpert das konstituierende Element des kulturellen, sozialen Geschlechtes Gender (vgl. Frey 2000, S. 6). Gender besitzt also die Funktion einer Analysekategorie und umfasst die soziale Stellung von Mann und Frau, kennzeichnet die bei ihnen aufgrund ihrer Geschlechtlichkeit beeinflusste Tradition und individuelle Lebensweise. Richtungsweisend ist bereits in diesen Begriffsbestimmungen das Hervorheben des Gemeinsamen von Frau und Mann durch die sie verbindende Sozialbeziehung Gender!

Die Vokabel „Gender" an sich analysiert nur einen Zustand und stellt diesen als gegeben fest. Sie enthält noch keinerlei Zielvorstellungen. Es wird lediglich darauf hingewiesen, dass die herrschenden Geschlechterrollen gesellschaftliche Konstrukte und damit auch veränderbar (!) sind (vgl. Stiegler 2000, S. 9). Sofern das Wort „Gender" nicht erweitert oder ergänzt wird, zum Beispiel durch das Wort „Mainstreaming", kennzeichnet es lediglich eine soziale Lage, eine Situation, die aufgrund des natürlichen Geschlechtes einer Person von dieser innerhalb der betreffenden Gesellschaft eingenommen wird oder wurde (vgl. S. 195 ff.).

Alle wissenschaftlichen und auch sonstigen Theorien und Denktraditionen zur Beschreibung, Begründung und Beseitigung von Ungleichheiten zwischen

---

[26] Auf die in den Worten „**man**" und „vor**herr**schend" enthaltenen maskulinen Inhalte sei an dieser Stelle bereits aufmerksam gemacht.

den Geschlechtern besitzen etwas Gemeinsames. Es ist die befürwortende oder kritische Auseinandersetzung mit der *„These eines natürlichen Geschlechts, das genetisch festgelegt und unveränderbar ist"* (Dausien 1999, S. 225). Die Auffassung, nach der Männer und Frauen aufgrund einer natürlichen Verschiedenheit auch unterschiedliche soziale Rollen zu übernehmen hätten, hat Denken und Handeln innerhalb von Geschlechterforschung, Literatur, Religion, besonders aber in oftmals heftig geführten gesellschaftlichen und privaten Auseinandersetzungen bis in die heutige Zeit hinein maßgebend beeinflusst.

Den Verfechtern der *„These eines natürlichen Geschlechts"* wird entgegengehalten, dass das Werden zur Frau bzw. zum Mann kein von der Natur festgelegtes, endgültig feststehendes Ergebnis darstellt, sondern prozesshaft ablaufenden Prägungen in der und durch die jeweilige Gesellschaft unterworfen ist. In erster Linie ist ein Mann, ist eine Frau zunächst ein Mensch. Das Gemeinsame des Menschseins stellt die beide Geschlechter verbindende Einheit dar. Vermeintlich vorhandene Unterschiede, die über die oben angeführten biologischen Gegebenheiten hinausgehen, wurden und werden angelernt und können demzufolge auch wieder verlernt werden.

Einige Veranschaulichungen zu dieser Sichtweise:

„Männer trauern anders" lautet der Titel des im Jahre 2002 erschienenen Buches von Elizabeth Levang. Sie neigen dazu, Gefühle zu ignorieren, sie zu unterschätzen oder ihnen zu misstrauen. Dies ist eindeutig, wie die Autorin schlussfolgernd nachweist, *„kulturell bedingt. Die Gesellschaft erlaube nur Frauen, sich zu ihren Gefühlen zu äußern. Männern werde beigebracht, stumm gegenüber emotionalem Schmerz zu sein. Der kulturelle Druck mache aus Männern wahre Männer: Es gereicht einem Mann zur Ehre, den Schmerz zu verleugnen und nicht, ihn zu fühlen"* (Hirscher 2002).
„Frauen sind genauso aggressiv wie Männer. Sie sind nicht von Natur aus friedfertiger. Sie machen das eher verbal, durch Mobbing oder üble Nachrede" (Neue Osnabrücker Zeitung 4. Mai 2002). Die Aggressivität von Frauen zeigt sich nach ihren Erkenntnissen nur anders als bei Männern. Ein Mann, der in einer Konfliktsituation um sich schlägt und Dampf ablässt, fühlt sich durch sein Verhalten in seiner männlichen Rolle sogar bestätigt. Eine Frau mit demselben Verhalten fällt damit völlig aus der weiblichen Rolle heraus.

Die Erkenntnis des evolutionären Erlernens dessen, was einen Mann, was eine Frau ausmacht, ist nicht neu. Simone de Beauvoir hat in ihrem Buch *„Le deuxième sex"* (Das zweite Geschlecht), in der deutschen Übersetzung neutraler *„Das andere Geschlecht"* genannt, eine Feststellung getroffen, die weltweit fundamentale Bedeutung erlangt hat: *„Man kommt nicht als Frau zur Welt, man wird es"* (de Beauvoir 1951, S. 265).

Das Buch „*Le deuxième sex*" und die daraus vielfach und auch hier zitierte Erkenntnis gilt allgemein als die historische, mythologische und wirtschaftliche Bestandsaufnahme über die Rolle der Frau schlechthin. Simone de Beauvoir selbst stellte dagegen fest, es sei nicht ein wirklich feministisches Bewusstsein gewesen, was sie zum Niederschreiben dieser ihrer Gedanken veranlasst habe (vgl. Mann, Sabine 2001). Sie hielt nämlich die Gleichheit zwischen Mann und Frau für längst erreicht und glaubte an einen humanistischen Weg zu einer generell besseren Welt, in der sich das Problem der Gleichstellung von selbst erledigen werde. Mit zunehmendem Alter wurde sie dann aber später doch zu einer engagierten Befürworterin des Kampfes um die Frauenrechte. In den 1970er Jahren galt sie, insbesondere aufgrund ihres als epochal bedeutsam einzuordnenden Buches als gefeierte Vordenkerin der Frauenbewegung. Obwohl jetzt selbst erklärte Feministin, stimmte sie keinesfalls den „*Entdeckerinnen einer neuen Weiblichkeit*" (Mann, Sabine 2001) zu, sondern vertrat eine andere, eine aus heutiger Sicht schon an Gender Mainstreaming anklingende Meinung. Hierzu die von Sabine Mann in ihrem Hörbild[27] aus dem Französischen übersetzte, im Hintergrund im Originalton zu hörende Stimme von Simone de Beauvoir: „*Viele Frauen wollen wie ich, dass Frauen nichts weiter als weibliche Menschen sind, ohne dass das profunde Unterschiede in der Sprache oder der Weltanschauung bedeutet. Und manche beanspruchen im Gegenteil Unterschiede. Das finde ich sehr gefährlich, weil das im Grunde darauf hinausläuft, eine weibliche Natur einzuklagen, was ganz im Sinne der Männer ist, die auf Andersartigkeit pochen.*" Bis in die heutige Zeit hinein erheben sich Stimmen, die vor der „*Gefahr einer bloßen Umkehrung der Geschlechterverhältnisse, die den Kampf der Geschlechter nicht beenden, sondern ihn lediglich mit ausgetauschten Rollen fortsetzen würden*" (Stoller 2000, S. 201, 202) warnen. Gedanken, wie sie von de Beauvoir bereits 1974 in ihrem Buch „*Alles in allem*" niedergelegt wurden: „*Männerhaß geht bei manchen Frauen so weit, daß sie alle von den Männern anerkannten Werte verwerfen und alles ablehnen, was sie, die Frauen, als ,männliches Modell' bezeichnen. Ich kann dem nicht zustimmen, da ich nicht glaube, daß es spezifisch feminine Eigenschaften, Werte oder Lebensweisen gibt. Daran zu glauben hieße, die Existenz einer weiblichen Natur anzuerkennen, mit anderen Worten: einem Mythos anzuhängen, der von den Männern eigens erfunden wurde, um die Unterdrückung der Frau aufrechtzuerhalten. Es geht für die Frau nicht darum, sich als Frau zu bestätigen, sondern als ganzes vollständiges menschliches Wesen anerkannt zu werden*" (Nave-Herz 1997, S. 60, 61).

Simone de Beauvoir blieb ihrer These „*Man wird nicht als Frau geboren, man wird dazu gemacht*" nicht nur treu, sie ergänzte sie später sogar: „*Auch als Mann wird man nicht dazu geboren, sondern dazu gemacht*" (Mann, Sabine 2001). Beispielhaft dafür, dass das Werden zur Frau bzw. zum Mann kein von

---

[27] Die Rundfunksendung wurde von mir mitgeschnitten, der Text auszugsweise niedergeschrieben.

der Natur festgelegtes, endgültig feststehendes Ergebnis ist, sondern ein prozesshaft ablaufendes Ereignis in der und durch die jeweilige Gesellschaft darstellt, soll hierzu die Aussage eines jungen Polizeibeamten (22 Jahre) vom 19.
Februar 2003 angeführt werden: *„Frauen haben jetzt hier in der Gesellschaft
schon einen anderen Stellenwert als früher, da es mehr Freiheiten gibt. Es ist
deswegen aber auch nicht immer einfacher. Viele Freiheiten heißt ja nicht, dass
einem die Entscheidungen abgenommen werden, man muss dann auch eher
Verantwortung übernehmen. Das kommt dann auf die Frau an oder auf den
Mann, damit umzugehen. Phänomene, dass Frauen jetzt mehr rauchen und so
etwas, das sind dann schon Ausschlaggeber dafür, dass es eben schwieriger
wird, auch für Frauen. Das muss sich erst einmal angleichen, das ist ein lang-
wieriger Prozess, denke ich. Aber die Richtung gefällt mir schon gut. Also die
Freiheiten, wer damit umgehen kann, der hat ja alle Möglichkeiten und ich denke, das haben die Frauen auch verdient. "*

Die Funktion der Kategorie Geschlecht, eigentliche Ursache für *„die viel
beachtete und aufgeregt geführte Gender-Debatte der letzten Jahre"* (Annuß
1999, S. 93), besitzt für Produktion und Organisation von Wissen um die gesellschaftliche Bedeutung der Geschlechterverhältnisse außerordentliches Gewicht.
Völlig zu Recht, denn dem natürlichen Geschlecht wohnt eindeutig eine Schlüs-
selfunktion bei der Analyse gesellschaftlich relevanter Sachlagen und damit
auch der Polizeikultur inne (so auch Herrnkind 1999 unter Hinweis auf Franzke
1997 und Wiese).

Alle geschlechtsspezifischen Zuordnungen dienen aber nicht nur einer
einfach und schnell verfügbaren Unterscheidung zwischen Mann und Frau, sie
ermöglichen auch vielfältige Orientierungen und erleichtern die Verständigung
untereinander. Unsere Wahrnehmung entspricht nämlich nicht dem realen Bild
von Menschen männlichen oder weiblichen Geschlechtes, sondern einer von uns
selbst erzeugten Konstruktion (vgl. S. 68). Die Kategorien „Frau", „Mann",
„männlich" oder „weiblich" sind *„reine Verstandesbegriffe, die Realität nicht
beschreiben, sondern vielmehr [...] erzeugen"* (Rendtorff/Moser 1999, S. 17,
unter Bezugnahme auf Kant). Die durch die dichotome Einteilung gezogenen
„geordneten" Abgrenzungen helfen darüber hinaus auch demjenigen, der sich
dem anderen Geschlecht gegenüber oder auch in geschlechterübergreifenden
Fragen wie Transvestismus und Homosexualität unsicher fühlt, eigene Festigkeit
zu erlangen. Diese vermeintliche Sicherheit bezieht sich jedoch nicht auf die eigentliche Sachfrage „Geschlecht" oder „Gender", sie dient individuellem Schutz
und persönlicher Abschirmung. *„Je unsicherer über sich selbst jemand ist, desto
,sicherer', fester wünscht er sich die Grenzen dieser Orientierung, desto fester
formuliert er seine Vorgaben und desto strenger wird er die vermeintlichen
Notwendigkeiten seines Handelns festlegen"* (Rendtorff/ Moser 1999, S. 16).
Die Unterscheidung zwischen Mann und Frau besitzt demnach nicht nur den
Charakter einer Kategorie, die dem Zurechtfinden und der Verständigung dient,

sondern erlangt durch wertende inhaltliche Zuweisungen auch einen vermeintlichen Wahrheitsgehalt.

Was „männlich", was „weiblich" ist oder zu sein hat, unterlag und unterliegt innerhalb der jeweiligen Gesellschaft einem lang andauernden historischen Entwicklungsprozess. Die sozialen Funktionen von „Frau" und „Mann" wurden und werden individuell nicht als natürlicher Teil der Umwelt entdeckt, sondern im Rahmen von Wahrnehmungsvorgängen konstruiert (vgl. S. 59 ff. und bei Eckholt 2001). Die Kennzeichnung „männlich" oder „weiblich" wurde und wird stets mit gesellschaftlichen Bedeutungen vermischt. Alle Angehörigen unserer Gesellschaft waren und sind auch weiterhin von dem in diesen Zusammenhängen enthaltenen substanziellen Gedankengut geprägt. *„Wahrnehmung und Darstellung des geschlechtlichen Leibes sind durch die Vorstellung von Geschlecht im soziokulturellen Raum geprägt"* (Laqueur 1992).

„Weiblichkeit [Männlichkeit] besteht aus einer Reihe von Strukturen und Bedingungen, die die typische Situation des Frauseins [Mannseins] in einer bestimmten Gesellschaft abstecken, ebenso wie auch die typische Weise, in der diese Situation von Frauen [Männern] selbst gelebt wird" (Young 1977). Dieses Resultat wird von denjenigen, denen nicht so sehr am Erkennen eines nie endenden Entwicklungsganges, sondern mehr an endgültig feststehenden Fakten gelegen ist, als gesichertes Ergebnis behauptet. Ein solches ist in Fragen der Geschlechtszuschreibung aber nur vordergründig betrachtet unangreifbar. Es darf nicht übersehen werden, dass unserer Gesellschaftsstruktur ein wichtiges, äußerst dynamisches Element innewohnt. Unser Denken, das gesamte Gefüge von sozialen Beziehungen kann nicht als starre Ordnung aufgefasst werden. Alles ist einem sich stetig wandelnden Prozess unterworfen. Wenn demzufolge also „Geschlecht" als wichtiges Element der gegebenen gesellschaftlichen Struktur zu dessen tragenden Bestandteilen zählt, diese Struktur sich aber als veränderbar erwiesen hat und erweist, ergibt sich daraus zwingend, dass *„auch Geschlecht selbst etwas Unabgeschlossenes, Bewegliches und Dynamisches an sich haben müsse"* (Rendtorff/ Moser 1999, S. 19, 20).

Die aus der Gender-Forschung gewonnenen Ergebnisse stellen klar, dass die überlieferten Gender-Rollen absolut nichts mit der biologisch vorgegebenen Geschlechtlichkeit, sondern einzig und allein mit gesellschaftlichen Gegebenheiten zu tun haben. Alle allgemein gültigen und individuell zu beachtenden Ausprägungen der Rollen, welche für Frauen und Männer, für Mädchen und Jungen Geltung haben (sollen), werden in der jeweiligen Gesellschaft definiert und auch festgelegt. Die normative Kraft des Faktischen entwickelt eine sich selbst bestätigende Dynamik. Die im gesellschaftlichen Leben vollzogene Verschiedenheit der Geschlechter ist nichts natürliches. Sie ist Ausdruck von seit Jahrtausenden vorherrschenden metaphysischen, politischen, ökonomischen Grundüberzeugungen, und das ist immer noch so (vgl. Stolpe 2000). Gender-Rollen werden durch Tradition, religiöse Glaubenssätze, Interpretationen weitergegeben und zeigen das Wertesystem einer Gemeinschaft auf. Sie werden institutionalisiert in sozialen Praktiken, Ideen und Beziehungen und sind tief im Bewusstsein sowohl von Männern als auch von Frauen verwurzelt (vgl. Scherer 1999, S. 9).

Aussagen von Polizeibeamtinnen und Polizeibeamten bestätigen dies ebenfalls, zeigen aber auch auf, wie das individuelle Verständnis zu Geschlechterrollen von dem, was allgemein in der Gesellschaft erwartet wird, abweicht.

Die Interviewfrage lautete: *„Gibt es etwas, von dem Sie denken, das ist typisch männlich, das ist typisch weiblich?"*
In 80 Prozent der Antworten wurden Angelegenheiten genannt, die als typisch für das jeweilige Geschlecht bezeichnet wurden, 16 Prozent davon verwiesen jedoch auf tradierte Ansichten und Gepflogenheiten:
Polizeibeamter, Alter nicht bekannt: *„[...] die Defizite, die es gibt, da auch vieles gesellschaftlich so gewollt ist."*
Polizeibeamter, 22 Jahre: *„Es gibt schon so Sachen, dass man Männern nachsagt, dass sie halt mehr Kraft haben oder dass sie halt in diesen körperlichen Dingen besser sind, aber so im Laufe der Zeit habe ich schon festgestellt, dass das eigentlich nur ja Stigmata oder wie man das bezeichnen soll sind, das stimmt eben halt nicht so wirklich."*
Polizeibeamter, 29 Jahre: *„Typisch männlich, das ist immer das Rollenverständnis. [...] Es gibt immer wieder was, wo man sich eigentlich drüber aufregt. Frauen sind schlechte Fahrerinnen. Dann halten die Frauen dagegen, gegen Machos und so."*
Polizeibeamter, 56 Jahre: *„Es gibt so sexistische Zuordnungen, die so gewollt sind in der Gesellschaft, wenn man so alte Lesebücher nimmt, Mutter steht hinter dem Bügelbrett oder in der Küche.*

Ein Polizeibeamter (22 Jahre) weiß um geschlechtsspezifische Verhaltensunterschiede und sieht sie auch für sich als wichtig an. Über die Ursachen hat er sich, sicherlich aufgrund des jugendlichen Alters, noch nicht viele Gedanken gemacht: *„Also vom Wesen gibt es da schon gravierende Unterschiede. Ob das jetzt wirklich direkt von der Frau kommt aus der Genetik oder ob das jetzt gesellschaftlich übermittelt wurde, das weiß ich gar nicht, ist vielleicht auch gar nicht so wichtig. Aber Unterschiede gibt es auf jeden Fall und das ist auch gerade wichtig für mich, dass es Unterschiede gibt, deswegen gehen eben auch die Gespräche in verschiedene Richtungen, wenn man sich unterhält."*

Als typisch männliche Eigenschaften wurden größere Körperkraft, besseres Durchsetzungsvermögen und deutlich erkennbare Anstrengungen, das Gefühlsleben nicht nach außen dringen zu lassen, genannt:
Polizeibeamter, 22 Jahre: *„Typisch männlich ist eben die Männlichkeit, die Härte, schnelle Autos zu fahren, Alkohol zu trinken, das ist typisch männlich,*

auch vielleicht keine Fehler eingestehen. Man ist eben, man hat irgendwo eine Position in der Gesellschaft und muss also, vom Althergebrachten noch, dass man irgendwie etwas darstellen muss, man muss Rückgrat haben für die Frau, für die Familie und es ist eben immer noch drin in der Gesellschaft, denk ich und es ist eben typisch noch die männliche Aufgabe.

Polizeibeamtin, 22 Jahre: *„Typisch männlich hart sein, Machogehabe, das ist das typische Klischee."*

Polizeibeamtin, 26 Jahre: *„[...] Während ein Mann [...] in manchen Situationen eben eher mal zupacken würde, als dass er so viel reden würde."*

Polizeibeamtin, 28 Jahre: *„Oh, da muss ich jetzt mal überlegen. Typisch männlich würde ich eher sagen, dass man im Berufsleben diese Gefühle rauslässt und die Männer Kopfentscheidungen treffen. Ich denke, das ist typisch männlich und das zeigt sich auch bei Besprechungen. Die Männer gehen dann voran und sagen, so, jetzt wird das so gemacht."*

Polizeibeamtin, 31 Jahre: *„Ich würde sagen, typisch männlich ist das Introvertierte, dass nicht über Gefühle und dass auch wenig über Probleme gesprochen wird,*

Polizeibeamter, 35 Jahre: *„Ja, man sagt ja immer, die Männer sind die etwas Härteren*

Polizeibeamtin, 35 Jahre: *„Bei der Polizei ist noch typisch männlich, dass sie Probleme haben, auf ihre Gefühle einzugehen, sie beschreiben nicht. Sie versuchen noch eher zu zeigen, dass sie mit irgendwelchen Situationen gut klarkommen, obwohl es innerlich vielleicht ganz anders aussieht."*

Polizeibeamtin, 35 Jahre: *„[...] ein anderes Kommunikationsverhalten [...] ein Handwerksmützendenken. Männer sind schnell mit Lösungen parat und weniger am Austausch orientiert. In [...] diesen klassischen Dingen, die man immer so sagt: Frauen können kein Auto fahren und Männer sind mit Technik besser drauf."*

Polizeibeamter, 37 Jahre: *„Durchaus, von meinem Empfinden her tun Männer Sachen viel leichter ab. Gerade im polizeilichen Alltag, wenn es darum geht, z. B. eine Todesnachricht zu überbringen."*

Polizeibeamtin, 39 Jahre: *„Männer können nicht so gut Gefühle zeigen und darüber sprechen."*

Polizeibeamtin, 41 Jahre: *„Es gibt schon einige Sachen, das ist allein schon von der biologischen Beschaffung her, dass viele Männer einfach kräftiger sind. Insofern gibt es einfach einige Sachen, dafür sind Männer besser geschaffen."*

Polizeibeamtin, 41 Jahre: *„Ja, was mir so spontan einfällt, typisch männlich ist die Tatsache, dass sie gleich sofort Menschen beurteilen, in ein Raster packen und sich nicht mehr dafür interessieren, dass das Ganze noch 'ne vielschichtigere Lösung haben kann."*

Polizeibeamter, 45 Jahre: *„Typisch für Männer sind irgendwelche Sprüche, die man am Arbeitsplatz mal macht. Ich hab mal in einem großen Werk gearbeitet, da warn nur Männer beschäftigt. Es waren immer doofe Sprüche da."*

Polizeibeamtin, 54 Jahre: *„Ich denk so auf die Polizeiarbeit bezogen, wenn es darum geht, gewalttätige Auseinandersetzungen zu schlichten, würde ich doch eher sagen, da gehn mal eher die Kollegen hin. "*

In fast allen Fällen waren es dieselben Personen, die als typisch weiblich soziale und andere zwischenmenschliche Eigenarten nannten und auch einen positiven Transfer zu dienstlichen Obliegenheiten herstellten:

Polizeibeamter, 22 Jahre: *„[...] und typisch weiblich ist eben, na ja, das Kinderkriegen und dann eben das Umsichtige, die Fürsorge und dieses Weitschweifende, um zu sehen, wie kriegt man das alles unter einen Hut, man möchte es auch jedem recht machen, dieses Weiche.*

Polizeibeamtin, 22 Jahre: *„[...] typisch weiblich ist so ein bisschen sich um alles zu kümmern, Haushalt in Ordnung bringen. "*

Polizeibeamter, 23 Jahre: *„[...] dass so das Mitgefühl bei Frauen sehr viel höher ist und sich Frauen in andere Rollen sehr viel leichter hineinversetzen können. Dann noch mitfühlen und sehr viel mehr Verständnis, auch Gefühl anderer Menschen dann auch entgegenbringen, wenn es sich um schwierige Situationen handelt. "*

Polizeibeamtin, 26 Jahre: *„Ja, Frauen können [...] eher die Situation besser beruhigen, weil Männer (hier zu verstehen im Sinne von Straftätern) meistens [...] nicht so aggressiv gegenüber Frauen sind. Oder sich nicht so trauen, weil doch die Frauenrolle eher so ist, dass man nicht zuschlägt oder so, dass man eher versucht, beruhigend auf die Leute einzuwirken, indem man mit denen redet. "*

Polizeibeamtin, 28 Jahre: *„Was ich zu den Frauen sagen kann, ist, dass die dann doch eher Vor- und Nachteile abwägen und auch kompromissbereiter sind. Damit dann natürlich auch so eine Angriffsfläche bieten, weil sie dann auch zugeben: Aber ich habe auch über das Gute und das Schlechte nachgedacht, können wir nicht irgendwie einen Mittelweg finden? Das ist immer schwierig dann. "*

Polizeibeamtin, 31 Jahre: *[...] wo Frauen eigentlich typisch mehr mitteilsam sind. Das muss auf dann den Tisch. "*

Polizeibeamter, 35 Jahre: *„Ja, typisch weiblich ist[...] dieses Einfühlsamere. "*

Polizeibeamter, 37 Jahre: *„[...] Frauen gehen bisschen gefühlvoller mit bestimmten Sachen um. Gerade im polizeilichen Alltag, wenn es darum geht, z. B. eine Todesnachricht zu überbringen. Dann habe ich das erlebt, dass das sowohl von Frauen, von Kolleginnen durchgeführt worden ist und auch von Männern. Da habe ich meine persönliche Erfahrung gemacht, gehen Frauen doch geschickter mit um. "*

Polizeibeamter, 38 Jahre: *„Es gibt viele Situationen, die Frauen von sich aus eher zu lösen in der Lage sind, die ein anderes Empfinden, eine andere Wahrnehmung haben und Situationen anders einschätzen. Besonders denke ich da im dienstlichen Bereich an Problemsituationen, wo auch Frauen eine Rolle spielen, wo viele Männer sich möglicherweise erst mal schwer tun werden. "*

Polizeibeamtin, 40 Jahre: *„Sozial, allumfassender denkend. "*

Polizeibeamtin, 41 Jahre: „[...] *Andersherum gibt es auch wieder Sachen, für die Frauen besser geschaffen sind. Ich weiß es einfach auch, dass da oft viele Kolleginnen sensibler sind, deeskalierender sich verhalten und weniger Widerstand haben im Dienst. Ich selber habe es auch schon so erlebt in meiner langjährigen Tätigkeit, dass bestimmte Situationen, die sehr angespannt waren. Wenn ich dann dazu kam, ich sage mal der Delinquent, auf einmal ganz positiv auf mich reagiert hat. Nach dem Motto, ups, da ist ja eine Frau, jetzt reiße ich mich ein bisschen zusammen. Das ist der Vorteil einfach der Frau.*"

Polizeibeamtin, 41 Jahre: „ *,n bisschen mehr Einfühlvermögen, finde ich weiblicher.*"

Eine überraschende Erkenntnis darüber, wie Frauen und Männer einander beeinflussen, ist der Antwort eines offensichtlich lebenserfahrenen Polizeibeamten (52 Jahre) zu entnehmen: „[...] *Also typisch ist meines Erachtens, dass Frauen heute immer noch in der Lage sind Männer zu aktivieren, zu animieren, dass Männer also gelenkt werden, von einer Frau gelenkt werden. Das ist auch im Polizeiberuf mit den Kolleginnen so, es ist so.*"

20 Prozent der Befragten sind der Ansicht, es gibt überhaupt keine wesensbedingten Unterschiede zwischen Männern und Frauen:

Polizeibeamtin, 25: Jahre „*Typisch männlich, typisch weiblich habe ich immer gedacht, [...] wären die Leistungen, die man beim Sport sieht. [...] Aber in der Zeit, wo ich bei der Bereitschaftspolizei bin, bin ich auch des Öfteren schon eines Besseren belehrt worden dadurch, dass ich Kolleginnen kennen gelernt habe, die z. B. am Berlin- oder am Hamburg-Marathon teilnehmen und dementsprechend auch hohe Leistungen bringen können und wollen.*"

Polizeibeamtin, 26 Jahre: „[...] *das trifft nicht auf alle Männer zu, in manchen Situationen eben eher mal zupacken [...]*"

Polizeibeamtin, 27 Jahre: „*In der Polizeiarbeit, würde ich sagen, es gibt nichts typisch männliches und nichts typisch weibliches. In allen Bereichen müssen beide Geschlechter gleich, also gleich stark sein. Also, jeder hat seine Neigungen, aber ich glaube nicht, dass das geschlechtsspezifisch ist.*"

Polizeibeamter, 29 Jahre: „*Nein, das kann ich jetzt so nicht verallgemeinern. Es gibt Frauen, die reagieren teilweise besser und spontaner als Männer in manchen Bereichen und andersrum genauso. Also, das kann ich jetzt so nicht pauschalisieren.*"

Polizeibeamtin, 35 Jahre: „[...] *Ich denke, das vermischt sich, Gott sei Dank, immer mehr.*"

Polizeibeamter, etwa Anfang 40, genaues Alter nicht bekannt: „*Diese alten Klischees, von Frau am Herd anketten und Mann geht arbeiten, die sind völlig überholt meiner Meinung nach, ganz klar.*"

Polizeibeamter, etwa Anfang 40, genaues Alter nicht bekannt: „*Es ist gesellschaftlich in, dieses Thema, dass man darüber diskutiert oder auch Studien macht und, na ja, in Wirklichkeit ist es eigentlich gar nicht mehr so aktuell.*"

Polizeibeamter, 56 Jahre: „*Für mich gibt es das nicht.*"

Die Geschlechterrollen

Gender – ein gesellschaftliches Konstrukt

Die Frage nach dem Verhältnis von männlich zu weiblich, von weiblich zu männlich durchzieht von Anbeginn an *„wie ein roter Faden"* (Rendtorff/Moser 1999, S. 11) Philosophie, Rechtsgeschichte und Alltagsleben. So wie die Inkas Botschaften dadurch sicherten und weiter vermittelten, dass sie Knoten in Schnüre knüpften, kann über Jahrhunderte hinweg bis in die heutige Zeit hinein anhand von „gender studies" verfolgt werden, wie die Geschlechterrollenproblematik das gesellschaftliche und private Leben nachhaltig beeinflusst hat. Zum Nachteil der Frau, die *„seit uralten Zeiten überall dem Mann untergeordnet, in Familie, Politik und Wirtschaft zweitrangig, in ihren Rechten und sogar in der Teilnahme am Kult eingeschränkt"* (Küng 2002, S. 54) war und weitgehend noch ist. Männer wurden und werden dagegen als Verkörperung gewichtiger Abstraktionen wie Autorität, Staat, Religion eingeordnet. Wesentlich dazu beigetragen hat das bis in die Renaissance vorherrschende *„Ein-Geschlecht-Modell"* (vgl. S. 48). Da kein eigener weiblicher Körper anerkannt wurde, dieser nur als minderwertig ausgeprägter männlicher Leib definiert wurde, verkörperte der Mann aufgrund seiner äußeren Genitalien sichtbare Kraft und Stärke. Der männliche Körper an sich repräsentierte standardisierte Autorität, Macht und darauf aufbauenden Herrschaftsanspruch.

Die in der oben zitierten Feststellung *„seit uralten Zeiten überall"* ausgeprägt vorhandene Dominanz des Patriarchats gilt jedoch nicht so absolut uneingeschränkt, wie es den Anschein hat. Auch wenn das Matriarchat weltweit gesehen lediglich eine unbedeutende exotische Außenseiterrolle einnimmt, es existiert. Die Bremer Wissenschaftlerin Iris Bubenik-Bauer hat zum Beispiel ein solches Matriarchat in dem seit über 5000 Jahren in China lebenden Volk der Moso vorgefunden und eingehend erforscht (vgl. Biermann 2002). Die dort vorgefundene *„gut funktionierende Demokratie"* muss jedoch, da festgefügte traditionell überlieferte Hierarchien eine Ungleichgewichtung der Rollen von Männern und Frauen manifestieren, kritisch gewürdigt werden.

Bereits Aristoteles (384 – 322 v. Chr.) versuchte in seinen Lehren die Minderwertigkeit von Frauen den Männern gegenüber zu begründen. Er stellte sich Sperma als *„heißes, bewegliches und zeugungsfähiges Fluidum"*, die Ergebnisse der weiblichen Anteile an der Zeugung als *„kalte, dünne, kraftlose Flüssigkeit"* (Becker-Schmidt 1999, S. 7) vor. Aristoteles ging von der *„a priori bestehenden Wahrheit"* aus, *„daß bei der Fortpflanzung der Mann die wirkende und die Frau die stoffliche Ursache war"* und die stoffliche [die Frau] *„von geringerem Wert ist als die Wirkursache [der Mann]"* (Laqueur 1992, S. 175). In konsequenter Folge solcher Gedanken waren beispielsweise im 4. Jahrhundert vor Chr. die Ehefrauen der Griechen durch Recht und Sitte an das Haus gebunden, vom Kulturleben ausgeschlossen und daher meist ungebildet und ohne höhere Interessen. *„Griechische und römische Ehefrauen waren noch nicht einmal*

Lust-, sondern bloß Besitzobjekte ihrer Gatten zur Austragung erbberechtigter Nachkommen" (Brandau/Schickert 2002, S. 155). Hetären, häufig geistig hochstehende Frauen, geschult in *„Flötenspiel, Gesang, Literatur, Kunst, Philosophie"*, standen nicht nur *„einfachen"* Männern wie Handwerkern, Hafenarbeitern, Matrosen, u. a. als Dirne zur sexuellen Befriedigung zur Verfügung. In krassem Widerspruch zu den von Aristoteles geäußerten Gedanken fanden sie aufgrund ihrer Bildung oft die Freundschaft von Politikern, Künstlern und Philosophen, welche in ihnen nicht nur erotische Gespielinnen fanden, sondern bei ihnen die zu Hause vermissten geistigen Anregungen erhielten (vgl. Lexikon 2000). Thomas von Aquin (1225 – 1274), hier beispielhaft für Philosophen und Theologen des Mittelalters angeführt, begründete die Vorrangigkeit des Mannes der Frau gegenüber mit dem Hinweis: *„Weil doch wir Männer Gottes Erstlingswerk sind"* (Rapp 2002). Mit dieser Berufung auf den biblischen Schöpfungsbericht behauptet er ferner, der Mann sei *„Prinzip und Ziel der Frau,"* die Frau aber *„etwas Mangelhaftes und Misslungenes"* (Küng 2002, S. 64). Es war in diesen Zeiten Frauen kaum möglich, den ihnen von Männern zugewiesenen Platz in Familie und Gesellschaft zu verlassen. Davon ausgenommen waren lediglich einige adlige Damen aufgrund günstiger Umstände in ihrer Erziehung sowie Kurtisanen, wie die heute als Prostituierte bezeichneten „Liebedienerinnen" im Mittelalter genannt wurden. In dieser Lebensform lag dazumal überhaupt nichts Anstößiges, im Gegenteil, das Mätressenwesen war allgemein verbreitet. *„Nach dem Vorbild der griechischen Hetären sind seit der Renaissance die Kurtisanen meist vielseitig gebildet. Die charmanten Damen, die oft großzügige Gastgeberinnen sind, machen sich einen Beruf daraus, zu gefallen – und man sieht nichts Unrechtes darin, die Sinnenlust bis ins Letzte zu genießen"* (Nüsser 2002).

Die unterschiedlichen gesellschaftlichen Möglichkeiten, die Frauen und Männern offen standen, finden ihre Ursache auch in der über Jahrhunderte entwickelten, bis in die heutige Zeit hineinwirkenden Arbeitsteilung zwischen den Geschlechtern. Der Frau wurde zu allen Zeiten von Männern im Sinne einer natürlichen, gottgewollten Ordnung die Funktion *„geschäftige Hausfrau"* zugewiesen, denn *„die Männer sind draußen auf der Jagd u. sonstwo"* (Etymologisches Wörterbuch der deutschen Sprache, Stichwort „Weib"). Arbeit, hier im Sinne von unangenehmer, aber notwendiger Weise zu verrichtender häuslicher Tätigkeit zu verstehen, wurde (und wird) von Männern gern denjenigen zugewiesen, die abhängig sind oder bewusst in Abhängigkeit gehalten werden. *„Der Germane überläßt die Arbeit den Unfreien"* (Etymologisches Wörterbuch der deutschen Sprache, Stichwort „Arbeit", unter Hinweis auf Tacitus, Germ. 15). Gedanken, wie sie von Männern über die Jahrhunderte hinweg bis in die heutige Zeit gepflegt und weitertradiert wurden. *„Im übrigen aber ist die durch Natur und Evangelium gebotene Arbeitsteilung zwischen den Geschlechtern die, daß der Mann für Kampf und Arbeit bestimmt ist, die Frauen aber in der Pflege reiner, warmer und inniger Gefühle, in der Bewahrung der Güter, die der Mann erworben, in der Ordnung, Leitung und dem Schmuck des Hauses, die von Gott* *ihnen anvertraute Aufgabe suchen. Dem Manne gebührt der Kampf und die Arbeit* [zu verstehen als Erwerbstätigkeit]*, aber das Weib wische den Schweiß von seiner Stirn und stärke seine Kraft, indem sie durch ihr Sein und Walten das Haus zu einer Stätte der Harmonie und des Friedens, zu einer idealen Welt bilde"* (Nave-Herz 1997, S. 17, unter Hinweis auf H. Jakobs bei Bäumer 1901).

Die Bestimmung der Frau wurde allgemein dahingehend verstanden, *„einem Manne durch ihre Annehmlichkeit die süßesten Freuden des gesellschaftlichen Lebens zu schenken, seinen durch anhaltendes Nachsinnen ermüdeten Geist durch ihren Umgang aufzuheitern, ihm als Freundin, Ratgeberin, Gesellschafterin und Regiererin des Hauswesens zu gefallen, mit einem klugen, nachgebenden Wesen an der Herrschaft über Kinder und Gesinde teilzunehmen, ihrem ewigen Freunde die Erwerbung nötiger Bedürfnisse zu erleichtern und ihn mancher kleinen Übel und Verdrießlichkeiten zu überheben"* (vgl. hierzu und hinsichtlich weiterer überlieferter Zeugnisse aus dem 19. Jahrhundert Nave-Herz 1997, S. 23). Wie tief diese Sichtweisen bis in die jüngste Vergangenheit in den Köpfen verwurzelt sind, kann aus einer Szene der im Oktober 2001 im Deutschen Fernsehen ausgestrahlten Biografie des Unternehmers Axel Springer *„Der Verleger"* geschlossen werden. Als Begründung für die von Springer in Aussicht genommene erfolgversprechende Gründung des Hamburger Abendblattes werden dem Schauspieler vom Autor folgende Worte vorgegeben: *„Eine Zeitung für den Mann, der müde nach Hause kommt, dem die Frau liebevoll umsorgend den Kaffee und das Hamburger Abendblatt reicht"* (Böhlich 2001, von mir aus dem Gedächtnis wiedergegebenes Zitat). *„Männer lassen arbeiten"* lautet der Titel eines Ende des Jahres 2000 erschienenen Buches der Kölner Journalistin Claudia Pinl, über das die Neue Osnabrücker Zeitung am 25. November 2000 unter dem Kürzel (igi) eine Rezension veröffentlichte. Danach schaffen Männer sich *„Freiräume und Zeitpuffer im Job"* und halten sich *„niedere Tätigkeiten"* geschickt vom Leib. Damit konfrontiert, *„tauchen sie erst mal weg. Wenn sie wieder auftauchen, ist vielleicht die Arbeit nicht mehr da."* Während Frauen aufreibende Tätigkeiten mit geringer Anerkennung und schlechter Bezahlung leisten, gehen Männer strategisch vor, um lästige Aufgaben an Frauen loszuwerden und dabei noch als *„schwerschuftender Versorger"* dazustehen. *„Ignorieren, Delegieren, Herumdiskutieren, Werben in eigener Sache, gezielter Einsatz von Kompetenzmangel, alles gepaart mit einem charmanten Hundeblick"*, sind einige von Pinl ausgemachte Tricks, die Männer seit Jahrhunderten anwenden, um ihre Freiräume zu erhalten und auszubauen.

Auffallend in den hier beispielhaft wiedergegebenen Zitaten ist neben der „Zuweisung von niederer, schlecht oder auch gar nicht bezahlter Arbeit" die Vorstellung, aufgrund biologischer Gegebenheiten sei die Frau nun einmal ein „gebärendes, hütendes, sorgendes Wesen." Beide Gedanken haben offensichtlich hartnäckig alle emanzipatorischen Fortschritte bis in die heutige Zeit hinein überdauert. Nach einer im Auftrag der Zeitschrift *„Readers Digest"* durchgeführten Emnid-Umfrage hat sich an der traditionellen Rollenverteilung, wenn auch einige Klischees zu bröckeln beginnen, nichts geändert (vgl. Neue Osnabrücker Zeitung 4. Januar 2003). 57 Prozent der 1009 Interviewten glauben zwar, dass Männer und Frauen gleichberechtigt sind, 71 Prozent von ihnen sehen jedoch den Hauptanteil der Hausarbeit bei den Frauen liegen. Immerhin sehen es 82 Prozent nicht mehr als unmännlich an Hausmann zu sein. Auch die Erziehungskompetenz wird dieser Studie nach mit 53 Prozent bei Frauen, 47 Prozent bei Männern als fast gleichwertig verteilt erachtet.

Polizeibeamter, 37 Jahre: *„Ich bin also nicht jemand, der so die klassische Theorie vertritt, die Frauen gehören an den Herd und geht einkaufen und der Mann geht arbeiten und solche Regelung. Wir betreiben es zu Hause auch so, dass wir uns alles aufteilen, wie es eben halt für uns rationell ist, so dass wir dann auch für die Familie genügend Freizeit haben. Das ist letztlich so und muss unterm Strich stehen. Dann kann es auch sein, dass ich dann mal bügeln muss oder das ich den Einkauf erledigen muss, wenn dadurch eben halt mehr Freizeit für die Familie unterm Strich rauskommt. "*

Polizeibeamter, 56 Jahre: *„..... wenn man so alte Lesebücher nimmt, Mutter steht hinter dem Bügelbrett oder in der Küche. Bei uns trifft das also einfach nicht zu. Wir sind immer beide aktiv gewesen, wir teilen Arbeitszeiten, ich übernehme auch Hausaufgaben. ich bügele auch zu Hause, ich habe mich um die Kinder gekümmert, ich habe die Kinder gewickelt, ich habe glaube ich mehr Pampers gewickelt als meine Frau. Für mich gibt es das eigentlich nicht. "*

Martin Herrnkind (1999, S. 11 ff.) legt näher dar, wie die *„Interaktionen zwischen den Geschlechtern auf der Ebene der Arbeitsteilung auch in Männerdomänen* [wie es die Polizei ursprünglich war] *seit jeher eine Rolle gespielt haben. "* Seiner diesbezüglich getroffenen Schlussfolgerung, die bis in die achtziger Jahre in Deutschland übliche Praxis körperliche Durchsuchungen von weiblichen Festgenommenen durch in der Polizei beschäftige Frauen wie Reinigungs- oder Bürokräfte, aber auch Krankenschwestern und sogar Ehefrauen von Polizeibeamten durchführen zu lassen, sei eine einem Mann nicht angemessene Tätigkeit, kann nicht gefolgt werden. Mit Ausnahme von das Leben gefährdenden Situationen galt in der Polizei stets das Gebot der gleichgeschlechtlichen Durchsuchung. Aus rein praktischen Überlegungen wurde und wird auch heute immer dann, wenn keine Polizeibeamtinnen vorhanden sind, auf andere Frauen oder Ärzte zurückgegriffen. Das gilt, auch wenn es seltener der Fall ist, in derselben Konsequenz auch für die Durchsuchung von Männern. Es ist zu vermuten, da ist Herrnkind zuzustimmen, dass Männer unbewusst durch das ihnen im Beruf begegnende soziale Umfeld in einer die vermeintliche männliche Vorrangstellung begründenden Haltung bestärkt werden. Innerhalb der Polizei ist bisher nicht nur eine geringe Anzahl von Beamtinnen anzutreffen (vgl. S. 153), *„bis in die Gegenwart arbeiten viele Frauen in der und für die Polizei als Reinigungskräfte, Küchenpersonal, Sanitäterinnen, Politessen, technische Hilfskräfte oder sind Büroangestellte bzw. Schreibkräfte. "* Die Hierarchie *„Reinigungskraft gleich Arbeiterin, Schreibkraft gleich Angestellte, Polizistin gleich Beamtin"* führt außerdem dazu, dass bei Frauen in der Polizei, die nicht *„verbeamtet"* sind, das Gefühl aufkommt, sie seien *„Menschen zweiter Klasse"* (Herrnkind 1999, S. 11 ff.). Die letzte aus einem 1999 durchgeführten Workshop *„Frauen in der Polizei"* stammende Aussage kann von mir aufgrund eigener Erkenntnisse bestätigt werden. Einige junge Polizeibeamtinnen verstanden sich während ihrer Ausbildung an der Polizeischule weiblichen Reinigungskräften gegenüber durchaus als „etwas Besseres."

Aktuellen soziologischen Studien zufolge orientieren sich auch heute noch Männer, die im Beruf Erfolg haben, am traditionellen Modell der Arbeitsteilung, wonach „er" im Beruf und „sie" zu Hause zu sein hat (vgl. Meesmann (C) 2001). Diese Erkenntnis trifft, wie meine eigene Untersuchung ergeben hat, nicht nur für karrierebewusste Männer zu.

Mit überwiegender Mehrheit von 78 Prozent haben die von mir befragten Polizeibeamtinnen und Polizeibeamten zu der Frage nach *„gesellschaftlich relevanten Rollenzuweisungen für Männer und Frauen"* erkennen lassen, dass diese nicht nur bekannt, sondern sie selbst lebensprägend begleiten. Gefragt wurde nach dem persönlichen Eindruck über die in der Gesellschaft vorherrschende Meinung. Es ist davon auszugehen, dass in vielen Antworten die persönliche Sichtweise wiedergeben wird und der Begriff „Gesellschaft" eine Stellvertreterfunktion einnimmt. Ähnlich dem sich in die Anonymität flüchtenden Sprecher, der beispielsweise sagt: „Man ist der Meinung, man findet nichts dabei, man müsste abnehmen, man sollte sich mehr bewegen" oder ähnliches. Eigentlich sagt er: „Ich bin der Meinung, ich finde nichts dabei, ich müsste abnehmen, ich sollte mich mehr bewegen" oder ähnliches, traut sich aber nicht, sich mit seiner Aussage zu identifizieren. Ein Polizeibeamter (39 Jahre) bekennt sich aber offen zu seiner Aussage, indem er deutlich sagt *„Bei mir ist das klassische Familienbild noch vorhanden."*

92 Prozent der in diesem Sinne eine eher traditionelle Gesellschaftsform befürwortenden oder sie zumindest akzeptierenden Antworten entsprechen im Wesentlichen dem, was ein junger Polizeibeamter (21 Jahre) so ausdrückt: *„**Frauen:** Kochen, Kinder, Kirche, Konsum; **Männer:** Bier, Frauen, Herr des Hauses, Oberhaupt der Familie."*
Einige weitere, beispielhaft für positive oder neutrale Haltungen stehende Stimmen aus dem Berufsfeld Polizei zu der Frage nach *„gesellschaftlich relevanten Rollenzuweisungen für Männer und Frauen"*:
Polizeibeamtin, 21 Jahre: *„Frau --- defensiv, häuslicher Bereich als Hauptwirkungsort, Männer.--- Ernährer der Familie, Familienoberhaupt"*
Polizeibeamter, 21 Jahre: *„Verdienen des Unterhaltes beim Mann, Kinderbetreuung durch Frau."*
Polizeibeamtin, 22 Jahre: *„Frau kümmert sich um Kinder, Haushalt, ggf. arbeitet sie dabei ganztags, Mann arbeitet ganztags."*

Polizeibeamter, 23 Jahre: „[...], dass die Rolle der Frau eher in der Familie liegt, sich um den Haushalt, um die Kinder zu kümmern. Der Mann dann doch eher für das Brötchenverdienen zuständig ist, das Geld nach Hause schafft und dafür sorgt, dass die Familie etwas zum Leben hat."

Polizeibeamtin, 23 Jahre: „Frauen: Kindererziehung, Haushaltsführung, Pflege von kranken Familienmitgliedern, Männer: Familienernährer, Gehaltsempfänger, körperlich Stärkerer"

Polizeibeamter, 24 Jahre: „Frauen sollen sich um den Haushalt und um die Erziehung der Kinder kümmern, der Mann erarbeitet das Geld."

Polizeibeamtin, 26 Jahre: „Frau: Hausfrau, Mutter (als Single: ähnlich wie bei Männern --- Selbstversorgung) Mann: Vater, Ernährungs- und Versorgungsfunktion."

Polizeibeamter, 27 Jahre: „Männer: Herrscherrolle, Versorger, Frauen: Sorgt für den innerfamiliären Frieden (sollte sorgen)."

Polizeibeamtin, 29 Jahre: „Frau: Hausfrau, Mutter, Mann: der Verdiener, Versorger der Familie."

Polizeibeamter, 32 Jahre: „Frauen: Familienbetreuung, Männer: Schaffe, schaffe, Häusle baue."

Polizeibeamtin, 33 Jahre: „Frau: Hausfrau, Mutter, Hilfsorganisationen, freiwillige Arbeit in Vereinen, Mann: Politik, Führungspositionen."

Polizeibeamter, 37 Jahre: „Männer müssen immer arbeiten, Frauen haben mehr Zeit für sich, ansonsten Küche und Kind."

Polizeibeamter, 37 Jahre: „Frauen sind für die Familie da, Männer für die Arbeit."

Polizeibeamter, 38 Jahre: „Männer: Beschützer; Geldverdiener; Chef im Haus; Frauen : Hausfrau; Versorgung der Familie."

Polizeibeamter, 39 Jahre: „Frauen bekommen Kinder, Haushalt... Männer sind für den Unterhalt der Familie verantwortlich - Arbeiten/Geldverdienen."

Polizeibeamter, 39 Jahre: „Bei mir ist das klassische Familienbild noch vorhanden. Meine Frau ist zu Hause, erzieht die Kinder, geht nicht mehr zur Arbeit, was ich auch richtig finde. Ich muss halt das Geld nach Hause bringen und mich um die anderen Dinge so kümmern."

Polizeibeamtin, 40 Jahre: „Frau: Familie, Haushalt, Kindererziehung, Ehemann bemuttern, Mann: Geld verdienen, stark sein, nicht im Haushalt helfen."

Polizeibeamter, 40 Jahre: „Die Frau gehört an den Herd und darf Kinder kriegen ! Der Mann ist immer das Oberhaupt!"

Polizeibeamtin, 40 Jahre: „Frau hütet Heim und Hof und der Mann geht raus ins feindliche Leben, diese Rollenverteilungen haben sich ja bis zum heutigen Tage immer noch gehalten."

Polizeibeamter, 40 Jahre: „Der Mann arbeitet und bringt das Geld nach Hause, damit der Schornstein rauchen kann. Die Frau erzieht die Kinder und führt den Haushalt."

Polizeibeamter, 40 Jahre: „Frau: Mutter, Kochen, Kinder, Kirche, Geliebte. Mann: Vater, Arbeitskraft, Ernährer der Familie, Verteidiger des Vaterlandes."

Polizeibeamtin, 41 Jahre: *„Überwiegend ist es einfach noch so, dass die Frau die Rolle der Mutter zu Hause übernimmt, ist einfach so."*

Sechs Polizeibeamtinnen und ein Polizeibeamter wissen um die hier aufgezeigten gesellschaftlichen Rollenzuweisungen für Männer und Frauen, nehmen aber einen betont kritischen Standpunkt dazu ein:
Polizeibeamtin, Auskunft zum Lebensalter verweigert: *„Schlampe, Mutter, Karrierezicke.....Macho, Vater, erfolgreich....."*
Polizeibeamtin, keine Angaben zum Lebensalter: *„Frauen bekommen eben Kinder, verdienen im Schnitt weniger, mein Mann verdient auch mehr bei einer 30 Std.-Woche. Der Haushalt bleibt meistens auch in der Zuständigkeit der Frauen. Männer sind leider immer noch in der Rolle des Familienernährers."*
Polizeibeamtin, 22 Jahre: *„Frau: unter den Mann gestellt, Hausfrau und Mutter, muß immer top gut aussehen, Diät machen, <u>Mann:</u> der Herrscher, der „Mann in der Familie", darf nicht weinen,"*
Polizeibeamtin, 28 Jahre: *„Frauen sind leider das einzige Geschlecht, das Kinder kriegen kann. Da werden Frauen in so eine Rolle reingedrückt. Viele Männer sind heutzutage sehr modern eingestellt, wollen gar nicht unbedingt derjenige sein, der das Geld nach Hause bringt, sondern hätten auch mal Lust ein Jahr Erziehungsurlaub zu nehmen, um auch Zeit mit den Kindern zu verbringen. Das Problem ist, dass es [...] scheitert, weil die Frau weniger oder schlechter bezahlt wird und die Männer halt gezwungen sind zu arbeiten, damit das Familienkonto auch stimmt. Ich höre auch immer mehr Männer, die einfach auch sagen, würde ich gerne, bei uns hapert es am Finanziellen."*
Polizeibeamter, 39 Jahre: *„Leider ist es so, das in den Rollenzuweisungen überwiegend Männer das Sagen haben, da die Männer keinen ‚Karriereknick' wegen Erziehungsjahre hinter sich haben. Positiver Aspekt: skandinavische Länder, dort wurden die Rollen zwischen Mann und Frau besser verteilt."*
Polizeibeamtin, 39 Jahre: *„Hausfrau – Mutter: an allem schuld sein, alles organisieren müssen, Vater: Ernährer der Familie."*
Polizeibeamtin, 41 Jahre: *„Von einer Frau wird erwartet, dass sie anpackt, hilfsbereit ist, sich um die Nöte kümmert und mehr ausgleichend tätig wird. Vom Mann wird das nicht so erwartet."*

Eine Polizeibeamtin (28 Jahre) findet die Situation hinsichtlich der Möglichkeiten, die überlieferten Rollenzwänge zu durchbrechen, bereits weit fortgeschritten: *„[...] muss ich sagen, ist die Polizei sehr, sehr fortschrittlich, was das angeht, wenn ich mal einige Berufssparten von meinen Freundinnen angucke. [...] die Frau weniger oder schlechter bezahlt wird und die Männer halt gezwungen sind zu arbeiten, damit das Familienkonto auch stimmt. Das ist bei der Polizei ja nicht so, [...] wenn beide Partner bei der Polizei sind oder auch nur die Frau bei der Polizei ist, verdient man ja auch nicht schlecht im gehobenen Dienst. Ich denke, das kann sich 'ne Familie dann durchaus leisten, wenn dann der Mann, auch aus einer anderen Berufssparte, mal ein Jahr zu Hause bleibt.*

Da ist es bei der Polizei von der Gesetzgebung oder von den gesetzlichen Möglichkeiten schon sehr, sehr weit. Das muss nur noch ein bisschen mehr innerliche Akzeptanz finden. Allerdings die Möglichkeit, die besteht hier durchaus. Ich höre auch immer mehr Männer, die einfach auch sagen, würde ich gerne, bei uns hapert es am Finanziellen, und das ist bei der Polizei ja nun nicht gegeben."

Acht Prozent aller Antworten bezogen sich mit Aussagen in Richtung körperliche Belastungen und eher Frauen zugeschriebenen sozialen Kompetenzen auf berufsspezifische Rollenzuweisungen:
Polizeibeamter, keine Angabe zum Lebensalter: *„Berufe mit schwerer körperlicher Belastung sind nicht für Frauen geeignet."*
Polizeibeamter, 22 Jahre: *„[...] Schwere körperliche Arbeiten, denk ich, wird auch eher gesehen, dass das was für Männer ist. Da würde ich mich auch anschließen, weil eben von der Belastbarkeit sind eben Frauen, haben die einen anderen Standort als Männer. Denke ich schon, dass es da was gibt."*
Polizeibeamter, 22 Jahre: *„Es ist immer noch so, viele Bauberufe oder handwerkliche Berufe im Allgemeinen sind in den meisten Fällen noch eine Männerdomäne. Die Pflegeberufe, was Kindergärtnerin bis Altenpflege angeht, das ist doch mehr in Frauenhand."*
Polizeibeamtin, 25 Jahre: *„Ich denke, dass [...] es schon bestimmte Aufgabenzuweisungen gibt. Bei Frauen sind es eben eher die beruhigenderen Aufgaben, [...] Männer hingegen, [...] da sie eben von Natur aus mehr Kraft mitbringen und für den Fall, dass diese eingesetzt werden muss, haben die eine bessere Möglichkeit, damit umzugehen als wir."*
Polizeibeamtin, 26 Jahre: *„[...] es gibt so Berufe, wo einfach mehr die Kraft erfordert ist, so Zimmermann oder Maurer. Da gibt's weniger Frauen in den Berufen, weil die Kraft erforderlich ist, dass man das auch machen kann."*
Polizeibeamter, 29 Jahre: *„Polizei für den Mann, Krankenschwester für die Frau, sage ich jetzt mal so, ganz wie es in der Bevölkerung gesehen wird. [...]."*
Polizeibeamtin, 31 Jahre: *„Aus meiner Warte kann jeder alles machen und letztendlich hat jeder sicherlich die Fähigkeit, jeden Beruf auszuüben oder jede Tätigkeit auszuüben. Aber von der Gesellschaft, denke ich, wird man oder werden die Geschlechter doch noch in ihre Rollen gedrängt."*
Polizeibeamter, 35 Jahre: *„Gewisse Berufe sind einfach für Frauen nicht geeignet, weil die das Körperliche gar nicht drauf haben. Aber ansonsten sehe ich das so, dass im Prinzip in der heutigen Zeit alles von beiden Geschlechtern erledigt werden kann.*
Polizeibeamter, 45 Jahre: *„Ich denke schon, dass Männer eher körperlich anstrengende Berufe oder Aufgaben erledigen können als Frauen. Einfach von ihrer körperlichen Konstitution her."*

Aber in immerhin 14 Prozent der Antworten wird nicht nur die sich in der Gesellschaft vollziehende Wende in Richtung Gender Mainstreaming erkannt, die sich gesellschaftlich abzeichnende Erneuerung wird auch ausdrücklich gut geheißen. Obwohl der Begriff Gender Mainstreaming nicht bekannt ist und demzufolge auch nicht verwendet wird, inhaltlich ist er mit seine Zielsetzung der gleichwertigen Akzeptanz von Frau und Mann bereits im Bewusstsein verankert:

Polizeibeamtin, keine Angabe zum Lebensalter: *„Die Rollenzuweisung unterlag in der letzten Zeit (Jahrzehnten) einem starken Wandel. ‚Frau' ist nicht mehr nur Mutter, Eheweib, Hausfrau; ‚Mann' übernimmt auch Teile der häuslichen Arbeit. ---Vermischung!"*

Polizeibeamtin, 22 Jahre: *„Kommt auch auf das Alter an. Die ältere Generation, die sieht das ganz bestimmt noch so. Bei meinen Eltern erlebe ich es auch so., Aber schon bei den Eltern von meinem Freund, die sehen das ganz anders. Die haben solche spezifischen Aufgaben gar nicht mehr und wir in unserer Beziehung haben es auch überhaupt nicht mehr. Also das ist schon sehr im Wandel, auch die jüngeren Leute."*

Polizeibeamtin, 23 Jahre: *„Gleichgestellt."*

Polizeibeamtin, 25 Jahre: *„Früher war das ja so, Frau ist zu Hause mit den Kindern, kümmert sich ums Essen, um den Haushalt. Aber da haben sich ja mittlerweile die Einstellungen ganz gut geändert, aber ich denke, dass einige noch immer dieses alte Blickbild haben."*

Polizeibeamtin, 26 Jahre: *„Die Relevanz bestimmter Rollen nimmt zunehmend ab. Natürlich gibt es immer noch die Auffassung von der Frau als Mutter und Hausfrau und dem Mann als Ernährer."*

Polizeibeamter, 29 Jahre: *„[...] Ich persönlich seh das nicht mehr so drastisch. Sicherlich hat sich das noch nicht so eingespielt, dass Frauen alles machen und Männer auch andere Sachen machen. Ich denke mal, das wird vielleicht mal so kommen."*

Polizeibeamter, 31 Jahre: *„Mutter – Vater   Egal, ob Mann oder Frau, welche Rolle ist relevant und welche nicht?"*

Polizeibeamter, 34 Jahre: *„Sind mir sehr wohl bekannt, ich versuche sie aber nicht zu leben!"*

Polizeibeamter, 37 Jahre: *„Ich bin also nicht jemand, der so die klassische Theorie vertritt, die Frauen gehören an den Herd und geht einkaufen und der Mann geht arbeiten und solche Regelung.*

Polizeibeamter, 40 Jahre: *„[...] ich halte davon nichts. Für mich ist Mensch = Mensch."*

Polizeibeamter, 42 Jahre: *„Thema überholt. Der Wandel findet bereits statt."*

Polizeibeamter, 56 Jahre: *„[...] Ich wollte auch mal Erziehungsurlaub nehmen zu einer Zeit, da haben die mich ausgelacht, da war es noch nicht möglich. [...]"*

Ein in einen völlig anderen Bereich hineinleuchtendes Beispiel für tief im Unterbewusstsein verankertes Verständnis von dem, was „Männersache" ist und was für Frauen völlig ausgeschlossen wird, soll die Gedanken zu gesellschaftlichen Rollenzuweisungen abschließen. Männer finden sich nur schwer damit ab, wenn Frauen nicht mehr schutzlos und wehrlos auf den sie beschützenden Mann warten, sondern selbst kampfbereit und wehrhaft auftreten. Nach einer Studie des Sozialwissenschaftlichen Dienstes der Bundeswehr wollen 55,8 Prozent der befragten Soldaten nicht von einer Frau verteidigt werden. Auch auf eine Frau zu schießen, bereitet offensichtlich mehr Probleme als einen Mann zu töten. Der schlimmste Gedanke für Soldaten ist es aber, von einer Frau getötet zu werden (vgl. Evangelische Zeitung 23. Februar 2003).

„Geschlecht ist nicht etwas was Individuen haben, sondern etwas was sie fortlaufend tun (doing gender). Jeglicher Geschlechtsunterschied ist kulturell produziert" (Hagemann-White 1984, S. 80 ff.). Jeder Mensch hat nur eine Wirklichkeit, er schafft sie sich täglich neu. Das gilt auch für die ihn tagtäglich umgebende Realität der Gleichwertigkeit oder auch Ungleichwertigkeit der Geschlechter. Das eigene Verhalten, hier als *„doing gender"* bezeichnet, konstruiert tagtäglich die althergebrachten Rollen für Mann und Frau und tradiert sie. Durch Hinterfragen der Gegebenheiten können sie aber auch eine neue Orientierung erfahren, neu aufgebaut werden. Im 19. Jahrhundert, vielleicht auch heute noch im Wunschdenken vieler Männer vorhanden, zählten hauptsächlich *„Unschuld, Sanftmut und Bescheidenheit, Artigkeit, Schamhaftigkeit und ein freundliches, aufgeheitertes Wesen"* (Nave-Herz 1997, S. 18) zu den in erster Linie anzustrebenden Eigenschaften einer Frau. Die Beschäftigung mit naturwissenschaftlichen Themen stellte zu dieser Zeit zum Beispiel für Mädchen eine Überschreitung der durch traditionelle Rollenerwartungen gezogenen Grenzen zwischen den Geschlechtern dar. Christiane Nüsslein-Volhard, Nobelpreisträgerin 1995 für Medizin, erinnert sich zum Beispiel daran, dass sie ihre schon in der Jugend vorhandenen Interessen für Naturwissenschaften mit niemandem teilen konnte. *„In der Tanzstunde war ich immer ein Mauerblümchen. Ich konnte mich mit den Buben überhaupt nicht unterhalten"* (Schwarzer 2001, S. 102 ff.).

Es ist nicht die *„Zweigeschlechtlichkeit"* an sich, sondern ihre Funktion *„als kulturelles System"*, mit der je nach Geschlecht der Person die Eigenschaften zugeordnet werden, welche ihr, je nachdem ob es ein Mann oder eine Frau ist, als vermeintlich *„feststehend zustehen"*. Hagemann-White hat in ihren Forschungsarbeiten nachgewiesen, dass *„Personen nicht dann dem einen oder dem anderen Geschlecht zugewiesen (werden), wenn sie die dazugehörigen Eigenschaften unter Beweis gestellt haben, sondern umgekehrt werden ihnen die Eigenschaften unterstellt und ihr Verhalten bewertet nach Maßgabe ihrer Geschlechtszugehörigkeit"* (Hagemann-White 1984, S. 80 ff.). Bestätigt wird dies durch die Erfahrungen einer Polizeibeamtin (35 Jahre): *„Als ich das erste Mal auf eine Dienststelle kam, die hatten vorher keine Frauen, da begrüßte mich der Chef dort und sagte, das ist ja schön, dass Sie jetzt hier sind. Dann sind ja sicherlich auch öfter Tischdecken auf dem Tisch und Sie bringen ja sicherlich auch mal Kekse mit und dann reißen sich hier meine Männer auch mal ein bisschen mehr zusammen. Das war so das erste, was gesagt wurde, es ist schön, dass wir hier eine Frau haben und das finde ich natürlich völlig unter Wert."*

Wir erwarten also *„je nach Geschlecht einer Person bestimmte Eigenschaften, setzen voraus, daß diese in Verbindung mit der jeweiligen Geschlechtszugehörigkeit auch auftauchen werden, und wenn diese dann auftauchen, verwenden wir diese wiederum als Folie zur Bestätigung unserer Erwartungen – ein Zirkel"* (Rendtorff/Moser 1999, S. 20).

Jedes Kind, sei es Mädchen oder Junge, wird sich zunächst so verhalten, wie es von ihm erwartet wird. Es lernt sehr schnell, dass eigene Vorstellungen von dem, was für einen jungen Menschen wichtig ist, oft nicht mit dem übereinstimmen, was die ihn prägenden Bezugspersonen davon halten. Diese Bezugspersonen sind nicht nur die Eltern. Auch außerhalb des Elternhauses unterliegt jeder junge Mensch aufgrund vielfältiger Kontakte in Schule, Sportverein, Freundeskreis, u. a. diversen Erziehungsprozessen. Erwartetes Rollenverhalten sichert dann mit Gewissheit einen eher harmonischen Tagesablauf und begünstigt vieles, was mit beharrlichem Durchsetzen eigener Ideen nicht möglich wäre. Alle Menschen, nicht nur die jungen, bleiben daher in ihrer Mehrzahl gern bei dem wie es schon immer war.

„Mädchen sind einfach anders als Jungen. Meine beiden Töchter wurden nicht als Mädchen, sondern als Kind erzogen und verhalten sich dennoch so wie es eben nur Mädchen tun"; äußerte sich im Sommer 2001 eine junge Frau während eines Gespräches mit mir. Zu dem selben Ergebnis kommt eine Mutter von drei Jungen im Alter von 14, 12 und 6 Jahren, die mir im April 2003 nach einem vorausgehenden Gespräch schriftlich berichtete: *„Da ich für die Erziehung der Kinder mehr Zeit als mein Mann zur Verfügung habe, sollte der Einfluß einer Frau als Bezugsperson doch sehr groß sein. Ich habe mich bemüht, auch viel Gewicht auf die gefühlsbetonte Seite zu legen. Nie habe ich sie daran gehindert, ihre Gefühle zu zeigen. Auch Jungen dürfen weinen, traurig und anhänglich sein. Mit zunehmenden Alter zeigten die Jungen verstärktes Interesse an kräftemessenden Raufereien mit den Brüdern oder dem Vater. Von mir ging dieser Impuls nicht aus, ich fühle mich in der Rolle des ‚Raufkumpels' auch nicht wohl. Die Kinder wissen es und suchen den Kontakt zu Gleichgesinnten. [...] Es gelingt den Kindern immer noch sehr gut, ihre Gefühle auszudrücken. Doch Tränen, Küßchen und Umarmungen werden seltener, es zeigt sich die Entwicklung zum Mann, wie er in der heutigen Gesellschaft gekannt wird. Trotzdem habe ich die Hoffnung, daß meine Männer mit mehr Gefühl und Einfühlungsvermögen auf ihre Umwelt zugehen können."*
In beiden hier angeführten Fällen wird zunächst betont, wie die individuelle Erziehung der Kinder den eigenen Vorstellungen nach völlig geschlechtsneutral erfolgte. Die im Elternhaus real praktizierte Vorbildfunktionen des Vaters, der Mutter, denen die Mädchen und Jungen nachahmend folgen, wird nur unterschwellig erkennbar. Deutlich werden aber gesellschaftlich bedingte Erziehungseinflüsse von außerhalb des Elternhauses durch Freunde, Sportverein, Schule und anderes. Durch die dadurch sich stetig erneuernde Übernahme männlicher und weiblicher Identitätsbilder aus vorherigen Generationen erfolgt

ihre tradierende Verfestigung innerhalb der jetzigen Gesellschaft (vgl. Schäfer 1997, S. 5 ff.).

Die Soziologin Heike Diefenbach informierte im November 2002 in der *„Zeitschrift für Pädagogik"* darüber, wie die Schulleistung von Jungen und Mädchen davon abhängt, ob sie von einer Lehrerin oder einem Lehrer unterrichtet werden: *„Je höher der Anteil weiblicher Grundschullehrer, desto größer sind die Nachteile für Jungen."* Grundlage für diese Aussage ist eine Untersuchung unter allen Schulentlassungen in Deutschland seit 1995, die eindeutig wiedergibt: Jungen bleiben deutlich häufiger als Mädchen ohne Hauptschulabschluss und ohne Abitur. *„Bei einem Anteil von 70,1 Prozent weiblicher Grundschullehrer erreichen in Niedersachsen 5,3 Prozent mehr Jungen als Mädchen keinen Hauptschulabschluss und 6,5 Prozent weniger ein Abitur. In Brandenburg sind 93,3 Prozent der Grundschullehrer weiblich: 7,2 Prozent mehr Jungen als Mädchen erreichen keinen Hauptschulabschluss, 12,1 Prozent weniger ein Abitur"* (Neue Osnabrücker Zeitung 19. November 2002). Indirekt wird mit dieser Feststellung auf das bei Männern und Frauen unterschiedlich vorhandene Karrierebewusstsein und dem damit verbundenen Image abgehoben (vgl. S. 173). Das Berufsfeld Grundschule ist zum Beispiel für Männer bei weitem nicht in derselben Weise so attraktiv wie die Tätigkeit an weiterführenden Schulen, zum Beispiel an einem Gymnasium. Dort sind deutlich mehr männliche Lehrkräfte als an Grundschulen auszumachen.

Nüsslein-Volhard besuchte eine reine Mädchenschule und sieht das heute zwar als Vorteil an, da *„ wir Mädchen auch Felder besetzen konnten, die sonst Buben-Sache sind. Mathe zum Beispiel"* (Schwarzer 2001). Das mag, die damalige Zeit reflektierend, zutreffend sein. Aus heutiger Sicht muss aber Schäfer und anderen zugestimmt werden, die auf *„ein dringendes Bedürfnis nach positiven Rollenvorbildern"* (Schäfer 1997, S. 5 ff.) für Jungen und Mädchen pochen, welches ihnen von weiblichen und männlichen Bezugspersonen vermittelt wird.

Zur weiteren Verdeutlichung des alltäglichen *„doing gender"* hat eine von Nina Degele, Professorin für Soziologie und Geschlechterforschung an der Universität Freiburg, durchgeführte Untersuchung Beachtung gefunden. Das Ergebnis dieser Studie kann schnell und überall von jedem und jeder nachvollzogen werden: *„Sommerliches Grillen ist eindeutig Männersache"* (Neue Osnabrücker Zeitung, 25. August 2001). Als Grund dafür erkennt Degele: *„Es wird ein Rest von Archaik gepflegt."* Vergleichbar den Verhaltensweisen dieser frühzeitlichen Kulturepoche sei er *„am Rost wieder der wilde Mann, der nach Schweiß stinken dürfe."* Auch die mit Jagd, Feuer und Gruppe zusammenhängenden Assoziationen scheinen sich hier wiederzufinden, vermutet der in diesem Artikel der Neuen Osnabrücker Zeitung ebenfalls zitierte Berliner Männerforscher Höyng: *„Grillen ist auch ein Ritual, bei dem die Zugehörigkeit zu einer Gruppe gezeigt wird,"* was Männern wichtig sei. Am Grill ist der Mann

„Nachfahr von Fallenstellern, Fischern, Sammlern und Jägern, stolzer Enkel-
sohn alleinernährender Väter, Großväter und Urgroßväter, die ihre Familie
ums Feuer scharten, um sie zu füttern, zu schützen und zu liebkosen, wie es das
Naturgesetz befahl." Frauen dürfen daher beim Grillen allenfalls zur Hand gehen und den Salat zubereiten.

Daniela Gottschlich[28] sieht den Schlüssel zur Problemlösung darin, dass
jede Frau, jeder Mann durch geändertes eigenes *„doing gender"* dazu beitragen
kann, bestehende Rollenklischees lebend in Rollenvielfalt umzuwandeln. Dem
ist zunächst zwar zuzustimmen, es darf aber auch nicht übersehen werden, dass
bei jedem Kontakt der Geschlechter untereinander die Frau „als" Frau, der Mann
„als" Mann zum jeweils anderen Geschlecht spricht. Es kann daher kein „rein"
natürliches und auch kein „rein" konstruiertes Geschlecht geben (vgl. Stoller
2000, S. 222 ff.). Neben dem von Gottschlich angemahnten veränderten *„doing*
gender" ist es bedeutsam, die in der Forschung gewonnenen Erkenntnisse zu
Geschlechterfragen konsequent und gezielt in die Gesellschaft hinein zutragen
und sich damit an der gesellschaftlichen Erneuerung zu beteiligen (vgl. Publik-
Forum 18/2001, S. 6). Dass dies möglich ist, erklärt Carol Hagemann-White in
diesem Beitrag am Beispiel ihrer Untersuchungen über *„Gewalt an Frauen"*,
die zu richtungsweisenden Änderungen in der Gesetzgebung geführt haben[29].

Gender Mainstreaming strebt die konsequente Abkehr von männlich dominierten Kulturformen an (vgl. S. 24, 25). Die Umsetzung erweist sich jedoch
auch als kontraproduktiv, da Frauen ihr Verhalten häufig an die Sozialisations-
muster anpassen, denen Männer unterworfen waren und immer noch sind. Denn
Männer halten überwiegend an den ihnen überlieferten männlichen Rollenmustern fest, tradieren diese unbewusst weiter und zeigen wenig Neigung, die allgemein als typisch weiblich verstandenen Verhaltensweisen zu übernehmen
(vgl. Dörfel 2002). Mädchen und Frauen haben dagegen offensichtlich wenig
Probleme, Eigenschaften, die als typisch männlich charakterisiert werden, zu
übernehmen. Sie neigen offenbar dazu, nicht ihre eigenen speziellen Werte einzubringen, sondern sich den von Männern geprägten Verhaltensstrukturen anzupassen. *„Und das heißt Leistung, Wettbewerb, instrumentelle Vernunft, Durch-*
setzungs- und Beherrschungswille, also die Werte der traditionell männlichen
Kultur" (Stolpe 2000). Polizeibeamtinnen stellen sich zumindest unbewusst die
Frage, inwieweit sie sich den in ihrem Umfeld tagtäglich erlebten männlichen
Handlungsweisen *„anpassen, um im Wasser mitschwimmen zu können oder a-*
ber ihr individuelles Verhalten beibehalten und im Abseits zu stehen" (Klein
1999).

---

[28] In einem Vortrag zu „Gender Mainstreaming" auf der Abschlussveranstaltung der Fraube-
auftragten im Landkreis Osnabrück „Den Männern die halbe Welt" am 5. März 2003 in Georgsmarienhütte, bei dem ich zugegen war.

[29] Die „freiwillige" Rückkehr von Frauen zu ihren Peinigern, wie sie häufig festzustellen ist,
hat zum Beispiel auch mit den Eigentumsverhältnissen an der Wohnung zu tun. Nach den
neuen gesetzlichen Regelungen kann dem Ehemann der Zutritt verweigert werden.

Auch innerhalb meiner Untersuchung betätigt sich dies. Frauen passen sich tatsächlich dem an, was sie in der von männlichen Verhaltensweisen durchdrungenen polizeilichen Berufs- und Lebenswelt vorfinden. Eigene eher weibliche Wertvorstellungen werden bisher, wohl auch notgedrungen, kaum realisiert.

Polizeibeamter, 22 Jahre: *„Da habe ich auch verdammte Hardliner* [unter Polizeibeamtinnen] *kennen gelernt, die dann die Haare kurz geschnitten haben und dann der härteste Mann sein wollten."*

Polizeibeamtin, 35 Jahre: *„Bei Frauen ist zur Zeit noch typisch, dass sie versuchen sich den Männern anzupassen, indem sie versuchen zu zeigen, dass sie besonders stark sind. Jedenfalls ist das bei vielen so, das multipliziert sich praktisch noch. Also dass sie praktisch jetzt nicht weicher werden, sondern sich zumindest noch härter darstellen, um überhaupt bestehen zu können. Also, ich habe das jedenfalls oft erlebt, dass sie sich so präsentieren."*

Polizeibeamtin, 41 Jahre: *„Also, ich hab mich schon irgendwo verändert, bis ich das mal gemerkt habe und andere mir das gesagt haben und dann hab ich sehr darüber nachgedacht. In meiner ersten Zeit habe ich schon keine guten Veränderungen an mir gemerkt. Verhärtungen, vieles nicht an seine Seele heran zu lassen, mit Sicherheit. Das ist dann wirklich sehr schwer, auch man selbst zu bleiben."*

Polizeibeamter, 43 Jahre: *„Ich habe hin und wieder den Eindruck, dass die Frauen in der Polizei eher ein männliches [...] Gehabe an den Tag legen. Sie versuchen sich den Männern anzupassen."*

Polizeibeamtinnen werden zuweilen auch ermahnt, sich nicht vom *„männlich herben Ton"* (Polizeispiegel Juli/August 2001, S. 153) vereinnahmen zu lassen. Damit wird zunächst rein männliches Innenleben im Sinne des althergebrachten Bewusstseins für „männlich, herb, kernig" tradierend eingebracht. Auf der anderen Seite schwingt aber auch Bedauern über einen möglichen Verlust an diesen als angenehm empfundenen weiblichen Umgangsformen mit.

Bisher werden Frauen kaum ermutigt, die von ihnen vorgefundenen Strukturen auf frauenspezifische Belange hin zu überprüfen und in ihrem Sinne zu verändern. *„Sie bekommen also* nur *bessere Möglichkeiten, so zu werden, wie Männer sind"* (Floreck (B) 2001, S. 16). Dies gilt auch in Hinblick auf gesundheitliche Risiken als Folge permanenter Selbstüberforderung aufgrund übersteigerter Leistungsbereitschaft. Ungewollt, gezwungener Maßen *„werden die patriarchalen Strukturen noch zusätzlich stabilisiert"* (vgl. Floreck (B) 2001, S. 16 ff.). Stolpe äußert sogar den Verdacht, hier könne eine List des Patriarchats vorliegen. Dadurch, dass Frauen sich dem männlichen System anpassen, würde dieses ja tradiert, die alte Ordnung verteidigt (vgl. Stolpe 2000). Die Zielsetzung von Gender Mainstreaming besteht aber gerade darin, tradierte soziale Gebilde durch eine neue, beide Geschlechter gleichwertig berücksichtigende Konzeption zu ersetzen. Die Gewerkschaft der Polizei (GdP) im Deutschen Gewerkschafts-

bund (DGB) fordert demzufolge gemeinsam mit anderen gesellschaftlich relevanten Akteuren einen *„ganzheitlichen Ansatz bei der Personalpolitik in der
Polizei statt Anpassung von Frauen an männlich geprägte Strukturen"* (Deutsche Polizei Juni 2002, S. 4).

Astrid Libuda-Köster setzt sich unter Hinweis auf Hazenberg und Kanter
mit Zusammenhängen zwischen subjektiver Bewertung der Arbeitsleistung von
Polizeibeamtinnen durch Polizeibeamte und den individuellen Verhaltensmustern von Polizeibeamtinnen auseinander. Ihre nachfolgend dargelegten Erkenntnisse (vgl. Libuda-Köster 1999, S. 9 ff.) beziehen sich zwar auf Frauen. Die von
ihr getroffenen Typisierungen sind jedoch auch in vollem Umfange auf männliche Verhaltensweisen anwendbar. Denn es gibt ihn auch in reinen Männergrup-
pierungen, *„den Kaffeekocher, den Charmiboy, den Karrierebewussten, den
'Arschkriecher', den Streber."* Bei Männern und unter Männern wird das zur
Kenntnis genommen, ohne geschlechtsbezogene Stigmatisierungen damit zu
verknüpfen. Frauen, die sich in denselben Strukturen bewegen, sehen sich jedoch einer völlig anderen Einstellung ausgesetzt.

Als wenig für die Polizeiarbeit geeignet gilt die sich als *„Mutter"* gebende
Kollegin, die stets verständnisvoll *„gut zuhört und vielleicht noch Kaffee
kocht."*
Geringe Arbeitsleistung wird dem als *„Aushängeschild im Zuge der
Gleichberechtigung und für die Verbesserung des Arbeitsklimas"* zuständigen
„Maskottchen" zugeordnet.
Eine völlige Abwertung ihrer Arbeit erfährt *„die Verführerin."* Alles, was
irgendwie auf Begünstigungen im täglichen Dienst, besonders aber in Richtung
beruflicher Aufstieg hinweisen könnte, wird neidvoll auf äußerliches Erschei-
nungsbild und Charme *(„Schlitzbonus")* zurückgeführt. Ein Problem, welches
auch in meiner Untersuchung thematisiert wurde:
Polizeibeamtin, 39 Jahre: *„Zur Zeit haben wir in diesem Lehrgang bzgl. dieses
Themas etwas Stress, da von den Männern gesagt wird, dass unsere Leistungen
nur wegen Tittenbonus zustande kommen."*
Polizeibeamter, 43 Jahre: *„Frauen sind in der Beurteilung immer zwei Punkte
besser (Einen linken und einen rechten)."*
An den Arbeitsleistungen der Polizeibeamtinnen gibt es eigentlich nichts
auszusetzen, jedenfalls nicht mehr und nicht weniger als es auch bei Polizeibeamten üblich ist. Bei Frauen wird aber wesentlich mehr in ihrer Tätigkeit und in
ihrem Verhalten *„genau beäugt und getestet – sie muß sich ständig beweisen."*
Sie wirkt aufgrund ihres Könnens und ihrer Eigenständigkeit auf Männer offensichtlich bedrohlich und *„wird schnell zum Mannweib und zur Besserwisserin"*
(Libuda-Köster 1999). Entweder man ist im Beruf erfolgreich oder Frau, beides
wird einer Frau einfach nicht zugestanden. Sobald eine Frau Erfolg hat, wird
unterstellend behauptet, da stimme etwas nicht mit den Dingen, die eine wirkliche Frau ausmachen würden.

In einem Interview (vgl. Schwarzer 2001) *„beklagt"* Nüsslein-Volhard mangelnde Anerkennung ihrer Leistungen nicht nur durch Männer, sondern auch durch *„Feministinnen".* Diese hatten oftmals kein Verständnis dafür, dass sie sich als Frau für naturwissenschaftliche Arbeiten interessierte, *„deren Umfang auch als viel zu groß kritisiert wurde."* Insbesondere ihre Stellung als Arbeitgeberin im Sinne einer weisungsbefugten Vorgesetzten wurde von Soziologinnen, auf die Nüsslein-Volhard näher Bezug nimmt, nicht als eine rein strukturell notwendige Arbeitsfunktion angesehen. Das erschien so etwas wie ein Verrat an den Zielen der Frauenbewegung zu sein. *„Das scheint für manche Frauen unvereinbar. Die unterstellen einem dann, man wäre keine richtige Frau, man würde sich ‚männlich' verhalten. Dass man herrschsüchtig sei und karrieresüchtig."* Das, was Männern offensichtlich zur Ehre gereicht, nämlich ordentlich und tüchtig zu arbeiten, wird Frauen übel genommen. *„Und zwar auch von Frauen. Vor allem von Frauen, deren Männer so alt sind wie ich, aber nicht so eine Karriere gemacht haben."*

Aber auch Männer stehen den Leistungen, die Frauen erbringen, nicht neutral und objektiv urteilend gegenüber. *„Eigentlich können Frauen keine Wissenschaft machen,"* zitiert Nüsslein-Volhard einen ihrer Professoren, der zur Begründung dieser Aussage auf Hormone verwies und dann meinte, sie könnten aber besser töpfern. Männer haben schon immer geglaubt, *„mit ‚wissenschaftlichen' Untersuchungen und Argumenten die Unfähigkeiten der Frauen beweisen zu müssen"* (Nave-Herz 1997). Dies hat sich *„zum Positiven gewandelt. Zwar gibt es immer noch konservative Unis und Fachbereiche, an denen ein ausgesprochener Männerklüngel herrscht, aber in der Regel gehört es heute zur Normalität, dass Frauen Wissenschaft gestalten"* (Hagemann-White, Neue Osnabrücker Zeitung 7. September 2001). Astrid Bühren, Präsidentin des deutschen Ärztebundes, beklagt dennoch entsprechende vorhandene Defizite in ihrem von Männern dominierten beruflichen Umfeld. Dem 19köpfigen Vorstand der deutschen Ärztekammer gehören gerade einmal zwei Frauen an, selbst in der Deutschen Menopausen-Gesellschaft, die sich der Untersuchung der Wechseljahre widmet, hat *„noch immer"* ein Mann den Vorsitz inne. Auch die medizinischen Lehrstühle an den Universitäten sind fast ausschließlich mit Männern besetzt (vgl. Evangelische Zeitung 16. September 2001).

Trotz vorzeigenswerter Leistungen haben Frauen es schwerer als Männer, berichtet Nüsslein-Volhard weiter: *„Die Männer redeten mit einem herablassend wie mit einer Tochter oder Nichte und nicht wie mit einer Kollegin. Man konnte ja nicht mal alleine mit seinem Chef im Labor sein, ohne dass es missverstanden wurde."* Sie wünschte und wünscht sich, dass jede Frau mit Männern zusammenarbeiten kann, *„ohne als Frau Objekt zu sein. Das kann,"* wie die Nobelpreisträgerin weiter ausführt, *„sehr bedrückend sein und Zweifel an den eigenen Leistungen hervorrufen. Auch Männer haben Zweifel – aber für Frauen können sie tödlich sein."* Ein von mir auf einem Kalenderblatt für den 21. Oktober 2001 gefundener Spruch macht den Frauen mit einem ironischen Seitenhieb auf die „Männerwirtschaft" Mut: *„Was immer eine Frau macht, muss sie doppelt so gut machen wie ein Mann, damit sie für halb so gut gehalten wird. Zum Glück ist das nicht schwer."*

Besondere Aufmerksamkeit wirft die Frage auf, inwieweit Anerkennung und Aufwertung von Frauenarbeit als Gefährdung männlicher Herrschaftspositionen begriffen werden können. Mit Blick auf die sozialpsychologische Situation der Arbeiterschaft erkennt Gisela Losseff-Tillmanns 1975 (vgl. Nave-Herz 1997, S. 29) ein allgemeines männliches Bedürfnis, Herrschaft auszuüben und dieser Neigung insbesondere in der Familie nachzugehen. Selbstredend ist dieses nur in einem Umfeld möglich, welches sich diesem Herrschaftsanspruch des Mannes auch anpasst bzw. angepasst hat (vgl. S. 195 ff., 219 ff.). Anerkennung und Aufwertung von Frauenarbeit, die eventuell sogar noch besser bezahlt als die eigene ist, kann eine *„Gefährdung männlicher Herrschaftspositionen"* (Nave-Herz 1997, S. 29) innerhalb von Familie und Gesellschaft bedeuten. Insbesondere dann, wenn der Mann der einzige kontinuierliche Verdiener im Haus ist oder war. 90 Prozent der Männer geben einer Emnid-Umfrage (vgl. Neue Osnabrücker Zeitung 4. Januar 2003) zufolge zwar an, zu akzeptieren, wenn ihre Partnerin mehr verdiene als sie. Dies scheint jedoch mehr theoretischer Natur zu sein, denn gleichzeitig befanden sie berufliche Tätigkeiten, die wenig oder nur geringe Aufstiegsmöglichkeiten bieten, zum Beispiel Sekretariat, Krankenpflege, Erziehung als für Frauen besonders geeignet. Hort- und Kindergartenarbeit, aber auch Praxishilfe in Allgemein- oder Zahnmedizin sind zum Beispiel für Männer finanziell und auch wegen der geringen gesellschaftlichen Anerkennung kaum attraktiv. Sofern sie sich überhaupt aktiv innerhalb des Erziehungs- und Bildungsfeldes einbringen, geschieht dies selten im primären, sondern fast ausschließlich im sekundären (Realschule, Gymnasium) und tertiären (Hochschule, Universität) Bereich. Im Vor- und Grundschulbereich sind Männer eine Rarität. Die wenigen dort tätigen Männer scheinen sich dort deplaciert zu sehen und streben nach Leitungsfunktionen. Eine interessante Feststellung zu der überaus starken Präsenz von Frauen in sozialen, helfenden und elementar bildenden Arbeitsfeldern, die aufmerken lässt, wird von Werner Thönnessen getroffen. Sofern und solange Frauen auf diese Tätigkeiten beschränkt sind, wird auch der *„gesellschaftliche Schaden für Männer so niedrig wie möglich gehalten"* (Nave-Herz 1997, S. 39).

Der häufig zur Begründung des bei Frauen scheinbar prägnanter ausgeprägten Sozialverhaltens verwendete Begriff „Mutterinstinkt" bildet hier eine interessante Kontrastfolie. Dieses Wort impliziert, Frauen würden sich aufgrund einer natürlichen Veranlagung besser um ihnen Nahestehende kümmern als Männer, würden sich um sie sorgen, sie „betutteln" und „bemuttern." Daher wäre das für Frauen naturgemäß adäquate Tätigkeitsfeld im sozialen Bereich zu finden. Diese Sichtweise pervertiert zwischenmenschlich wertvolles Wirken von

Frauen zu der Funktion „Minna[30] für alle anderen", die sich darauf verlassen und selbst nichts mehr tun, sondern sich „bemuttern," „betutteln", schlichtweg bedienen lassen.

In Deutschland ist zum Erreichen und Halten beruflicher Spitzenstellungen unerlässlich, dass jemand da ist, „der einem den Rücken frei hält" und sich um „Haus, Hof, Kinder kümmert." In Dänemark, um auf eines unserer Nachbarländer hinzuweisen (vgl. S. 213 ff.), hängen auch berufliche Spitzenpositionen nicht davon ab. Es ist auch für Mütter und Väter in hochdotierten Spitzenstellung völlig normal, um 16.00 Uhr[31] mit der Bemerkung Feierabend zu machen: *„Sorry, ich muss jetzt gehen. Ich bin dran, unser Kind abzuholen"* (Hauser 2001). Ein für deutsche Verhältnisse derzeitig wohl noch völlig aus dem Rahmen fallendes Beispiel, *„deshalb sollten viele Männer den Mut haben, zu ihrer Familie zu stehen und das auch öffentlich zu machen"* (Floreck (A) 2001). Denn es sind bei uns in Deutschland meist die „Karriere-Männer", die nicht nur den Nutzen davontragen, weil eine „Sie ihm den Rücken frei hält", sie zementieren auch noch die althergebrachten Geschlechterrollen. Innerhalb deutscher Politik und Wirtschaft wird das, natürlich von „Karriere-Männer", als die *„Logik der Institutionen"* (Meesmann (C) 2001) bezeichnet. Diese Logik lasse, so ihre Verfechter, eine bessere Vereinbarung zwischen Beruf und Familie, wie sie nicht nur von Frauen, sondern inzwischen auch von immer mehr Männern gefordert wird, einfach nicht zu. Dahinter, darauf weist Meesmann besonders hin, verbergen sich in Wirklichkeit *„meist einflussreiche Männer mit ihren lebensfeindlichen Machtworten." „Die Frauen von heute treffen auf Männer von gestern"*, berichtete Rita Scholz-Vallard, Frauenbeauftragte der Bundeswehr, am 2. August 2000 in der Neuen Osnabrücker Zeitung. Mit dieser militärisch kurz und knapp gehaltenen Diagnose zur Geschlechterproblematik in der Bundeswehr hat sie einerseits innerhalb dieses Berufsfeldes vorhandene Schwierigkeiten benannt, andererseits aber einen hoffnungsvollen Blick auf *„Männer von heute bzw. morgen"* gerichtet.

Intuitiv glauben Frauen auch nicht so richtig daran, dass Männer sich „guten Willens" für Geschlechtergerechtigkeit engagieren. Auf dem 10. Frauenbildungstag in Georgsmarienhütte, an dem ich als einziger Mann teilnehmen durfte[32], wurde im Verlauf der Diskussion auch danach gefragt, wie sich Männer zu Gender Mainstreaming verhalten. „Sie schreiben eine Doktorarbeit", lautete eine spontan in die Runde geworfene, mit Beifall honorierte Bemerkung. Aus

---

[30] Alle Frauen mit dem schönen Namen „Minna" werden hiermit um Nachsicht gebeten. Der Name wird hier im Sinne einer überlieferten Abstraktion „dienender Tätigkeiten von Dienstpersonal" verwendet.

[31] Die Kindertagesstätten schließen in Dänemark um 17.00 Uhr.

[32] Es war zu einer öffentlichen Veranstaltung geladen. Mein Erscheinen führte zu Irritationen, da „Frauen auch mal unter sich sein wollen." Nachdem ich mein „wissenschaftliches Interesse" bekundet hatte, wurde ich zu einer Art „geschlechtliches Neutrum" erklärt und durfte bleiben.

meinem Empfinden war es nicht nur Situationskomik (die ich übrigens sehr treffend fand), es steckte auch die deutliche Aussage dahinter, dass von Männern in dieser Frage nicht viel Konkretes zu erwarten sei und Frauen sich besser selbst darum kümmern sollten. Die Gender-Mainstreaming-Strategie ist nämlich eng mit Fragen zur *„Machtverteilung zwischen den Geschlechtern, geschlechteregalitären Besetzungen von beruflichen und politischen Positionen* sowie *der Definitionsmacht bei der Analyse der Wirklichkeit"* (Schunter-Kleemann (B) 1999, S. 5) verwoben. Denn es geht um die Ausübung und Erhaltung von „Herrschaft, Kraft, Autorität, Einfluss, Befehlsgewalt, Stärke, Bedeutung, Einflussnahme, Gewalt, Ansehen, Führerschaft, Geltung und Prestige." Diese hier verwendeten Synonyme für „Macht" (Thesaurus Word 2000) wurden und werden zwar in gravierender Weise Männern zugeordnet, sie sind aber keinesfalls naturgewollt geschlechtsspezifisch zuzuordnen. Auch Frauen üben überall dort, wo sie die Möglichkeit dazu haben, Macht aus. *„[...] sieht es so aus, als ob – in Anlehnung an Heidegger gesprochen – die Macht ,machtet'"* (Trettin 1994, S. 217). Es ist also nicht die Person an sich, sei es ein Mann oder eine Frau, die sich und ihre Interessen „durchsetzt", es sind die in den jeweiligen Funktionen und Positionen liegenden Gelegenheiten dies zu tun. Gender Mainstreaming hat zum Ziel, Frauen und Männern solche Möglichkeiten ihrem Eigenwert „Mensch" (vgl. S. 8) entsprechend in derselben Weise zu ermöglichen.

Klerikale und säkulare Interessenlagen

Unsere Geschichte ist von Anbeginn an auch eine religiöse Geschichte. Durch die Glaubenslehre wurden und werden die Verhaltensweisen und Einstellungen der Menschen nachhaltig geprägt; wahrscheinlich sogar, wie der Sozialwissenschaftler Henning ausführt, unverlierbar gefestigt (vgl. Andere Zeiten 2/2001, S. 11). Begünstigt wurde dies durch die mehrere Jahrhunderte andauernde enge Verbindung zwischen dem Staat und der Organisation Kirche.

In diesem Zusammenhang soll auf einen der Indikatoren für die Vermengung säkularer und klerikaler Interessen aufmerksam gemacht werden, die Herkunft der Bezeichnung „deutscher Michel". Michel ist die Kurzform von Michael, dem Namen des Erzengels, welcher als Schutzpatron der Kirche und des deutschen Volkes gilt (vgl. Andere Zeiten 3/2002, S. 5).

Bereits im 4. Jahrhundert wurde das Christentum im römischen Reich durch Kaiser Konstantins (285 – 337 n. Chr.) zur Staatsreligion erhoben und erlangte dadurch vielfältige Möglichkeiten zur Einflussnahme auf gesellschaftliche Strukturen und die sie tragenden Gedanken. Der Staat als Überbau aller in ihm lebender Menschen sorgte mittels einer Staatskirche für die völlige Identität von Bürgern und Gläubigen, wodurch aufkommende kritische Gedanken sowohl als Ketzerei als auch als Staatsfeindlichkeit deklarierbar und von vornherein unterbindbar waren. Auch der Augsburger Religionsfrieden von 1555 schuf in dieser Frage keinerlei Erleichterung, da er zwar den Herrschenden die Wahl ihrer Konfession freistellte, die der Untertanen aber an eben die der jeweiligen Landesfürsten festband. Erst die in der modernen Staatslehre entwickelten zwangsfreien Grundlagen der Gewissensentscheidung führten zur Religionsfreiheit des Menschen, wie sie zum Beispiel in Art. 4 des Grundgesetzes[33] und Art. 3 der Niedersächsischen Verfassung[34] als Grundrecht des Einzelnen festgeschrieben ist. *„Es besteht keine Staatskirche"*[35], so lautet die eindeutig für Deutschland geltende verfassungsrechtliche Regelung. In Deutschland besitzt die Rechtsbeziehung der Kirche zum Staat aufgrund dieser verfassungsrechtlichen Aussage aus dem Jahr 1919 nur noch dieselben Merkmale wie sie zwischen juristischen Personen üblich sind[36]. Die eigentlich damit hergestellte rechtliche Klarheit scheint innerhalb praktischer Lebensabläufe jedoch nicht so unproblematisch zu sein wie es erscheinen mag. Anders kann die Feststellung *„Sie können nicht mit dem Grundgesetz und der Bibel unter dem Arm andere darüber belehren wollen, wie in vernünftiger Weise das Verhältnis zwischen Kirche und Staat, Religion und Politik gestaltet werden sollte"* (Jutta Limbach, Präsidentin des Goethe-Instituts, am 25. Oktober 2002 im DeutschlandRadio Berlin) nicht gewertet werden. Bemerkenswert ist auch eine aktuelle Denkschrift des Europäischen Parlaments aus dem Jahre 2002 über Rechte der Frau, in welcher die Trennung von Kirche und Staat als ausdrückliche Forderung aufgenommen wurde. Der Anlass dafür liegt in den sich für Frauen nachteilig auswirkenden Zusammenhängen zwischen männlich geprägten kirchlichen und staatlichen Institutionen (vgl. Breyer 2002).

Die hier kurz aufgezeigten Fakten berühren in der hier vorgelegten Untersuchung zwar grundlegende Fragen, sie sind jedoch nur marginal von Interesse. Wesentlich tiefgreifender ist der Umstand, dass die von der Kirche aufgestellten substantiellen Grundlagen einer vorwiegend männlich strukturierten Lebenswelt fest im Bewusstsein der Bevölkerung verankert und für die Gestaltung des individuellen Lebens der Menschen in hohem Maße ausschlaggebend waren und weitgehend noch sind.

„Ohne das ‚Buch der Bücher' [die Bibel] wüssten wir nichts von [...] Gottes Wort an uns [...]", hebt Margot Käßmann, Bischöfin der Evangelischen

---

[33] Art. 4 Abs. 1 Grundgesetz: *„Die Freiheit des Glaubens, [...] des religiösen [...] Bekenntnisses sind unverletzlich."*

[34] Art. 3 Abs. 3 Niedersächsische Verfassung: *„Niemand darf wegen [...] seiner religiösen [...] benachteiligt oder bevorzugt werden."*

[35] Satz 1 aus Art. 137 der Deutschen Verfassung vom 11. August 1919, welche auch „Weimarer Reichsverfassung" genannt wird. Aufgrund von Art. 140 Grundgesetz ist dieser Art. 137 Bestandteil der Verfassung der Bundesrepublik Deutschland.

[36] Ausgenommen davon sind aufgrund von Art. 140 Grundgesetz i. V. m. Art. 137 und 139 Deutsche Verfassung vom 11. August 1919 der Schutz von Sonn- und Feiertagen sowie der Bestandschutz von Religionsgemeinschaften als Körperschaften des öffentlichen Rechtes mit der Befugnis Kirchensteuer über die staatliche Finanzverwaltung einzuziehen.

Landeskirche Hannover, in einem Grußwort zum „Jahr der Bibel" deutlich hervor (vgl. Evangelische Zeitung 27. Oktober 2002). Die Kernaussagen der Bibel, von Gläubigen als „Heilige Schrift" bezeichnet, sind aber nicht nur innerhalb der christlichen Kirchen bedeutsam. Es gilt festzuhalten, dass die Worte der Bibel Grundlage für das gesamte private und soziale Leben in unserer abendländisch geprägten Gesellschaft sind und waren. Das in der Bibel gezeichnete Menschenbild hat unstreitig in Geschichte und Gegenwart moderner Rechts-, Sozial- und Kulturstaaten deutliche Spuren hinterlassen.

Die Inhalte der Bibel, durch Überlieferung über viele Generationen tradiert, werden von unbeirrt daran festhaltenden und standhaften Gläubigen Wort für Wort als „Gottes Wort", welches, da über jeden Zweifel erhaben, verbindlich zu befolgen und daher auch keinerlei Kritik unterworfen ist, angesehen. Strenggläubige Gottesfürchtige verstehen daher die Wortbedeutungen der Bibel im Sinne einer Offenbarung. Nach ihrer Auffassung spricht Gott im Text der Bibel auf dem Wege über Menschen direkt zu ihnen. Sie folgen daher vertrauensvoll den Worten, die sie lesen oder hören und *„fühlen sich von den Glaubenstexten der alten Israeliten gestärkt, ermutigt und getröstet"* (Meesmann (A) 2001, S. 49).

Andere, die sich mit den Textfassungen der Bibel kritisch, skeptisch, nachfragend auseinandersetzen, zweifeln im Grunde auch nicht daran, dass die dort niedergeschriebenen Worte fundamentale Wertinhalte verkörpern. Sie bemühen sich jedoch in erster Linie darum, nicht die Worte an sich zu befolgen, sondern ihre Inhalte und Zielsetzungen zu erkennen. *„Biblischer Buchstabenglaube hat mit dazu beigetragen, dass Frauen fast 2000 Jahre vom Predigt- amt ausgeschlossen wurden – und das geschieht in katholischen und orthodoxen Kirchen immer noch"* (Knigge 2003).

Alle, die ernsthaft oder auch eher nur „mal interessehalber" in die Bibel hineinschauen, suchen nach ursprünglicher Wahrheit, forschen in dem Buch der Bücher nach erleuchtenden Gedanken.

So lässt zum Beispiel Johann Wolfgang von Goethe (vgl. a. a. O. S. 180) den Doktor Faust in seinem Studierzimmer zunächst grübeln:

„Wir sehnen uns nach Offenbarung,
Die nirgends würdger und schöner brennt
Als in dem Neuen Testament.
Mich drängts, den Grundtext aufzuschlagen,
Mit redlichem Gefühl einmal
Das heilige Original
In mein geliebtes Deutsch zu übertragen."

und dann, im Evangelium Johannes das 1. Kapitel Vers 1 aufschlagend, weiterlesen:

„Geschrieben steht: Im Anfang war das Wort!"

An dieser Stelle wird bereits die gesamte Problematik dessen, was an schriftlich überlieferten Glaubensinhalten reale Wirklichkeit ist oder sein kann, deutlich. Die Bibel ist unstreitig die weltweit am häufigsten übersetzte Schrift. Es existieren von ihr komplette Übersetzungen in etwa 420 Sprachen, hinzu kommen noch Textauszüge innerhalb von 2261 Sprachverwandtschaften (vgl. Müller, Cornelia 2001). Offenkundig haben sich nicht nur reine Übersetzungsprobleme ergeben, es entstanden und entstehen auch aufgrund differenter Interpretationen ständig vielfältige religiöse und damit auch gesellschaftliche Probleme. Die innerhalb einer Übersetzung gewählten Worte sind nämlich nicht nur eine reine Wiedergabe der übersetzten Worte in eine andere Sprache. Was den Sinn angeht, sind sie imstande auch Neues zu schaffen. Übersetzungen können daher nicht nur einen Glauben, eine Religion verändernd beeinflussen, sie wirkten und wirken auch tatsächlich in tradierender oder auch verändernder Weise entscheidend auf das individuelle, kulturelle und soziale Leben ein.

Hinsichtlich der ersten schriftlichen Fassung des Neuen Testamentes taucht unter diesem Aspekt auch die interessante Frage auf, ob ihr nicht schon im Grunde ebenfalls ein Übersetzungsproblem innewohnt. Jesus und seine Zeitgenossen sprachen nämlich mit großer Wahrscheinlichkeit aramäisch, die nach seinem Tode verfasste Urschrift des Neuen Testamentes erfolgte aber in griechisch. Ursprünglich lagen über die Inhalte sowohl des Alten als auch des Neuen Testamentes der Bibel nur mündliche Überlieferungen vor, die obendrein mit unterschiedlichen Absichten erfolgten, wie zum Beispiel dem Nachweis der Herkunft, dem sicheren Gestalten des Überlebens, dem Tradieren von rechtlich verbindlichen Grundsätzen. Um dies auch generationsübergreifend zu gewährleisten, erwies sich dann aber die Schriftform als notwendig. Darüber existieren eine Vielfalt von Entstehungshypothesen (vgl. Meesmann (A) 2001, S. 49). Das dort favorisierte *„Erzählkranz-Modell"* geht davon aus, dass die Verschriftlichung mündlicher Erzählungen über mehrere Generationen andauerte und auch innere Brüche aufweist. Das Alte Testament dürfte im Zeitraum des 8. Jahrhunderts v. Chr. bis zum 2. Jahrhundert v. Chr. (vgl. Müller, Cornelia 2001), das Neue Testament von 48 n. Chr. bis 180 n. Chr. (mir von Herrn Superintendent i. R. Hüneke vermittelte Daten) schriftlich niedergelegt worden sein.

Die älteste Bibelübersetzung, die sogenannte *„septuaginta"*, wurde bereits im 2. Jahrhundert vor (!) Christus verfasst. Es handelte sich um die Übersetzung der heute als *„Altes Testament"* bezeichneten hebräischen Bibel ins Griechische. Der Legende nach übersetzten 72 jüdische Gelehrte zunächst von einander unabhängig die Inhalte und Aussagen der fünf Bücher Mose und einigten sich danach auf die zu wählenden griechischen Worte, welche dann von Demetrios, Verwalter der königlichen Bibliothek im ägyptischen Alexandria, niedergeschrieben wurden. Diese Schrift war möglicherweise sogar die des Jesus von Nazareth, aus der heraus er mit den Schriftgelehrten diskutiert hat, mit großer Gewissheit aber die Bibel der Evangelisten des Neuen Testamentes. Hans-Jürgen Fabri, Universität Bonn, vertritt in der WDR-Sendung vom 16. April 2001 die Ansicht, das christliche Abendland wäre kein christliches Abendland geworden, wenn die „septuaginta", von ihm „europäisierte" Bibel genannt, damals nicht entstanden wäre (vgl. Müller, Cornelia 2001).

Weder von der „septuaginta" noch von dem ebenfalls in griechischer Sprache verfassten „Neuen Testament" liegen Erstausgaben vor, es existieren nur Abschriften. Niemand weiß, ob man je einen Urtext entdecken wird. Im Institut für neutestamentliche Textforschung Münster wird an einer Rekonstruktion der Erstausgabe des griechischen Neuen Testamentes gearbeitet.

In der abendländischen Christenheit galt über Jahrhunderte die lateinische Übersetzung der Bibel „vulgata", die „Allgemeine", als die entscheidende Fassung der Bibel, als wichtigste schriftliche Quelle christlicher Werte. Ihr Verfasser Hieronymus (um 347 – 419/420 n. Chr.), später als der Heilige Hieronymus verehrt, bezog sich nicht auf die bereits vorhandenen griechischen Texte, sondern übersetzte gegen Ende des 4. Jahrhunderts ihm zugängliche Unterlagen aus der hebräischen Sprache.

Martin Luther entwickelte mit seiner Übersetzung der Bibel ein völlig neues Verständnis vom „Wort Gottes", indem er „das Wort an sich" als „neues Gnadenmittel" erkannte. Aus seiner Sicht ist das Wort, zu verstehen als inhaltliche Aussage, das Medium, durch das Gott über und durch Menschen wirkt. Menschliche Sprache könne, so die überlieferte Intentionen Luthers, die göttliche Wahrheit nie voll erfassen, sondern sich ihr bestenfalls annähern. Die von Luther im Jahre 1522 in Zusammenarbeit mit dem griechisch sprechenden Melanchton und der hebräischen Sprache kundiger Juden aus der lateinischen in die deutsche Sprache übersetzte Bibel sollte in diesem Sinne die für alle verständliche und maßgebliche Bibel sein. Die „Luther-Bibel" wurde in den Jahren 1957 – 1984 die heutige Umgangssprache berücksichtigend überarbeitet. Innerhalb der Evangelischen Kirche Deutschlands (EKD) wird sie gleichberechtigt neben der „Einheitsübersetzung", wie es im Jahre 1979 mit der katholischen Kirche vereinbart wurde, verwendet (vgl. Evangelische Zeitung 21. Oktober 2001).

Der Urtext des Johannes-Evangeliums, an den Goethe den Dr. Faust heranführt, dürfte in griechischer Sprache verfasst gewesen sein, und Faust/Goethe sieht sich gleich veranlasst, das Original in sein Deutsch zu übertragen. Sicherlich ist er der Ansicht, dass dieses von ihm „geliebte Deutsch" auch das ist, was von allen anderen, die der deutschen Sprache kundig sind, so gedeutet wird wie er es versteht. Ebenso gibt sich Dr. Faust und damit wohl auch Goethe keinen Überlegungen hin, wer denn das geschrieben hat was da steht. Allein die Tatsache, dass es geschrieben steht, trägt für sie wohl das Faktum einer unumstößlichen Grundwahrheit in sich. Wie problematisch eine solche Grundhaltung ist, kann daran erkannt werden, dass zum Beispiel nicht alle Paulusbriefe vom Apostel selbst stammen. Einige sind höchstwahrscheinlich nach seinem Tode von seinen Schülern verfasst worden, die ihre Briefe unter seinem Namen veröffentlicht haben. „Vielleicht wollten sie ihren Lehrer dadurch ehren, dass sie ihre

Briefe unter seinem Namen veröffentlichten. Möglicherweise haben sie aber auch die Autorität des Paulus benutzt, um den eigenen Briefen Geltung zu verschaffen" (Knigge 2003).

Goethe (vgl. a. a. O. S. 180) macht deutlich darauf aufmerksam, dass alles von Menschen Niedergeschriebene in Form und Ausdruck lediglich Menschenwerk darstellt und daher wie alles, was Menschen zu leisten vermögen, stets nur das Bemühen sein kann, dem, was Wahrheit bedeuten könnte oder sollte, möglichst nahe zu kommen. Er lässt nämlich den Dr. Faust sofort stocken und die von ihm in der Bibel gefundenen Gedanken in folgender Weise variieren:

„Ich kann das Wort so hoch unmöglich schätzen,
Ich muß es anders übersetzen,
Wenn ich vom Geiste recht erleuchtet bin.
Geschrieben steht: Im Anfang war der Sinn.
Bedenke wohl die erste Zeile,
Daß deine Feder sich nicht übereile!
Ist es der Sinn, der alles wirkt und schafft?
Es sollte stehn: Im Anfang war die Kraft!
Doch auch indem ich dieses niederschreibe,
Schon warnt mich was, daß ich dabei nicht bleibe.
Mir hilft der Geist! Auf einmal seh ich Rat
Und schreibe getrost: Im Anfang war die Tat!"

Aufgrund des oben aufgezeigten Weges der Entstehung der Bibel, unter besonderer Berücksichtigung der Übersetzungsprobleme, sind Worte der Bibel auch durchaus kritisch interpretierend zu werten. Dies trifft selbstredend auch auf die Quellen zu, welche die Stellung von Frau und Mann betreffen.

Die Teilnehmer eines Unterrichtes zur Vorbereitung auf die Konfirmation wurden aufgefordert, ein Bild Gottes, so wie sie ihn sich vorstellen, zu malen. Neben einigen farblichen Abstraktionen wurden mit einer Ausnahme, die eine Frau darstellte, Männer gezeichnet. Die erbetene Interpretation zum Bild „Gott als Frau" enthielt im Wesentlichen entschuldigende Hinweise darauf, dass Männer früher hinsichtlich Gewand und Haartracht dem heutigen Frauenbild entsprechen würden (vgl. Schulze 2001).

Der Stellung des Mannes wird, da Gott üblicherweise als Mann verstanden wird, eine höhere Position zugeordnet als die der Frau. Ohne überhaupt irgendeinen Gedanken darauf zu verschwenden, wird es allgemein als selbstverständlich angesehen, dass Gott ein Mann sei. Gott wird in Bibelauslegungen ausschließlich in männlicher Wortwahl angeredet, zum Beispiel als „Vater, Herr, Schöpfer". Darin muss nicht unbedingt eine männlich betonte, geschlechtliche Zuordnung für Gott gesehen werden. *„Die Vater-Anrede ist ein patriarchales Symbol (Analogon) für die transhumane, trans-sexuelle Wirklichkeit Gottes, der Ursprung auch alles Weiblich-Mütterlichen ist; sie darf auf keinen*

Fall zur religiösen Begründung eines gesellschaftlichen Paternalismus benützt werden" (Küng 2002, S. 58). Gott ist nicht gegenständlich, schon gar nicht als männliche Person fassbar. Das hebräische Wort für *„Gott"* heißt *„Jahwe"* und wird mit *„Ich bin da"* übersetzt (mir von Herrn Superintendent i. R. Hüneke übermittelte Erläuterung). Dem Wort Gott wohnt also eine Abstraktion inne. Trotz dieser eindeutigen Aussagen wird nach unmissverständlichen Sprachregelungen der Bibel gesucht. So von der Frankfurter Pfarrerin Hanne Köhler, der Leiterin eines im Jahr 2001 von der Evangelischen Kirche in Hessen und Nassau initiierten Projektes zur Übersetzung der Bibel in eine „gerechte Sprache". Diskriminierende Formulierungen, mit denen nicht nur das Gottesbild an sich, sondern auch höchste Werte mit aus männlichen Denkstrukturen entwickelten Vorstellungen verknüpft sind, sollen ersetzt werden, um *„eine Vielfalt biblischer Gottesbilder aufzudecken."* Es könne, um zwei Beispiele zu nennen, statt *„Vater unser im Himmel"* auch *„Gott, für uns wie Vater und Mutter im Himmel"* heißen. Jesus würde dann nicht *„Menschensohn"*, sondern *„Menschenkind"* genannt (vgl. Bayer 2001).

Die Frage, ob aus der biblisch überlieferten Schöpfungsgeschichte eine der Frau gegenüber höherwertige Stellung des Mannes zu entnehmen sei, hat die Exegeten aller Zeiten zu zum Teil heftig geführten Disputationen veranlasst.

„Und Gott schuf den Menschen ihm zum Bilde, nach seinem Bild schuf er ihn als Mann und Frau. [...] der Herr machte den Menschen [...] und [...] sprach : Es ist nicht gut, daß der Mensch allein sei; ich will ihm eine Gehilfin machen, die um ihn sei. [...] Und er nahm seiner Rippen eine [...] und baute ein Weib aus der Rippe und brachte sie zu ihm. Da sprach der Mensch: Das ist doch Bein von meinem Bein und Fleisch von meinem Fleisch; man wird sie Männin heißen, darum daß sie vom Manne genommen ist. Und schuf sie einen Mann und ein Weib und hieß ihren Namen (nannte sie) *Mensch"* (1. Buch Mose, 1. Kapitel, Vers. 27; 2. Kapitel Verse 7, 18, 21, 22, 23; 5. Kapitel, Vers. 2).

Die hier aus der Bibel zitierte Schilderung der Erschaffung des Menschen enthält zwei bedeutende Aussagen. Zunächst wird der theologische Nachweis der Herkunft der Menschheit an sich geführt, dann aber wird eindeutig offengelegt, der erste Mensch war ein „Mannweib". Gott hat den Menschen als Frau und als Mann geschaffen. Der androgyne Adam war Mann und Frau zugleich. Erst mit der Erschaffung Evas spaltete Gott das Urwesen Adam in Frau und Mann mit dem gemeinsamen Namen „Mensch" auf (vgl. Evangelische Zeitung 26. Januar 2003, S. 15). Gedankliche Konstruktion, *„die diese Tatsache aussparen, fallen qualitativ sowohl hinter die Botschaft der Schöpfungsgeschichte zurück als auch hinter den Stand der sozialwissenschaftlichen Erkenntnisse"* (Frauenstudien- und –bildungszentrum der EKD, ohne Datum).
Wie der überlieferten biblischen Darstellung des Schöpfungsaktes zu entnehmen ist, wird dem Menschen Adam eine Frau, die zudem seinem Körper

entnommen wird, als Gehilfin zur Seite gestellt. Aus theologischer Sicht war daher über Jahrhunderte die Frage interessant, ob die Frau denn überhaupt ein dem Mann ebenbürtiger Mensch sein könne, da es fraglich sei, ob sie überhaupt eine Seele habe (vgl. Breunlein 2000). Dies war auch noch im 17. Jahrhundert ein durchaus beliebtes Thema innerhalb „besserer gesellschaftlicher Kreise." In Florenz wurde in dieser Zeit zum Beispiel innerhalb der Accademia degli Unisoni *„die schwierige Frage erörtert, ob Frauen auch Seelen haben, und ob sie denn überhaupt zur menschlichen Rasse gehören"* (Nüsser 2002). Man (Mann!) kam schließlich zu dem Schluss, dass das *„ Menschsein "* des Menschen sowohl im *„ Mannsein "* als auch im *„Frausein "* uneingeschränkt realisiert worden sei (vgl. Breunlein 2000). Denn Gott selbst ist Vielfalt und nicht Einfalt. Das von ihm nach seinem Ebenbild Geschaffene ist daher reichhaltig und vielgestaltig, auf keinen Fall in schlichter, einfacher Form auf das männliche Geschlecht beschränkt. Im christlichen Menschenbild dominiert daher nicht das organisch Gewachsene, sondern das allen Menschen Gemeinsame. Die Verschiedenartigkeit, die sich in der jedem sichtbaren Vielgestaltigkeit von Männern und Frauen und darüber hinaus in einer beiden Geschlechtern innewohnenden nicht überschaubaren Variationsbreite offenbart, ist der überzeugende Beweis für Vielgestaltigkeit als dem wesentlichsten Aspekt des Menschseins. Von zentraler Bedeutung ist einzig und allein, so die evangelische Bischöfin Käßmann am 22. Juli 2001 im DeutschlandRadio Berlin, dass aus christlicher Sicht jedem Menschen, sei er Mann oder Frau, ohne Vorbehalt zu begegnen ist: *„Die Gottebenbildlichkeit und damit die je eigene Würde sind jedem Menschen von Anfang an zugesprochen und unverlierbar. "*

Die in diesen Gedanken manifestierte biblische Anschauung sieht die Menschenrechte, wie der Politologe und Kulturpolitiker Hans Maier am 21. Juni 2001 im DeutschlandRadio Berlin ausführte, nicht als Vorrecht des Stärkeren, sondern als Schutz der Schwachen[37] an. Damit stellt sich Maier eindeutig in die Tradition der revolutionären Zeit der Aufklärung des 18. Jahrhunderts. Diese Epoche war unter anderem durch klassifizierende Diskurse über Rasse, Behinderung, Entwicklung allgemein und insbesondere auch biologisch zu begründender *„Marker"* für die Unterscheidung von Mann und Frau gekennzeichnet. Die in vielen Abhandlungen *„offensichtlich werdende Konstruiertheit der Geschlechterbilder"* trug wesentlich zu der sich heutzutage langsam realisierenden *„Auffassung von der Gleichheit der Menschen, die die Ebenbürtigkeit und gleiche Freiheit auch der Frauen begründet"* (Rendtorff/Moser 1999, S. 12) bei. Aus gutem Grunde stellt daher die Verfassung der Bundesrepublik Deutschland diesen Gedanken direkt an den Anfang und betont *„Die Würde des Menschen* [Sammelbegriff für Mann und Frau] *ist unantastbar"* (Grundgesetz, Artikel 1, Satz 1).

---

[37] Stark und schwach sind im hier behandelten Kontext als dem Mann bzw. der Frau zugeschriebene Eigenschaften zu verstehen.

Die Ursache dafür, dass auch in der Schöpfungsgeschichte der Bibel ohne Scheu von einem „Herr" genannten männlichen Gott ausgegangen wird, dürfte darin liegen, dass die Urtexte der Bibel zunächst nur mündlich „von Zelt zu Zelt" überliefert wurden. Die nomadisierenden Stämme Israels des Alten Testamentes waren eindeutig vom Patriarchat geprägt, in dem die Vaterfigur „Mann" seine Autorität herrschend und bestimmend geltend machte. Die Oberhäupter von Familie und Stamm hatten als Männer sicherlich ein starkes Interesse an Schaffung und Erhaltung ihrer führenden Positionen. Aus ihrer Sicht schuf der männliche Gott „Herr" den Menschen „ihm zum Bilde." Damit hat er den männlichen Menschen, das Ebenbild Gottes, gleichermaßen mit göttähnlicher Herrschaftsgewalt ausgestattet. Deutlich wird die mit dieser Argumentation fundamentierte Herrschaft des Mannes über die Frau insbesondere auch im Geschlechtsregister der Patriarchen (vgl. Mose 1, Kapitel 5) und in der Aufzählung der Geschlechter des Volkes Israel (vgl. 1. und 2. Buch der Chronik). Namentlich werden nur Männer und ihre Söhne genannt, auf Frauen, Töchter und Mütter wird im Wesentlichen nur Bezug genommen. Die in der Bibel begründete Herrschaft des Mannes über die Frau folgte einer konsequenten Logik: Da Gott eindeutig eine männliche Identität zugeschrieben wurde, galt die göttliche Herrschaftsgewalt auch für Männer. Um diesen Anspruch als „gottgewollt" zu manifestieren, wurden ausführliche, die Machtposition des Mannes verbindlich festlegende Textstellen verfasst: „Und zum Weibe sprach er: [...] und dein Verlangen soll nach deinem Manne sein, und er soll dein Herr sein" (1. Buch Mose, Kapitel 3, Vers 16). Folgerichtig entwickelten dann auch weitere Ratgeber und Ermahner der christlichen Lehre, insbesondere der Apostel Paulus, entsprechende Gedanken, forderten sogar ausdrücklich die Unterordnung der Frau unter den Mann[38]:

„Ein Weib lerne in der Stille mit aller Untertänigkeit. Einem Weibe aber gestatte ich nicht, daß sie lehre, auch nicht, daß sie des Mannes Herr sei, sondern stille sei" (1. Brief an Timotheus, Kapitel 2, Vers 11, 12).
„Wie in allen Gemeinden der Heiligen lasset eure Weiber schweigen in der Gemeinde; denn es soll ihnen nicht zugelassen werden, daß sie reden, sondern sie sollen untertan sein, wie auch das Gesetz sagt. Wollen sie aber etwas lernen, so lasset sie daheim ihre Männer fragen. Es steht den Weibern übel an, in der Gemeinde zu reden" (1. Brief an die Korinther, Kapitel 14, Vers 34 und 35).
„Die Weiber seien untertan ihren Männern als dem Herrn. Denn der Mann ist des Weibes Haupt, [...]" (Brief an die Epheser, Kapitel 5, Vers 22, 23).
„Du aber rede, wie sich's ziemt nach der heilsamen Lehre: den alten Weibern [...], daß sie die jungen Weiber lehren, [...] ihre Männer lieben, [...]sittig sein, keusch, häuslich, ihren Männern untertan" (Brief an Titus, Kapitel 2, Vers 1, 3, 4, 5).

---

[38] Es bestehen Zweifel, ob alles in den Briefen des Paulus wirklich von ihm selbst geschrieben wurde (vgl. S. 81, 82).

Der hier aufgezeigten wertenden Binarität der Aufteilung der Geschlechter in den „herrschenden Mann" und die „dienende Frau" wohnt ein Druck inne, *„sich und die anderen zuzuordnen und stimmig zu machen. Der Druck, sich selbst zu definieren und Eindeutigkeiten herzustellen"* (Rendtorff/Moser, 1999, S. 21). Diese zu Gunsten von Männern interessengeleitete Bibelauslegung begründete eine Weltdeutung, die zu dem in den wissenschaftlichen Diskurs eingegangenen Paradigma vom *„Ergänzungstheorem der Geschlechter"* (Nave-Herz, 1997, S. 17, 18, 24) geführt hat. In Kreisen, die an *„schriftgemäßen"* (zu verstehen als „bibeltreu" eingestufte) Arbeiten und Veröffentlichungen interessiert sind[39], aber auch in der Evangelischen Landeskirche Hannover (vgl. Joachim Cochlovius, Leserbrief in der Evangelischen Zeitung vom 9. März 2003) ist dieses Verständnis bezüglich des Verhältnisses zwischen Mann und Frau auch in neuerer Zeit noch Gegenstand heftig geführter Auseinandersetzungen. Unter entsprechender Interpretation biblischer Quellen wird dem Mann die Haupt-Stellung in Ehe und Gesellschaft mit Führungs- und Leitungsaufgaben, der Frau die Stellung der Gehilfin mit *„liebevoller Unterordnung unter die Leitung des Mannes"* (Neuer 1985, S. 168) zugewiesen. *„Dieser Praxis liegt die Überzeugung zugrunde, dass Gott den Mann zum ‚Haupt-Sein' für die Frau eingesetzt und ihm damit Verantwortung für ihr inneres und äußeres Wohlbefinden übertragen hat. Mit Unterdrückung hat das nichts, aber auch gar nichts zu tun. Im Gegenteil, die Frau findet in der biblischen Ordnung Schutz und Fürsorge"* (Cochlovius Evangelische Zeitung 9. März 2003). Beide hier beispielhaft angeführten Verfechter des Ergänzungstheorems der Geschlechter betonen an anderer Stelle zwar die Gleichwertigkeit von Mann und Frau, sie erkennen aber aufgrund einer von ihnen ausgemachten Verschiedenartigkeit von Mann und Frau unterschiedliche Aufgaben und Zuordnungen der Geschlechter. Sowohl Werner Neuer (*„willkürliche Herrschaft des Mannes, sklavischer Unterordnung der Frau"*) als auch Cochlovius (*„Allerdings wird sie auch ermahnt, ihren Mann nicht zu beherrschen und kein gemeindeleitendes Amt anzustreben"*) erkennen zwar Probleme, die auftreten können. Neuer sieht diese aber für *„durch Christi Tod erlöste Menschen"* als bewältigt an. Denn diese würden als *„neue Menschen"* in einer *„Ordnung selbstloser Liebe"* dem *„uralten Streit der Geschlechter ein Ende"* machen. Zusätzlich zur Rechtfertigung einer den Mann über die Frau erhöhenden Grundhaltung wird neben der explizit genannten Frauenbewegung auch die Zielsetzung der Strategie Gender Mainstreaming „Herstellung einander gleichwertiger Perspektiven für Frau und Mann" verurteilt. *„[...] Tendenz zur Gleichmacherei, die im Feminismus ihren radikalsten ideologischen Ausdruck findet. [...] Diese Tendenz ist bibeltheologisch betrachtet letztlich eine antichristliche Auflehnung gegen die gottgewollte Bestimmung von Mann und Frau",* [...] *damit die Grundlagen christlichen Glaubens und christlicher Theologie antastet"*

---

[39]: *„Die Theologische Verlagsgemeinschaft (TVG) [...] hat das Ziel, schriftgemäße theologische Arbeiten zu veröffentlichen"* (Neuer 1985, Impressum).

(Neuer 1985, S. 169). Die Begriffe Mann und Frau werden hier nicht als bloße Bezeichnung für das Geschlecht, sondern zielgerichtet als von Gott bestimmte Rolle in der Gesellschaft verwendet. Mit der für gläubige Christinnen und Christen seelisch äußerst belastenden Konsequenz, sich bei Befürwortung feministischer Ziele gegen Gottes Schöpfungsordnung zu stellen.

Diese Sichtweise kann aus theologischer Anschauung zunächst durchaus als in sich konsistent gewertet werden. Denn es heißt im Brief des Paulus an die Epheser, Kapitel 5, Verse **22** und **23**: *„Die Weiber seien untertan ihren Männern als dem Herrn. Denn der Mann ist des Weibes Haupt."* Wie in der Mathematik darf aber auch hier nicht das Vorzeichen übersehen werden, nämlich die Aussage des davor stehenden Verses **21**: *„Ordnet euch einander unter in der Furcht Christi."* Aus christlicher Sicht ist damit keine Unterwerfung unter Aufgabe des eigenen Wertes, sondern ein „**Einander**-Unterordnen" von Mann und Frau in Achtung des „Eigenwertes" des anderen Menschen zu verstehen. Ein männlicher Herrschaftsanspruch ist daher biblisch nicht zu rechtfertigen. Innerhalb der Evangelischen Kirche Deutschlands (EKD) wird zumindest seit der EKD Synode von 1989 offiziell und unmissverständlich darauf hingewiesen, *„daß die Kirche sich erneuert, wenn sie in der Gemeinschaft von Frauen und Männern Gerechtigkeit herstellt. Gerechtigkeit ist die zentrale Forderung des Alten und des Neuen Testamentes"* (Frauenstudien- und –bildungszentrum der EKD, ohne Datum).

Als bis in die heutige Zeit wirkendes, besonders signifikantes Beispiel für auf religiös begründeten Dogmen beruhende arrogante Überheblichkeit von Männern den Frauen gegenüber sei auf Iris Müller verwiesen, die sich innerhalb der katholischen Kirche vehement für die Frauenordination einsetzt. Nach Abschluss ihres Theologiestudiums konvertierte sie zur katholischen Kirche, was beruflich katastrophale Konsequenzen für sie hatte. *„Ich fiel als Frau unter die Bestimmungen des katholischen Kirchenrechts. Ich war nun gemäß can. 968 § 1 CIC/1917 (can. 1024 CIC/1983) ein weiheunfähiges Geschöpf geworden und sollte auf katholischer Seite von meiner Frage nach der Frauenordination Abstand nehmen"* (Müller, Iris 2001). Offensichtlich widersprach und widerspricht nach *herr*schender katholischer Lehrmeinung, über deren inhaltliche Ausgestaltung bis in die heutige Zeit hinein Männer wachen, die Ordination eines Menschen der Gattung Frau der göttlichen Ordnung. *„Frauen haben in der Kirche genau bestimmte Rollen"*, betonte Kardinal Josef Ratzinger, Präfekt der Glaubenskongregation in Rom, aus Anlass der Exkommunikation von sieben Frauen aus Österreich, Deutschland und den USA (vgl. Neue Osnabrücker Zeitung 6. August 2002). Die Frauen waren im Juni 2002 von einem von der katholischen Kirche nicht anerkannten Bischof zu Priesterinnen geweiht worden, was ein *„Affront gegen die Würde der Frau"* sei. Eine Begründung, die offensichtlich in Widerspruch zu der in Deutschland bestehenden freiheitlich demokratischen Grundordnung steht und nicht nachvollziehbar ist. Da die sieben Frauen keine Abkehr und Reue über ihr *„schwerstes Vergehen"* erkennen ließen, wurden sie exkommuniziert.

Anders als in der katholischen, der orthodoxen und in einigen evangelischen Kirchen anderer Länder existieren heutzutage in den Landeskirchen der Evangelischen Kirche Deutschlands (EKD) keine offizielle Bedenken mehr gegen die vollwertige, einander gleichwertige Dienstausübung von Männern und Frauen. Auch hier wurden in dieser Frage jedoch langjährige, äußerst schwierig verlaufende Diskussionen geführt, die auch heute noch nicht völlig beendet sind. Der vom evangelischen Pastor Cochlovius gegen die Frauenordination gerichtete Leserbrief (vgl. S. 86) endet mit den Worten *„Die Zukunft wird zeigen, welche Kirchen Gott beglaubigt und welche nicht. "*

Der Weg zum Amt der Theologin war auch in der evangelischen Kirche schwierig, wie dem Katalog zur Ausstellung *„Das Weib schweigt nicht mehr"* (vgl. Cunow 1990) sowie einer Darstellung über die Frauenordination (vgl. Herbrecht, Evangelische Zeitung 26. Januar 2003) zu entnehmen ist. Grundlage für die Arbeit von Theologinnen war zunächst das *„Vikarinnengesetz"* von 1927 innerhalb der Evangelischen Kirche der Altpreußischen Union. Die inhaltlichen Grundzüge dieses Gesetzes, die 1942 nochmals ausdrücklich bestätigt wurden, beschränkten den Dienst der Vikarinnen auf die Arbeit mit Frauen, Kindern und Jugendlichen, erlaubten ihnen aber *„in Zeiten der Not"* ausnahmsweise die Übernahme pfarramtlicher Aufgaben. In vielen Gemeinden übernahmen daraufhin Theologinnen die Vertretung der zum Kriegsdienst eingezogenen Pfarrer. Die erste offizielle Ordination von Frauen zum Pfarramt erfolgte am 12. Januar 1943 innerhalb der Bekennenden Kirche Berlin-Brandenburg für zwei Vikarinnen, denen damit das ihren Amtsbrüdern gleichwertige volle Pfarramt übertragen wurde. Innerhalb der Vereinigten Evangelisch-Lutherischen Kirche Deutschlands (EKD) war die Hannoversche Landeskirche Vorreiter für die rechtliche Verankerung der Ordination von Frauen, was Mitte der fünfziger Jahre des 20. Jahrhunderts zu erheblichen Protesten einiger anderer lutherischer Kirchen geführt hatte. Das hannoversche Kirchengesetz über die Rechtsstellung der Pastorinnen aus dem Jahr 1963 wurde zur ersten Grundlage der „Verleihung des Rechtes zur öffentlichen Wortverkündigung und zur Sakramentsverwaltung" an Frauen. Aber auch die Hannoversche Landeskirche novellierte diese ausdrücklich als Pastorinnengesetz bezeichnete Rechtsgrundlage erst im Jahr 1969 und sorgte damit in ihren eigenen Reihen für die in Deutschland verfassungsrechtlich vorgeschriebene Gleichberechtigung von Frauen und Männern. Bis dahin war nämlich für Pastorinnen (nicht für Pastoren !) sogar noch das Zölibat vorgeschrieben. Die völlige Gleichstellung geschieht innerhalb der Hannoverschen Landeskirche erst seit 1978, berichtet Landesbischöfin Käßmann in der Evangelischen Zeitung vom 26. Januar 2003 und betont mit Blick auf *„Pastoren, die die Frauenordination ablehnen"*, von ihr dennoch Gewissensschutz erhalten, *„dass es Teil des Amtsverständnisses unserer Landeskirche ist, Frauen wie Männer zu ordinieren. "* Ein „Amtsverständnis", welches *„[...] durch geschwisterlichen Umgang miteinander die bedingungslose Liebe Gottes zu den Menschen abbildet – und nicht die Gesetze einer Machokultur kopiert "* (Jäger-Sommer, 2002).

Sprachliche Zuordnungen

Auffallend und überaus bemerkenswert ist, dass die Wortentwicklungen in den Urformen aller Sprachen zunächst immer nur einen Sammelbegriff für Menschen beiderlei Geschlechtes kannten. In den alten Sprachen konnte das Wort „*Mensch*" ebenso gut für weibliche wie männliche Wesen stehen (vgl. E-tymologisches Wörterbuch 1963, Stichworte „Mann" und „Mensch"). Nach und nach vollzog sich eine inhaltliche Veränderung des Wortes „*Mensch*" in eine den Mann stärkende und ihn privilegierende Richtung, indem das Wort für Mensch auch als Synonym für Mann angewendet wurde.

Im 6. Jahrhundert wandelte sich zum Beispiel in den romanischen Sprachen das Wort „*homo*" über die ursprüngliche Bedeutung „*Mensch*" hinaus zum zusätzlichen Ausdruck für „*Mann*" (vgl. (Breunlein 2000). Auch das hebräische Wort „*isch*" hieß ursprünglich „*Mensch*" und wurde in einer späteren Phase dann gleichbedeutend für „*Mann*". Die dem Bibeltext zufolge (vgl. S. 83) aus der Rippe des Mannes gemachte Frau hieß nach den in der hebräischen Sprache zu befolgenden Sprachregelungen dann auch „*ischa*", was „*Menschin*" bedeutet (mir von Herrn Superintendent i. R. Hüneke mündlich überlieferte Übersetzung). Luther übersetzte die hebräischen Worte „*isch*" und „*ischa*" mit „*Mann*" und „*Männin*". „*[...] man wird sie Männin heißen, darum daß sie vom Mann genommen ist*" (1. Mose, 2. Kapitel, Vers 23).

Das Wort „*Mensch*" muss also sowohl als Oberbegriff sowie als Wurzel für alle späteren sprachlichen Absonderungen in die Worte „*Mann*" und „*Frau*" angesehen werden.

Die bereits aufgezeigten (vgl. S. 59 ff.) real vorhandenen Lebensumstände einer dem Mann nachgeordneten Stellung der Frau dokumentiert sich auch in der sprachlichen Fixierung des Mannes als Oberhaupt der Familie. Ursprünglich handelte es sich beim Wort „*Familie*" um ein seit dem 16. Jahrhundert in die deutsche Sprache eingebürgertes Fremdwort aus dem Lateinischen, dem Wort „*familia*" für „*Hausgenossenschaft*". Davor galt der Wortgebrauch „*Weib und Kind*" als üblicher Sammelbegriff für eine an einen bestimmten Mann gebundene Frau mit ihrem gemeinsamen Kind bzw. ihren gemeinschaftlichen Kindern (vgl. Etymologisches Wörterbuch 1963, Stichwort „Familie"). Diesem Verständnis folgend fand nach und nach der Begriff „Familie" für das enge soziale Gebilde „Vater, Mutter, Kind(er)" mit dem Mann als Oberhaupt der Familie Verwendung.

Auch mit dem Wort „*herrschend*" wird ein realer Bezug zur Wirklichkeit hergestellt. In ihm steckt der Begriff „*Herr*", welcher innerhalb der deutschen Sprache eindeutig den Mann im Sinne von „Gebieter, Besitzer, Regent" charakterisiert und somit seine der Frau vorherrschende, sie unter Umständen auch beherrschende Stellung deutlich macht. Dieter Otten (vgl. Schmidt 2000) erkennt in seinem Buch *„Männer Versagen"* die Chance, dass Frauen die Männer als *„herrschendes Geschlecht ablösen"*, geht aber vom Weiterbestehen einer Machtstellung, dann zugunsten der Frau, aus. Dies widerspricht dem, was mit Gender Mainstreaming erreicht werden soll, nämlich der faktischen Gleichwertigkeit von Frauen und Männern (vgl. S. 24, 25).

Einen weiteren aufschlussreichen Blick auf bewusstseinsprägende Wortschöpfungen öffnet die Analyse des Wortes *„Hausfrauenehe."* Sobald das Wort *„Hausfrauenehe"* in seine einzelnen Bestandteile *„Haus – Frauen – Ehe"* zerlegt ist, finden sich *„Frauen eingeklemmt zwischen Haus und Ehe"* (Mayer 2002) wieder. Denn tatsächlich sind es (immer noch) Frauen, die sich „rund um die Uhr" um die Dinge des familiären Haushaltes kümmern. In Bezug auf Haus- und Familienarbeit gelten *„zwei ungesagte Grundannahmen": Hausarbeit ist prinzipiell Frauensache. Der Mann hilft, wenn, dann freiwillig mit. Und wenn er das tut, dann ist es ihm hoch anzurechnen"* (Schäfer 1997). Hausarbeit von Frauen wird nur nebenbei zur Kenntnis genommen, da dies ihnen als selbstverständliche Aufgabe zugeordnet wird. Wenn Männer der Frau bei der Hausarbeit helfen, werden sie als fortschrittlich gelobt.

Innerhalb der Kollektive Gesellschaft und Familie werden dem Individuum Frau weitaus mehr Einschränkungen, Beschränkungen, Bereithaltung, Opfer abverlangt werden als dem Individuum Mann (vgl. Nave-Herz 1997, S. 51). Mit zum Teil fatalen Auswirkungen. Verheiratete Männer sind gesünder als ledige, verheiratete Frauen sind kränker als ledige Frauen, berichtet die britische Tageszeitung *„The Daily Telegraph"* unter Berufung auf eine offizielle Studie (vgl. Neue Osnabrücker Zeitung 11. Januar 2003). *„Vom Beginn der Ehe an sind Männer versorgt wie einst bei Muttern: Das Essen auf dem Tisch, die Wäsche gereinigt im Schrank, die Kinder sauber, die Wohnung sauber und aufgeräumt, die Hausaufgaben der Kinder erledigt, zum Elternabend geht die Frau. Gibt es wirklich noch Menschen, die sich darüber wundern, dass die Ehe sich bei den Männern ,lebensverlängernd' auswirkt"* (Anette Tillner, Leserbrief in der Neuen Osnabrücker Zeitung vom 13. November 2000)? Aus der im *„Daily Telegraph"* zitierten Befragung geht ferner hervor, dass Frauen nach ihrer Heirat wesentlich mehr Stress ausgesetzt sind als zuvor. Der Grund liegt einfach darin, dass sie ihr Leben sehr viel stärker ändern müssen als Männer. Männer behalten nach der Trauung ihren Lebensablauf im wesentlichen bei, gehen wie gewohnt weiterhin ihren Hobbys nach und pflegen ihre engen Kontakte innerhalb des bisherigen Freundeskreises. Auf Frauen kommen dagegen große Veränderungen zu. Auch wenn Beruf und Familie zu vereinbaren sind, haben sie kaum noch Zeit zum Ausspannen. *„Allen Familienmitgliedern alle Bedürfnisse zu befriedigen ist ihr Job. Schule, Kindergarten, Vereine etc. erwarten immer mehr Elternarbeit, die zum größten Teil von der Mutter geleistet wird. So etwas wie Feierabend, Wochenende oder gar Lohn kennen Ehefrauen nicht. Hat da* *noch jemand Zweifel, dass dies alles sich ,lebensverkürzend' auswirken kann"* (Anette Tillner, Leserbrief in der Neuen Osnabrücker Zeitung vom 13. November 2000)? Solche und andere reale Zwänge bleiben gesellschaftlich unsichtbar, werden nicht nachempfunden. Sie äußern sich eher *„indirekt in neuen Verhaltensmustern, neuen Krankheitsbildern, die die Gesellschaft verleugnet, etwa dem massenhaften Zigarettenkonsum von Frauen oder der Bulimie* [Heißhungeranfälle mit absichtlich herbeigeführtem Erbrechen] *und Anorexie* [Magersucht] *als typisch weiblichen Reaktionsformen an den Anpassungsdruck"* (Stolpe 2000).

Wie bereits beispielhaft am Wort *„Hausfrauenehe"* dargelegt, ist Sprache nicht so geschlechtsneutral wie allgemein angenommen wird. Die Sprache prägt nicht nur das Bewusstsein, sie spiegelt auch Wertvorstellungen, Klischees und Vorurteile, in denen die Ungleichheit von Frauen und Männern und die Dominanz von Männern über Frauen deutlich wird (vgl. IPA aktuell Januar 2003, S. 28). Der unterschiedliche Sprachgebrauch von Frauen und Männern kann außerdem die Ursache für vielerlei Missverständnisse sein, erläutert die Gendertrainerin Hille Lieverscheidt in der Einladung zu einem Seminar zur Vertiefung von Geschlechterdemokratie näher (vgl. Heinrich Böll Stiftung 2003). Mit dem Ziel, über den Umgang mit der Sprache die gleichberechtigte Teilhabe von Frauen und Männern im öffentlichen Leben zu verbessern, hat der *„Arbeitskreis der Gleichstellungsbeauftragten im Rhein-Kreis Neuss und der Stadt Mönchengladbach"* eine Broschüre mit den Titel *„Frauensprache – Männersprache"* erarbeitet. Die darin vorgestellten elf Sprachregeln sollen mithelfen, sich innerhalb mündlicher und schriftlicher Kommunikation bewusst und konsequent für die Gleichstellung von Frauen und Männern einzusetzen (vgl. IPA aktuell Januar 2003, S. 28). Die Ursache für dieses Bemühen liegt in einer interessanten Diskussion zur Frage einer geschlechtsspezifischen oder auch geschlechtsneutralen deutschen Sprachregelung, die seit einiger Zeit geführt wird. Es wird (um dies an einem Wort deutlich zu machen) ein Disput darüber ausgetragen, ob in der heute üblichen Schriftsprache die Anrede *„Lieber Leser"* selbstredend Männer und Frauen einbeziehe oder ob dies getrennt als *„Lieber Leser, liebe Leserin"*, in umgekehrter Reihenfolge oder in den Formen *„Liebe(r) Leser(in)"* bzw. *„Liebe LeserIn"* zu erfolgen habe. In der Polizei Niedersachsen wird gesetzestechnisch nach wie vor nur von Beamten und nicht von Beamtinnen gesprochen. Wenn diese gemeint sind, werden sie als weibliche Beamte bezeichnet[40]. Umgangssprachlich ist es nach wie vor gebräuchlich *„Damen und Herren"*, innerhalb kirchlicher Kreise auch *„Brüder und Schwestern"* zu begrüßen. Eigentlich völlig unverfängliche Redewendungen wie *„Man liest wieder"* haben sogar den Argwohn von Feministinnen erregt, die darin eine Diskriminierung von *„Frau"*

---

[40] *„Weibliche Beamte führen die Amtsbezeichnung in der weiblichen Form."* § 2 Abs. 2 letzter Satz Verordnung über die Laufbahnen des Polizeivollzugsdienstes des Landes Niedersachsen vom 8. 5. 1996 (Nds. GVBl. S. 237).

erkennen wollen. Lieverscheidt (vgl. Heinrich Böll Stiftung 2003) fragt jedenfalls im Einladungstext zu einem Seminar zur Vertiefung von Geschlechterdemokratie konkret „*wie können man* [!] *und frau gegensteuern?*" Sicher kann so manches, was eigentlich kein Problem bedeutet, auch herbeigeredet werden. Dies gilt insbesondere für das von mir gewählte Beispiel „*Man liest wieder*". Durch Schreibweise und inhaltliche Aussage im Sinne von „*jemand, jeder, alle*" wird eine deutliche Abgrenzung zum Geschlecht „*Mann*" vollzogen. So erheben sich auch Stimmen, die vor überzogenen geschlechtsneutralen Texten warnen, da darin die Gefahr zusätzlicher Stabilisierungen althergebrachter Geschlechterrollen liegen könne. „*Überwiegend explizit geschlechtsneutrale Formulierung impliziert die traditionellen Geschlechterrollen und* transportiert *das hierarchische Geschlechterverhältnis*" (Rendtorff/Moser 1999, S. 13).

Aus welchen Gründen auch immer er sich so verhielt, Peer Steinbrück, Ministerpräsident von Nordrhein-Westfalen, formulierte den von ihm vor dem Landtag Nordrhein-Westfalens zu leistenden Amtseid eigenmächtig in eine Richtung um, die beide Geschlechter einbezog. Zunächst sprach er die durch die Landesverfassung vorgegebenen Worte „*Ich schwöre, dass ich [...] Gerechtigkeit gegenüber jedermann*", unterbrach an dieser Stelle kurz, fügte die in der Verfassung nicht vorgesehenen Worte „*und jeder Frau*" hinzu und beendete dann den Eid wie vorgeschrieben korrekt mit „*üben werde*"(vgl. Neue Osnabrücker Zeitung 9. November 2002).

Ergänzend soll noch auf einen bemerkenswerten Indikator für unbewusst über das Sprachverhalten tradiertes Rollenverständnis hingewiesen werden. Die Kindersendungen „*Liliputz*", Westdeutscher Rundfunk (WDR), und „*Kakadu*", DeutschlandRadio Berlin, haben anlässlich der Buchmesse Leipzig 2003 gemeinsam einen Aufsatzwettbewerb unter dem Titel „*Als ich gestern aufwachte, war ich Bundeskanzlerin*" ausgeschrieben. Teilnehmen können Jungen und Mädchen der dritten und vierten Grundschulklasse. Kinder, die bei der Vorstellung dieses Vorhabens einige Gedanken dazu spontan in das Mikrofon sprachen, hatten überhaupt kein Problem damit, je nach eigenem Geschlecht entweder „*Bundeskanzler*" oder „*Bundeskanzlerin*" zu sagen.

Die Frauenbewegung [41]

Bereits während der Zeit der Aufklärung im 17./18. Jahrhundert, unter Einfluss der in ihr wirkenden Kräfte, konnte es nicht verborgen bleiben, wie unterschiedlich die gesellschaftlichen Positionen von Männern und Frauen waren. Weitgehend legte „man" zwar auch weiterhin noch Wert auf die Betonung (vermeintlich) *„wesenhafter, naturhafter Unterschiede"* (Rendtorff/Moser 1999, S. 12) zwischen den Geschlechtern. Eine Sichtweise, die auch heute noch durchaus anzutreffen ist. Jetzt wurde aber erstmals gezielt nach Ursachen, die dies bewirkt haben (könnten), gefragt. Mit besonderer Schärfe wurde in erster Linie nicht mehr nach weiteren Begründungen für (vermeintlich) „wesenhafte, naturhafte" Unterschiedlichkeiten der Geschlechter gesucht. Unter Zielsetzung einer Änderung der bestehenden Verhältnisse wurde vehement die *„Auffassung von der Gleichheit der Menschen, die die Ebenbürtigkeit und gleiche Freiheit auch der Frauen begründet"* (Rendtorff/Moser 1999, S. 12) vertreten. Die Überprüfung des Gleichheitsgedankens ergab eindeutig die Bewertung „nicht erfüllt". Der Ansicht, die Rendtorff/Moser vertreten (vgl. a.a.O.), diese Benotung würde auch noch für die heutige Zeit zutreffen, kann weitgehend zugestimmt werden.

„Frauen sind insgesamt im Berufsleben leider immer noch benachteiligt. Das fängt bei der Besetzung von Spitzenpolitikern an und endet im ‚einfachen' Berufsleben" (Polizeibeamter, 36 Jahre).

„Echte Gleichberechtigung haben wir erst dann erreicht, wenn eine mittelmäßig qualifizierte Frau eine Spitzenposition hat – was für Männer oft zutrifft" (Trauernicht, Niedersachsens ehemalige Ministerin für Frauen, Arbeit und Soziales, Neue Osnabrücker Zeitung 21. Januar 2002).

Grundlage aller Überlegungen und Aktivitäten der Frauenbewegung war und ist auch heute noch stets die empirisch deutlich hervortretende Tatsache der unterschiedlichen Möglichkeiten und Stellungen von Frauen und Männern in der Gesellschaft. Von Beginn an wurde deshalb innerhalb vielfältiger feministischer Strömungen versucht, die in der Aufklärung entwickelte und dann in der Erklärung der Menschenrechte durch die französische Nationalversammlung im Jahre 1791 exakt formuliere Überzeugung *„Alle Menschen sind frei geboren und gleich an Rechten"* auch für das weibliche Geschlecht zu verwirklichen und die Welt in diesem Sinne zu gestalten. *„Menschenrechte haben kein Geschlecht!"*, so der den Kern treffende Ausspruch der Frauenrechtlerin Hedwig Dohm in der Mitte des 19. Jahrhunderts (vgl. Nave-Herz 1997, S. 21).

---

[41] Seit Mitte des 19. Jahrhunderts werden darunter alle Bemühungen um Frauenemanzipation verstanden, welche die Befreiung der Frau aus ihren zahlreichen Abhängigkeitsverhältnissen zum Ziel hatten und Bestrebungen nach Gleichberechtigung im wirtschaftlichen, rechtlichen und politischen Leben beinhalteten (Lexikon 2000).

Gleichberechtigung de jure bedeutet bei weitem nicht Gleichstellung de facto. Daher haben Frauen, voll im Bewusstsein der sich über Generationen erstreckenden Erfahrung *„Wer sich nicht wehrt kommt an den Herd"* nicht brav abgewartet, bis es den Männern endlich einfällt, effektiv in der realen Lebenswelt etwas zur Verwirklichung verfassungsmäßiger Vorgaben zu tun. *„Zu jedem faulen Hans gehört ein fleißiges Lieschen. Zu jedem Büro-Vampir eine willige Blutspenderin, die ihm gestattet, ihre Zeit und Arbeitskraft anzuzapfen,"* bringt Pinl in ihrem Buch *„Männer lassen arbeiten"* den Kern der ganzen Angelegenheit treffend auf den Punkt (unter dem Kürzel (igi) veröffentlichte Rezension in der Neuen Osnabrücker Zeitung vom 25. November 2000). *„Widerstand ist ein Geheimnis des Glücks"*, äußert sich mit Ulrike Mann eine weitere Vertreterin der Frauenbewegung zur Herstellung wirklicher Gleichwertigkeit auch der Frauen (vgl. Mann, Ulrike, 2001, S. 4). Mit dem Ziel, jahrhundertealte konservative Politikansätze, die eindeutig zu Lasten der Frauen gingen, zu ändern, haben die Frauen selbst gehandelt. Auch wenn dies nicht konkret in Worte gefasst wurde, folgten die Vorkämpferinnen für Frauenrechte den 1849 formulierten Gedanken von Louise Otto-Peters, die als Gründerin der Frauenbewegung in Deutschland gilt. *„Die Geschichte aller Zeiten [...] lehrt: daß diejenigen [...] vergessen werden, welche an sich selbst zu denken vergaßen! [...] So werden sich die Frauen vergessen sehen, wenn sie selbst an sich zu denken vergessen"* (Nave-Herz 1997, S. 11). Auf einer öffentlichen Veranstaltung des Deutschen Frauenrates im November 1979 in Mainz wurde ein dazu passender mahnender und zugleich auch warnender Aspekt eingebracht: *„Noch verhalten sich Frauen wie eine Minderheit, obwohl sie eine Mehrheit sind. Noch tun sie das!"* (Nave-Herz 1997, S. 51). Frauen verhalten sich stets zukunftsweisend, wenn sie ihre eigenen Interessen optimistisch in die eigene Hand nehmen und nicht in Pessimismus, der überall und immer schadet, verfallen (vgl. Gottschlich 2003).

Auch wenn sich durch das Engagement von Frauen für Frauen mit Sicherheit inzwischen vieles positiv geändert hat, diese vor 154 Jahren von Louise Otto-Peters zur Mobilisierung eigener Initiativen an Frauen gerichtete Ermunterung hat auch heute noch ihre Berechtigung. Dem schließt sich zum Beispiel die Gewerkschaft der Polizei (GdP) im Deutschen Gewerkschaftsbund (DGB) mit der Losung *„Wir Frauen müssen uns selbst kümmern und unser Interesse bekunden"* (Deutsche Polizei Juni 2002, S. 3) an.

„Nichts ist möglich ohne Menschen, nichts hat Dauer ohne Institutionen", lautet ein dem französischen Politiker Jean Monnet zugeschriebener Sinnspruch. Es genügt also nicht, dass Frauen sich persönlich um die Verwirklichung ihrer Interessen kümmern, sie müssen sich zusätzlich auch noch organisieren. Die bisher eingetretenen Erfolge sind rückschauend eindeutig darauf zurückzuführen, dass Frauen sich organisiert haben und gemeinsam für neue Strukturen gesorgt haben. Die Emanzipation war vom Ursprung an *„eine lebendige bürgerliche und proletarische Frauenbewegung, die für ihre Mündigkeit gleich den*

Männern stritt" (Leitner 2002). Das Wort *„stritt"* als Vergangenheitsform von *„streiten"* soll zur Kennzeichnung der brisanten Situation, in der die ersten frauenpolitischen Aktivitäten erfolgten, besonders hervorgehoben werden. Die Frauenbewegung war (und ist es wohl teilweise auch heute noch) *„gekennzeichnet vom Willen zur Durchsetzung bestimmter Veränderungen und dem Nicht-Hinnehmen-Wollen uneingelöster Forderungen. Ohne Zusammenschluß von gleichgesinnten Frauen, ohne ihr Durchstehvermögen (trotz Spott, Hohn und der stärksten gegen sie gerichteten Waffe: das Lächerlichmachen), ohne ihre immer wieder erneut in der Öffentlichkeit vorgetragenen Forderungen (trotz vieler Niederlagen) wäre ein Wandel vermutlich nie ausgelöst worden"* (Nave-Herz 1997, S. 41, 102). Frauen sind und werden daher ausdrücklich ermuntert, sich stets und überall für ein *„feministisches Programm zur Demokratisierung der Lebens- und Arbeitsverhältnisse"* (Floreck (B) 2001, S. 16 ff.) einzusetzen. Unterstützung erfahren sie zum Beispiel auch von Renate Schmidt, Bundesministerin für Frauen und Familie. Sie ruft die Frauen zu Selbstbewusstsein und Betonung der eigenen Stärken auf: *„Männer dürfen nicht länger der Maßstab sein, an dem Frauen sich messen"* (Polizeispiegel Juni 2002, S. 126).

Das Engagement der Frauenbewegung endete naturgemäß nicht an den nationalen Grenzen, sondern erlangte, besonders in der Zeit nach 1945, weltweite Dimensionen bis in die Vereinten Nationen (UNO) hinein (vgl. S. 33 ff.). Das Leitmotto der 3. Bundesfrauenkonferenz der Gewerkschaft der Polizei (GdP) im Deutschen Gewerkschaftsbund (DGB) vom 13. bis 14. März 2002 *„Frauen – Europa - Polizei"* zeigt dies ebenfalls deutlich auf. Berufspolitische und berufsalltägliche Probleme der Frauen im Polizeidienst kennen keine nationalen Grenzen, da Vereinbarkeit von Familie und Polizeiberuf, Aufstiegschancen und gesellschaftliche Rahmenbedingungen europaweit verbesserungswürdig sind. *„Gender Mainstreaming"* müsse daher überall und auf allen Ebenen fest verankert werden (vgl. Deutsche Polizei April 2002, S. 12 ff.).

Die bisher eingeführten Maßnahmen der Frauenförderung

Die Art und Weise, wie Frauen in der Vergangenheit Schritte zur Verwirklichung ihrer Gleichwertigkeit organisierten, die von ihnen verfolgten Ziele den jeweils aktuellen Gegebenheiten anpassten und adäquate Methoden zur Durchsetzung ihrer Intentionen entwickelten, hat zu unterschiedlich einsetzbaren Maßnahmen spezieller Frauenförderung geführt. Ihnen allen gemeinsam ist der Blickwinkel aus der Sicht von Frauen, welche die sie diskriminierenden Besserstellungen von Männern aufgrund der Geschlechterrolle beklag(t)en und für Frauen vorteilhaftere Bedingungen als zuvor schaffen woll(t)en.

Mit der Organisation und Institutionalisierung von eigenen Gruppen, Abteilungen oder Gremien schaffen sich Frauen innerhalb der **Autonomen Praxis** eigene Freiräume, in denen sie *„die Energie aus ihren eigenen Zusammenhängen ziehen und mit langem Atem antipatriarchalische Strategien verfolgen"* (Stiegler 1998, S. 27).

Managing Diversity nutzt die Unterschiede in den Lebenswelten von Frauen und Männern. Durch die Anerkennung von Vielfalt sollen Diskriminierungen gegenüber Frauen abgebaut werden (vgl. Gonser/Regner 2000). Diese Strategie enthält die größte Schnittmenge mit Gender Mainstreaming. In beiden Programmen geht es eindeutig nicht darum, Gegensätze zwischen den Geschlechtern mit negativer Abgrenzungstendenz hervorzuheben, sondern diese Unterschiedlichkeiten zu beiderseitigem Vorteil zu nutzen.

Im **Mentoring** erfährt eine jüngere, in der angestrebten Aufgabenerfüllung noch wenig erfahrene Person (Mentee) mittels einer direkten Beziehung zu einer darin kundigen Person (Mentorin/Mentor) Rat und Unterstützung (vgl. Gonser/Regner 2000).

In **Netzwerken** werden professionelle, soziale und informelle Beziehungen strategisch analysiert und genutzt (vgl. Gonser/Regner 2000). Diese Strategie setzt bei der Erkenntnis an, dass es einzelnen Frauen unmöglich ist, die überlieferten männlichen Denk- und Verhaltensweisen langfristig zu verändern. Mit dem Ziel, die Positionen von Frauen in der Polizei zu verbessern, wurden und werden vielfältige „Netze untereinander geknüpft", welche den Austausch von Kenntnissen, Erfahrungen und Informationen, aber auch Kontakte in die Politik und Polizeiorganisation, sicherstellen. Netzwerke besitzen einen wesentlichen Vorteil, wie jeder aus der Nutzung des Internets weiß. Ein Netzwerk unterliegt keinerlei hierarchischer Struktur, daher sind auch Eingriffe und Kontrollen von außerhalb des Netzwerkes, insbesondere aus einer übergeordneten Ebene, nicht möglich. Das, was die Polizeibeamtinnen untereinander in die Wege leiten, unterliegt einzig und allein ihren eigenen Intentionen. Dem europäischen Netzwerk *„European Network of Policewomen"* (ENP) gehörten im Jahr 1999 Polizeibeamtinnen aus 23 europäischen Ländern, darunter die 1995 gegründete deutsche Vereinigung *„European Network for Policewomen-Deutschland e. V."* (ENP-Deutschland e. V.) an. Anders als in anderen Ländern, wie zum Beispiel in den Niederlanden und Schweden, wird dieser Dachverband in Deutschland noch als Privatangelegenheit angesehen. Das bedeutet vor allem den Verzicht auf fast jede staatliche Förderung, vorwiegend müssen privat finanzierte Ressourcen genutzt werden (vgl. Klein 1999).

Die **Normierung** umfasst Gesetze, Verordnungen und sonstige verbindlich zu befolgende Anordnungen, die das Ziel der Herstellung von Chancengleichheit zwischen Männern und Frauen verfolgen (vgl. Gonser/Regner 2000).

Mit der **Quotierung** werden Frauen ausdrücklich bevorzugt, um auf allen Gebieten dieselbe Anzahl von Frauen und Männern zu erreichen. Diese Frauenfördermaßnahme unterliegt sowohl bei Frauen als auch bei Männern, die sich dadurch benachteiligt fühlen, einer ausgesprochen negativen Bewertung (vgl. S. 99
ff.). Diese und auch andere speziell auf Frauen ausgerichteten Fördermaßnahmen werden auch weiterhin notwendig sein, damit sie *„frei von männlichen
Einflüssen ihre eigenen Entwürfe entwickeln können"* (Floreck (B) 2001, S. 16
ff.). Die bereits bestehenden konkreten Maßnahmen spezieller Frauenpolitik
sind weiterhin sachlich zwingend notwendig, *„um bestehenden Ungleichheiten
und Diskriminierungen gegenüber Frauen wirksam und schnell begegnen zu
können"* (Polizeispiegel Mai 2002, S. 99). Alle hier kurz aufgezeigten Methoden
haben auch weiterhin ihren Wert und dürfen nicht sang- und klanglos über Bord
geworfen werden. Sie müssen und sollen auch künftig in evaluierter Form Verwendung finden. Ansonsten hätten Frauen, wenn überhaupt, nur äußerst geringe
Chancen zu dem, was Männern seit Jahrhunderten möglich ist, aufzuschließen.
Begründet wurde diese Ansicht bereits Ende des 19. Jahrhunderts, dem Beginn
der organisierten Frauenbewegung: *„[...] mußten sie [die Frauen] ihre seelische
Eigenart, zweifache Pflichtenbürde im Hause und in der Fabrik, kurz alle Son-
derheiten ihres Daseins, Wirkens, Empfindens und Denkens berücksichtigen.
Demgemäß mußten sie bei ihrer Arbeit zum Teil andere [!] Mittel und Wege ein-
schlagen, andere [!] Methoden anwenden, andere [!] Anknüpfungspunkte suchen
wie die Genossen* [die Männer]" (Nave-Herz, 1997, S. 30).

Gender Mainstreaming versteht sich aber nicht als *„anderes Mittel, anderer Weg, andere Methode, anderer Anknüpfungspunkt"* im Sinne dieses Zitates.
Denn Gender Mainstreaming setzt auf die einander gleiche Wertigkeit von
Mann und Frau unter Betonung ihres *„Eigenwertes Mensch"* (vgl. S. 8). Die
„anderen Mittel, Wege, Methoden, Anknüpfungspunkte", die aus der Perspektive
„benachteiligte Frau" resultieren, bleiben ausdrücklich voll erhalten. Dies wird
auch durch die bereits aufgezeigte (vgl. S. 22) inhaltliche Bedeutung des Wortes
„Mainstreaming" als „hauptsächliche Strömung" deutlich, die das Vorhandensein „anderer Strömungen" impliziert. Solange nicht in allen Lebensbereichen
der Gesellschaft wirkliche Geschlechtergerechtigkeit hergestellt wurde, bedürfen Frauen auch in Zukunft spezieller zusätzlicher Förderungsprogramme. Aber
nicht im Sinne von Männern entgegenkommender Weise gewährten Beistandes
oder Zuwendung, sondern als praktische Akzeptanz dessen was real vorhanden
ist. Nicht nur Frauen werden dann sich selbstverwirklichend zu immer besseren
Leistungen steigern, auch die Männer werden um Klassen besser sein. Maßnahmen der Frauenförderpolitik, die bereits eingeführt wurden, sind daher durch
Gender Mainstreaming nicht überflüssig geworden. Gender Mainstreaming ist
einerseits innovativer Bestandteil dieser Handlungsweisen, andererseits wird mit
dieser Strategie aufgrund einer anderen Ausgangsüberlegung als der im Feminismus vertretenen (vgl. S. 33 ff., 93 ff.) auch eine eigenständige Entwicklung

vorangetrieben. Gender Mainstreaming als Instrument zur Herstellung von Geschlechtergerechtigkeit darf und soll nicht als neue weitere Strategie der Frauenbewegung verstanden werden. Auch im bisher vorliegenden Schrifttum wird Gender Mainstreaming als eine „weitere" Säule geschlechterpolitischer Strategien, die als Wege und Instrumente zur Herstellung von Chancengleichheit erfolgreich sein können, angesehen. *„Frauenförderung stellt bereits zu 80 % Gender Mainstreaming dar"* (Stiegler, 1998, S. 14 ff.).

Beispielhaft sei hier die Niedersächsische Landesregierung genannt. In ihrem Bericht zur Umsetzung der Agenda 21 (vgl. Niedersächsisches Umweltministerium 1999, S. 11) stellt sie zu dieser Frage eindeutig fest, dass die Implementierung des Gender Mainstreaming-Ansatzes nicht Verzicht auf frauenpolitische Förderpolitik bedeutet, sondern vielmehr deren Beibehaltung zum Inhalt hat. Weiterhin hebt auch die Charta der Grundrechte der Europäischen Union explizit[42] darauf ab, dass bereits bestehende oder noch einzuführende Vorkehrungen zur Beseitigung bzw. Abmilderung von Ungleichheiten zwischen Männern und Frauen nicht der Gleichstellung der Geschlechter, wie sie durch die Strategie des Gender Mainstreaming hergestellt werden soll, widersprechen. Alle bis dato getroffenen Aktionen zur Frauenförderung sind daher, so ist damit für die gesamte Europäische Union mit deutlicher Rechtssicherheit herausgestellt, durch die Einführung von Gender Mainstreaming nicht obsolet geworden, sondern bestehen innerhalb bzw. auch außerhalb dieser neuen Geschlechterpolitik weiter fort.

Gender Mainstreaming und gezielte Frauenpolitik sind somit als zwei sich auf verschiedenen Wegen ergänzende Strategien anzusehen. Alle Methoden und Ziele bereits vorhandener spezifischer Frauenpolitik sind und bleiben von Gender Mainstreaming unberührt, sie werden weiterhin praktiziert, schwingen aber naturgemäß auch innerhalb dieser Strategie mit. Zur Verwirklichung von Geschlechtergerechtigkeit ist es außerdem notwendig und äußerst sinnvoll, die mit Normierung, Quotierung, Managing Diversity, Mentoring und Netzwerken gewonnenen vorhandenen Erfahrungen hinsichtlich erkennbarer Umsetzungsmöglichkeiten und Schwierigkeiten beim „Erlernen" von Gender Mainstreaming zu nutzen. Es wäre unvernünftig, auf das vorhandene Wissen der sich bisher in Entwicklung und Umsetzung spezieller Frauenfördermaßnahmen engagierten Fachfrauen zu verzichten.

Die nebeneinander bestehenden Vielfalt von Gender Mainstreaming, Autonomer Praxis, Managing Diversity, Mentoring, Netzwerken, Normierung und Quotierung und ihre Verflechtungen werden aber auch strittig diskutiert, wie am Beispiel der Quotierung deutlich wird.

---

[42] *„Der Grundsatz der Gleichheit steht der Beibehaltung oder der Einführung spezieller Vergünstigungen für das unterrepräsentierte Geschlecht nicht entgegen"* (Artikel 23 Absatz 2 Charta der Grundrechte der Europäischen Union).

Kritik an der Quotierung

Besonders heftige Missbilligung erfährt die Quotierung, welche nur scheinbar eine Gleichstellung von Mann und Frau herbeiführt. Bis zum 31. Dezember 2010 sind Frauen bei Einstellungen, Beförderungen und Übertragung höherwertiger Tätigkeiten bei gleicher Eignung, Befähigung und fachlicher Leistung so lange vorrangig zu berücksichtigen, bis sie in jeder Besoldungsgruppe zu mindestens 50 vom Hundert vertreten sind[43]. Diese sich an konkreten Zahlen innerhalb der Besoldungsgruppen orientierende Frauenfördermaßnahme greift in vielerlei Hinsicht zu kurz. Dies wird bereits dadurch deutlich, dass aufgrund der verbindlich zu befolgenden UN-Übereinkunft CEDAW aus dem Jahr 1979 innerstaatlich gültige Frauenfördermaßnahmen zur Herstellung quantitativer Gleichheit nur zeitlich begrenzt erlaubt sind (vgl. S. 33). Ab dem 1. Januar 2011 gelangen dann auch wieder in Niedersachsen bei Einstellungen, Beförderungen und Übertragung höherwertiger Tätigkeiten die Kriterien Eignung, Leistung und Befähigung volle Geltung. Das entspricht auch einem hoch anzusetzenden qualitativen Aspekt. Denn die Polizei stellt sich nur für Außenstehende als eine homogene berufliche Einheit dar. Bei genauerem Hinschauen stellt sich schnell heraus, dass innerhalb des Berufsfeldes Polizei eine Vielzahl von einander kaum vergleichbaren Tätigkeiten auszuführen ist[44]. Die dazu gehörenden Positionen müssen mit Frauen oder Männern besetzt werden, welche in der Lage sind, die dazu notwendige fachlich kompetente Arbeitsleistung zu erbringen. Inhaltlich wird ab dem 1. Januar 2011 die derzeitig offenkundige Missach-

---

[43] Bis zum 31. Dezember 2010 gilt gemäß § 26 NGG: *„Frauen sind bei Einstellungen, Beförderung und Übertragung höherwertiger Tätigkeiten bei gleicher Eignung, Befähigung und fachlicher Leistung so lange vorrangig zu berücksichtigen, bis sie in jeder [...] Besoldungsgruppe [...] zu mindestens 50 vom Hundert vertreten sind"* (§ 5 NGG). *„Bewerberinnen [...] sind bei gleicher Eignung und Befähigung so lange gegenüber männlichen Bewerbern vorrangig zu berücksichtigen, bis sie 50 vom Hundert der [...] zu besetzenden Ausbildungsplätze innehaben"* (§ 6 NGG).
[44] Schutzpolizei: *BeamtIn im Funkstreifendienst/zivilen Streifenkommando, SachbearbeiterIn im Ermittlungsdienst, BeamtIn im Verkehrsdienst, AusbilderIn und GruppenführerIn in der Bereitschaftspolizei, PolizeireiterIn, PolizeihundeführerIn, FunksprecherIn im Lage und Führungszentrum, TechnikerIn im Fernmelde oder Kraftfahrdienst, RevierleiterIn, u.a.* Kriminalpolizei: *SachbearbeiterIn von Kapitalverbrechen, Rauschgiftdelikten, Gewaltkriminalität, Jugendkriminalität, Serienstraftaten, Angehörige(r) eines mobilen Einsatzkommandos, SachbearbeiterIn im polizeilichen Staatsschutz, FahndungsbeamtIn, SachbearbeiterIn in der polizeilichen Vorbeugung und Beratung, ExpertIn in der Datenverarbeitung, der Kriminaltechnik und im Erkennungsdienst, LeiterIn eines Fachkommissariats, u.a.* Wasserschutzpolizei: *BeamtIn im Hafen-, Strecken-, Küstenbootsdienst, SachbearbeiterIn im schiffahrtsbezogenen Ermittlungsdienst, BeamtIn im Schiffabfertigungsdienst, FührerIn eines Hafen- und Streckenbootes, Steuermann/Steuerfrau eines Küstenbootes, LeiterIn einer Wasserschutzpolizeireviers, u.a.*

tung verfassungsrechtlicher Vorgaben (vgl. S. 41) und damit im Einklang stehender beamtenrechtlicher Rechtsgrundlagen beendet sein[45].

Die Quotierung wurde und wird einerseits für eine begrenzte Zeit als wichtiger Ansatzpunkt zur Herstellung von Geschlechtergerechtigkeit als notwendig erachtet (vgl. Floreck (B) 2001, S. 16), andererseits aber, weil darin Möglichkeiten erneuter Diskriminierungen von Frauen und auch Männern (!) gesehen werden, scharf abgelehnt. Sie ist auch unter Frauen sehr umstritten (vgl. Nave-Herz 1997, S. 83).

Die Befürworter der Quote verweisen im Wesentlichen auf zur Zeit geringere Chancen für Frauen und sehen in der Quotierung einen wichtigen Hebelansatz, um Frauen aufgrund von zahlenmäßig größerer „Frauenpower" bessere Einwirkungsmöglichkeiten zu verschaffen.

Trauernicht, Niedersachsens ehemalige Ministerin für Frauen und Soziales: *„Wir brauchen die Quote weiter, um Druck zu machen"* (Neue Osnabrücker Zeitung, 21. Januar 2002).
Polizeibeamtin, 25 Jahre: *„Leider ist es so, dass die Leute, die darüber entscheiden, ob wir diese Jobs kriegen, [...] in der Regel alle männlich sind, [...] oft aus den älteren Generationen kommen, so dass man sich dann noch etwas mehr beweisen muss und die [...] noch die Einstellung haben, ‚ach Frauen'."*
Polizeibeamter, 29 Jahre: *„Leider ist es ja so, dass wir an weiblichen Bewerbern sehr wenige haben und diese Quote müsste evtl. irgendwie erfüllt werden. Man sollte natürlich niemanden einstellen, der wirklich nicht qualifiziert ist. Aber trotzdem, wer die Anforderungen so leicht unterschreitet und so, dem sollte man doch schon eine Chance geben."*
Polizeibeamtin, 35 Jahre: *„Ich halte sie momentan noch für notwendig. Weil es tatsächlich so sein sollte, dass mehr Frauen in Führungspositionen kommen. Da sie Nachteile dadurch erfahren, dass sie im Erziehungsurlaub sind, dass dieser Nachteil auch irgendwo wieder aufgefangen werden muss und das ist dann auch eine Möglichkeit."*
Polizeibeamtin, 35 Jahre: *„Aus anderen Bereichen weiß ich, manches geht nicht über Einsicht, sondern nur mit Druck. [...] Ich denke, so weit, dass wir es über Einsicht hinbekommen und den Frauen mehr Raum lassen und sie auch dahin lassen, wo sie nach ihren Fähigkeiten hingehören, so weit sind wir noch nicht, dass wir [...] eine Quote erst noch brauchen.*

---

[45] *„Die Auslese und Ernennung [...] sind nach Eignung, Befähigung und fachlicher Leistung vorzunehmen. Niemand darf wegen seines Geschlechtes [...]bevorzugt oder benachteiligt werden"* (§ 8 Abs. Niedersächsisches Beamtengesetz). *„Dem Polizeivollzugsbeamten stehen entsprechend seiner Eignung, Befähigung und [...] fachlichen Leistung [...] alle Ämter [...] offen"* (§ 3 Abs. 1 Verordnung über die Laufbahnen des Polizeivollzugsdienstes des Landes Niedersachen).

Polizeibeamter, 40 Jahre: *„Die Frau ist leider in unserer Berufssparte stark untergeordnet."*
Polizeibeamter, 40 Jahre: *„Frauen finden sich [...] weniger in Führungspositionen."*
Polizeibeamtin, 54 Jahre: *„Die Quotierung muss es sicherlich geben, im Augenblick zumindest noch."*

Eine Polizeibeamtin (25 Jahre) sieht die Quote als das an, wofür sie auch tatsächlich eingeführt wurde, als Chance für Frauen in sonst nur Männern vorbehaltenen Bereichen. Sie fürchtet aber auch um die objektive Bewertung ihrer Leistungen, da Frauen dadurch in ein negatives Image geraten können: *„[...] finde ich es ganz gut, weil dadurch [...] Frauen die Chance ermöglicht wird, dass sie auch mal in andere Bereiche wechseln. Oftmals werden ja doch die Männer vorgezogen. Allerdings [...] immer wieder dieses typische Bild: [...] die ist durch die Quote reingekommen. Das ist für den Stand der Frau in dem Beruf dann nicht so optimal. Wenn die dann neu in die Schicht reinkommt oder neu woanders hinkommt und die vermuten dann, dass sie durch die Quote da reingekommen ist. Dann hat sie wahrscheinlich schon einen schlechteren Stand als [...] Männer."*

Auf einen Gender Mainstreaming-Ansatz macht ein Polizeibeamter (42 Jahre) in seiner Meinungsäußerung aufmerksam. Er sieht durch die Quotierung nicht nur eine zahlenmäßige, sondern auch die geschlechtergerechte Gleichwertigkeit erreichbar: *„Im Polizeidienst spielt die Rolle Mann/Frau immer mehr eine untergeordnete Rolle, je mehr Frauen in einem Dienstbereich vertreten sind."*

Die Stimmen, die sich kritisch und ablehnend zur Quotierung äußern, sind aber nicht zu überhören.
Nüsslein-Volhard: *„Es ist eine Illusion [...] zu fordern, dass 50 % aller Stellen und Positionen mit Frauen besetzt werden sollen. Ich bin absolut gegen eine Quote, das ist eine Form der Diskriminierung. Klugheit und Tüchtigkeit wird Frauen nicht positiv, sondern negativ angerechnet. Das ist auch ein Grund, weshalb sie sich nicht weiter profilieren"* (Schwarzer 2001, S. 98 ff.).
Hedda Heuser: *„Sind Sie bereit* [eine von ihr als Präsidentin des Deutschen Ärztinnenbundes an Männer gerichtete Frage], *Ihr Angebot auf Mitwirkung der Frau auch wirklich in die Praxis umzusetzen? Nicht mit der Krücke der Quotierungen, sondern durch persönlichen Einsatz und Vorbild?"* (Nave-Herz, 1997, S. 51).

Auch innerhalb der Polizei ist die mit einer Quotierung zusammenhängende Problemlage schon früh erkannt worden: *„[...] daß weder in psychischer noch physischer Hinsicht Vorteile nur bei Männern und Nachteile nur bei Frauen liegen. [...] Es muß unterstrichen werden, daß Frauen [...] im gleichen Um-*

fang wie Männer eingesetzt werden können. Deshalb dürfen bei der Einstellung von Frauen in den Polizeidienst prozentuale Quoten keine Rolle spielen, sondern nur die persönliche Qualifikation" (Internationale Organisation Leitender Polizeibeamter 1980, Frauen im Polizeidienst).

In meinen Interviews stellte ich die Frage *„Gibt es innerhalb der Polizei Niedersachsen Bevorzugungen, Benachteiligungen von Männern, von Frauen ?"* bzw. *„Wie stehen Sie zu der Quotierung?"* Die Variationen in der Fragestellung erklären sich durch innerhalb des Gesprächsflusses ergebende Aussagen, welche ein erneutes Nachfragen entbehrlich machten.

Drei junge Polizeibeamte (21, 22 und 23 Jahre) verweisen auf *„einfachere körperliche Einstellungsvoraussetzungen für Frauen"* und machen damit auf unterschiedliche physische Anforderungen beim Einstellungstest aufmerksam. Sie kritisieren nicht vorhandene ungleiche geschlechtsspezifische körperliche Gegebenheiten, sondern die als unsachlich empfundene Bewertung von Leistungen.

Polizeibeamter, 22 Jahre: *„Was ich [...] ungerecht empfunden habe persönlich, war im Bereich der Einstellungstests, dass Frauen, die die Mindestanforderung nicht geschafft haben, mit der Begründung des durchführenden Beamten ‚Ihr habt Euch ja Mühe gegeben' dann doch eingestellt worden sind. Das fand ich persönlich [...] sehr niederschmetternd, weil ich mir vorher wirklich Mühe gegeben habe und vorher viel an mir gearbeitet habe. [...] wo ich dann das gesehen habe, habe ich nur gedacht ja, wofür hast du das jetzt eigentlich getan. Ich weiß auch [...] von anderen männlichen Mitbewerbern, die halt rausgeflogen sind im Sporttest. Es kann meiner Meinung nach nicht richtig sein, dass da [...] so eine Ungerechtigkeit ist."*

Eine allgemein vorhandene Bevorzugung von Frauen aufgrund ihres Geschlechtes wird in allen Antworten als unstreitig angesehen.

Polizeibeamter, 52 Jahre: *„Ich denke, die Frauen sind da ganz gut bei weggekommen. Ich glaube nicht, dass sie sich heute noch beklagen können."*

Als Indikatoren für solche Begünstigungen werden (hier beispielhaft wiedergegeben) genannt: *„T-Bonus!"* (Polizeibeamter, 21 Jahre); *„[...] werden Frauen eher befördert!"* (Polizeibeamter, 22 Jahre); *„Bei Stellenausschreibungen und Beförderungen werden Frauen bevorzugt." (Polizeibeamter, 27 Jahre); „[...] mittlerweile werden Frauen bei gleicher Leistung bevorzugt, sogar offiziell!"* (Polizeibeamter, 29 Jahre).

Zu der sich aus dieser Bevorzugung von Frauen zwangsläufig ergebenden Benachteiligungen von Männern äußerte sich ein Polizeibeamter (23 Jahre) dahingehend, dass dies persönlich sehr demotivierend sei: *„Wenn ich da lese, Frauen werden bevorzugt genommen, dann fühlt man sich als Mann auch schon so ein bisschen benachteiligt. Wenn es dann heißt, bei gleicher Qualifizierung* *werden eher Frauen genommen, dass man dann auch schon innerlich aufgeben will. Weil man denkt, man könnte in die Situation kommen, sich selber für so eine Stelle zu bewerben, irgendwann in der Zukunft. Wenn man dann daran denkt, dass Frauen dann doch eher genommen werden, bei gleicher Qualifizierung, ist das schon ein bisschen entmutigend und da fragt man sich doch, wo denn die Gerechtigkeit bleibt."*

In dieselbe Richtung geht die Antwort einer Polizeibeamtin (26 Jahre), die eine Quotierung für Frauen ebenfalls als demotivierend einordnet, da diese sich ja nicht so sehr anstrengen müssten, um weiter zu kommen: *„[...] find ich nicht gut, weil die Männer sich immer benachteiligt fühlen dadurch. Ist zwar gut, dass mehr Frauen bei der Polizei eingestellt werden sollen, aber nicht auf diese Art und Weise, dass sie bevorzugt befördert werden sollen [...]. Das finde ich nicht in Ordnung. Also man muss dann halt ein bisschen länger warten. Die Frauen müssen sich hocharbeiten wie die Männer das auch tun."*

Ein Polizeibeamter (32 Jahre) erkennt sogar Aufsichts- und Lenkungsprobleme innerhalb der Polizeiorganisation *„hinsichtlich der sog. Frauenförderung, die teilweise recht seltsame Wege geht und offensichtlich nicht sonderlich qualifizierte Frauen in Führungspositionen setzt."*

Die *„Diskriminierung des Mannes"* (Polizeibeamter, 38 Jahre) sieht ein weiterer Polizeibeamter (26 Jahre) *„durch das Gleichstellungsgesetz und dessen Auslegung sowie durch das Amt der Frauenbeauftragten (es gibt keinen ‚Männerbeauftragten')"* verwirklicht.

Auffallend weiten Raum nehmen Antworten ein, in denen eine Aufhebung der Gleichberechtigung für Männer gesehen (*„Chancengleichheit wurde aufgehoben,"* Polizeibeamter, 28 Jahre) und eine konsequente leistungsgerechte Beurteilung gefordert wird. Die Quotenregelung *„geht an den Grundsätzen von Eignung, Befähigung und Leistung vorbei,"* (Polizeibeamter, 30 Jahre); *„ [...] da werden die Leistungen nicht berücksichtigt"* (Polizeibeamtin, 31 Jahre). Polizeibeamter, 22 Jahre: *„ [...] Es sollten nur die genommen werden, die in dem Bewerbungsjahrgang eben halt wirklich die Besten sind und nicht irgendwie weil es Frauen oder Männer sind."* Polizeibeamtin, 22 Jahre: *„Finde ich nicht gut. Für mich persönlich hat es natürlich Vorteile, aber im Verhältnis zu den Männern gesehen finde ich das nicht so gut. Wenn jetzt da wirklich ein Kollege bessere Qualifikationen hat, dann soll der die Stelle auch bekommen, ganz klar."* Polizeibeamtin, 25 Jahre: *„Wir sagen immer, wir sind gleich gut, also wir als Frauen und dann soll es aber die Quote geben, damit wir irgendwie in die gleichen Jobs kommen. Wenn wir gleich gut sind, können wir die gleichen Jobs auch ohne Quote kriegen, sag ich."* Polizeibeamtin, 26 Jahre: *„Es freut einen, wenn man weiß, man hat eher eine Chance. Aber im Grunde genommen ist es ungerecht, weil wir wollen, dass wir aufgenommen werden wie alle anderen Polizeibeamten auch und da müssen wir im Endeffekt auch so behandelt werden und ich bin der Meinung, dass jeder dieselbe Leistung bringen kann und dementsprechend sollte immer noch nach der*

Leistung geguckt werden oder nach der Befähigung und nicht nach dem Geschlecht.

Polizeibeamtin, 28 Jahre: *„Ich finde schade, dass es so was gibt, denn wir sind alle Polizeibeamte und warum muss es noch extra geregelt werden, dass auch Frauen dürfen. So ein Quatsch, das ist für mich im Kopf Utopie. Wir werden doch auch eingestellt, um diesen Job zu machen, da muss es nicht so eine Quotierung geben, zumal es dann auch noch bei den Männern unangenehm aufstößt. Das macht uns das Leben eigentlich noch schwieriger, indem wir sagen, wir wollen emanzipiert sein und wollen das alles und machen das auch und machen unsere Arbeit ja auch vernünftig und trotzdem so eine Quotierung. Hat immer so ein bisschen bitteren Beigeschmack, finde ich unglücklich.“*

Die Quotierung wird auch aus dem Grunde abgelehnt, weil durch ihre konsequente Befolgung nicht die von Frauen erbrachte Leistung, sondern das weibliche Geschlecht an sich bewertet wird.

Polizeibeamtin, 35 Jahre: *„Ich finde es schade, dass wir sie brauchen. Es wird vielen Frauen nicht gerecht. Es sieht ja so aus, als wenn wir irgendwelche Posten nicht durch Leistung bekommen, sondern durch eine Quote, nach dem Motto: Hier muss eine Quote erfüllt werden.“*

Polizeibeamtin, 40 Jahre: *„Ob das der Qualität immer von Vorteil ist, möchte ich nicht so unterschreiben.“*

Polizeibeamtin, 41 Jahre: *„Da halt ich, ehrlich gesagt, gar nicht so viel von, weil ich das so, so künstlich erachte, da irgendwas zu schaffen, was vielleicht doch dann gar nicht so gut ist. [...] Wenn 'ne Frau die gleichen Voraussetzungen [...] nicht bringt, die gleichen, die die Männer auch machen, dann hat sie dort auch nichts verloren. Also, das ist meine Meinung dazu.“*

Polizeibeamter, 45 Jahre: *„Davon halt ich gar nichts. Jeder kann ein bisschen was dafür tun, bei der Polizei weiter zu kommen. Es wird natürlich auch von Zufällen begleitet, ob man eine Chance auf eine Beförderung bekommt oder ein Amt bekleiden kann. Grundsätzlich muss man natürlich auch dafür etwas tun, dafür etwas leisten. Das können Frauen genau so gut durch Leistung bewirken, als dass man ihnen quasi Vorteil gewährt, indem man da eine Quote erstellt. Ich glaub, das haben die nicht nötig.“*

Durch die Quotierung treten auch innerhalb der Organisation Polizei Probleme auf. Polizeibeamtinnen stehen aufgrund von Schwangerschaft, Elternzeit, Mehrfachbelastungen durch zeitgleich auftretende Pflichten in Familie und Beruf, usw. nicht in derselben Weise für dienstliche Aufgaben zur Verfügung wie Männer. Insbesondere wird die Minderung der Dienststärken im Streifendienst durch den Ausfall von Polizeibeamtinnen aufgrund von Mutterschaftsurlaub als problematisch angesehen. Denn wenn wirklich je zur Hälfte Männer und Frauen in einer Dienstschicht vorhanden sind und Frauen aufgrund von Mutterschaftsurlaub ausfallen und nicht ersetzt werden, fehlen sie. Für die verbleibenden Beamten entsteht dadurch Mehrarbeit. Ein Polizeibeamter (39

Jahre) ist daher sogar der Ansicht *„man müsse zwei Frauen für einen Männerplatz einstellen. "*

Polizeibeamter, 35 Jahre: *„Weil [...] Frauen einfach mehr Ausfallzeiten haben durch Erziehungszeiten, und das wird sich nachteilig auf die Polizeistärke auswirken. [...] muss man eben auch die Polizeistärke höher schrauben, also mehr einstellen. Denn irgendwann wird es mal einen Kollaps geben, weil diese Erziehungszeiten und diese Halbtagsbeschäftigungen sich so gravierend auswirken werden. "*

Polizeibeamter, 37 Jahre: *„[...] Man kann das nicht so weitermachen wie bisher, weil letztendlich fehlen die Leute auf der Straße. "*

Polizeibeamter, 39 Jahre: *„[...] der Aspekt, dass Frauen meistens ja irgendwann Kinder bekommen. Dementsprechend wird bei der Polizei nicht eingestellt, dass diese Verluste, die man eigentlich schon hochrechnen könnte, bis heute nicht hochgerechnet werden, sondern dass man immer noch eine Frau für einen Mann einstellt und nicht z. B. sagt, man müsse zwei Frauen für einen Männerplatz einstellen. "*

Polizeibeamter, 56 Jahre: *„[...] da wir als Polizei einfach handlungsfähig sein müssen und die Frauenquote, so wie sie jetzt praktiziert wird, schadet uns, nämlich in der Personalstärke. "*

Die Quotierung enthält eindeutig Ungerechtigkeiten vielfältiger Art. Frauen sehen in der Quotierung eine besondere Art von persönlicher Diskriminierung, da sie nicht aufgrund ihrer wirklichen Leistung, sondern einzig und allein unter Bezugnahme auf ihr biologisches Geschlecht akzeptiert werden. Männer werden aufgrund einer jahrhundertealten, gesellschaftlich tradierten „Männerdominanz", für die sie als Angehörige dieser Generation nicht verantwortlich sind, in eine *„Art geschlechtliche Sippenhaft "* genommen und bewusst und gezielt benachteiligt. Auch ihre Lebenspartnerinnen, ohnehin schon aufgrund der für Frauen ungünstigen gesellschaftlichen Rahmenbedingungen benachteiligt (vgl. S. 195 ff., 205 ff.), werden dann, wenn ihre Männer aufgrund der Quotierung *„leer ausgehen, durch die Benachteiligung des alleinverdienenden Familienvaters zusätzlich diskriminiert"* (Deutsche Polizei November 2000, S. 31). So wie bisher Frauen völlig zu Recht Klage darüber führten, dass Männer ihnen gegenüber bevorzugt wurden, so gilt dies jetzt in derselben Weise für Männer. Sie werden immer dann, wenn bei gleicher Eignung, Befähigung und Leistung Frauen bevorzug werden, objektiv zurückgesetzt.

Die Neue Osnabrücker Zeitung hat am 9. November 2002 dieses Dilemma mit einer Karikatur von Tom Ply aufgegriffen: Ein Mann klettert auf einer Leiter durch eine Wolke hindurch in Richtung Himmelstor. Anstelle von Petrus tritt ihm eine den üblichen Heiligenschein tragende Frau mit den Worten entgegen: *„Tut mir leid, aber für Sie ist kein Platz mehr frei – wir haben jetzt hier die Frauenquote! "*

Die aufgezeigten Fakten lassen erkennen, wie wenig die bisherigen Maßnahmen der Frauenförderung, insbesondere die Quotierung, geeignet sind, Frauen und Männern einander gleiche Chancen zu eröffnen. Gender Mainstreaming setzt genau hier an. Mit Gender Mainstreaming soll eine Vorgabe eingeführt und verbindlich beachtet werden, die immer und überall die Perspektive der Geschlechterverhältnisse nicht nur als völlig normal und selbstverständlich einbezieht, sondern diesen Aspekt auf sämtlichen Handlungsebenen bei allen Entscheidungen innerhalb der Behörde zur Gleichstellung der Geschlechter nutzt. Außer der nur Frauen möglichen Schwangerschaft an sich können durchaus auch Männer Elternzeit nehmen, in Teilzeitarbeit gehen und alle sich durch Familie und Beruf zeitgleich ergebenden Mehrfachbelastungen gestalten. Frauen können das ja auch (vgl. S. 124 ff., 219 ff.).

Das Recht auf individuelle Selbstbestimmung

Was heute sowohl für Männer als auch für Frauen ein selbstverständliches, sogar verfassungsrechtlich garantiertes Grundrecht[46] ist, musste erst in langen und mühselig verlaufenden Anstrengungen engagierter Frauen erkämpft werden. Der Weg zur Gleichberechtigung war (und ist) für Frauen im Detail äußerst schwierig, steinig und vor allem lang.

Nach den Bestimmungen des im ganzen Deutschen Reich gültigen Bürgerlichen Gesetzbuches (BGB) aus dem Jahr 1900 war die Frau zum Beispiel nach der Eheschließung praktisch unmündig. Einen Einblick in Denkstrukturen und Argumentationsebenen eines Zeitgeistes, wie er noch vor einhundert Jahren in Deutschland herrschte, vermittelt folgende überlieferte Begründung für die Dominanz des Ehemannes: *„Weil dieses Leben ein gemeinschaftliches ist und sein soll, muß bei Meinungsverschiedenheiten die Stimme eines der Gatten den Ausschlag geben, und dies kann nach der natürlichen Ordnung nur die des Mannes sein"* (Nave-Herz 1997). Eine Sichtweise, die noch bis in die jüngste Zeit hinein Rechtsverbindlichkeit besaß (vgl. hierzu und zu anderen historischen Fakten Marenholz 2003 und Nave-Herz 1997). Bereits 1949 erklärte Elisabeth Selbert, Mitglied des Parlamentarischen Rates, aus Anlass der Einführung des Artikels 3 Abs. 2[47] in das Grundgesetz *„Das Bürgerliche Gesetzbuch in seinen Tendenzen widerspricht in einer ganzen Reihe von Bestimmungen der Würde und der Wertigkeit einer persönlichkeitsbewussten Frau."* Bis zum 31. März 1953 hatte die Frau den Familiennamen des Mannes anzunehmen. Dann durfte die Frau zunächst nur ihren *„Mädchennamen"*, wie es hieß, dem Namen des Mannes hinzufügen. 1973 änderte der Deutsche Bundestag die entsprechende Vorschrift dahingehend, dass der Name des Mannes nur dann der Ehename ist,

---

[46] *„Jeder hast das Recht auf die freie Entfaltung seiner Persönlichkeit [...]."* (Art. 2 Abs. 1 Grundgesetz)

[47] *„Männer und Frauen sind gleichberechtigt."* (Art. 3 Abs. 2 Grundgesetz)

wenn die Eheleute sich nicht einig sind. Das Bundesverfassungsgericht ent-
schied schließlich abschließend: *„Einigt man sich nicht, dann führt jeder seinen
Namen weiter und kann ihm dem Namen des Ehegatten hinzufügen."* Nach den
Vorschriften des BGB 1900 bestimmte der Ehemann auch den Wohnort der
Frau. Sie verlor mit der Eheschließung die Verfügungsgewalt über das eigene
Vermögen, auch über das von ihr in die Ehe eingebrachte. Söhne waren gegenüber Töchtern rechtlich bevorzugt. Das alleinige Erziehungsrecht über die Kinder lag beim Vater, später hieß es *„dieses Recht üben die Eltern gemeinsam
aus."* Bei Nichteinigung gab es dann aber den Stichentscheid des Vaters. Im
Jahr 1958 entschied das Bundesverfassungsgericht aufgrund einer Klage von
vier Müttern gegen den Stichentscheid. Wenn die Eltern sich in Erziehungsfragen jetzt nicht einig werden können, muss das Vormundschaftsgericht entscheiden. Durchgesetzt wurde dies von Erna Scheffler, der einzigen Frau im
12köpfigen Richterkollegium.

Ledige Frauen, insbesondere wenn sie ein oder mehrere Kinder großzu-
ziehen hatten, unterlagen mit der besonderen Anredeform *„Fräulein"* einer öffentlich gemachten Bloßstellung. Inwieweit dem heute üblichen Wortgebrauch
„Allein erziehend" eine eher negativ besetzte Stigmatisierung oder anerkennen-
de Bewunderung einer selbstbewussten Lebensführung innewohnt, ist sicherlich
unterschiedlich zu sehen. Ein positiv akzeptierendes Bewusstsein für eine sich
selbst frei für eine Familie ohne Mann entscheidende Frau ist eine gesellschaftliche Entwicklung der allerneuesten Zeit, wobei dies allerdings eher für städti-
sche als für ländliche Lebensräume gilt. Auf jeden Fall wurde und wird auch
heute noch „allein erziehenden" Frauen sehr deutlich gemacht, wie stark die
Abhängigkeit vom Mann nicht nur in Bezug auf den möglichen Lebensstandard,
sondern auch hinsichtlich der sozialen Akzeptanz ist. Einem allein erziehender
Mann, aus welchem Grunde er dies auch ist (Scheidung, Tod der Partnerin, o.a.),
begegnet dagegen allgemeines Wohlwollen und fürsorgliche Anerkennung, berichtete mir Gudrun Sixtus, in Osnabrück tätige Landesvorsitzende Niedersachsens des Verbandes allein erziehender Väter und Mütter (VAMV), am 25. September 2001 während eines von mir initiierten Gespräches.

Von entscheidender Bedeutung für ein selbstbestimmtes Leben war und
ist jedoch die Gestaltung eines eigenen Einkommens für Frauen, um unabhängig
von einem Mann leben zu können. Gleichberechtigung in der Berufsausübung
war vor dem 31. März 1953 absolut nicht vorhanden. Hergebrachtes Recht war,
dass die Ehefrau verpflichtet ist, das gemeinschaftliche Hauswesen zu leiten.
Erwerbstätigkeit wurde ausnahmsweise als zulässig erachtet, wenn dies mit den
häuslichen Pflichten vereinbar war. Der Lohn aus eigener Erwerbstätigkeit stand
ihr im Grundsatz zwar zu, allerdings konnte der Ehemann ihr Arbeitsverhältnis
ohne ihre Zustimmung, sogar ohne ihr Wissen, jederzeit kündigen. Wenn sich
die Frau darüber hinwegsetzte, riskierte sie im Scheidungsfall alle Unterhaltsan-
sprüche sowie das Erziehungsrecht für die Kinder zu verlieren. Eigener berufli-

cher Ehrgeiz der Frau ohne Zustimmung des Ehegatten galt rechtlich als Beweis für die Vernachlässigung der eingegangenen Ehepflicht „Führung des Haushaltes". Erst seit 1978 gilt nach den Vorschriften des BGB das Recht beider Ehegatten auf eigene Berufstätigkeit, wobei beide auf die Belange des anderen und der Familie Rücksicht zu nehmen haben.

Auch heute sind offensichtlich noch Probleme hinsichtlich finanzieller Eigenständigkeit der Ehefrau vorhanden. Ende des Jahres 2002 hat der Deutsche Bundesrat auf der Grundlage eines Antrages des Landes Baden-Württemberg die Einbringung eines Gesetzesentwurfes beim Deutschen Bundestag beschlossen, mit dem der Anspruch des nicht erwerbstätigen Ehegatten auf ein Taschen- und Wirtschaftsgeld gesetzlich festgeschrieben wird (vgl. Deutscher Bundesrat, Drucksache 888/02, 20. Dezember 2002). Diese bisherige Rechtslage und die dazu ergangene Rechtsprechung bekräftigen zwar bereits eine solche Forderung des „nichtverdienenden" Lebensgefährten. Die Situation wird aber als unbefriedigend angesehen, weil offensichtlich immer noch *„erwerbstätige Ehegatten nicht oder nur auf nachdrückliche Aufforderung und nicht im angemessenen Umfange Geld zur Verfügung stellen, um den Familienunterhalt zu sichern und dem nicht erwerbstätigen Ehegatten auch die Befriedigung persönlicher Bedürfnis zu ermöglichen"* (Deutscher Bundesrat, Drucksache 888/02, 20. Dezember 2002). Über die Notwendigkeit einer deutlicher als bisher formulierten gesetzlichen Klarstellung hinaus wird die beabsichtigte Änderung der §§ 1360, 1360a BGB außerdem als *„ein Signal für die Gleichstellung beider Ehepartner hinsichtlich der Verwendung des Familieneinkommens"* verstanden.

Eine repräsentative Studie des Meinungsforschungsinstitutes TNS Emnid im Auftrag der Commerzbank AG *„Frauen 2002 – Wünsche, Werte, Wirklichkeit"* (vgl. Neue Osnabrücker Zeitung 18. September 2002) hat ergeben, dass vier von fünf in einer Partnerschaft lebenden Frauen finanziell auf eigenen Beinen stehen wollen. Nach dieser Untersuchung betrachten aber immerhin ein Drittel aller Frauen die Ehe auch als eine finanzielle Absicherung. Daher ist die Abhängigkeit der Frauen vom Ehemann insbesondere im Alter gegenwärtig besonders signifikant. In einer aktuellen Studie des Kölner Institutes psychonomics AG (vgl. Neue Osnabrücker Zeitung 6. Oktober 2001) wird nachgewiesen, dass bei etwa 75 Prozent der 30- bis 59jährigen Frauen in Deutschland die Einkommen im Alter nicht ausreichen, um den Lebensstandard halten zu können. Der Grund dafür liegt in sehr geringen eigenen Rentenansprüchen, da Frauen niedrigere Erwerbseinkommen und kürzere Versicherungszeiten aufgrund der„Baby-Pause", von Halbtagstätigkeiten oder 400-Euro-Jobs aufweisen als Männer. Insbesondere bei der Gruppe der Hausfrauen, von denen lediglich 34 Prozent über die an sich schon dürftigen Ansprüche aus der Rentenversicherung verfügen, ist die Situation besonders prekär. Die Abhängigkeit vom Partner/Ehemann ist daher auch heute noch außerordentlich groß. Mehr als die Hälfte (55 Prozent) der verheirateten Hausfrauen sind der Ansicht, im Falle einer Trennung nicht genügend abgesichert zu ein. Der Nachholbedarf bei der Alterssicherung der Frauen ist offensichtlich immer noch nicht beseitigt.

Die Befreiung aus tradierten Geschlechterrollen, insbesondere aus der materiellen Abhängigkeit vom Ehemann, hat aber auch eine Kehrseite. Es ist der Zwang, sich eine Existenz, die den strengen Anforderungen des Arbeitsmarktes genügt, aufbauen zu müssen. *„Selbstverantwortlichkeit, Selbstverwirklichung, individuelle Entscheidung, existentielle Kreativität, sind schöne und verführerische Worte. Verlangt wird aber unvermeidlich eine standardisierte Berufsbiographie, deren Verhaltenslogik im Zweifel gegen Gefühlsbindungen an Familie, Partner und Freunde durchgehalten werden muss"* (Stolpe 2000).

Das Recht auf politische Mitwirkung

Die 1789 in der französischen Revolution erkämpften Freiheitsrechte sollten für alle Menschen zur Wirkung kommen, dennoch galten sie zunächst nur für Männer. *„Trotzdem erleben wir gerade während der französischen Revolution die ersten Beispiele einer Frauenbewegung"* (Gaarder 1993, S. 375). Jostein Gaarder verweist auf den Aufklärungsphilosophen Condorcet, der bereits 1787 in einer Schrift über Frauenrechte den Frauen exakt dieselben Rechte wie den Männern zubilligte, so wie sie dann auch 1791 von Olympe de Gourges in einer Erklärung über die Rechte der Frauen zur Forderung erhoben wurden. Die Ansprüche der frühen Frauenbewegung auf Herstellung von allgemeiner Gleichberechtigung weiteten sich schnell in Bereiche aus, welche Männer seit je her völlig selbstverständlich für sich in Anspruch nahmen. Wahlrecht, Bildung, Arbeit gehörten ebenso zum Themenkatalog wie neue Ehegesetze und veränderte Lebensbedingungen. Obwohl sich die Frauen 1789 mit den Männern gemeinsam aktiv *„im Kampf"* einsetzten (vgl. dazu bei Gaarder 1993), änderte sich für sie nichts. Olympe de Gourges wurde 1793, *„da sie die Tugenden vergaß, die ihrem Geschlecht geziemen"* (Linnemeyer 1999, S. 10) hingerichtet, den Frauen jegliche politische Aktivität verboten. *„Kaum hatte sich alles zu einer neuen Ordnung gefügt, wurde auch schon die alte Männerherrschaft wieder neu zementiert"*(Gaarder 1993, S. 375).

Im deutschen Kaiserreich war es zum Beispiel in Preußen und Bayern aufgrund von Verordnungen *„über die Verhütung eines die gesetzliche Freiheit und Ordnung gefährdenden Mißbrauchs des Versammlungs- und Vereinigungsrechts"* politischen Vereinigungen verboten *„Frauenpersonen"* aufzunehmen und sie an Versammlungen und Sitzungen teilnehmen zu lassen (vgl. Nave-Herz 1997, S. 18). Damit waren Frauen auf das Wohlwollen und die Geneigtheit von Männern angewiesen, inwieweit diese überhaupt möglichen Reformen zugunsten von Frauen zustimmten. Louise Otto-Peters erhob dessen ungeachtet bereits im Jahr 1843 in Bezug auf politische Rechte die Forderung: *„Die Teilnahme der Frauen an den Interessen des Staates ist nicht ein Recht, sondern eine Pflicht"* (Nave-Herz 1997, S. 11). Die ersten Erfolge *„im Kampf gegen altersgraue Vor-*

109

urteile von der Minderwertigkeit des Weibes" (Nave-Herz 1997, S. 27) zeigten sich zunächst in verfassungsrechtlichen Grundlagen. Das Wahlrecht für deutsche Frauen wurde erstmals mit der Deutschen Verfassung vom 11. August 1919 (allgemein als *„Weimarer Verfassung"* bezeichnet) offiziell eingeführt. Diese Staatordnung schrieb dann auch erstmals gleiche Rechte und Pflichten für Männer und Frauen fest. Inoffiziell galt dies aufgrund eines Dekretes der Volksbeauftragten von SPD und USPD bereits seit dem 12. November 1918, dem Tag nach dem Waffenstillstand vom 11. November 1919, der den 1. Weltkrieg beendete (vgl. Nave-Herz, 1997 S. 38). Seit 1919 gab es damit formaljuristisch gesehen die Möglichkeit zur politischen Betätigung von Frauen. Der aufgrund der real vorhandenen männerdominierten Lebenswelt rein deklaratorische Charakter dieser Verfassungsbestimmung bedurfte noch weiterer inhaltlicher Konkretisierungen. In Anlehnung an das Goethewort *„Was du ererbt von deinen Vätern, erwirb es, um es zu besitzen."* schrieb Agnes von Zahn-Harnack: *„Aufgabe der folgenden Generation wird es nun sein, zu erwerben, was sie besitzen"* (Nave-Herz 1997, S. 38).

Eine Aufgabe, der sich Frauen inzwischen mit Erfolg gewidmet haben. Innerhalb der Parlamente und Regierungen Europas haben sie die Männer in vielen Bereichen qualitativ erkennbar eingeholt und zum Teil auch überholt, wie dem politischen Tagesgeschehen zu entnehmen ist. Quantitativ bestehen in Europa zwar noch bemerkenswert große Unterschiede, die Tendenz zur auch zahlenmäßigen Gleichwertigkeit mit Männern ist jedoch unverkennbar. In Schweden sind bereits 45 Prozent Frauen im Parlament, es folgen Belgien, Dänemark, Deutschland, Finnland und die Niederlande mit mehr als 30 Prozent. Schlusslichter sind Frankreich (12,3 %), Italien (9,6 %) und Griechenland (9,0 %). In Deutschland sind bereits 43,6 Prozent Anteil an der Regierung erreicht, gefolgt von Belgien (33,3 %) und Spanien (26,6 %). Griechenland (8,2 %) hat auch hier den größten Nachholbedarf (EU-Sozialkommissarin Diamantopoulou, Neue Osnabrücker Zeitung 20. September 2003).

Das Recht auf Bildung und freie Berufswahl

Hinsichtlich der Forderung auf Teilhabe an der Bildung muss rückblickend die soziale Herkunft der Frauen beachtet werden. Jungen gingen früher allgemein länger zur Schule als Mädchen, die zumeist nur bis zur Konfirmation in die Schule geschickt wurden. Nur denjenigen jungen Frauen, die nicht aus dem Arbeitermilieu stammten, wurden auf sogenannten „höheren Töchterschulen" Kenntnisse vermittelt, die über das hinausgingen, was mit der schulischen Unterweisung im 14. Lebensjahr endete. Für Töchter *„aus gutem Hause"* gab es danach noch oberflächliche Einblicke in musische Fächer, etwas französische Konversation, Stunden in Tanz und Klavierspiel. Abgesehen davon begann mit 13 oder 14 Lebensjahren das Warten auf die Ehe (vgl. Rossius 2003).

Das Bildungsziel für Frauen wurde bis in das 19. Jahrhundert hinein wie folgt definiert: *„[...] dem Weibe eine der Geistesbildung des Mannes [...] ebenbürtige Bildung zu ermöglichen, damit der deutsche Mann nicht durch die geistige Kurzsichtigkeit, durch Engherzigkeit seiner Frau an dem häuslichen Herde gelangweilt und in seiner Hingabe an höhere Interessen gelähmt werde, daß vielmehr das Weib mit Verständnis diesen Interessen und der Wärme des Gefühls für dieselben zur Seite stehe"* (Nave-Herz 1997, S. 23).

1887 erhob Helene Lange in einer Petition an den Preußischen Unterrichtsminister und das Preußische Abgeordnetenhaus nicht nur die Forderung, allen Mädchen den Zugang zu allen Bildungsmöglichkeiten zu eröffnen. Sie vertrat außerdem die Ansicht, dass Frauen ihre jugendlichen Geschlechtsgenossinnen mit einem ganz anderen Verständnis und mit mehr Interesse an der Entwicklung ihrer weiblichen Identität fördern könnten als es Männern möglich wäre (vgl. Nave-Herz 1997, S. 24) und verlangte Mädchen von Frauen unterrichten zu lassen. Inhaltlich wohnt diesen Gedanken die Hinwendung zu einer geschlechtsspezifischen Erziehung, die gleichzeitig eine Abwendung aller geschlechtshierarchischen Bevormundungen bedeutet, inne. Heutzutage verbringen Mädchen und Jungen ihre Kinder- und Jugendzeit „gemeinsam im selben Klassenraum sitzend" und erhalten dieselbe gute und qualifizierte Schulbildung. Ihnen ist die inhaltlich selbe Wertigkeit von Mann und Frau, sofern sie nicht dem Einfluss dogmatischer Sichtweisen unterworfen werden, eine Selbstverständlichkeit.

Polizeibeamtin, 25 Jahre: *„Man lernt miteinander und man lernt auch sich anzupassen und das, was der eine gut kann, beim anderen auszugleichen. Also wenn einer besser ist auf einem Gebiet, dann wird das immer so ausgeglichen, dass beide gleich gut sind und dieses Gefühl, von wegen man muss sich profilieren gegenüber dem anderen Geschlecht, ist meines Erachtens nicht mehr so stark da."*

„Wir haben heute die qualifizierteste Frauengeneration. Frauen haben die Männer ein- und durchaus auch zum Teil überholt", äußerte sich Renate Schmidt, Bundesministerin für Familie, Senioren, Frauen und Jugend mit Blick auf die Diskrepanz zwischen hervorragend gebildeten Frauen und ihren geringen Chancen im Arbeitsleben (vgl. Evangelische Zeitung 23. Februar 2003). Frauen haben inzwischen bessere Schulabschlüsse als Männer, ihre Abiturnoten sind durchweg besser. Grundlage für diese Aussage ist eine Untersuchung unter allen Schulentlassenen in Deutschland seit 1995, die eindeutig wiedergibt: Jungen bleiben deutlich häufiger als Mädchen ohne Hauptschulabschluss und ohne Abitur (Neue Osnabrücker Zeitung 19. November 2002). Im Wintersemester 2002/2003 haben erstmals mehr Frauen als Männer ein Studium aufgenommen (Neue Osnabrücker Zeitung 7. Mai 2003). Den Berechnungen des Statistischen Bundesamtes zufolge liegt damit der Anteil der weiblichen Studienanfänger zum ersten Mal knapp über 50 Prozent, was in etwa auch dem Verhältnis von Män-

nern und Frauen an der Gesamtbevölkerung entspricht. Besonders beliebt bei Frauen sind Tiermedizin (82 Prozent) sowie Sprach- und Kulturwissenschaften (68 Prozent), die demzufolge bei Männern nur ein verschwindend geringes Interesse hervorrufen. Auch in Mathematik und Naturwissenschaften steigt der Anteil von Frauen im Gegensatz zu früheren Zeiten stetig an, im Wintersemester 2002/2003 waren es bundesweit bereits 36 Prozent.

Inzwischen wurde ohne Zweifel vieles erreicht, was früher zumindest in Deutschland als undenkbar galt. Am 2. Januar 2001 rückten zum Beispiel die ersten Frauen in Kampfverbände der Bundeswehr ein. *„In unserer heutigen Gesellschaft wird es durchaus positiv angesehen, dass Frauen jeden Beruf ausüben können und das wird allgemein von den Frauen durchaus als positiv angesehen und da auch als Bereicherung angesehen, dass man jeden Beruf machen kann"* (Polizeibeamter, 37 Jahre).

Aus privatem Umfeld weiß ich, dass es zum Beispiel noch im Jahre 1965 für eine junge Frau trotz energisch vorgebrachten Begehrens unmöglich war eine Elektrikerlehre zu beginnen. Mit Hinweisen in Richtung *„Handwerk ist Männersache, Frauen gehen ins Büro"* wurde im Elternhaus eine Ausbildung zum „Großhandelskauf**mann**" beschlossen und durchgesetzt. Die jungen Männer und Frauen von heute sehen keine besonderen geschlechtsspezifische Probleme in der Ausübung alter und neuentstandener Berufe mehr. Frauen streben gezielt in Berufe, die aus ihrer Tradition eher männlich dominiert waren und es quantitativ immer noch sind. Das gilt besonders für interessante und abwechslungsreiche Arbeitsgebiete wie die Polizei.

Die Beweggründe der von mir befragten Polizeibeamtinnen zur Berufswahl „Polizei" decken ein weites Spektrum ab. Von *„Verwirklichung eines Kindheitstraumes"* über *„interessante Tätigkeit anstelle frustrierender Langeweile"* bis zum *„Zufall"* entsprechen die Motivationen von Frauen exakt denjenigen, wie sie mir auch von Männern bekannt sind.
Polizeibeamtin, 22 Jahre: *„Der Beruf klingt interessant, da habe ich ein einjähriges Praktikum gemacht bei der Fachoberschule, meine Fachoberschulzeit. Das hat mir sehr, sehr gut gefallen und dann habe ich gedacht, das mache ich auch."*
Polizeibeamtin, 25 Jahre: *„Seit der Kindheit möchte ich schon zur Polizei."*
Polizeibeamtin, 26 Jahre: *„Ich habe zwei Berufszweige gehabt, wo ich arbeiten wollte. Das eine war in die Richtung Architektur und das andere war die Polizei. Weil ich der Meinung war, ich könnte den Menschen dort helfen, beschützend tätig werden. Früher, in der DDR, durfte ich beim 1. Mai immer so Absperrungen machen und so, das fand ich immer ganz toll als Kind."*
Polizeibeamtin, 27 Jahre: *„Ich wollte eigentlich gleich nach der Schule zur Polizei, aber dann haben alle anderen angefangen zu studieren. Da habe ich mir überlegt, ach, fängst du auch mal mit einem Studium Sport, katholische Theolo-*

gie, Philosophie und Germanistik an. Aber irgendwo habe ich gemerkt, du willst immer noch zur Polizei. Ich hatte vorher noch ein soziales Jahr. Dann habe ich zur Überbrückungszeit, bis die Bewerbung bei der Polizei durchgegangen ist, noch meinen Rettungssanitäter gemacht und habe auch im Rettungsdienst gearbeitet. Dann kam ich endlich zur Polizei und jetzt fühle ich mich auch wirklich angekommen."

Polizeibeamtin, 28 Jahre: *„Das hat mich schon immer, mit 14 schon, gereizt, die Polizei. Vor allen Dingen auch, dass es ein Männerberuf ist. Die Polizei ist ein Beruf, wo ich innerhalb des Berufes verschiedene Themen abarbeiten kann. Ich kann mir also aussuchen, möchte ich Schichtdienst machen, dann mache ich das. Möchte ich dann doch vielleicht Lehrtätigkeiten machen oder mit Jugendlichen zusammenarbeiten, dann mache ich das oder versuche es zu erreichen. Es gibt viele Stationen innerhalb der Polizei, ich muss mich nicht auf einen Bürojob von morgens 08.00 bis nachmittags um 16.00 Uhr festlegen."*

Polizeibeamtin, 31 Jahre: *„Es war eigentlich schon ja von Kindesbeinen mein Wunsch. Ich habe erst einmal etwas anderes gelernt, einen Beruf in der freien Wirtschaft. Dann habe ich den Mut gefasst, mich zu bewerben. Das war eigentlich das Schwierigste von allem, wirklich den Mut zu haben und ab in den Briefkasten damit."*

Polizeibeamtin, 35 Jahre: *„Ich habe vorher Soziologie studiert und Soziologen sind ja immer ziemlich kritisch, gerade gegenüber dem Staat, sind sehr oft, jedenfalls da wo ich studiert habe, links orientiert. Die Einstellung zur Polizei war auch eher negativ. Ich habe mir gedacht, wenn man etwas ändern will, dann ist es ganz sinnvoll, wenn man direkt zur Polizei geht und einfach mal guckt, wie es da ist, ob das tatsächlich alles so stimmt."*

Polizeibeamtin, 35 Jahre: *„Ich hatte vorher andere Vorstellungen, dass ich Musik studiere. Dann kam der Sicherheitsgedanke hoch, dass ich dachte, Musik mache ich lieber als Hobby und nicht als Studium, weil ich da wahrscheinlich nicht soviel Geld verdient hätte. Als nächstes hatte ich mich für Jura interessiert, habe auch einige Vorlesungen besucht. Da war aber so eine Juristenschwemme und da habe ich mich gesehen mit 400 anderen Studenten in einem Hörsaal. Da dachte ich, nee, wieso sollte ausgerechnet ich einen Job kriegen. Ich möchte etwas machen mit Menschen, mit Jura, mit Sport, mit Engagement, abwechslungsreich, nicht so viel im Büro sitzen und dann blieb eigentlich die Polizei nur über."*

Polizeibeamtin, 37 Jahre: *„Ich habe mir überlegt, das kann nicht alles gewesen sein, so als Verkäuferin. Ich war ein bisschen unterfordert und habe gedacht, so, Polizei, das ist noch einmal das Richtige."*

Polizeibeamtin, 40 Jahre: *„Mit Ende 19, also nach dem Abi, bin ich direkt zur Polizei gegangen. Ich bin nicht mit der Absicht in die Polizei gegangen, in dem Bereich, in dem ich dann später auch tätig war, zu arbeiten. Das hat sich erst im Laufe der Jahre so entwickelt, Gewalt gegen Frauen und Kinder."*

Polizeibeamtin, 41 Jahre: *„Schon als junges Mädchen mit 14, 15 fand ich den Beruf schon sehr interessant, sei es durch Medien, Filme, ich fand das immer* *klasse. Ausschlaggebend war eigentlich für mich, dass mir klar war, als Polizei-beamtin immer mit den unterschiedlichsten Menschen zu tun zu haben. Und den Menschen als solches finde ich sehr interessant. Ich bin gerne mit Menschen zusammen, lerne gerne andere Menschen kennen, sowohl privat und dienstlich sowieso. Das war für mich eigentlich so der Grund, um zur Polizei zu gehen."*

Polizeibeamtin, 41 Jahre: *„Meine Beweggründe waren eigentlich son bisschen Frust aus dem Bereich, aus dem ich kam. Ich hatte son Bürojob in einer Baufir-ma und ich konnte mir also wirklich schwerlich vorstellen, dort bis zu meinem 60. Lebensjahr zu arbeiten. Ich wollte mit 24 doch noch was anderes machen und auf der anderen Seite hat mich die Materie sehr interessiert und sicherlich auch der Umstand, dass das für ne Frau sicherlich auch ne wahre Herausforde-rung ist."*

Polizeibeamtin, 54 Jahre: *„Das war eigentlich Zufall. Ich wurde von einem Kollegen angesprochen, ob ich nicht Lust hätte, mich bei der Polizei zu bewer-ben. Bis dahin hatte ich überhaupt nicht mit dem Gedanken gespielt. War inte-ressant für mich, hab mich beworben und genommen haben sie mich auch."*

Meine Frage *„Wie haben Sie Ihren Dienst erlebt hinsichtlich des Blickes darauf, dass es doch mehr Männer als Frauen bei der Polizei gibt?"* wurde im Wesentlichen dahin beantwortet, dies würde im praktischen Funkstreifendienst auf den Polizeirevieren noch immer so sein. Während des Studiums und auch innerhalb der Bereitschaftspolizei, aber auch im polizeilichen Einzeldienst der Großstädte, wäre das Geschlechterverhältnis inzwischen eher ausgeglichen. Ins-gesamt wird prognostiziert, dies würde im Laufe der Jahre auf allen Polizei-dienststellen so sein.

Polizeibeamter, 22 Jahre: *„Dass es mehr Männer als Frauen gibt, ist noch histo-risch bedingt. Bei uns im Studium und was die Neueinstellungszahlen angeht, ist es jetzt sehr ausgeglichen. Teilweise haben die Frauen sogar etwas Über-hang. Das wird sich irgendwann relativiert haben."*

Polizeibeamtin, 22 Jahre: *„Wir sind schon zu 50 % Frauen eingestellt worden und hier in der Bereitschaftspolizei sind wir ja auch recht gleichwertig vertre-ten. Aber im Einzeldienst, draußen auf den einzelnen Dienststellen, wo die alt-eingesessenen Kollegen sind und wo der Altersdurchschnitt auch noch höher ist, da ist es schon so, dass die Frauen noch sehr wenig vertreten sind. Das ist so ein langsamer Prozess."*

Eine beachtliche Anzahl von Antworten gibt aber auch Auskunft darüber, wie die Zusammenarbeit zwischen Männern und Frauen in der Polizei erlebt wird. Überwiegend wird zum Ausdruck gebracht, insbesondere unter dem As-pekt „Einbringen einer weiblichen Komponente" sei dies in Ordnung, es gäbe aber zu wenig Frauen im Polizeidienst.

Polizeibeamter, 23 Jahre: *„Grundsätzlich finde ich das eigentlich gar nicht mal so schlecht, dass Frauen auch dabei sind. Weil ja Frauen auch ganz andere Qualitäten haben als Männer."*

Polizeibeamtin, 25 Jahre: *„Dass es immer noch mehr Männer als Frauen in diesem Beruf gibt, das finde ich so nicht weiter störend."*

Polizeibeamter, 29 Jahre: *„Also, ich muss selber zugeben, dass ich mit Frauen in der Polizei sehr positive Erfahrungen gemacht habe, gerade im Einzeldienst. Es ist eigentlich nur ein Plus ist für die Polizei, auch für die ganzen Spezialdienste."*

Polizeibeamter, 38 Jahre: *„Dass es immer noch mehr Männer als Frauen in diesem Beruf gibt, das ist schade, das ist ausgesprochen schade. Ich habe viele Kolleginnen kennen gelernt, weiß auch, dass viele Situationen mit Sicherheit auch von Frauen mindestens genauso gut, zwar ganz anders, aber genauso gut bewältigt werden können und nicht immer die körperliche Gewalt im Vordergrund steht. Es sind eigentlich viel zu wenig Frauen bei der Polizei."*

Polizeibeamter, 56 Jahre: *„[...] Tja, also ich finde es ist eine wirkliche Bereicherung für die Polizei, auch für die Gesellschaft, Frauen als Polizeibeamte zu haben, dass die Frauen vielleicht das Bild der Polizei vielleicht durch eine soziale persönliche Kompetenz so ein bisschen ins bessere Licht rücken können, ohne autoritär dazustehen, sondern eben durch ihre Kompetenz als Frau, ihre Gefühle als Frau mit einbringen in den Dienst."*

Mit Blick auf Dienstbereiche, in denen bisher kaum Frauen verwendet wurden, in denen auch vorwiegend Männer aus älteren Generationen tätig sind, wird auch über mangelnde Akzeptanz der Frauen berichtet. Diese Ansicht wandelt sich aber auch überall dort, wo Frauen mit Männern gemeinsam Dienst machen. *„Die Männer gehen langsam mit der Zeit und sehen, dass wir Frauen uns doch ganz schön durchsetzen können. Ich wäre froh, wenn es hier mehr Kolleginnen gäbe. Wenn ich mit meinem Mann spreche, dann sieht der meinen Job schon ziemlich hoch an. Also der ist der Meinung, dass ich das gut mache, was ich mache und der ist auch stolz auf mich"* (Polizeibeamtin, 37 Jahre).

Polizeibeamtin, 25 Jahre: *„. In einigen älteren Generationen ist es zu Anfang meiner Dienstzeit auf jeden Fall etwas schwieriger aufgenommen worden, da ich aus einer Gegend komme, wo auch weniger Polizeifrauen sind und mir dann auch einige Male diese Kommentare entgegen gekommen sind, wir brauchen keine Frauen bei der Polizei. Das waren dann aber eben schon Männer, die eben vom Lebensalter her kurz vor der Pension standen und die es nicht anders gelernt hatten. Da die heutige Generation mit Frauen gleichwertig aufwächst, ist dieses Problem, denke ich mal, nicht mehr so vorhanden."*

Polizeibeamter, 29 Jahre: *„Ich habe vom ersten Tag an bei der Polizei immer mit Frauen zusammen gearbeitet. Für Kollegen, die das nicht anders kennen, ist die Zusammenarbeit mit einer Frau eine ganz normale Sache, wie damals die Schulzeit, dass man zusammen mit Mädchen und Jungs zusammen in die Schule gegangen ist, wie in andern Berufen auch. Das hat sich eingespielt, das ist eine ganz normale Sache für die Kollegen. Ich denke, andere Kollegen, die die meiste Zeit ihres Berufes nicht mit Frauen zu tun hatten, die sehen vielleicht etwas anders. Sie sind da etwas reserviert Frauen gegenüber."*

Polizeibeamtin, 35 Jahre: „Es gibt ja auch noch Dienststellen aus dem Einzel-dienst, die verweigern sich gegen Frauen, die sagen, das wollen wir hier nicht haben. Es gibt sehr wohl Dienststellenleiter und auch andere Kollegen, die sa-gen, nee, wir brauchen die Frauen für die Arbeit, fürs Klima."

Polizeibeamtin, 37 Jahre: „Bestimmte Aufgaben, wo man sagt, das sollten lieber Männer machen, steckt sicherlich noch in den Köpfen älterer Kollegen. Die meinen, die Frau gehört an den Herd, das hört man auch immer mal mit flach-sigen Sprüchen."

Polizeibeamter, 39 Jahre: „Es wird so ein bisschen lustig dargestellt, so die Hühnerbesatzung."

Polizeibeamtin, 40 Jahre: „Was Männer so im allgemeinen über Kolleginnen miteinander äußern, wenn sie unter sich sind bzw. in der Horde, in der Gruppe, differenziert sehr von dem individuellen Unter-vier-Augen-Kontakt. Ich glaube schon, dass viele Männer die kollegiale Nähe von Frauen durchaus schätzen, aber ich glaube, die geben es nicht so offen zu."

Polizeibeamtin, 41 Jahre: „[...] im Arbeitsbereich, am Anfang meines Einzel-dienstes, waren ausschließlich Männer, mit sehr gesteigertem Selbstwertgefühl, die sich selber sehr wenig selbstkritisch betrachten konnten. Ich hatte wirklich so 3 Jahre Schwierigkeiten, dort so meinen Platz zu finden."

Polizeibeamtin, 41 Jahre: „Ich habe erst gedacht, je mehr Frauen wir sind und je länger das andauert mit Frauen bei der Polizei, würde das alles son bisschen sich normalisieren. Wir hatten jetzt im Unterricht mal das Thema in Sozialwis-senschaften angesprochen und da merkte man doch an den Äußerungen, dass wir da noch lange nicht sind. An meiner Arbeit merk ich das nicht unbedingt so, aber man merkt das immer wieder durch Gespräche und Einstellungen von Männern, dass das nicht so ideal ist. Das sind entweder ernst gemeinte oder nicht ernst gemeinte Sprüche, die so in Richtung Frauenfeindlichkeit gehen. Ich registriere das, das macht mir jetzt nicht so viel aus. Aber ich registriere das mit ,n bisschen mit Besorgnis, die Besorgnis, dass, wenn es drauf ankommt, dass die Frau dann eher vielleicht ein bisschen fallen gelassen wird. Solange die Arbeit nicht drunter leidet, die ich als Frau leiste, unter Kollegen ist das ja in Ord-nung, aber schön ist das nicht unbedingt."

Polizeibeamtin, 41 Jahre: „Das ist auch innerhalb der Polizei immer noch so ein kleiner Generationskonflikt. Es gibt viele ältere Kollegen, die immer noch sa-gen, Frauen brauchen wir nicht. Die jüngeren Kollegen, die damit aufgewach-sen sind, in der Polizei mit Kolleginnen Dienst zu machen, sehen das anders. Sie sagen, klar, warum nicht. Mittlerweile schon Alltag geworden, Frauen in der Polizei."

Polizeibeamter, 52 Jahre: „Als die Frauen hier bei uns in der Polizei Fuß fass-ten, haben viele Kollegen das mit einem sehr, sehr, sehr skeptischen Auge gese-hen. Die haben gesagt, was wollen wir mit denen hier eigentlich in der Polizei, können die uns weiterhelfen? Heute sieht die Welt natürlich ganz anders aus."

Zwei Polizeibeamtinnen (25 und 37 Jahre) sehen es als Vorteil an, sich auch mal *„von Frau zu Frau"* austauschen zu können, um zum Beispiel auftauchende Probleme wie den Gang zur Toilette mit Kolleginnen gemeinsam zu regeln: *„Wir hier sind wirklich noch in der Minderheit. Es wird Zeit, dass mehr Frauen zu uns kommen."* *„Ich bin sehr gut zufrieden damit, dass es eine Menge andere Frauen bei der Polizei gibt. Man kann sich austauschen auf Gebieten, die Männer nicht unbedingt verstehen. Man hat in gewisser Art und Weise im Einsatz die gleichen Probleme, dass man auf die Toilette muss und wir eben nicht die gleiche Möglichkeit haben wie die Männer."*

Mit Ausnahme der Bergleute stehen Frauen inzwischen alle Berufe offen (vgl. Neue Osnabrücker Zeitung 7. Mai 2003). Im Jahr 2001 waren immerhin 56 Prozent der Auszubildenden im Beruf „Mediengestalter" Frauen, eine den Männern fast gleiche Anzahl. Dies darf keinesfalls als Indikator dafür verstanden werden, „Mediengestalterin" sei ein typischer Frauenberuf. Gender Mainstreaming setzt exakt an diesem Punkt an, indem auch Berufe, die ehemals als typisch männlich (Polizei) oder typisch weiblich (Arzthelferin) galten, als für beide Geschlechter möglich erachtet werden. Frauen können, sofern sie es wollen, auch durchaus im Bergbau tätig sein. In Notzeiten mussten sie es zwangläufig (vgl. S. 126).

Trotzdem entscheiden sich Frauen und auch Männer hinsichtlich ihrer Berufswahl immer noch eher traditionell. Den Angaben des Statistischen Bundesamtes für das Jahr 2001 nach sind Männer nur minimal bei Friseuren und Fachverkäufern im Lebensmittelhandwerk, dafür aber stark bei Gas- und Wasserinstallateuren, Metallbauern, Kraftfahrzeugmechanikern und Fachinformatikern beteiligt. Der Frauenanteil betrug in den Berufen Fachverkäuferin im Lebensmittelhandwerk 96 Prozent, Friseurin 93 Prozent, Fachinformatikerin 11 Prozent, Kraftfahrzeugmechanikerin zwei Prozent, Gas- und Wasserinstallateurin, Metallbauerin jeweils ein Prozent

Bemerkenswert ist die sich hartnäckig haltende Ansicht, Frauen könnten keine technischen Dinge verstehen oder handhaben.
Polizeibeamter, 38 Jahre: *„Ich denke, es gibt etwas, was Frauen im Polizeidienst nicht oder nicht so gut können. Autofahren (Funkstreifenwagen)".*
Polizeibeamter, 39 Jahre: *„Frauen können nicht so gut Autofahren."*
Polizeibeamter, 43 Jahre: *„[...] Frauen haben in technischen Dingen oftmals nicht das [...] Hintergrundwissen."*
Technologieverständnis war niemals eine naturgemäß Männern gegebene und Frauen versagte Fähigkeit, sondern stets eine ihnen eröffnete oder auch versagte Chance. Wie überall formen auch die *„Technologieverhältnisse"* im persönlichen und sozialen Umfeld die *„Geschlechterverhältnisse"* und werden *„wiederum von diesen geformt. Geschlecht und Technologie werden in der sozialen Praxis ‚gemacht'. Die Technologie verleiht der Männlichkeit* [sogar noch zusätzlichen] *Wert"* (vgl. Cockborn/Ormrod 1997, S. 25).

Nicht übersehen werden darf bei alledem der Zusammenhang zwischen Erwerbstätigkeit und persönlicher Zufriedenheit. Sowohl bei Männern als auch Frauen kann es vorkommen, dass jemand sich sehr karrierebewusst verhält und nach dem Bild, welches er nach außen vermittelt, nun nicht gerade als glücklicher Mensch angesehen werden kann. Das kann natürlich täuschen, da niemand wirklich in einen anderen Menschen hineinsehen kann. Es gibt aber auch hochqualifizierte Polizeibeamtinnen und Polizeibeamte, die ihr Leben nicht unter allen Umständen dem beruflichen Fortkommen unterordnen, sondern sich mit dem dienstlichen Rahmen, in dem sie sich befinden, arrangiert haben und, soweit es von außen beurteilt werden kann, zufriedene Menschen sind.

Da persönliche Erwartungen hinsichtlich Beruf und Privatleben in ganz verschiedene Richtungen gehen können, widmet sich das Frauenförderkonzept für die Polizei Niedersachsen in einem speziellen Abschnitt der Karriereberatung (vgl. Niedersächsisches Ministerium des Innern, Frauenförderkonzept für die Polizei Niedersachsen, 1995, S. 15, 16). Polizeibeamtinnen und (!) Polizeibeamte erhalten die Möglichkeit, in folgenden Themenbereichen fachkompetente Beratung einzuholen: *„Arbeit in einem bevorzugten Arbeitsgebiet, Spezialisierung und Qualifizierung in einem bevorzugten Arbeitsgebiet, Spezialisierung und Qualifizierung zur Erreichung einer bestimmten Funktion als Lebensaufgabe, Übernahme von Leitungsverantwortung, Erreichen bestimmter Hierarchiestufen, Erreichen der jeweils nächsten Hierarchiestufe."* Dieser Themenkatalog ist nicht abschließend zu verstehen, er wird evaluiert. Das Frauenförderkonzept für die Polizei Niedersachsen sieht eine spezielle Karriereberatung für Polizeibeamte und Polizeibeamtinnen vor, die bereits inhaltlich und zielorientiert dem Gender Mainstreaming entspricht. *„Jede Kollegin und jeder Kollege ist dahingehend zu beraten und zu fördern, daß sie einen Arbeitsplatz anstreben, auf dem sie nach Eignung, Befähigung und Neigung optimale Leistung für sich und für die Organisation erbringen können und wollen. Beschäftigte in Leitungsfunktionen und im Personalbereich sind durch geeignete Aus- und Fortbildungsmaßnahmen zu sensibilisieren."*

Die Berufszufriedenheit besitzt nicht nur für den Menschen selbst eine große Bedeutung. Es ist unstreitig, dass die Arbeitsleistung innerhalb der Organisation „Polizei" eng mit dem Wohlgefühl der Polizeiangehörigen verbunden ist. Daher ist der Vereinbarkeit von privatem Leben und dienstlichen Notwendigkeiten, insbesondere der von Familie und Beruf, größte Aufmerksamkeit zu schenken. Von den oben angeführten „persönlichen Erwartungen" hat das „Erreichen der jeweils nächsten Hierarchiestufe" bisher innerhalb der Polizei ein in Bezug auf die anderen Möglichkeiten ein starkes Übergewicht erlangt. Der Aufstieg in höhere Besoldungsgruppen wurde bisher und wird auch jetzt noch weitgehend auf der Basis männlicher Denkstrukturen ermöglicht oder auch nicht ermöglicht. Nicht nur die Bewertung einer Tätigkeit an sich als „männlich", „unmännlich", „weiblich" oder „unweiblich", auch der mit der Karriere verknüpfte Gewinn oder Verlust an Prestige und gesellschaftlichem Status besitzt für Polizeibeamte offensichtlich eine größere Bedeutung als für Polizeibeamtinnen (vgl. S. 173).

„Frauen sind Männern körperlich unterlegen und können daher nicht zu allen polizeilichen Aufgaben herangezogen werden," so eine häufig geäußerte Ansicht. Auch in den von mir durchgeführten Interviews wird von 82 Prozent der Befragten die Befürchtung zum Ausdruck gebracht, es könne Frauen dann, wenn es polizeilich angebracht sei, an der notwendigen körperlichen Kraft fehlen. Hierzu zwei beispielhaft zitierte diesbezügliche Aussagen:

Polizeibeamtin, keine Angabe zum Lebensalter: *„Grenzen in der physischen Belastbarkeit."*

Polizeibeamter, 21 Jahre: *„[...] rein körperlich sind sie zum Teil unterlegen."*

14 Prozent der Meinungen bewegen sich jedoch bereits in Richtung Gender Mainstreaming, indem sie zum Ausdruck bringen, Polizeibeamtinnen würden trotz teilweise geringerer Körperkräfte ihren Dienstpflichten genau so gut oder auch genau so schlecht wie Männer nachkommen, aber auf eine andere Art und Weise (vgl. S. 155).

Polizeibeamter, 29 Jahre: *„Es gibt sicherlich Einzelfälle, auch männlicherseits, wo man sagt, also das war nicht so toll. [...] die typische Frau kann eigentlich in jedem Einsatzbereich eingesetzt werden."*

Polizeibeamtin, 31 Jahre: *„Es kommt sicherlich auch auf die Frauen an. Es kommt immer auf den Menschen drauf an. Es gibt sehr, sehr nette Kollegen, es gibt aber auch richtige Pfeifen. Einige Frauen, die stehen ihren Mann. Es gibt auch Frauen, die versauen unseren Ruf. Die sich wirklich als Weibchen darstellen und nicht belastungsfähig, nicht belastbar sind. Ich denke, einige Frauen sind sehr angesehen und anerkannt, aber andere, über die wird nur gelächelt und die werden irgendwo so in so eine Weibchenecke gestellt, so typisch Frau. Die haben meiner Meinung nach bei der Polizei nichts verloren. Die sind ganz klar überfordert mit diesen täglichen Konflikten, gerade weil die Polizei ein Beruf ist, wo man seine Ellenbogen braucht."*

Polizeibeamter, 35 Jahre: *„Es hängt auch viel davon ab, was man als Polizeibeamter für Erfahrungen selber gesammelt hat mit den Frauen bei der Polizei. Wenn jemand nur schlechte Erfahrungen damit gesammelt hat, sprich die sind immer krank oder die packen nicht mit an oder sonst was, dann hat der sicher eine ganz andere Einstellung als jemand, der mit den Frauen bei der Polizei nur gute positive Erfahrungen gesammelt hat. Auch bei den Frauen, wenn die z. B. mit Kollegen zu tun haben, die sie als gleichwertigen Partner akzeptieren, dann sehen die das sicherlich anders als wenn eine Frau vielleicht noch gemobbt wird oder sexuell belästigt wird in der Schicht, dann hat sie natürlich eine ganz andere Einstellung gegenüber Männern in der Polizei. Zu den Kollegen allgemein, also jeder von uns hat schon mal mit ner Flachpfeife auch bei der Polizei zu tun gehabt, mit jemandem, der nun wirklich in diesem Beruf gar nichts verloren hat."*

Eine geringe Anzahl (4 Prozent) verweist darauf, dass der Dienst gemacht werden muss und es dabei nicht darauf ankommen könne, ob es sich dabei um einen Mann oder eine Frau handele:

Polizeibeamter, 38 Jahre: *„Die Frauen stehen da auch ihren Mann und ob das da ein Mann ist, der die Aufgabe bewältigt oder eine Frau, ist zweitrangig."*

Polizeibeamtin, 54 Jahre: *„Der Polizeiberuf ist so geartet, dass hier jeder, jede alles machen kann."*

Neben den oben beispielhaft für „mangelnde Körperkraft" wiedergegebenen allgemein gehaltenen Aussagen werden aber auch polizeiliche Einsatzlagen genannt, bei denen es *„zierlichen Kolleginnen"* (Polizeibeamter, 42 Jahre) an *„körperlicher Härte"* (Polizeibeamtin, 22 Jahre) fehlt. Einige beruhen auf konkret dienstlich erlebten Ereignissen:

Polizeibeamter, 22 Jahre: *„[...] da hatten wir dann eine Auseinandersetzung mit anderen Personen und dann stand ich eben alleine mit zwei Frauen da, was heißt alleine mit zwei Frauen, wir standen zu Dritt. Aber eben, na ja, und dann war es ein bisschen, bisschen schwieriger, da muss man dann von der Stärke dementsprechend ein bisschen hochfahren."*

Polizeibeamtin, 25 Jahre: *„Männer sind durch ihren Körperbau oft in gewalttätigeren Situationen nützlicher, da sie von Natur aus mehr Kraft mitbringen und für den Fall, dass diese eingesetzt werden muss, haben die eine bessere Möglichkeit damit umzugehen als wir."*

Polizeibeamtin, 25 Jahre: *„[...] wenn es um Festnahmen geht, um Durchsetzung von Haftbefehlen, da ist es mir schon aufgefallen, dass sie da speziell lieber Männer für haben wollen. Oder wenn ich als Streife oder im Streifenwagen sitze als Frau dabei, dass sie dann zusätzlich noch einen Streifenwagen dahin schicken."*

Polizeibeamtin, 27 Jahre: *„Wenn Schlägerei ist, dann möchte man nicht mit einer Frau aus dem Streifenwagen aussteigen, ich persönlich nicht. Da ist man froh, wenn da ein Mann dabei steht, der irgendwie etwas darstellt. [...] dann gibt es mit Sicherheit eine Komponente, die Frauen nicht erfüllen können aufgrund ihrer Muskelkraft, die eben auch gefordert wird."*

Polizeibeamtin, 28 Jahre: *„Irgendwann sind wir Frauen einfach an unserer körperlichen Kraftgrenze angelangt. [...] hatten wir mehrere schwere Einsätze, [...] irgendwann lässt die körperliche Kraft einfach nach und man hat zwar immer noch dieses Gefühl gehabt, ich muss jetzt, ich muss jetzt, ich muss jetzt, damit ich auch so stark bin wie ein Mann, auch bei Schlägereien. Natürlich können wir auch wild werden wie ein kleiner Dackel und sich festbeißen, [...] bin ich auch zu in der Lage. Nur gegen einen 2-Meter-Mensch, so ein Türstehertyp, da sind wir körperlich einfach unterlegen, das denke ich schon, dass da unsere Grenzen sind."*

Polizeibeamter, 29 Jahre: *„[...] Zwei Frauen konnten nicht zusammen rausfahren und sich irgendeiner Schlägerei annehmen, einer Familienstreitigkeit, häusliche Gewalt. Da mussten wir grundsätzlich [...] immer mit mehreren Autos an-*

fahren. [...] Die Situation haben wir sonst mit zwei Kollegen alleine regeln können."
Polizeibeamtin, 35 Jahre: *„Ich habe eine Zeit lang mal bei der Fahndung mitgearbeitet, als einzige Frau. [...] Es ist für eine Frau ungleich schwerer in kompletter Montur, was ja mindestens manchmal die Hälfte ihres Körpergewichtes ist, durch die Gegend zu laufen und Türen aufzurammen und so was. Es geht zwar, aber es ist sehr viel anstrengender. [...] das ist einfach sachlich gegeben."*
Polizeibeamter, 35 Jahre: *„[...] und es gibt genauso auch Situationen, wo man sagen muss, da muss mal ein Mann ran. [...] wenn es eben um Widerstandshandlungen geht oder Hundertschafstseinsätze, die nun mal wirklich zum Teil an der Substanz zehren, das ist für eine zierliche junge Frau nichts, muss ich ganz ehrlich sagen."*
Polizeibeamter, 37 Jahre: *„Die Einzelerfahrung, die ich gemacht habe, ist, wenn es wirklich tatsächlich zu massiven körperlichen Auseinandersetzungen kommt, [...] dort gibt es durchaus Defizite, wo sich Männer besser durchsetzen können."*
Polizeibeamter, 39 Jahre: *„Frauen sind grundsätzlich ein bisschen schwächer, das schwächste Glied in einer Polizeikette. Der Stürmer weiß das genau, der geht nicht bei den Größten und Dicksten oder Stabilsten durch, sondern er geht dort durch, wo vielleicht sogar mehrere Frauen nebeneinander stehen. Das wäre da der Schwachpunkt."*
Polizeibeamter, 39 Jahre: *„[...] Ärger im Nachtdienst mit Betrunkenen regeln könnte problematisch sein."*
Polizeibeamter, 39 Jahre: *„[...] Körperlich anstrengende Tätigkeiten (hinter Täter hinterherlaufen und überwältigen z. B.)"*
Polizeibeamter, 43 Jahre: *„[...] Wenn es dann tatsächlich letztendlich zur körperlichen Auseinandersetzung kommt, glaube ich, sind die Männer im Vorteil. Da würde ich dann eher sagen, dass die Frauen, unsere Kolleginnen dann auch zu schützen sind. Dass ich sie nicht unbedingt in die Gewaltsituation reinlaufen lasse. Ich würde dann eher männliche Kollegen einsetzen oder würde mit männlichen Kollegen dann lieber einschreiten."*

Ohne es direkt anzusprechen, schwebt in allen Antworten unbewusst die Überzeugung mit, Männer seien von Natur aus körperlich stärker und Frauen von Natur aus schwächer veranlagt. Dies widerspricht nicht nur fundierten wissenschaftlichen Erkenntnissen, die auf körperliche Gegebenheiten überlagernde soziale Prägungen verweisen (vgl. Kreiner 2002). Auch empirische Erfahrungen deuten darauf hin, dass körperliche Schwächen und Stärken in erster Linie anerzogen werden und nicht zwangläufige Folge einer natürlichen Anlage sind. Jutta Gohr, Flottillenärztin in der Bundeswehr: *„Es gibt Männer, die deutlich früher an ihre körperlichen Grenzen geraten als Frauen"* (Evangelische Zeitung 12. Mai 2002). Der Dienst in der Bundeswehr ist hinsichtlich der körperlichen Anforderungen an die Soldaten und Soldatinnen durchaus mit denen im Polizeidienst vergleichbar. Die dort gemachten Erfahrungen bestätigen die sachliche Realität, wonach es bei körperlich belastenden Anforderungen immer auf die individuelle Konstitution ankommt, die zusätzlich durch in Aus- und Fortbildung vermittelte besondere Fertigkeiten verfeinert werden kann. An dieser Stelle soll deutlich darauf hingewiesen werden, dass sowohl Männer als auch Frauen im Polizeidienst einer körperlich hoch anzusetzenden Qualifikation bedürfen. Bei Bewerbungen für den Polizeivollzugsdienst ist dies eine besondere Einstellungsvoraussetzung. Es genügt aber nicht, dies plakativ festzustellen und sich als Polizeiangehöriger „im Glanz vermeintlich vorhandener körperlicher Fitness zu sonnen." Es dringend notwendig, dies innerhalb des mehr als drei Jahrzehnte andauernden Dienstes durch ständige Schulung zu sichern und auf die Person des Polizeibeamten und der Polizeibeamtin bezogen jährlich zu überprüfen.

Einem interessanten Ansatz zur Beantwortung der Frage, inwieweit sich Polizistinnen und Polizisten hinsichtlich ihres Einschreitens bei gewaltsamen Konfrontationen unterscheiden, ist Uwe Füllgrabe (vgl. Deutsche Polizei April 2002, S. 15 ff.) nachgegangen. Unter Hinweis auf Grennan 1987 beschäftigte er sich mit dem Gedanken, ob die Zahl der im Dienst verletzten Polizistinnen und Polizisten ein Indikator dafür sein könnte, dass Männer und Frauen sich in gefährlichen Situationen unterschiedlich verhalten. *„In einem Team Polizist – Polizistin wird der Polizist nicht häufiger verletzt als seine Kollegin"*, stellt Füllgrabe zunächst fest und schließt daraus, dass Frauen sich dann, wenn es darauf ankommt, nicht mehr zurückhalten als es Männer auch machen. Daraus ist zu folgern, es kommt nicht auf das Geschlecht an, sondern auf die individuelle physische und psychische Disposition der Polizeibeamtin bzw. des Polizeibeamten und darauf, wie sie oder er ausgebildet ist. Füllgrabe vertritt die Ansicht, dass eine professionelle innere Einstellung sowohl bei Männern als auch bei Frauen im Polizeidienst eine ggfs. vorhandene geringere Körpergröße kompensieren kann. Er zitiert eine Polizeibeamtin *„aber wir Kleinen müssen mehr an uns arbeiten"* und verweist auf Judo, Karate sowie andere nonverbale und verbale Fähigkeiten, die entschlossenes, zielorientiertes persönliches Einschreiten deutlich machen. Die Körpergröße ist, das soll nicht negiert werden, im Polizeidienst durchaus wichtig. Aber ob es sich um einen Mann oder eine Frau von zum Beispiel 1,68 m handelt, ist zunächst gleichgültig. *„Wer über keine entsprechende Körpergröße verfügt, muss vermeiden, durch unsicheres Auftreten, eine unsicher Stimme usw., Schwäche zu signalisieren"* (Deutsche Polizei, April 2002, S. 15 ff.). Angemahnt werden hiermit extrafunktionale personenbezogene Fähigkeiten, die innerhalb von Aus- und Fortbildung erworben und verfestigt werden können.

Polizeibeamtin, 27 Jahre: *„Natürlich können Männer vielleicht, was Muskelkraft anbelangt, etwas mehr. Vom Training her oder von der Geschicklichkeit sehe ich da keine Unterschiede. Es kommt immer auf den eigenen Willen, den eigenen Ehrgeiz an und inwieweit man sich auch was zutraut."*

Die Kraftlosigkeit der Frau ist in Wirklichkeit kein natürliches auf den Körper bezogenes, sondern ein soziales Problem, dokumentieren u. a. Colette

Dowling und Iris Marion Young anhand umfangreicher Studien in den USA. Unmerklich erziehen Eltern und die in der Gesellschaft wirkenden Kräfte die Kinder nach alten Rollenmustern, die unweigerlich dazu führen, dass Mädchen dem männlichen Geschlecht tatsächlich körperlich bald unterlegen sind. Mädchen hatten bisher selten Vorbilder in Form von körperlich aktiven Mädchen und Frauen. Sie werden kaum ermutigt, sich im Sport durch kontrollierten Gebrauch ihres Körpers zu engagieren. *„Mädchen werden dazu angehalten, klein, schmal und harmlos zu sein. Es wird ihnen früh vermittelt, dass man von ihnen keine sportliche Kompetenz erwartet; später halten sie dann ihre Schwäche für unabänderlich und angeboren"* (Dowling bei Kreiner 2002). *„Es wird ihr gesagt, sie habe vorsichtig zu sein, um sich nicht zu verletzen, sich nicht schmutzig zu machen, ihre Kleider nicht zu zerreißen, daß die Dinge, die sie gerne tun würde, gefährlich für sie seien. Auf diese Weise entwickelt sie eine körperliche Zurückhaltung, die mit zunehmendem Alter immer größer wird. Sie hält sich selbst für ein Mädchen und damit für zerbrechlich"* (Young bei Kreiner 2002). Mädchen werden demnach in ihrer körperlichen Entwicklung von ihrer Umwelt, die an dem tradierten Frauenideal festhält, massiv gebremst. Männer bevorzugen, so Dowling, auch unsportliche Frauen. Die Wissenschaftlerin erkennt aber bereits Anzeichen für einen Schwenk in eine andere Richtung. *„Im letzten Jahrzehnt hat sich in der Frage der körperlichen Gleichberechtigung viel bewegt, die muskuläre Lücke wird langsam geschlossen"* (Kreiner 2002).

Von dieser Entwicklung kann sich jeder durch einen Blick in die Fitness-Studios und Sportvereine überzeugen. Frauen betätigen sich inzwischen massenhaft in den als *„Mucki-Bude"* bezeichneten Räumen an Geräten, die enormen Kraftaufwand und Ausdauer erfordern. Auch in Sportarten, die ehemals als reine Männerdomäne galten, sind Frauen inzwischen keine Seltenheit mehr. Gewichtheben, Marathon-Lauf, Boxen, Judo, Karate, Taekwon Do, überall sind Frauen inzwischen problemlos integriert und erbringen Leistungen, die Männern in vergleichbarer körperlicher Konstitution (Alter, Größe, Gewicht) Respekt abverlangen. Besonders beliebt sind fernöstliche Kampfsportarten wie Jiu Jitsu, Taekwon Do und Wing Tsung. Nach Angaben der International Budo-Federation (IBF) in Wesel liegt der Frauenanteil inzwischen bei einem knappen Drittel (vgl. Neue Osnabrücker Zeitung 15. März 2003). Dies entspricht der Bestandserhebung des Deutschen Judo-Bundes aus dem Jahr 2002, in dessen Vereinen 55.327 weibliche und 118.746 männliche Judoka unter 18 Jahren trainieren (vgl. JUDO-Magazin Februar 2003). Die Sportart Judo kann als Beispiel für das, was in unserer Gesellschaft als typisch männliche oder typisch weibliche Aktivität angesehen wurde und wie sich das Bewusstsein gewandelt hat, angeführt werden. Die ersten Judo-Meisterschaften für Frauen fanden in der DDR 1963, in der BRD 1970 nach langer von Männern geführter Diskussion, die sich über solche „für Frauen ungehörige" Entwicklungen aufregten, statt. Bis dahin war es Frauen verboten (!), an Judowettkämpfen teilzunehmen. Heutzutage ist es für Mädchen und Jungen bestenfalls eine Frage, ob dieser Sport an sich betrieben werden soll. Angehörige der heutigen Generation müssen sich keinerlei Gedanken mehr darüber machen, ob Judokämpfe für Frauen überhaupt zulässig seien.

Das Recht auf Arbeit

Das über Jahrhunderte bis in die heutige Zeit hinein tradierte Wunschbild des männlichen Familienoberhauptes basiert auf dem von Günter Dux als *„Innen-Außen-Dimensionierung"* (vgl. S. 239) bezeichneten Gesellschaftsmodell. Dieser Zuschnitt individueller und sozialer Lebenswelt orientiert sich naturgemäß stark an den real vorhandenen beruflichen Perspektiven hinsichtlich der Frage, ob diese nur Männern, nur Frauen oder beiden gleichermaßen offen stehen. *„Die Berufsarbeit der Frau bildet die breite tragende Grundlage für die soziale Gleichberechtigung des weiblichen Geschlechtes, weil ohne wirtschaftliche Unabhängigkeit des Weibes vom Manne, von der Familie, die Emanzipation unmöglich wird"* (Nave-Herz 1997, S. 29).

Ende des 19. und zu Beginn des 20. Jahrhunderts unterlagen Frauen aus dem Arbeitermilieu bedrückenden wirtschaftlichen Zwängen *„unter fast unmenschlichen Bedingungen [...] mit sehr geringer Entlohnung und hoher Arbeitsstundenzahl"* (Nave-Herz 1997, S. 13). Nur eine verschwindende Minderheit von Frauen arbeitete als Erzieherin oder Lehrerin, die übrigen in zur damaligen Zeit unqualifizierten Berufen wie Kellnerin, im Verkauf, als Fabrik- oder Heimarbeiterin. Die mit Abstand größte Gruppe waren die Dienstmädchen. *„Ich musste früh halb sechs aufstehen. Das Ende der Arbeit war verschieden. Wenn die Herrschaften im Theater waren, wurde erst spät Abendbrot gegessen, und man musste noch das Geschirr waschen und was dazu gehört. Dann hat man aber auch seine Sachen in Ordnung zu halten. Oft habe ich bis spät in die Nacht gesessen und genäht, gestopft, gestrickt und so weiter"* (Rossius 2003). Ein Foto über *„Aufforstung im Hannoverschen"* aus dem 19. Jahrhundert zeigt zum Beispiel etwa 20 offensichtlich schwer in drückender Hitze arbeitende Frauen, daneben einen in „besserer" Kleidung für die Kamera posierenden Mann, welcher, so ist die Situation zu interpretieren, eine Aufsichtsfunktion innehatte. Da männliche Arbeitskräfte höher bezahlt wurden als weibliche, waren Frauen aus sozial schwachen Kreisen oft aus purer Not heraus gezwungen, anstelle ihrer den Unternehmen zu teuer und damit arbeitslos gewordenen Männer selbst für das Überleben der Familie zu sorgen.

Während Frauen aus der Arbeiterschaft und dem Kleinbürgertum zwölf, sechszehn oder mehr Stunden täglich arbeiten mussten, kämpften Angehörige der gehobenen Schichten darum überhaupt arbeiten zu dürfen. Die Forderung, das *„Recht auf Arbeit"* auch Frauen zuzustehen, bezog sich daher zu damaliger Zeit nicht auf die Frauen, welche einem unfreiwilligen Zwang zur Aufnahme von Arbeit unter sehr harten Bedingungen unterworfen waren, sondern auf die aus den „*besser gestellten Kreisen*" (Nave-Herz 1997, S. 13). Diese waren darauf angewiesen aus ökonomischen Gründen „*gut verheiratet*" zu werden. Töchter, die nicht verheiratet werden konnten, besaßen nur geringe materielle Sicherheit, in ihren Familien wurden sie als „*schmachvolle Belastung*" empfunden. Bestenfalls bot sich ihnen „*die Möglichkeit, Gouvernante oder Gesellschafterin zu werden – beide Positionen waren schlecht bezahlt und bedeuteten eine allgemein bemitleidete Zwitterstellung zwischen Familienangehörigkeit und Dienstboten-Dasein*" (Nave-Herz 1997, S. 28). Es waren daher vorwiegend Frauen aus „*besseren*" Gesellschaftsschichten, die mit der Intention, ihre Unabhängigkeit von Mann und Verwandtschaft zu sichern, das Recht auf Teilhabe am Erwerbsleben einforderten. Das Ziel lag eindeutig darin, ein Leben „*im Wartestand auf eine standesgemäße Heirat*" so umzuwandeln, dass der Lebensunterhalt, womit der „*standesgemäße*" gemeint war, eigenständig gesichert werden konnte und damit eine Loslösung von der Herkunftsfamilie möglich wurde. Am 17. 10. 1865 wurde auf der ersten Frauenkonferenz in Leipzig „*Arbeit des weiblichen Geschlechtes*" zur „*Grundlage der ganzen neuen Gesellschaft*" erklärt. Völlig im Einklang mit Ideen, wie sie von Karl Marx und Wladimir Iljitsch Lenin entwickelt und propagiert worden waren (vgl. Nave-Herz, 1997, S. 86): „*Große gesellschaftliche Umwälzungen sind ohne das weibliche Ferment unmöglich. Der gesellschaftliche Fortschritt läßt sich exakt messen an der gesellschaftlichen Stellung des schönen Geschlechts. Ohne die Heranziehung der Frauen zur selbständigen Teilnahme nicht allein am politischen Leben [...], sondern auch an [...] öffentlichen Diensten kann von einer vollständigen und dauerhaften Demokratie keine Rede sein.*" Die von den sich alsbald gründenden Frauenvereinigungen erhobenen Forderungen beschränkten sich nicht auf solche unverbindlichen Abstraktionen. Die Frauen verlangten ganz konkrete Dinge wie „*Arbeiterinnenschutz, Mutterschutz, Chancengleichheit im Beruf, gleicher Lohn für gleiche Arbeit*" (Nave-Herz, 1997, S. 19 ff).

Nicht übersehen werden darf aber, dass von Anbeginn an Männer, sogar aus der Arbeiterorganisation, ihre Stimmen gegen die Erwerbsarbeit von Frauen erhoben. Edmund Fischer, Sprecher einer „*antifeministischen Bewegung,*" sah im Jahre 1914 in der Berufstätigkeit von Frauen ein „*kapitalistisches Übel*" und plädierte dafür, Frauen zu ihrem Wohle (!) „*gemäß ihrer Wesensbestimmung auf Haushalt und Kindererziehung*" zu beschränken. „*Das Verhalten der Männer ist das Problem*" (Floreck (B) 2001, S. 17). Eine Beurteilung sozialer Gegebenheiten, die auch heute noch ihre Berechtigung hat (vgl. S. 233 ff.).

Das von der Strategie Gender Mainstreaming verfolgte Ziel, innerhalb von beruflichen Tätigkeiten den einseitig männlich geprägten Blick gegen einen auch weibliche Belange erfassenden zu tauschen, wurde bereits Ende des 19. Jahrhunderts von Clara Zetkin erkannt. In dieser Zeit hatten die Vertreterinnen der Frauenbewegung nicht nur gegen erhebliche gesellschaftliche Widerstände anzukämpfen, die den Platz der „*Frauen am häuslichen Herd, inmitten der Kin-*

der, in einem häuslichen Leben zur Gemüthlichkeit und Poesie des Mannes und Vaters" angesiedelt sahen. Den Verfechtern solcher gesellschaftlicher Grundlagen ging es eindeutig darum außerhäusige *„Frauenarbeit selbst abzuschaffen."* Clara Zetkin engagierte sich für die *„Abschaffung der* [auf Männer zugeschnittenen] *Form, in der sie* [die Arbeit] *ausgeführt werde"* (Nave-Herz, 1997, S. 29).

Eine zu allen Zeiten gemachte Erfahrung zeigt, dass Frauen ihre Interessen dann besonders gut durchsetzen können, wenn die Gesellschaft aufgrund der wirtschaftlichen und politischen Situation auf Frauen angewiesen ist. Die ökonomische Situation in den beiden Weltkriegen und danach bis etwa 1955 war durch das in der Literatur so bezeichnete *„erzwungene Matriarchat"* gekennzeichnet. Wenn *„der Vater fehlte"*, was in diesen Jahren den Normalfall ausmachte, war die Mutter das alleinige *„Familienoberhaupt".* Sofern der Mann heimkehrte, befand er sich oft in *„gedrückter und irritierter Seelenverfassung"* und hatte *„Anpassungsschwierigkeiten an die veränderte wirtschaftliche und politische Situation"* (Nave-Herz, 1997, S. 47). Die Hauptlast der Sorge um das Herbeischaffen der für den Lebensunterhalt notwendigen Mittel lag in diesen schweren Zeiten bei den Frauen, da Männer dafür nicht zur Verfügung standen. Wie immer, *„wenn Not am Mann ist,"*[48] mussten die Frauen alle Arbeiten verrichten, die zuvor von Männern erbracht worden waren. Auch Schwerstarbeit, die sie *„aller Weiblichkeitsideologie zum Trotz"* in Munitionsfabriken, in der Elektroindustrie und in Bergwerken verrichteten. Immer dann, wenn keine Männer da sind, dürfen Frauen nicht nur alle Arbeiten verrichten, sie müssen es dann sogar. Die Arbeitskraft der Frauen wird in Notzeiten zu allem dringend notwendig gebraucht, was erforderlich ist und was getan werden muss[49]. *„Beim Wiederaufbau wurden an alle Frauen derart hohe Erwartungen und Forderungen gestellt, wie Disziplin, Aktivität, Organisationstalent, Durchstehvermögen, Härte, psychische Kräfte etc. (die Trümmerfrau wurde zur Symbolfigur), daß der Widerspruch zwischen dem, was Frauen de facto vermögen und dem ihnen zugeschriebenen Bild von ,Weiblichkeit' und vom ,weiblichen Wesen' offensichtlich wurde. Es bedurfte zweier Weltkriege, um uns [den Frauen] die Chance zu geben, durch Leistungen im Krieg und in den desolaten Jahren danach zu beweisen, daß wir Berufsarbeit im allgemeinen ebenso gut verrichten können wie Männer, und daß wir sogar in außergewöhnlicher Gefahr und Not für uns und unsere Kinder einzustehen vermögen. Unter dem frischen Eindruck dieser Leistungen konnte man nicht umhin, uns 'für voll zu nehmen' und uns deshalb*

---

[48] Um 1930 kam es zu einem Anstieg von Tätigkeiten, für die speziell Frauen eingesetzt wurden: Kaufmännische und Verwaltungs-Tätigkeiten aufgrund der Ausweitung des tertiären Wirtschaftssektors, Ausbau des Bahn-, Post- und Fernmeldewesens mit entsprechenden weiblich zu besetzenden Berufspositionen, Zunahme vielfältiger Arten von Assistentinnenberufen (vgl. bei Nave-Herz, 1997, S. 41).

[49] Anhand dieser Erklärung eines sozio-ökonomischen Vorganges wird auch der Inhalt des Wortes *„notwendig"* seinem Sinn nach als *„die Not wenden"* besonders gut veranschaulicht.

auch volle eigene Rechtspersönlichkeit zuzugestehen" (Nave-Herz 1997, S. 38 ff.).

Auch die Öffnung des Berufsfeldes Polizei für Frauen hat sich unter diesem Aspekt vollzogen. In den Jahren 1979, 1980 und 1981 stand die Polizei Niedersachsen vor ernsthaften Nachwuchsproblemen, da nicht genügend geeignete männliche Bewerber für den Polizeivollzugsdienst des Landes zur Verfügung standen. Man hoffte, der sich für die Zukunft deutlich abzeichnenden akuten Personalnot durch die Einstellung von Frauen in den Polizeivollzugsdienst abhelfen zu können (vgl. Niedersächsisches Ministerium des Innern, Fernschreiben Nr. 159 vom 12.11.1980 an die Polizeibehörden und –einrichtungen des Landes Niedersachsen).

Sobald sich wieder die alten Verhältnisse (was für die Polizei nicht mehr eintreten wird, vgl. S. 153) eingestellt hatten und haben, das heißt genügend Männer wieder im Arbeitsfeld auftauch(t)en, weht(e) der Wind den Frauen dennoch wieder hart ins Gesicht. Sie wurden nach Beendigung von Kriegs- und Notzeiten wieder aus dem Produktionsprozess entfernt. *„Je nach Bedarf der Wirtschaft wird den familialen oder* [!] *den produktiven Aufgaben der Frau eine besondere Bedeutung zugesprochen. Bei Arbeitslosigkeit der Männer wird die Frau aus dem Produktionsprozeß verdrängt, bei gesteigertem Arbeitskräftebedarf [...] dem Produktionsprozeß einverleibt"* (Nave-Herz 1997, S. 46). Dies hat sich auch nach dem im Westteil Deutschlands als Wiedervereinigung, im Ostteil als Wende bezeichneten Hinzukommen der neuen Bundesländer zur ursprünglichen Bundesrepublik Deutschland in exakt dieser Weise bewahrheitet. In der ehemaligen DDR, wo die weibliche Arbeitskraft de facto für den Aufbau der Wirtschaft dringend benötigt wurde, war die Einbeziehung der Frau in den Arbeitsprozess und die Herstellung dafür günstiger Rahmenbedingungen wie z. B. Kinderhorte besonders weit gediehen. Begünstig wurde dies durch die Interpretation der marxistischen Ideologie, nach der die Nichterwerbstätigkeit von Frauen als der verursachenden Faktor für die „Unterdrückung der Frau" angesehen wurde. Unter den real existierenden Zwängen, nach denen auch in der DDR nicht genügend Männer in der Arbeitswelt vorhanden waren, gestalteten sich in der DDR die Rahmenbedingungen zumindest im beruflichen Tätigkeitsfeld der Frauen so, wie es dem Gedanken der Geschlechtergerechtigkeit innewohnt. Auch wenn die Realität der Situation von Frauen in der DDR keineswegs den politisch initiierten Maßnahmen entsprach (vgl. Nave-Herz 1997, S. 87 ff), mit dem Einigungsvertrag von 1990 war es damit vorbei. Wenn überhaupt noch Arbeit vorhanden war und ist, dann überwiegend nur noch für Männer. Dies trifft nicht nur für die neuen, sondern auch für die alten Bundesländer zu. Arbeitslosigkeit von Mannern besitzt eine größere gesellschaftliche Brisanz als die von Frauen. Diese erhalten überwiegend nur die Möglichkeit, im Rahmen geringfügiger Beschäftigungsverhältnisse berufstätig zu sein (vgl. S. 195 ff.) und tragen damit unmerklich zur Reproduktion traditioneller gesellschaftlicher Rahmenbedingungen bei. *„Wir müssen aufräumen mit der Vorstellung, dass bei hoher Ar-*

beitslosigkeit [von Männern] *die Frauen zurück an den Herd sollen,"* forderte die ehemalige niedersächsische Sozialministerin Trauernicht (vgl. Evangelische Zeitung 11. November 2001) und setzte sich damit ebenfalls für eine Ablösung des kulturellen Leitbildes vom Mann als Ernährer der Familie ein.

Soweit es die rechtliche Stellung von Frauen und ihre Ausbildungsmöglichkeiten angeht, hat sich inzwischen tatsächlich ein Wandel vollzogen. Hervorzuheben ist hierbei besonders die Eroberung der „Männerfestung bezahlte Arbeit", da damit die Grundlage der materiellen Unabhängigkeit der Frauen geschaffen wurde. Dieser Wandel lässt aber auch fortbestehende Zurücksetzungen um so deutlicher ins Bewusstsein treten. Die Forderung nach gleichem Lohn für Frauen und Männer wurde zum Beispiel bereits 1911 von der deutschen Sozialdemokratin Clara Zetkin aus Anlass ihrer Initiative zur Schaffung des Internationalen Frauentages erhoben (vgl. Polizeispiegel April 2003, S. 40). Aber immer noch wird in Deutschland die aktuelle Lohnungleichheit besonders krass deutlich. Obwohl Frauen qualifizierter sind als je zuvor, erreichen sie im Berufsleben immer noch nur zwei Drittel des Jahreseinkommens von Männern (vgl. Hans-Böckler-Stiftung 26. Februar 2002). Im Vergleich zu anderen europäischen Ländern verdienen Frauen hier im Durchschnitt nur 76 Prozent von dem, was Männer für ihre Arbeit erhalten. Deutschland gehört damit wie bei der Geburtenrate zu den Schlusslichtern in Europa. In den meisten Berufsfeldern ist immer noch keine gleichwertige Bezahlung der Arbeit erreicht. Die Aktionen aus Anlass des Internationalen Frauentages am 8. März 2003 wurden daher folgerichtig unter das Motto *„Frauen wollen 100 %"* gestellt (vgl. Aktionsaufruf zum Internationalen Frauentag am 8. März 2003 von Bündnis 90/Die Grünen). Für den öffentlichen Dienst gilt die Forderung nach Lohngleichheit von Mann und Frau nicht. Polizeibeamte und Polizeibeamtinnen erhalten, sofern übertragenes Amt, Lebens- und Dienstalter sowie Familienstand übereinstimmen, exakt dasselbe Gehalt[50]. Es reicht aber nicht aus, lediglich den Lohn anzugleichen, es müssen auch die aufgrund der herrschenden gesellschaftlichen Rahmenbedingungen unterschiedlichen Aufstiegsmöglichkeiten für Frauen und Männer angeglichen werden (vgl. S. 195 ff., 205 ff.). *„Wir haben jetzt die Bezahlung bekommen. Wirkliche Gleichheit gibt es erst, wenn die Sorge für die Kinder geregelt ist. Und das ist noch nicht geschehen, jedenfalls nicht für jene, die es wirklich brauchen"* (Doris Lessing in der Neues Osnabrücker Zeitung vom 15. August 2001). Lessing fordert, wenn auch ein Teil der *„großen Energie"* des Feminismus *„in heißer Luft und schönen Worten verloren gegangen ist"*, die Konzentration der Kräfte auf den Ausbau rechtlich abgesicherter Rahmenbedingungen zu legen. Auch die innerdienstlichen Gegebenheiten müssen auf eine familienfreundlichere Gestaltung als bisher überprüft werden, wie zum Beispiel die Umwandlung der auf Männerbedürfnisse zugeschnittenen festen

---

[50] Polizeioberkommissar und Polizeioberkommissarin gehören z. B. derselben Besoldungsgruppe A 10 an.

Arbeitszeiten in flexibel zu gestaltende Formen. Eine familienfreundlich auf die Bedürfnisse von Frauen und Männern ausgestaltete Arbeitswelt bringt weitaus bessere Arbeitsleistungen als eine, die sich nur „marktorientiert" verhält.

Mit Blick auf die für Frauen in Deutschland eher ungünstigen Rahmenbedingung muss festgestellt werden, dass Frauen auch heute in vielerlei Hinsicht immer noch nicht dieselben Möglichkeiten offen stehen wie Männern. *„Die Männer und die ihnen zugeschriebenen Aufgaben, Rollen, Funktionen und Werte werden – in vielerlei Hinsicht – höher eingestuft als diejenigen, die zu Frauen gehören"* (Europarat Mai 1998). Als weiterer Indikator für diese Feststellung soll eine Information des Deutschen Frauenrates über die Situation in den als *„geringfügige Beschäftigungsverhältnisse"* bezeichneten Arbeitsfeldern herangezogen werden (vgl. Neue Osnabrücker Zeitung 8. Februar 2003). Damit sind Tätigkeitsbereiche, in denen Männer kaum oder nur äußerst selten angetroffen werden, gemeint. In Privathaushalten sind es 1,4 Millionen, im Handel 1,1 Millionen, im Gastgewerbe 641 000 sowie in Medien und Zeitungsverlagen 512 000 Frauen, die zur Zeit überwiegend als Zeitungszustellerinnen „geringfügig beschäftigt" werden.

Inzwischen zeichnet sich ein Wandel von der als *„Drei-Phasen-Idee"* bezeichneten Lebensbiografie für Frauen, gekennzeichnet durch *„Arbeiten – Kinder – Wiederarbeiten",* ab. Frauen gestalten ihre Lebensentwürfe zunehmend innerhalb einer *„Zwei-Phasen-Idee",* in welche *„Arbeiten – Kinder"* einander gleichwertig gesehen werden (vgl. Panke-Kochinke 2001). *„Ich möchte beides und mich nicht dafür entschuldigen",* unter diesen Titel haben Maike Mackerodt und Karin Pfundt ihre Untersuchung über *„berufstätige Frauen mit Baby"* gestellt, die am 1. November 2002 im DeutschlandRadio Berlin zu hören war (vgl. Mackerodt/Pfundt 2002). Auf Gender Mainstreaming bezogen bedeutet dies einen geradezu epochalen Wechsel im Bewusstsein nicht nur bei Frauen, sondern hauptsächlich bei Männern. Diese sind trotz gegenteilig geäußerter Ansicht bisher weder von der „Drei-Phasen-Idee" *„Arbeiten – Kinder – Wiederarbeiten"* noch von der „Zwei-Phasen-Idee" *„Arbeiten – Kinder"* betroffen. Ausschlaggebend dafür ist nicht so sehr mangelnde Einsicht, es sind die bisherigen gesellschaftlichen Rahmenbedingungen und die daraus resultierenden Sozialisierungen, denen Frauen und Männer unterworfen waren und noch weitgehend sind (vgl. S. 195 ff., 205 ff.). Gender Mainstreaming setzt inhaltlich genau an diesem Punkt an, so wie es bereits 2001 aus Anlass der 90. Wiederkehr des Internationalen Frauentages (8. März) als eine der Leitideen thematisiert wurde: *„Frau hat das verdient: Arbeit gleich bewerten, Zeit gerecht verteilen"* (Hessisches Sozialministerium 2001, S. 12).

Die Funktion „Arbeit" im Sinne von „Broterwerb" ist eine solche Selbstverständlichkeit, dass es diesbezüglich keinerlei weiterer Erläuterungen bedarf.

Polizeibeamter, 38 Jahre: *„Geld ist leider ein nötiges Übel, um vernünftig leben zu können. Konflikte innerhalb der Familie durch „Geldmangel" werden vermieden."*

Traditionell gilt es als eine der dem Mann obliegende Pflicht, sich um die Sicherung des Lebensunterhaltes zu kümmern. Die von mir dazu befragten Polizeibeamtinnen und Polizeibeamten vertreten diese Lebenseinstellung jedoch weitgehend nicht mehr, sondern nur zu 16 Prozent. *„Was nicht bedeutet* [auf diese 16 Prozent bezogen], *dass die Frau ungebildet sein sollte, sprich keine Ausbildung hat"* (Polizeibeamtin, 23 Jahre).
Keine Angabe zum Geschlecht, 23 Jahre: *„Wenn ich mich [...] entscheiden müsste, ist die Frau eher für die Familie und der Mann für den Lebensunterhalt zuständig."*
Polizeibeamtin, 23 Jahre: *„Der Mann sollte sich um den Lebensunterhalt bemühen. Der Frau sollten ihre traditionellen Aufgaben gewahrt bleiben."*
Polizeibeamter, 27 Jahre: *„Nichts geht über althergebrachte Rollenteilung!"*
Polizeibeamtin, 27 Jahre: *„[...] so prinzipiell denke ich schon, Mann Arbeit, Frau zu Hause."*
Polizeibeamter, 28 Jahre: *„Männer verdienen Geld und versorgen die Familie. Frauen machen den Haushalt und kümmern sich um die Kinder."*
Polizeibeamtin, 29 Jahre: *„Bin altmodisch = Frau = zu Hause bleiben, Familienversorgung übernehmen, Mann = Geld verdienen."*
Polizeibeamter, 32 Jahre: *„Frauen sollten sich um die Familie kümmern, Männer für den Lebensunterhalt."*

Fünf Polizeibeamte im Alter von 40 und 41 Jahren schließen sich dem prinzipiell an, räumen Frauen aber unter den Voraussetzungen
- einer finanziellen Erfordernis (*„wenn es finanziell notwendig ist, sollte die Frau mitarbeiten."*),
- einer besseren Position als die des Mannes (*„wenn die Frau eine Führungsposition hat und mehr Geld verdient, kann sie den Lebensunterhalt verdienen"*),
- dass die Kinder aus dem Haus sind (*„[...] danach kann auch sie einen Beruf ausüben"*), (*zur Zeit ist es bei uns so, dass die Kinder inzwischen groß sind und meine Frau Vollzeit arbeitet"*)
eigene berufliche Perspektiven ein.

Ein Beamter (45 Jahre) verweist darauf, *„dass in den meisten Fällen wohl doch [...] der Mann lieber arbeitet und die Kindererziehung bei den Müttern bleibt. Bei uns war es auch so."* Rückblickend kann er sich aber auch eine andere Lösung vorstellen: *„Wenn das andersrum gewesen wäre, hätt ich damit auch kein Problem gehabt."*

Mit einem ironischen Seitenhieb auf die Lebenswirklichkeit von Männern und Frauen (vgl. S. 219 ff.) erklärte eine Polizeibeamtin (40 Jahre) dazu: *„Der Mann kann nicht ohne berufliche Anerkennung leben. Frau ist fähig, alles (Familie, Beruf pp.) unter einen Hut zu bringen."*

Erwerbstätigkeit beinhaltet aber auch weit mehr als den finanziellen Aspekt zur Sicherung des Lebensunterhaltes. Ihr wohnt auch eine bedeutende Funktion hinsichtlich individueller Selbstverwirklichung und damit zusammenhängender positiver Lebensbejahung für sich selbst und die Angehörigen inne. Polizeibeamtin, 27 Jahre: *„Ich bin auch jemand, der stolz auf seinen Mann sein will und auch eine gewisse Achtung von ihm haben will. Ich glaube, wenn er zufrieden ist und da seine Arbeit macht und da seine Bestätigung bekommt, dass er was anderes ausstrahlt und ich bin dann auch zufriedener, wenn er dadurch eine gewisse Stärke hat und ich kann dann die Stärke aus dem Hinterhalt geben."*
Eigene berufliche Tätigkeit besitzt also über die Sicherung des Lebensunterhaltes hinaus auch weitere positive Aspekte, sie ist *„gut für das Kind, für den Mann, für die Frau, für die Familie, für die Partnerschaft"* (Polizeibeamter, 38 Jahre). Gleichgültig ob Mann oder Frau, es ist für jeden Menschen psychologisch von großem Wert, durch bezahlte Arbeit selbst zum eigenen Lebensunterhalt beizutragen, aber auch darin liegende Möglichkeiten nutzen zu können, eigenen Neigungen und Wünschen möglichst nahe kommen zu können (zu dürfen). Sofern dies nicht möglich ist, können sich daraus durchaus interpersonelle Problemlagen bis hin zu Minderwertigkeitskomplexen ergeben, wie eine Polizeibeamtin (35 Jahre) überzeugend darlegt. *„Der Mann sagt, ich verdiene hier das Geld und du bis zuständig für den Haushalt und der Mann hat nichts von den Kindern, weil er spät nach Hause kommt. Die Frau ist genervt, weil sie nur noch die Kinder hat, nicht mehr in ganzen Sätzen sprechen kann außer ‚gutzi gutzi.' Der Austausch fehlt, der Kontakt reißt ab zu Kollegen und auch der Bezug. Wenn man da nicht richtig hintersteht und sagt ‚ich als Frau möchte Kindererziehung machen, das ist meine Aufgabe, meine Berufung', dann kriegt man ein Problem damit, den ganzen Tag zu Hause zu sein."*

Zwei 39jährige Polizeibeamte und ein weiterer im Alter von 43 Jahren unterstützen die Berufstätigkeit der Frau, indem sie ebenfalls auf Kontakte außerhalb der Familie Wert legen. *„[...] allein durch die Anwesenheit an der Arbeitsstelle und die sozialen Kontakte wird einer Vereinsamung der Partner entgegengewirkt. Beide verlieren nicht den Anschluß an das Umfeld."* *„[...] fällt ihr irgendwann die ‚Decke' auf den Kopf."* *„[...] damit die Frau auch einmal aus der Rolle des Hausmütterchen herauskommt und mit anderen Leuten kommunizieren kann."*

Insgesamt schließen sich 21 Prozent der Polizeibeamtinnen und Polizeibeamten, die sich zur Frage *„Wer sollte sich Ihrer Meinung nach innerhalb ei-

ner Partnerschaft um die Familie kümmern, wer den Lebensunterhalt sicherstellen?" geäußert haben, diesen Überzeugungen unter Hervorhebung von *„Unabhängigkeitsgefühl für beide"* (Polizeibeamter, 39 Jahre) sowie *„Selbsterfüllung beider Partner"* (Polizeibeamter, 41 Jahre) an.

Polizeibeamter, 46 Jahre: *„[...] hebt das Selbstwertgefühl. Es gibt keine (absolute) Abhängigkeit."*

Polizeibeamter, 52 Jahre: *„[...] sich auch im beruflichen Leben nach ihren Vorstellungen verwirklichen zu können."*

Polizeibeamter, 52 Jahre: *„[...] Wenn ein Partner nur eine Rolle über Jahre innehat, verkümmern die anderen Rollen."*

Es wird aber auch darauf abgehoben, wie die einzelnen Interessenlagen der Partner sind, die dann einander gleichwertig berücksichtigt werden sollen. *„Gleichberechtigung. Beide haben das Recht, sich außerhalb der Pflichten frei zu entfalten"* (Polizeibeamter, 38 Jahre).

Polizeibeamter, 22 Jahre: *„[...], was die Partnerin für einen Beruf hat, wie sie in ihrem Beruf steht, ob sie vielleicht sogar lieber zu Hause bleiben möchte oder ob der Mann dann doch lieber zu Hause bleiben möchte, weil ihm der Beruf nicht so ganz so gut mehr passt."*

Polizeibeamter, 23 Jahre: *„Wer mit seinem Job zufriedener ist! Oder mit Kinder/Haushalt besser klarkommt!"*

Polizeibeamtin, 23 Jahre: *„Kommt auf den Karrierewillen der Partner an. Männer können auch Hausmann sein, wenn die Frau im Beruf weiterkommen will."*

Polizeibeamtin, 25 Jahre: *„Oftmals sind es ja auch die Frauen, die ganz gerne zu Hause bleiben wollen, versteht man ja. Das muss man mit seinem Partner dann absprechen."*

Polizeibeamtin, 27 Jahre: *„Es kommt auf den Partner an, wie tolerant er ist, auch wie die finanziellen Seiten sind, wer arbeitet, wo macht es mehr Sinn oder wer kann sich das besser einteilen. Da bin ich schon flexibel."*

Polizeibeamter, 39 Jahre: *„Wenn aber der Mann z. B. nicht der Typ ist, zu Hause zu bleiben, dann sollte er arbeiten. Voraussetzung ist Einigkeit mit der Partnerin."*

Die Antworten zu der von mir in meinen Interviews gestellten Frage *„Wer sollte sich Ihrer Meinung nach innerhalb einer Partnerschaft um die Familie kümmern, wer den Lebensunterhalt sicherstellen?"* lassen erkennen, dass überkommenes geschlechtsspezifisches Rollenverhalten sich bereits in einem Wandlungsprozess befindet.

Polizeibeamter, 36 Jahre: *„Der Mann. Wenn möglich, wäre es aber auch anders möglich oder durch beide Seiten."*

Zwei Beamte (23 und 39 Jahre) sehen hinsichtlich dieser Frage überhaupt kein Problem und antworteten *„Der Mann, die Frau, egal wer!"*

Aber 25 Prozent sind der Auffassung dieses 56jährigen Polizeibeamten *„Ach, das ist eine gemeinsame Sache, das ist eine Gemeinschaft, wo beide für verantwortlich sind."* In fast allen Fällen setzten sie aber *„wenn möglich"* hinzu. Denn praktische und lebensnahe, zumeist finanzielle Überlegungen können und dürfen nicht außer Acht gelassen werden.

Polizeibeamter, 35 Jahre: *„Unter Umständen ist es auch nicht anders machbar, dass eben beide für den Lebensunterhalt sorgen müssen. Das liegt daran wie hoch man seine Ansprüche schraubt, ob man nun ein Haus haben will und sich das leisten kann oder aber nicht."*

Polizeibeamter, 35 Jahre: *„Beide, mehr Geld, mehr Zufriedenheit."*

Polizeibeamter, 37 Jahre: *„Beide, da beide in der Partnerschaft leben und ein gutes Leben führen wollen."*

Polizeibeamter, 38 Jahre: *„Beide, damit ein gewisser Standard gehalten werden kann."*

Polizeibeamter, 39 Jahre: *„Wenn beide [arbeiten], höchstwahrscheinlich mehr Wohlstand ./. größere Unabhängigkeit."*

Polizeibeamter, 39 Jahre: *„Beide, ein Verdiener führt möglicherweise zu Armut."*

Polizeibeamter, 42 Jahre: *„Beide [arbeiten], weil die Kohle sonst nicht reicht."*

Wirtschaftliche Gegebenheiten und auch persönliche Neigungen führen bei 30 Prozent zu der lebensnahen Aussage, dass derjenige, der besser verdient, im Beruf und der andere zu Hause sein sollte. Bis auf zwei Fälle wird nicht auf das Geschlecht, sondern einzig und allein auf den besseren Verdienst abgehoben.

Polizeibeamtin, keine Angabe zum Lebensalter: *„Wer verdient mehr, möchte ein Partner lieber zu Hause bleiben?"*

Polizeibeamter, 29 Jahre: *„Der, der mehr Gehalt verdient, behält seine Arbeit. Bei Gleichheit soll der Mann weiterarbeiten."*

Polizeibeamter, 39 Jahre: *„Seit Jahrhunderten sieht man, dass die meisten Männer besser bezahlt werden, dass die meisten Frauen zu Hause sind."*

Polizeibeamter, 22 Jahre: *„Wenn die Frau Kariere macht und verdient das Doppelte, dann soll sie doch das weitermachen, wenn das gut klappt."*

Polizeibeamter, 22 Jahre: *„Der oder diejenige, welche den besseren Job hat, sollte den Lebensunterhalt verdienen, vollkommen egal welchen Geschlechtes."*

Polizeibeamter, 22 Jahre: *„Ich persönlich würde es für mich so regeln, dass ich gucke, was ökonomisch mehr Sinn macht, wer besser zu Hause bleiben kann."*

Polizeibeamter, 23 Jahre: *„[...] sich der Partner um die Familie (Kinder, Eltern) kümmern, der ggfs. weniger Geld verdient."*

Polizeibeamtin, 23 Jahre: *„Derjenige, der das bessere Gehalt bekommt, sollte weiterarbeiten! Der andere den Haushalt versorgen!"*

Polizeibeamtin, 25 Jahre: *„Also wenn der Mann weniger verdient als die Frau, warum soll nicht der Mann den Erziehungsurlaub nehmen und sich um die Kinder kümmern?"*

Polizeibeamter, 26 Jahre: *„Die Person mit dem höheren Gehalt und besten Erfolgsaussichten/Karriere bleibt im Beruf."*

Polizeibeamter, 29 Jahre: *„[...] wenn die Frau die besser verdienende ist, sie dann doch voll arbeitet und der Mann die häusliche Sache übernimmt."*

Polizeibeamtin, 35 Jahre: *„Es spielen ja immer finanzielle Aspekte eine Rolle. Es kann durchaus sinnvoll sein, dass die Frau sagt, sie bleibt jetzt erst einmal zu Hause und der Mann arbeitet weiter, aber es kann durchaus sinnvoll sein, dass man sich das teilt oder dass der Mann zu Hause bleibt."*

Polizeibeamter, 37 Jahre: *„[...] ist es ein Rechenbeispiel, wer zu Hause bleibt und das muss dann jeder mit sich ausmachen."*

Polizeibeamter, 37 Jahre: *„Also würde ich persönlich von meinem Ansatz pragmatisch sehen. Derjenige, der in seinem Beruf die Möglichkeit hat, vielleicht mehr Geld zu verdienen, jetzt ganz mal losgelöst ob Mann oder Frau, danach würde ich jetzt so eine Einteilung vornehmen."*

Polizeibeamter, 39 Jahre: *„Generell der oder die, die, wenn ein großer Unterschied besteht, finanziell mehr verdienen."*

Polizeibeamter, 39 Jahre: *„Beide, kommt halt drauf an. Aus meiner Sicht der, der die meiste Kohle nach Hause bringt."*

Polizeibeamtin, 40 Jahre: *„Im Wohle aller die, der, der am meisten Geld verdient."*

Polizeibeamter, 42 Jahre: *„Der mit mehr Kohle zur Arbeit!"*

Polizeibeamter, 43 Jahre: *„. Wenn meine Frau mehr Geld verdient als ich, dann bleibe ich auch gerne zu Hause."*

Eine Polizeibeamtin (37 Jahre) berichtet von der „arbeitsteiligen" Situation in ihrer Partnerschaft und auch von verdienstabhängigen Lösungen, die geschlechtsneutral getroffen worden sind: *„Wir sind beide berufstätig und schmeißen beide gleich den Haushalt. Sicherlich verdient heutzutage der Mann immer noch mehr als die Frau. Darum bleiben viele Frauen zu Hause, viele Mütter, und die Männer gehen arbeiten. Aber es gibt auch schon einige Familien, die ich persönlich auch kenne, wo die Frau mehr verdient und der Mann bleibt einfach mal für ein paar Jahre zu Hause."*

Aber auch der Sorge um das Wohl der Kinder wird in 17 Prozent der Antworten Ausdruck verliehen. Vorherrschend wird davon ausgegangen, dass ein Elternteil zur Arbeit geht und der andere sich um die häuslichen Dinge kümmert. In einem Fall wird jedoch auch „theoretisch" an eine andere Lösung gedacht.

Polizeibeamtin, 31 Jahre: *„Gleichberechtigt. Man spinnt ja so rum, da habe ich mit meinem Lebenspartner schon mal drüber gesprochen. Dass wir uns quasi die Elternzeit oder die Erziehungszeit teilen würden,. dass beide erst einmal was von dem Kind und der Familie haben und dass beide auch nicht ihren Beruf komplett zurückstellen müssen. Wobei ich davon ausgehe, dass es irgendwann* *darauf hinausläuft, dass die Frau halbtags arbeitet und sich den Rest der Zeit um die Familie kümmert."*

Die Tendenz der Antworten liegt eindeutig in der Betonung gemeinsamer Verantwortung beider Partner für ein harmonisches Familienleben. Nach überwiegender Meinung kann die Erziehung des bzw. der Kinder sowohl in Händen der Frau als auch des Mannes liegen.

Polizeibeamter, 22 Jahre: *„Beide sind gleich wichtig, denke ich."*

Polizeibeamter, 23 Jahre: *„[...] sollte sich der Partner um die Familie (Kinder, Eltern) kümmern, der das Händchen dafür hat"*

Polizeibeamtin, 25 Jahre: *„Ich denke, dass sich jeder in einer Partnerschaft bewusst ist, dass, wenn ein Kind gewollt ist, auch der Ehemann genauso fähig ist wie die Ehefrau, diese Kinder zu behüten und zu erziehen."*

Polizeibeamtin, 25 Jahre: *„Wenn die Kinder klein sind, dann müsste man das so regeln, derjenige, der besser verdient, dass der einfach weiter arbeitet und der andere zu Hause bleibt."*

Polizeibeamtin, 25 Jahre: *„Wenn die Kinder noch sehr jung sind, dann sollte ein Partner (egal welcher) ..... nur für diese da sein, also nicht arbeiten in dieser Zeit."*

Polizeibeamter, 29 Jahre: *„Würde man mich fragen, würde ich so ein, zwei Jahre als Haushaltsmann sicherlich auch in Erwägung ziehen."*

Polizeibeamtin, 35 Jahre: *„Wenn ich jetzt persönlich vor die Entscheidung gestellt werden würde, Familie oder Job, würde ich mich jetzt in dieser Anfangszeit, wo unser Ableger noch so klein ist, auf jeden Fall für die Familie entscheiden. Weil ich das wahnsinnig wichtig finde, mit Geld nicht zu bezahlen . Auf Dauer ist es für mich sehr viel sinngebender. Sobald ich die Möglichkeit habe zu arbeiten, [...] würde ich sofort arbeiten, wenn sie im Kindergarten wäre oder in der Schule, das wäre mir schon ganz wichtig. Sobald ich aber merken würde, es geht auf ihre Kosten, weil sie käme nach Hause, würde zum Schlüsselkind oder so was in der Art, wäre mir Familie wichtiger."*

Polizeibeamter, 37 Jahre: *„Also, für mich wäre das kein Problem jetzt selber auf meine Arbeit zu verzichten und wegen meiner die Kindererziehung zu übernehmen, wenn man dabei den gleichen Lebensstandard halten kann."*

Polizeibeamter, 40 Jahre: *„Hätte meine Ehefrau genügend Geld verdienen können, hätte auch ich die Kinderbetreuung übernehmen können."*

Polizeibeamter, 41 Jahre: *„...... Beide waren bei der Zeugung des Kindes dabei und sollten deshalb gemeinsam verantwortlich sein und Aufgaben gleichwertig übernehmen."*

Polizeibeamter, 41 Jahre: *„Beide, beide haben die oder das Kind in die Welt gesetzt. Das Kind braucht beide."*

Polizeibeamtin, 41 Jahre: *„[...] entweder teilt man sich das absprachegemäß oder man wechselt sich ab. Ich finde nicht, dass weder der eine noch der andere dafür vorbestimmt ist."*

Polizeibeamter, 41 Jahre: *„Meiner Meinung nach ist es in den ersten Lebensjahren wichtig, das eine Bezugsperson ständig für das Kind erreichbar ist und es nicht an Verwandte o. Kindestagesstätten abgegeben wird. Welcher Elternteil diese Aufgabe übernimmt, ist egal."*

Polizeibeamtin, 41 Jahre: *„[...] es kann ja Zeiten geben, wo der Mann einfach auch sagt, und das ist sicherlich in der Polizei im Moment ja auch möglich, ich möchte mal gern mich um die Familie kümmern, ein Erziehungsjahr nehmen, und dann ist das sicherlich anders zu sehen."*

Polizeibeamtin, 54 Jahre: *„[...] wenn sich beide für Kinder entscheiden, ist das ‚n Thema für beide und müssen beide gemeinsam sehen, wie sie diese Dinge bewerkstelligt kriegen. [...] die Erziehung obliegt beiden, und da müssen se sich schon mal einig werden, wer was übernimmt."*

Das im letzten Statement angesprochene gegenseitige Unterstützen findet sich nicht nur in bereits sieben Prozent der Antworten wieder, es ist als bedeutender Indikator für die Idee des Gender Mainstreaming anzusehen, die ja von einer Gleichwertigkeit beider Geschlechter ausgeht.

Polizeibeamter, 21 Jahre: *„[...] alles sollte im gegenseitigen Unterstützen geschehen. Klare Rollentrennung ist nicht zwingend notwendig."*

Polizeibeamter, 23 Jahre: *„Ich habe es jetzt selber in meiner Partnerschaft auch mitbekommen, dass gerade, wenn es so um Haushaltsfragen geht, ich dann doch auch meine Rolle beizutragen habe."*

Polizeibeamtin, 30 Jahre: *„Eine Aufgabenverteilung verhindert, daß die Last auf einem Partnerteil liegt."*

Polizeibeamter, 37 Jahre: *„Wir betreiben es zu Hause auch so, dass wir uns alles aufteilen, wie es eben halt für uns rationell ist, so dass wir dann auch für die Familie genügend Freizeit haben. Das ist letztlich so und muss unterm Strich stehen. Dann kann es auch sein, dass ich dann mal bügeln muss oder dass ich den Einkauf erledigen muss, wenn dadurch eben halt mehr Freizeit für die Familie unterm Strich rauskommt."*

Polizeibeamter, 38 Jahre: *„Eine arbeitsteilige Vorgehensweise ist sowohl für das familiäre Klima, als auch für das Kind gut. ‚Der eine trage des anderen Last.'"*

Polizeibeamter, 40 Jahre: *„Jeder hat ein Stück zu einer harmonischen Partnerschaft bzw. Familie beizutragen."*

Polizeibeamter, 40 Jahre: *„Beide, damit beide alle im Leben anfallenden Aufgaben bewältigen können. Damit nicht einer isoliert zu Hause vegetiert."*

Polizeibeamter, 40 Jahre: *„Beide, hierdurch entsteht eben nicht zwingend ein „Monopol." Ich bringe das Geld, also entscheide ich, was damit geschieht. Es würde mehr Rücksicht auf den jeweils anderen und auf die derzeitige Situation genommen werden müssen!"*

Polizeibeamtin, 41 Jahre: *„Da würd ich jetzt nicht sagen, dass die Frau auf jeden Fall für die Familie sorgt. [...] Ich habe gar nichts dagegen, wenn die Frau in dieser Aufgabenzuweisung auch unterstütz wird. Zeiten, wo der Mann einfach auch sagt, ich möchte mal gern mich um die Familie kümmern."*

Polizeibeamter, 41 Jahre: *„Beide, um sich gegenseitig zu entlasten ! Nur wenn sich jeder mit jedem beschäftigt, kann Familie ‚gelebt' werden."*
Polizeibeamter, 42 Jahre: *„Eine Familie kann m. E. nur dann funktionieren, wenn Aufgaben gleichmäßig verteilt werden."*
Polizeibeamter, 44 Jahre: *„Beide, weil beide Verantwortung tragen sollten und nur ein gleichberechtigtes Nebeneinander führt zu einer vertrauensvollen Beziehung. Geben ./. Nehmen."*

Die sich aus meinen Interviews ergebenden Antworten lassen erkennen, zumindest theoretisch sind sich Männer und Frauen überwiegend darin einig, dass sie sich sowohl im privaten Umfeld als auch innerhalb beruflicher Tätigkeit Gleichwertigkeit zwischen Männern und Frauen wünschen. Inwieweit dies auch dann noch so ist, wenn es darum geht, Farbe zu bekennen und es auf die eigene Person bezogen auch wirklich umzusetzen, kann nicht mit dieser Deutlichkeit festgestellt werden (vgl. S. 219 ff.).

Der mit Gender Mainstreaming auf den Weg gebrachten Strategie zur Gleichstellung der Geschlechter liegen die oben benannten ganz konkreten Lebenssachverhalte aus Privatleben und Arbeitswelt zu Grunde. Das zentrale Ziel von Gender Mainstreaming ruht ja ausdrücklich in der Berücksichtigung der **einander gleichwertigen (!)** Interessen von Männern und Frauen. Zu fragen ist daher, wie dies innerhalb des beruflichen Alltages umzusetzen ist oder auch bereits umgesetzt wurde, wie die strukturellen Rahmenbedingungen geschaffen sind bzw. sein müssen, die dies verhindern, erschweren oder möglichen machen (können). Denn *„Frauen werden in nächster Zeit immer mehr auf den Arbeitsmarkt drängen. Der Bedarf an gut ausgebildeten und hoch qualifizierten Fachkräften wird durch die Männer nicht mehr zu decken sein. Die Wirtschaft wird die Frauen rufen, und die Frauen werden auch kommen"* (Floreck (A) 2001, S. 21). Auch der Zentralverband des Deutschen Handwerks (ZDH) verweist in diesem Zusammenhang auf *„das vorhandene Potenzial gut ausgebildeter und motivierter Frauen, welches bislang noch nicht ausreichend genutzt wird"* (Neue Osnabrücker Zeitung 23. Februar 2002). Es wird sich, so die Botschaft dieser Nachrichten, herausstellen, ohne Frauen läuft, auch und insbesondere in der Arbeitswelt, inzwischen gar nichts mehr. *„Autoritäre und hierarchische Strukturen gelten als kontraproduktiv. Erwünscht ist die sozialemotionale Kompetenz der Frauen"* (Stolpe 2000). Im Handwerk liegt die Frauenquote zur Zeit bei 30 Prozent, vermeldete der Zentralverband des Deutschen Handwerks (ZDH) und stellte dann besonders heraus, dass *„Frauen, wenn sie sich erst einmal für einen handwerklichen Beruf entschieden haben, sich in den Betrieben hervorragend integrieren"* (Neue Osnabrücker Zeitung 23. Februar 2002).

Es sind aber auch kritische, nachdenklich stimmende Aussagen zu hören, zum Beispiel von der Kölner Sozialwissenschaftlerin und Publizistin Mechthild Jansen (vgl. Kalinsky/von der Haar 1999, S. 38, 39): *„Sie [die Frauen] sind in* *spezifischen Weisen und spezifischem Gesamtumfang nur gefragt. Sie werden benötigt als [...] billiger Notstopfen bei Bedarf, als qualifizierte Reserve und Ressource"* (vgl. S. 153). Es muss daher rechtzeitig gegengesteuert werden, damit Frauen nicht als günstige Ressource genutzt werden, die zeitweilig notwendig werden, um „Not zu wenden." Sie haben, sofern sie es wünschen, in derselben Weise Anspruch auf die Verwirklichung ihres Menschenrechtes auf Arbeit wie Männer. *„Frauen sind die Lösung - nicht das Problem"*, lautete daher das Motto des 8. Bundesfrauenkongresses des Deutschen Beamtenbundes (DBB) vom 19. bis 20. April 2002 in Potsdam (Polizeispiegel Juni 2002, S. 126). Dies gilt nicht nur intern für eingegangene und ermöglichte Arbeitsverhältnisse. Besonders ausschlaggebend ist die „Lösung Frau" auch für soziale Sicherungssysteme wie Kranken- und Rentenkassen, die mit dem Vorhandensein von Arbeitsplätzen, die auch besetzt sind, eng verwoben sind. Denn *„die Frauen sind ohne große Ankündigung in einen stillen Gebärstreik getreten, der erst deutlich wurde, als die sozialen Sicherungssysteme aus den Fugen zu geraten drohten und die Wirtschaft in bestimmten Bereichen verzweifelt qualifizierte junge Arbeitskräfte suchte"* (Schewe-Gerigk 2001).

Deutschland ist, was die aus den Weltfrauenkonferenzen initiierte Strategie zur Gleichstellung der Geschlechter Gender Mainstreaming angeht, im Vergleich zu den skandinavischen Ländern ein Entwicklungsland. Gerlinde Kuppe, Frauenministerin in Sachsen-Anhalt, will daher alle Gesetze in Deutschland mit Blick auf die Gleichbehandlung von Frauen und Männern in Deutschland überprüfen lassen. Deutsches Recht, insbesondere das Ehegattensplitting im Steuerrecht[51], sei, so die Ministerin, eindeutig männlich dominiert und führe dazu, *„dass Frauen ganz auf Erwerbstätigkeit verzichten oder nur eine geringfügige Beschäftigung aufnehmen"* (Publik-Forum 21/2001, S. 6). Volkswirtschaftlich gesehen ist es überdies kompletter Unsinn, wenn hochqualifizierte Frauen nur deshalb nicht berufstätig sein können, weil ihr Kind bzw. ihre Kinder in dieser Zeit nicht vernünftig betreut werden können. Hinzu kommt auch noch die Vergeudung hoher innovativer Potenziale. Denn Frauen besitzen aufgrund ihrer *„potenziellen Mehrfachorientierungen"* (Beruf, Familie, Freundschaften, Lebenspartner, Ehrenamt, usw.) einen im Vergleich zu (den meisten) Männern weiteren Orientierungshorizont. Sie sind daher hervorragend geeignet, *„gesellschaftlich gegensinnige Optionen in einem Lebensentwurf [...] zu realisieren*

---

[51] Das Einkommen der Ehepartner wird zusammengerechnet und dann als Gesamtsumme wie bei einem Ledigen versteuert. Das Gesamteinkommen wird fiktiv auf beide verteilt. Es wird so getan, als ob jeder genau die Hälfte verdient hat. Verdient ein Ehegatte deutlich mehr als der andere, dann hat er den maximalen Vorteil. Tragen beide zu jeweils gleichen Teilen zum Gesamteinkommen bei, ist der Splittingvorteil gleich Null. Das Ehegattensplitting wurde 1958 eingeführt und u .a. *„als besondere Anerkennung der Aufgabe als Hausfrau und Mutter"* gerechtfertigt. Die *„im Heim und am Herd"* bleibende Frau wird belohnt, die *„nebenbei noch berufstätige Mutter"* bestraft (Bundestagsfraktion Bündnis 90/Die Grünen 8. Oktober 2002).

und [...] sozial voneinander getrenntes [...] im Sinne einer Integrationsleistung zusammenzuführen" (Becker-Schmidt/Knapp 1995, S. 226).

Mehrfachorientierungen ermöglichen eine weitaus größere Verwendungsbreite innerhalb von Beruf, Privatleben und den daraus resultierenden gesellschaftlichen Aktivitäten. Die bisher vorhandene Praxis gesellschaftlicher Rahmenbedingungen *„scheint jedoch Mehrfachorientierten eher Steine in den Weg zu legen und damit Innovationspotenziale zu verschenken"* (Becker-Schmidt/Knapp 1995, S. 240). Mit Gender Mainstreaming soll ein Prozess in Gang gesetzt werden, mit dem die für Frauen zur Zeit äußerst negativen Rahmenbedingungen (vgl. S. 195 ff., 205 ff.). günstiger als jetzt evaluiert werden sollen, damit sie künftig eigene Erwerbstätigkeit, sofern gewünscht, auch realisieren können.

Selbstbewusste Frauen

Mit Blick auf *„25 Jahre Erfahrung mit dem Thema"* freut sich Marlis Dürkop, ehemalige Präsidentin der Berliner Humbolt-Universität, in der Neuen Osnabrücker Zeitung vom 8. Januar 2000 über eine äußerst positive Entwicklung: *„Früher saßen die wenigen Frauen in den Unis still in der Ecke, heute treten sie selbstbewusst auf."* Eine weitere Aussage, diesmal aus dem Religionsunterricht von 16- bis 18-jährigen Gymnasiasten (vgl. Evangelische Zeitung 10. März 2002), zeigt ebenfalls auf, dass sich inzwischen Grundlegendes gewandelt hat: *„Wenn Frauen heute ihre Meinung sagen, werden sie wenigstens nicht mehr als Hexen verbrannt."* In dem Wort *„wenigstens"* liegen aber auch indirekte Hinweise in Richtung „Tolerieren durch die Männer" und „da ist noch vieles zu tun."

Als besonderer Indikator erfolgreicher Frauenpolitik kann aber konstatiert werden: Das Selbstbewusstsein von Frauen nimmt enorm zu, denn „Selbst ist die Frau!" Frauen lassen sich nicht mehr einreden, sie seien so etwas wie ein gesellschaftliches Problem. Sie betrachten sich, ihre Sichtweisen und ihr Engagement als den wesentlichen Beitrag zur Lösung der Geschlechterfrage. Frauen sind und werden aktiv, wenn es darum geht, die „gläserne Decke", die Männer (sich) nach ihren Spielregeln schaffen oder bereits geschaffen haben, zu durchstoßen.

Einige Beispiele für Frauen, die unbefangen ihr eigenes Leben gestalten und dazu stehen, sollen hier exemplarisch angeführt werden:
Am 8. November 2002 antwortete die Schauspielerin Carolin Fink innerhalb eines Interviews, welches vom Fernsehsender N 3 ausgestrahlt wurde, auf die Frage, welche Rolle Ernst Mandel in ihrem Leben spiele: *„Das ist mein Mann, nicht mein Ehemann, mein Mann! Wir leben seit 15 Jahren zusammen."*

Die Neue Osnabrücker Zeitung veröffentlichte am 8. September 2001 eine Reportage von Brigitte Kreiner mit dem Titel *„Fortführung der Frauenbewegung mit egoistischen Mitteln."* Thema waren Mädchen, aber auch Frauen in den 30ern, die gemeinsam mit Modemachern für die Verbreitung von T-Shirts gesorgt haben, mit denen das soziale Umfeld *„mit einer gewissen Trotzigkeit und ironischer Selbstdistanz"* durch provokante Botschaften wie *„Zickenalarm"* aufgefordert wird, die Trägerin nicht nur zur Kenntnis, sondern auch ernst zu nehmen.

Ein weiteres deutliches Signal dafür, dass Frauen nicht mehr bereit sind, sich brav einzuordnen, sind derzeitig vermehrt auf dem Buchmarkt erscheinende erfolgreiche Veröffentlichungen mit Titeln wie *„Ich bin ein Miststück"* (Claudia Dittmars), *„Frauen, die wissen, was sie wollen, sind nicht zu schlagen"* (Doris Hartmann) und *„Die Klügere gibt nicht mehr nach"* (Ute Ehrhardt).

„Frauen streben vermehrt die finanzielle Eigenständigkeit an und wagen häufiger den Sprung in bisher männlich dominierte Berufssparten", verdeutlichte Ulrike Wenner, Leiterin des Referates *„Chancengleichheit am Arbeitsplatz"* der Bundesanstalt für Arbeit (vgl. Dudin 2002) die aktuelle Situation. Der Grund dafür, dass dies bisher nicht in dem heute üblichen Maße erfolgt ist, liegt ihren Erkenntnissen nach keinesfalls an weiblichen Defiziten. Als Ursache hat sie gemeinsam mit anderen „klassische" Erziehungsprozesse, traditionelle Rollenbilder und die gesamte Sozialisationsgeschichte ausgemacht (vgl. S. 59 ff.).
In meinen Interviews berichten Polizeibeamte und Polizeibeamtinnen ebenfalls davon, wie Frauen inzwischen voll im Bewusstsein ihres Eigenwertes „Mensch" (vgl. S. 8) ihre Dinge eigenständig regeln und dieses Recht auch für sich in Anspruch nehmen.
Polizeibeamter, 22 Jahre: *„[...] mit dem Problem überhaupt umzugehen, wenn sie nicht akzeptiert werden. [...] Ich denke, dass die ganz gut damit auskommen können. Frauen haben jetzt hier in der Gesellschaft schon einen anderen Stellenwert als früher. Es gibt mehr Freiheiten, [...] Freiheiten, wer damit umgehen kann, der hat ja alle Möglichkeiten und ich denke, das haben die Frauen auch verdient."*
Polizeibeamtin, 22 Jahre: *„In der Polizei ist dieser Prozess einfach nicht mehr aufzuhalten. Das muss auch der engstirnigste Kollege irgendwann einsehen, dass die Frauen nicht mehr wegzudenken sind."*
Polizeibeamter, 23 Jahre: *„Frauen denken über das Thema Frauen in der Polizei sehr, sehr positiv und sehen die Rolle der Frau in der Polizei sehr sicher und auch nötig. Man sieht ja, dass immer mehr Frauen zur Polizei kommen. Die wollen das auch und die machen das auch gut."*
Polizeibeamtin, 25 Jahre: *„Ich habe die Einstellung, dass eine Frau, die sich auf dieses Gebiet, in eine Männerdomäne, wagt, dass sie eben damit rechnen muss, dass sie es nicht von Anfang an gleich einfach hat. Genau das beansprucht ja dieses Selbstbewusstsein, was man mitbringt, um zu zeigen ‚ich werde mit euch [den Männern] fertig'. Wenn man nicht mal mit seinen Kollegen fertig wird, wie*

will man dann mit dem Gegenüber [gemeint sind gewalttätige Straftäter, betrunkene Randalierer, u. a.] *fertig werden? Das wird jedes Jahr noch dreister und nimmt garantiert keine Rücksicht darauf, ob wir weiblich oder männlich sind. Wir haben nicht nur spektakuläre Fälle, wir haben hier ein ganz normales Leben wie jeder andere auch. Die meisten von uns, ob Männlein oder Weiblein, sind zur Polizei gegangen sind, weil sie diesen Job als ihre Berufung sehen und so ist das eben auch bei mir. "*

Polizeibeamtin, 27 Jahre: *„Mein Wunsch ist zum MEK* [Mobiles Einsatzkommando] *zu gehen. "*

Polizeibeamtin, 31 Jahre: *„Ich bin sehr viel selbstbewusster geworden, weil mir klar geworden ist, entweder beiße ich mich durch oder ich gehe unter. Man wird schon bis zu einem gewissen Grad härter. "*

Polizeibeamtin, 35 Jahre: *„Man muss schon so ein bestimmter Typus Frau sein, um hier bestehen zu können. So eine bestimmte Art von Schlagfertigkeit oder so sollte man schon mitbringen, ansonsten kann es passieren, dass man untergeht. "*

Polizeibeamtin, 37 Jahre: *„Ich denke, als Frau darf man auch nicht so ein kleines graues Mäuschen sein. Man muss schon genau wissen, was man will. Man muss sich sicherlich auch mal mehr durchsetzen können als Kollegen, als Männer und mal sagen ‚hallo, hier bin ich' und sich nicht unterbuttern lassen. "*

Polizeibeamtin, 40 Jahre: *„Es ist eine Frage des eigenen Selbstverständnisses. Wie weit übernehme ich die scheinbar typischen Rollenbilder für uns Frauen und wie weit ist jede auch bereit, über eine Grenze mal hinaus zu gehen. Z. B. wie weit bin ich mal bereit, laut zu werden, mich durchzusetzen, wo ich ganz alleine stehe mit meiner Meinung. Die eigenen Grenzen auszukundschaften und neues Terrain zu beschreiben. In der polizeilichen Praxis ist es durchaus so, dass Frauen sehr wohl ihren Mann bzw. ihre Frau stehen"*

Polizeibeamtin, 41 Jahre: *„Es ist wahrscheinlich so, dass viele Frauen sich vielleicht nicht trauen den Beruf zu ergreifen, weil sie meinen, dass sie der Sache nicht gewachsen sind. Die Frauen, die dabei sind, die ich kennen gelernt habe, die Kolleginnen sind alle sehr aktiv und genauso gut und meistens besser als die Kollegen. Das ist einfach so. Das ist ein Entwicklungsprozess, das dauert einfach, dass man erkennt, dass die Frauen in dem Beruf genauso gut sind. "*

Polizeibeamtin, 41 Jahre: Zur Polizei gegangen, weil *„[...] das für ne Frau sicherlich auch ne wahre Herausforderung ist. "*

Polizeibeamter 45 Jahre: *„Ich hab nicht den Eindruck, dass Frauen sich hier untergebuttert fühlen. "*

Polizeibeamter 56 Jahre: *„ [...] Frauen sind mittlerweile auch so weit in der Polizei, dass sie auch mal dumme Sprüche über einen Kollegen machen. "*

Andrea Abele-Brem, Professorin für Sozialpsychologie an der Universität Erlangen, hat sich mit der Situation von Frauen in als typisch für Männer angesehenen Berufen befasst und ist zu der Erkenntnis gekommen, dass Frauen hier zumindest am Anfang *„ein dickes Fell"* brauchen. Positives und auch Negatives wird bei ihnen weitaus stärker registriert als es bei Männern üblich ist (vgl. S.

73, 74). *„Sie müssen sich klarmachen, dass sie einen Ausnahmestatus haben. Am Besten ist für sie, sich so natürlich wie möglich zu geben"*, denn dies bringe die meiste Akzeptanz (vgl. Dudin 2002). Die Präsidentin des Deutschen Ärztinnenbundes, Hedda Heuser, freute sich bereits im Jahre 1979 darüber, wie selbstbewusst und unbefangen Frauen inzwischen ihre Dinge regeln. *„Wir Frauen sind es Leid, der Nagel zu sein, an den der Witzbold seine Späße, der Prediger seinen Text, der Zyniker seinen Spott und der Sünder seine Rechtfertigung hängt. Und ich für meine Person bin froh, daß junge Frauen dies ganz ungeniert sagen"* (Nave-Herz 1997, S. 51). Dennoch sah sich Schunter-Kleemann zwanzig Jahre später veranlasst, den Frauen zuzurufen: *„Die Zeiten der Bescheidenheit müssen ein für allemal vorbei sein. Aus weiblicher Warte bedeutet Gender-Mainstreaming denn auch, tatsächlich die Geschlechterfrage zum Hauptthema zu machen, und die steinzeitlichen Formen der männerbündischen [...] Auseinandersetzung nun endlich zu beenden"* (Schunter-Kleemann (B) 1999, S. 5). Damit wird nicht nur eine überaus bedeutende Zielvorgabe zur Herstellung einer geschlechtergerechten Gesellschaft im zur Zeit vorhandenen männlich dominanten Umfeld gegeben. Die nachhaltig prägende Wirkung „selbstbewusster Frauen" auf nachfolgende Generationen darf nicht übersehen werden. *„Mädchen brauchen weibliche Vorbilder, die [...] Selbstbewusstsein und Selbstbestimmung verkörpern, selbstbewusst und selbstbestimmt handeln, damit sie sich mit ihrer Geschlechtsrolle im positiven Sinne identifizieren können"*(Schäfer 1997, S. 7).

Das gilt aber nicht nur für Mädchen, auch Jungen benötigen männliche Vorbilder. Die Realität zeigt nämlich, dass Kinder beiderlei Geschlechtes im ersten Jahrzehnt ihres Lebens fast ausschließlich Frauen als sie prägende Bezugspersonen erleben. Zunächst die eigene Mutter im Haushalt, dann die Erzieherinnen im Kindergarten und danach die Lehrerinnen in der Grundschule. Es gibt sie zwar inzwischen, den Vater im Haushalt, den Erzieher im Kindergarten, den Lehrer in der Grundschule, auch den Leiter einer Kinderturngruppe. Sie sind aber eine absolute Rarität. Diese Lebenswirklichkeit besitzt nicht nur eine tradierende Funktion im und für das Genderverständnis der Gesellschaft. Inhaltlich kann und darf nicht übersehen werden, dass es fast ausschließlich Frauen sind, die Mädchen und Jungen im persönlichkeitsprägenden ersten Jahrzehnt ihres Lebens zu sich rollenkonform verhaltenden Frauen und Männern erziehen. Die in dieser Feststellung mitschwingende Frage, wie es sein wird, wenn sich die Verhältnisse im Sinne einer zunächst quantitativen Gleichwertigkeit geändert haben, ob dies überhaupt innerhalb einer Generation denkbar ist und wie die qualitativen Ergebnisse aussehen, kann hier nicht beantwortet werden. Die Vermutung eines gerechteren Rollenverständnis unter den Geschlechtern soll aber angemeldet werden. Denn wenn die ersten zehn Lebensjahre eines Kindes nicht nur überwiegend von Frauen, sondern mit derselben lebensnahen Sachkundige und Wertigkeit auch von Männern geprägt werden, wird sich unausweichlich ein Wandel vollziehen.

Die Männerbewegung

Ursachen und Zielsetzungen

Männer sehen sich inzwischen nicht nur mit unterschiedlichen Frauenrollen konfrontiert, die ihnen zum Teil unheimlich sind, auch die sich abzeichnenden Auswirkungen von Gender Mainstreaming, die sie ahnungsvoll zu verinnerlichen beginnen, bereiten ihnen Sorgen. Sie müssen sich heutzutage mit Frauen arrangieren, *„die sich vom Dasein für andere verabschiedet haben und zumindest ein Stück eigenes Leben einfordern"* (Geissler/Oechsle 2000, S. 16). *„Was haben Männer eigentlich vom Gender Mainstreaming?"* fragte ein männlicher Teilnehmer folgerichtig am 29. März 2001 in Osnabrück auf der Veranstaltung *„Alles Gender – Oder was?"* mit Barbara Stiegler, bei der ich anwesend war, im Verlauf der Diskussion. Er hat mit seiner Frage eine wesentliche Schwierigkeit dieser neuen Strategie zur Verwirklichung von Geschlechtergerechtigkeit auf den Punkt gebracht, denn kaum jemandem ist wirklich bewusst, worum es bei Gender Mainstreaming eigentlich geht (vgl. S. 24, 25.). Es geht ja nicht nur darum, mit einer Verbesserung des Marktzuganges für Frauen einen neuen Ansatz zur Verwirklichung der Gleichwertigkeit von Frauen und Männern zu finden und umzusetzen, es geht auch nicht nur darum, Männerbastionen einzureißen. Der *„Erklärung von Peking zum Abschluss der 4. Weltfrauenkonferenz 1995"* (Deutscher Frauenrat 1999, Adams nachhaltige Erneuerung, S. 7) ist zu entnehmen, Männer sollen *„sich voll an allen Maßnahmen zur Herstellung von Gleichberechtigung beteiligen"*, und zwar von Anfang an und völlig gleichwertig mit den Frauen.

„Die Tiefenpsychologie hat uns gelehrt, in dem, wodurch wir uns bedroht fühlen, uns selbst zu sehen, einen verdrängten Teil des eigenen Wesens" (Spaemann 2003). Männer befürchten offensichtlich nicht nur weitere Konkurrenzsituationen, denen sie sich stellen müssen. Intuitiv ahnen sie wohl auch die Gefahr einer Abwertung ihrer bisherigen Stellung. Ingrid Kurz-Scherf erkennt bei Männern sogar eindeutig die Befürchtung, *„dass Frauen die Welt anders verändern würden, als es den Männern lieb ist"* (Floreck (B) 2001, S. 16 ff). Es geht schließlich nicht um wissenschaftliche Ideen innerhalb eines abstrakten Raumgebildes, sondern um *„realen Machtverlust in sozialen, wirtschaftlichen und politischen Bereichen"* (Deutscher Frauenrat 1999, Adams nachhaltige Erneuerung, S. 8). Sofern es um bislang durch Gesellschaftsstrukturen tradierte Vormachtstellungen geht, die sich allein durch bloße Männlichkeit und sonst nichts begründen, können solche Befürchtungen von Männern durchaus nachvollzogen werden. Wenn es aber um wirklich ernst gemeinte Gleichberechtigung und Gleichstellung von Frauen und Männern geht, erübrigen sich Argwohn und Misstrauen. Frauen sind nicht das Problem, sie sind die Lösung. Denn *„Frauen sind inzwischen zwar stark – am besten aber mit Männern!"* (Deutscher Frauenrat 1999, Adams nachhaltige Erneuerung, S. 5).

Seit den 70er und 80er Jahren entwickeln sich auch in Deutschland vermehrt in Männerorganisationen und Selbsthilfegruppen Initiativkreise, die das steigende Interesse von Männern an der eigenen Geschlechterrolle aufgreifen. Ihr Beitrag zur Veränderung der Geschlechterverhältnisse wird derzeitig kontrovers diskutiert. Kritik äußert sich hinsichtlich der Konzentration der in diesen Zusammenschlüssen durchgeführten Arbeit auf die individuelle Männlichkeit und die Vernachlässigung *„der institutionell-strukturellen Ebene von Männlichkeit und Geschlechterhierarchie"* (Döge 2000, S. 18 ff). Positiv wird die Aufarbeitung physischer und psychischer Leiden bei Männern, wie sie durch traditionell festgelegte Männerbilder entstehen (können), bewertet.

Die Ursachen für das einsetzende reflektierende Nachdenken über ein neues Bewusstsein für „Männlichkeit" sind mehrschichtig angelegt, wie unter anderem einer Studie des Männerwerkes der Evangelischen Kirche Deutschlands (EKD) zu entnehmen ist (vgl. Arbeitsgemeinschaft der Männerarbeit in der EKD 2002).

Die hergebrachten Rollenvorgaben haben zwar eindeutig auch was mit Privilegien zu tun, denn in unserer Gesellschaft haben Männer immer noch weitaus größere berufliche Perspektiven als Frauen. Es wird aber auch erwartet, dass Männer sich im Beruf nicht nur einsetzen, sondern auch durchsetzen. Daher nehmen sie wenig Rücksicht auf andere und letztendlich auch auf sich selbst. Männer räumen ihrer Arbeit absoluten Vorrang, noch vor ihrer Gesundheit und ihrer Familie, ein. *„Sie definieren sich fast ausschließlich über Leistung, Bewunderung und Anerkennung, mit fatalen Folgen [...]"* (Conen 2003). Weil die berufliche Tätigkeit für sie einen sehr hohen Stellenwert besitzt, bleiben sie fast nie dem Arbeitsplatz fern. *„Wer krank ist, hat schlapp gemacht,"* lautet die Devise der traditionellen Männerrolle, die damit Krankheit als Zeichen der Schwäche kolportiert. *„Krankheit wird als Minderwertigkeit, Vorsorge als Schwäche eingeschätzt. Es gilt das Motto ‚No risk, no fun!' Männer sehen die moderne Medizin oft nur als Reparaturbetrieb an, der die Maschine Mensch wieder in Stand setzen muss",* berichtet van Ahlen, Chefarzt für Urologie am Klinikum Osnabrück, aus Anlass der *„Osnabrücker Männergesundheitstage 2003"* (Neue Osnabrücker Zeitung 29. März 2003). Körperliche Warnsignale werden missachtet, Männer gönnen sich kaum Ruhezeiten, um Stress abzubauen, um sich einfach mal zu entspannen. Das Gefühlsleben ist weitaus eingeschränkter als bei Frauen, gefördert durch das Bild von einem *„allzeit einsatzfähigen, durchsetzungsfähigen, starken Macher."* *„Männer haben immer noch im Kopf, dass sie das starke Geschlecht sein müssen",* eine wesentliche Ursache für Probleme am Arbeitsplatz, in Partnerschaft oder Sexualität (vgl. Toben 2000). In Wirklichkeit sind Männer, dessen ist sich van Ahlen sicher, das eigentlich *„schwächere Geschlecht."* Männer, die sich voll auf das extensiv auf reine Leistung ausgerichtete Gesellschafts- und Wirtschaftssystem einlassen, stoßen schnell an ihre physischen und psychischen Grenzen. Die Zahl der Selbstmorde liegt fast viermal so hoch wie bei Frauen, Herzinfarkte sind etwa drei Mal so häufig zu verzeich-

nen. „*Nur 16 Prozent*[52] *aller Männer beteiligen sich an den Vorsorgeuntersu-chungen*", beklagt van Ahlen und sieht einen Zusammenhang zu ihrer gegen-über Frauen statistisch um sechs Jahre niedrigeren Lebenserwartung. Es ist nicht zu bezweifeln, dass die Gesundheit von Männern durch vermeintliche Sach-zwänge der Lebensweise unserer auf Leistung ausgerichteten Gesellschaft stark gefährdet wird. Ursächlich für insbesondere psychisch-somatisch einzuordnende Krankheiten von Männern war und ist sogar die Frauenbewegung bzw. die aus ihr entstandenen selbstbewusst ihr eigenes Leben gestaltenden Frauen. Männer müssen inzwischen davon ausgehen, dass Erwerbsarbeit heutzutage nicht nur für Männer, sondern auch für Frauen ein wesentlicher Bestandteil ihres Selbstver-ständnisses und ihrer Identität ist. Die traditionelle Rolle als Familienoberhaupt ist nicht mehr so wie es einmal war, insbesondere wenn der Arbeitsplatz verlo-ren wurde. Es waren die in der Frauenbewegung aktiven Kräfte, die konsequent dafür gesorgt haben, „*dass Männer vor bestimmte Entscheidungen gestellt wur-den – aber nicht nur vor Entscheidungen, sondern auch vor Scheidungen.*"
Männer gerieten und geraten dadurch zunehmend in eine reaktive Position und denken vermehrt darüber nach, wie es ihnen ergeht, wenn sie am eigenen Leibe wahrnehmen, dass sie zum Beispiel „*keinen Zugang zu ihren Kindern haben, die Scheidung oder der Herzinfarkt sie getroffen hat*" (Evangelische Zeitung 29. September 2002).

Frauenforschung ist inzwischen überall etabliert, ein Adäquat für Männer ist zur Zeit noch weitgehend Neuland. Der bisher mangelhaft entwickelte Blick auf die speziellen Lebensumstände von Männern ist offenkundig. Es wird nicht nur das Fehlen von männlichen Genderexperten, sondern auch der zögerliche Aufbau einer speziellen Männerforschung beklagt. Anders als in angloamerika-nischen und skandinavischen Ländern, die über Erfahrungen aus etwa 50 Jahren Institutionalisierung wissenschaftlicher Analysen von Männerwirklichkeit ver-fügen, sind in Deutschland „*Lehrangebote an Hochschulen und Universitäten nur sehr vereinzelt zu finden*" (Döge 2000, S. 18 ff.). Peter Döge führt in seiner Publikation weitere interessante Quellen zu den bisher in Deutschland eher spärlich entwickelten „*eigenständigen Ansätzen zu einer Soziologie der Männ-lichkeit, einer politikwissenschaftlichen sowie einer kriminologischen Männer- und Männlichkeitsforschung*" an. Zur Beseitigung dieses Mangels ruft neben Döge auch die innerhalb der Evangelischen Kirche in Deutschland (EKD) orga-nisierte Männerarbeit energisch dazu auf, außer den bekannten Frauenärzten auch spezielle Männerärzte zu institutionalisieren und die Andrologie verstärkt in Gesundheitsforschung und medizinische Ausbildung einzubeziehen (vgl. Ar-beitsgemeinschaft der Männerarbeit in der EKD 2002). Ansatzmäßig ist dies bereits erfolgt, wie zum Beispiel an der Martin-Luther-Universität in Halle. Der

---

[52] *63 Prozent aller Frauen in Deutschland gehen regelmäßig zur Vorsorgeuntersuchung und sorgen auch dafür, dass 95 Prozent aller Kinder medizinisch betreut werden* (Neue Osnabrü-cker Zeitung, 29. März 2003).

Inhaber des dortigen Lehrstuhles für Andrologie, Herrmann Behre, berichtete am 5. April 2003 anlässlich der *„Osnabrücker Männergesundheitstage 2003"* in einem vielbeachteten Vortrag über fundierten Erkenntnisse innerhalb seines Forschungsfeldes *„Wechseljahre des Mannes"* (vgl. Neue Osnabrücker Zeitung 29. März 2003).

So wie das vergangene Jahrhundert die traditionelle Frauenrolle radikal und nachhaltig verändert hat, so sollte die jetzt beginnende Epoche eine werden, in welcher die Männer ihre Befreiung in die Hand nehmen und ihr untaugliches, erstarrtes Rollenverhalten endlich über Bord werfen (vgl. Dörfel 2002). Das geschieht bereits, wenn auch in einer Geschwindigkeit, die in der Gesellschaft bisher nur gelegentlich offenkundig wird. Als positives Ergebnis von *„Männerarbeit in Männergruppen"*, aber auch aus den Erfahrungen mit speziellen *„Männer-Telefonen"* wird registriert, dass viele Männer sich nicht mehr von vorwärtsstrebenden, entscheidungsstarken Frauen verunsichern lassen, sondern sich zunehmend in eine den Menschen in den Mittelpunkt stellende Rolle hineinfinden (vgl. Neue Osnabrücker Zeitung 13. November 2000). Als problematisch hat sich der Gegensatz zwischen einer an Werten wie *„harmonisches Familienleben und Gesundheit"* ausgerichteten Lebensgestaltung und (vermeintlichen) Sachzwängen wie *„die volle Hingabe an den Beruf"* [einer der hergebrachter Grundsätze des Berufsbeamtentums][53] oder auch die Alternative *„Arbeitslosigkeit oder Überstunden"* erwiesen. Teilzeitarbeitsmodelle für Männer, nicht nur für Frauen, können hier ein gesellschaftlich nützliches Regulativ schaffen.

Innerhalb der Polizei Niedersachsen wird inzwischen Wert darauf gelegt, Angebote zur flexiblen Arbeitszeitgestaltung und zur Heimarbeit auch für Männer personenbezogen zu eröffnen (vgl. Merkblätter *„Ich bin schwanger ... was nun?"*[54], Anlage 3, und *„Maßnahmen und Verantwortlichkeiten zur Betreuung bzw. zum Coaching und zur Wiedereinstellung von längerfristig beurlaubten Mitarbeiterinnen und Mitarbeitern"*, Anlage 4).

Wie bereits mehrfach betont, kann Geschlechtergerechtigkeit weder durch exklusive Frauenfördermaßnahmen noch durch sich von dem anderen Geschlecht abschließende Männerpolitik herbeigeführt werden. Alle gesellschaftlichen Problemfelder benötigen zu ihrer geschlechtsbezogenen Egalität eine sie durchdringende Analyse, *„wobei der seit der Mitte der neunziger Jahre diskutierte Ansatz des ‚Gender Mainstreaming' den geeigneten Rahmen bilden kann"* (Döge 2000, S. 19). Wobei *„Rahmen"* einerseits eingrenzende Schutzfunktion für den darin befindlichen wertvollen Inhalt, andererseits aber auch prächtiges Schmuckstück für eine Frauen und Männer gleiche Wertigkeit zumessende Gesellschaft bedeutet.

---

[53] Art. 33 Abs. 5 Grundgesetz: *„Das Recht des öffentlichen Dienstes ist unter Berücksichtigung der hergebrachten Grundsätze des Berufsbeamtentums zu regeln."*
[54] Der Titel *„Ich bin schwanger ... was nun?"* spricht natürlich in erster Linie Frauen an, inhaltlich werden aber auch adäquate Hinweise für Männer, die Elternzeit nutzen, gegeben.

Reichhaltige Ausprägungen von Männlichkeit

Es gibt ihn nicht, **den** „Mann". Zwar besteht durch alle gesellschaftlichen Schichten hindurch ein festes Bild von mutmaßlicher Männlichkeit, welches jedoch individuell äußerst unterschiedlich ausgeprägt ist. Eine repräsentative Männerstudie (vgl. Geissler/Oechsle 2000. S. 16) macht deutlich, **die** „Männer" im Sinne einer homogenen Gruppe gibt es ebenso wenig wie **die** „Frauen." In der angeführten Untersuchen werden vier Männertypen unterschieden, die aber nicht klar abgrenzbar, sondern vielfältigen individuellen Verflechtungen unterworfen sind:

Der *„traditionelle Mann"* (19 Prozent) orientiert sich an den traditionellen Geschlechterrollen.

Der *„neue Mann"* (19 Prozent) hält die Frauenemanzipation für unterstützenswert und ist für eine egalitäre Arbeitsteilung.

Der *„pragmatische Mann"* (25 Prozent) akzeptiert traditionelle Elemente, versucht aber gleichzeitig, neue Rollenelemente zu integrieren.

Der *„unsichere Mann"* (37 Prozent) sitzt zwischen allen Stühlen, er lehnt die traditionelle Männerrolle ab, kommt aber mit der neuen auch nicht zurecht.

Eine weitere Studie aus dem Jahre 1999 geht von *„zwei hegemonialen Männerbildern"* aus, *„die als zentrale Blockaden einer weiteren geschlechterdemokratischen Ausgestaltung des Geschlechterverhältnisses von Seiten der Männer"* (Döge 2000) entgegenstehen:

Der *„Macht-Mann"* versteht Männlichkeit im Sinne von nahezu unbegrenzter Gestaltungsmacht über Menschen und auch die Natur. Seine *„männliche Identität konstituiert sich innerhalb der vorherrschenden bipolaren Geschlechterordnung in Abgrenzung und Entgegensetzung zu Weiblichkeit."*

Für den *„Arbeitsmann"* ist die Erwerbsarbeit der zentrale Bestandteil männlicher Identität. Aufgrund des allgemein verbreiteten Sozialisationsprozesses gehören fast ausnahmslos alle Männer in diese Kategorie. Erwerbsarbeit gilt als *„die mit der Männerrolle in unserer Gesellschaft verbundene ‚Form' männlicher Fürsorge."*

„Worauf kommt es bei einem richtigen Mann an?", fragte der Westdeutsche Rundfunk (WDR 5) seine Hörer am 15. Oktober 2002. Einige Stichworte zu „Männlichkeit" aus dieser Sendung, an der sich eine Vielzahl interessierter Zuhörer rege beteiligte, die ich mir notiert habe: *„Waschbrettbauch, starke Bizeps, Kapital, Status, attraktive Frau an der Seite, Macho, Gentleman, Softi, Leistung, Durchsetzungsfähigkeit, individuelle Stärke, sexuelle Attraktivität, eine Sache der Ehre, ein schwacher Mann kriegt keine Frau."* Im Ergebnis wurde auch in dieser Sendung festgehalten: *„Männlichkeit an sich existiert nicht, es gibt ganz verschiedene Formen der Männlichkeit"*(Evangelische Zeitung 29. September 2002). Junge Männer wissen das bereits und erwarten heute gar nicht mehr, *„dass Frauen ihrer Generation männliche Hegemonieansprüche aner-*

kennen" (Geissler/Oechsle 2000, S. 16). Sie können dies auch gar nicht, denn gleichaltrige Frauen durchlaufen exakt dieselben Bildungswege wie Männer und sie verfügen nicht nur über dieselben Qualifikationen, häufig sind diese sogar besser. Es ist daher ein Gebot der Lebenswirklichkeit in einer modernen Gesellschaft, allen Männern zu empfehlen *„von dem seit ewigen Zeiten anerzogenen Klischee abzuweichen, Frauen ausschließlich mit großer Klappe, hohem Einkommen und Bizeps imponieren zu müssen. Mit diesem Gehabe machen sie sich nur selbst etwas vor"* (Bordfeld 2003).

Polizei, ein Beruf für Männer und Frauen

Über Jahrhunderte waren alle gesellschaftlich tragenden Institutionen und die innerhalb von Staat und Kirche wirkenden Kräfte kongruent mit dem, was von Männern als *„natürliche göttliche Ordnung"* in die Welt gesetzt worden war (vgl. S. 59 ff.). Dies galt in besonderer Weise für die sichtbare Repräsentanz der Obrigkeit, der für den Staat tätigwerdenden Polizei. Generationenüberdauernd war es für die Öffentlichkeit und auch innerhalb der Polizei eine unausgesprochene Selbstverständlichkeit, dass *„Polizeidienst seinem Wesen nach eine Quelle männlichen Selbstbewusstseins"* (Herrnkind 1999), der Beruf des Polizeibeamten also eine reine Männersache ist. Es wurde und wird zum Teil auch heute noch als die natürlichste Sache der Welt angesehen, dass Schutzfunktionen innerhalb der Gesellschaft Männern vorbehalten seien.

Polizeibeamtin, 26 Jahre*: „Die Bürger, die kennen das ja eigentlich nur so, dass die Polizisten männlich sind. Also manche Leuten fragen dann, wenn man als Frau auftaucht, wie lange man schon dabei ist und ‚Ist das nicht zu schwer für eine Frau?' Die finden das immer ganz komisch, erst recht, wenn man einen Streifenwagen fährt, die gucken einen dann ganz merkwürdig an. Wenn man auf dem Beifahrersitz sitzt, dann fällt einem das gar nicht so auf, dann ist das für die Leute eher normal, als wenn man selber fährt."*

Polizeibeamter, 29 Jahre: *„Frauen werden [...] nach außen hin eigentlich insgesamt besser angesehen. [...] Wenn man mal mit Bürgern zu tun hatte, die, die den Einsatz verfolgt haben oder im Nachhinein drüber sprechen, erinnern die sich immer ganz gerne daran, an die Kollegin, die da anwesend war. Die können dann immer sagen, was gewesen ist und was die Kollegin gemacht hat."*

Polizeibeamter, 35 Jahre: *„Ich denke, dass sich der Bürger mittlerweile daran gewöhnt hat, weil es immer mehr Frauen bei der Polizei gibt, das war vor 10 bis 20 Jahren mit Sicherheit anders. Da war das für den Bürger ein ungewohntes Bild, sich von einer Frau nach einer Geschwindigkeitskontrolle belehren lassen zu müssen. Mittlerweile glaube ich, sind wir in der Gesellschaft auch so angesehen, auch dass die Frau dazu gehört."*

Polizeibeamter, 38 Jahre: *„Also ich komme aus einem Bereich, aus einem kleinen Dorf, sehr konservativ eingestellt, da kann man es sich sehr schwer vorstel-*

len, dass eine Frau in der Polizei gewisse Aufgaben lösen kann. aber ich denke, wenn man sich das genau anschaut, dann ist das sehr wohl möglich. Eine Polizeibeamtin (35 Jahre) findet es innerdienstlich normal, als Frau bei der Polizei zu sein, denn *„da sind wir ja unter uns.“* Aber *„schrecklich empfinde ich, bei repräsentativen Dingen wird man oft als Frau gefragt, ob man da nicht irgendwie mal teilnehmen könnte, so als Vorzeigeobjekt. Von außen bekommen Frauen bei der Polizei so eine Art von Bewunderung: Klasse, dass du das machst!“*

Mit Gespür für Doppelsinnigkeit macht Herrnkind (vgl. a. a. O.) darauf aufmerksam, dass Polizei unter den dargelegten Aspekten eindeutig eine Männerdomäne war und noch weitgehend ist, **die** Polizei als Organisationsform aber nach den in der deutschen Sprache zu befolgenden Grammatikregeln eindeutig weiblich war, ist und bleibt. Die Frage, der er außerdem nachgeht, ob *„Frauen so werden müssen wie Clint Eastwood“* oder *„eine Umdefinition der männlichen Rolle: weg von Clint Eastwood“* erfolgen müsse, stellt sich jedoch nicht. *„Frauen sind und bleiben Frauen, Männer sind und bleiben Männer“*, lautet die zentrale Botschaft von Gender Mainstreaming (vgl. S. 24, 25) und fordert damit die einander äquivalente Eigenständigkeit beider Geschlechter ein. Nicht nur innerhalb der bisher eher männlich strukturierten Polizeiorganisation, auch in den Köpfen von Polizisten und Polizistinnen sind daher noch grundlegende Reformen notwendig. Herrnkind enthüllt weiterhin mit dem Hinweis auf visuelle Darstellungen von Polizistinnen in der Zeitschrift EMMA die auch im Bewusstsein der Öffentlichkeit festverwurzelten Vorstellungen vom überkommenen männlich geprägten Berufsbild der Polizei. *„Überwiegend schauen Polizistinnen cool drein und schießen“*, was auch jeder Zuschauer einschlägiger Filme und Fernsehserien des Genre *„Die Kommissarin“* bestätigen wird.

Besondere Aufmerksamkeit verdienen die in diesem Zusammenhang diskutierten Gedanken in Beziehung auf das sozialpsychologischen Phänomen *„self fulfilling prophecy“*. Wenn von einer Erwartung der Bevölkerung ausgegangen wird, der Polizeibeamte habe Gewalt anzuwenden, wird diese Erwartung von dem Polizeibeamten auch oft erfüllt werden. Gewaltanwendung der Polizei wird danach einfach deshalb zur Wirklichkeit, weil sie den Erwartungen der Bevölkerung entspricht. Es ist zu fragen, ob andere Erwartungen, wie sie zum Beispiel in und von der Gesellschaft an Frauen gestellt werden, nicht auch zu einer Minderung von Gewaltanwendung im Polizeidienst führen könnten. *„Unsere Gesellschaft erwartet von den Frauen, daß sie entschieden weniger aggressiv und weniger auf physische Kraft eingestellt sind als Männer. So erscheint es einleuchtend, daß Frauen in potentiellen Gewaltsituationen weniger Gegnerschaft provozieren, weniger Furcht und Gewalt erzeugen würden als Männer in den gleichen Situationen. Weibliche Polizeibeamte würden vermutlich einen beruhigenden Einfluß auf aggressive Verhaltensweisen ausüben“* (Internationale Organisation Leitender Polizeibeamter 1980, Frauen im Polizeidienst). Gedanken, die auch dem Selbstbild der Polizei entsprechen, die sich stets als möglichst getreues Spiegelbild der Gesellschaft, für die und in der sie tätig ist, verstand und versteht. In einer pluralistischen Gesellschaft wie die der Bundesrepublik Deutschland ist es daher ein Mangel, auf die Integration von Frauen im Polizeidienst und ihre Beteiligung zur Lösung von Fragen der inneren Sicherheit zu verzichten. Frauen sind auch unter diesem Gesichtspunkt ein Gewinn für das „Unternehmen Polizei". *„Es ist nicht mehr zeitgemäß, dass in der Polizei überwiegend Männer arbeiten, die Strukturen der Polizei überwiegend auf männlichen Verhaltensweisen basieren und zum Teil auch noch daran festgehalten wird"* (Klein 1999).

Als wesentlicher Teil der Gesellschaft können Frauen durchaus auch zu ihrem Schutz beitragen. Argumente gegen diese Tatsache waren und sind im wesentlichen Argumente einer „Männergesellschaft", die in der Vergangenheit aber auch von Frauen übernommen und vertreten wurden. Im Jahre 1921 hat zum Beispiel in Magdeburg eine Tagung zum Thema *„Sollen weibliche Polizeibeamte eingestellt werden?"* stattgefunden. *„Die Mehrheit der anwesenden Frauen kam zum Schluß, daß die Beteiligung an der Staatsgewalt dem Wesen deutscher Frauen abträglich sei. [...] Eine Frau könne 'nicht ohne Schaden an ihrer Fraulichkeit und ihrer Vertrauenswürdigkeit Trägerin der Staatsgewalt' sein"* (Herrnkind 1999 unter Hinweis auf Nienhaus 1992 und Werdes 1996). Aber schon damals erkannte man (Mann!) die Notwendigkeit weiblicher Bediensteter innerhalb von polizeilich relevanten Bereichen, die als typisch weiblich im Sinne von unmännlich eingeordnet wurden, in denen sich Männer auch unsicher fühlten. Kinder-, Jugend- und Familienangelegenheiten, Vernehmungen der Opfer von Sexualdelikten waren und sind zum Teil auch heute übliche polizeiliche Tätigkeiten, zu deren Bearbeitung vorwiegend Frauen eingesetzt wurden und werden. Selbständige Arbeit jedoch, die zusätzlich nicht noch ausdrücklich von Männern beaufsichtigt wurde, oder sogar die Übernahme einer Vorgesetztenfunktion über Männer waren in den Anfangzeiten von „Frau in der Polizei" absolut ausgeschlossen. Es wurde sogar unter Berufung auf *„Naturbestimmungen der Frau"* und *„wahre Kenner der wirklichen Verhältnisse"* ausdrücklich davor gewarnt (vgl. Herrnkind 1999).

Alle bis etwa 1980 in den Polizeidienst eingetretenen Frauen waren hinsichtlich ihrer Position und Aufgabenzuweisung ihren männlichen Kollegen nicht völlig gleichgestellt. Die wesentlichen polizeilichen Tätigkeiten, die an Frauen übertragen wurden, lagen in den Bereichen, die von Männern als „nicht richtige Polizeiarbeit" angesehen wurden. Es waren fast ausschließlich dienstlich anfallende Tätigkeiten mit Kindern, Jugendlichen und Frauen; Bereiche, in denen sich Männer (damals) wohl auch sehr unsicher fühlten.

Die erste hauptamtliche Polizeibeamtin innerhalb von Europa war Henriette Arendt, die am 1. Februar 1903 von der Stadt Stuttgart eingestellt wurde. Im Jahre 1913 existierten bereits in 19 deutschen Städten *„Polizeiassistentin-*

nen", die zum Teil auch mit der ihre Aufgaben kennzeichnenden Amtsbezeichnung *„Fürsorgedamen"* tituliert wurden. 1923 wurde in Köln eine weiblich besetzte Polizeidienststelle mit der Bezeichnung *„Wohlfahrtspolizei"*, 1927 in Berlin die *„Weibliche Kriminalpolizei (WKP)"* eingerichtet (vgl. Herrnkind 1999). Nach 1945 setzten die Militärbefehlshaber der britischen Zone, zu der das jetzige Land Niedersachsen gehörte, Frauen sowohl in der Kriminal- als auch in der Schutzpolizei ein. Die weibliche Schutzpolizei wurde Ende der vierziger/Anfang der fünfziger Jahre aufgelöst und die Beamtinnen den ausdrücklich als *„weibliche Kriminalpolizei (WKP)"* bezeichneten Fachdiensten zugegliedert. Diese Polizeivollzugsbeamtinnen durchliefen nicht den bei ihren männlichen Kollegen obligatorischen Grundlehrgang an der Polizeischule und die übliche Zeit innerhalb der Bereitschaftspolizei. Sie verfügten in der Mehrzahl bereits über eine berufliche Qualifikation, die aus polizeilicher Sicht ihrer vorgesehenen späteren Verwendung dienlich war. Es waren vorwiegend Krankenschwestern und Kindergärtnerinnen (die damals übliche Bezeichnung für Erzieherinnen). Nach erfolgreicher Überprüfung ihrer Eignung für den Polizeivollzugsdienst wurden sie regionalen Polizeidienststellen zugewiesen und absolvierten gemeinsam mit ihren seit Jahren im Polizeidienst tätigen männlichen Kollegen einen Eignungslehrgang, dessen erfolgreicher Abschluss zu dieser Zeit für alle Polizeibeamten und –beamtinnen Voraussetzung zur endgültigen Übernahme in das Beamtenverhältnis auf Lebenszeit war. 1974 wurde die niedersächsische WKP aufgelöst, die Kriminalbeamtinnen in die allgemeine Kriminalpolizei integriert und damit den Männern rechtlich völlig gleichgestellt. *„Sie stärken das Bild einer aufgeschlossenen, sozialen und kommunikativen Polizei"* (Polizeibeamter, 31 Jahre*)*.

Am 5. November 1980 informierte der damalige Innenminister des Landes Niedersachsen, Egbert Möcklinghoff, den Innenausschuss des Niedersächsischen Landtages und am Tag darauf in einer Pressekonferenz auch die Öffentlichkeit darüber, dass die Absicht bestehe, zunächst in einem auf fünf Jahre begrenzten *„Modellversuch"* Frauen in den Polizeivollzugsdienst des Landes Niedersachsen einzustellen (vgl. Niedersächsisches Ministerium des Innern, FS-Erlaß Nr. 159 vom 12. November 1980). Seit dem 1. April 1981 stellt das Land Niedersachsen Frauen und Männern als einander gleichgestellte Polizeivollzugsbeamte ein. Im Jahr 1981 haben 810 Anwärter, darunter 137 Frauen (16,91 Prozent), ihre Ausbildung an der damaligen Landespolizeischule Niedersachsen begonnen (vgl. Anlage 5). Obwohl Frauen sich, wie im Erfahrungsbericht *„Frauen im Vollzugsdienst der Schutzpolizei"* (Niedersächsisches Ministerium des Innern, 25.3.031, 26.06.1991) festgestellt wurde, bewährt hatten, sollte anfangs eine Einstellungsquote von 25 Prozent für Frauen nicht überschritten werden. Aufgrund eines Beschlusses der bundesweit tätigen Innenministerkonferenz gibt es seit 1990 hinsichtlich des Einstellungsanteiles und der Verwendung keine Beschränkung für Frauen in der Polizei mehr, jetzt aber aufgrund der zeitlich begrenzten Quotierung bezüglich der Zulassung von männlichen Bewerbern (vgl. S. 33 ff., 97).

Frauen werden in der Polizei, besonders wenn sie Uniform tragen, immer mehr sichtbar und sind in fast allen Fachbereichen vertreten. *„Frauenfreie"* polizeiliche Arbeitsbereiche werden zwar seltener, *„es gibt* aber *noch längst nicht in jeder Dienstschicht zwei Frauen"*, bemängelten *„Einzelkämpferinnen"* am 28. Februar 2002 auf einer Arbeitstagung der Gewerkschaft der Polizei (GdP) im Deutschen Gewerkschaftsbund (DGB) (vgl. Deutsche Polizei April 2002, S. 4).

Die Entscheidung, den Polizeiberuf auch in Deutschland uneingeschränkt für Frauen zu öffnen, bahnte sich nach und nach seit etwa 1975 an. Zu Beginn des Jahres 1980 trafen sich leitende deutsche Polizeibeamte mit ihren Kollegen aus den Niederlanden und Großbritannien, um aufgrund der dortigen langjährigen Erfahrungen und der Ergebnisse einer gleichgelagerten Tagung aus dem Jahr 1976 darüber zu diskutieren, wie sich Frauen im Polizeidienst bewährt haben (vgl. Internationale Organisation Leitender Polizeibeamter 1980, Frauen im Polizeidienst). Das Tagungsergebnis war eindeutig. Mehr als 98 Prozent aller Gründe, die für eine Ablehnung einer uneingeschränkten Verwendung von Frauen in der Polizei sprachen, waren sozio-emotionaler (zum Beispiel Frauen hätten sich um die Familie, Männer um die Sicherung des Lebensunterhaltes zu kümmern) oder scheinrationaler (zum Beispiel Frauen seien weniger belastbar als Männer oder sie könnten mit ihren kleinen Händen die Pistole nicht sicher handhaben) Natur oder beides zusammen. Die wenigen wirklich sachrationalen Gründe, wie die geringere Durchschnittsgröße von Frauen, wurden als im Einzelfall denkbar, für die Polizeipraxis mit ihren vielfältigen Tätigkeitsfeldern insgesamt aber als bedeutungslos eingestuft. Hinsichtlich Dienstkleidung und Ausrüstung können, so auch heute die allgemeine Einschätzung, geschlechtsspezifische Besonderheiten problemlos mit den Erfordernissen des täglichen Dienstes in Einklang gebracht werden. *„Frausein in der Polizei"* hat auch mit dem äußeren Erscheinungsbild zu tun. Die Zeit, in der Frauen in Männerkleidung Dienst verrichten müssen, soll mit der in Aussicht genommenen Einführung einer völlig neu konzipierten Uniform für die Polizei in Deutschland vorbei sein. *„Erstmals gibt es eine eigene Kollektion für weibliche Polizeibedienstete"* (Polizeispiegel Juli/August 2003, S. 12).

Vorbehalte gegen Frauen im Polizeidienst haben sich jedoch noch lange gehalten, wie einer in den Jahren 1991/1992 durchgeführten Befragung von 1335 Beschäftigten der Polizei Niedersachsens entnommen werden kann. Die Frage nach Vorurteilen gegenüber Frauen im Polizeidienst wurde mit fast 70 Prozent mit „ja" oder „eher ja" beantwortet. Als Gründe wurden insbesondere die Befürchtung des Versagens bei „harten" Einsätzen sowie Bevorzugungen von Frauen durch Vorgesetzte und Maßnahmen der Frauenförderung angegeben (vgl. Müller-Franke 1996, S. 41, unter Hinweis auf den vorläufigen Abschlußbericht der Kommission zur Untersuchung des Reformbedarfs in der Niedersächsischen Polizei, Hann. Münden 1992). Auch ein Jahrzehnt später sind vereinzelt Sichtweisen, die einem männlich strukturierten Weltbild entsprechen, zu registrieren. Ein Polizeibeamter (29 Jahre) äußerte sich im Jahr 2001 zunächst zwar wohlwollend über seine Kolleginnen: *„Grundsätzlich sind Polizistinnen positiv."* Er sieht sie aber als Konkurrenz für Männer an, denn *„sie nehmen [...] einem Mann den Platz weg."* Daher schlägt er eine drastische quantitative Reduzierung ihrer Anzahl vor: *„Ein Verhältnis 5 Kollegen /1 Kollegin wäre gut."*

Als Begründung für die Einstellung von Frauen in die Polizei Niedersachsen wurde in erster Linie angeführt, verfassungsrechtlichen Vorgaben entsprechen zu wollen und damit Frauen eine den Männern gleichwertige Berufsausbildung und –ausübung zu ermöglichen. Schon vor 1980 war man sich sicher, *„daß die Chancengleichheit der Frauen in der Bundesrepublik nach wie vor eine Fiktion ist. Das Gleichberechtigungsgebot des Grundgesetzes ist bislang in Wirklichkeit nicht eingelöst worden"* (Die Zeit 14. Dezember 1979). Inwieweit seitdem (1979!) innerhalb der Polizei wirklich eine Gleichstellungspolitik betrieben wurde, darf bezweifelt werden. Es *„[...] stellt sich die Frage nach einem [...] detaillierten Konzept der Integration von Frauen in eine Männerdomäne sowie der Evaluation eines derartigen Konzeptes"* (Herrnkind 1999).

Der wirkliche Grund für die Öffnung des Polizeiberufes auch für Frauen, welcher auch der Realität entsprach, wurde von der Landesregierung Niedersachsen erst an dritter Stelle (nach verfassungsrechtlichen und polizeitaktischen Überlegungen) genannt. In den Jahren 1979, 1980 und 1981 stand die Polizei Niedersachsen vor ernsthaften Nachwuchsproblemen, da nicht genügend geeignete männliche Bewerber für den Polizeivollzugsdienst des Landes zur Verfügung standen. Man hoffte, der sich für die Zukunft deutlich abzeichnenden akuten Personalnot durch die Einstellung von Frauen in den Polizeivollzugsdienst abhelfen zu können. Frauen durften demnach wieder einmal *„alles, wenn man* [Mann!] *sie lässt"* (vgl. S. 126 ff.). Sie können daher auch als *„Ersatzreserve"* (Herrnkind 1999) der Polizei angesehen werden. Quantitativ ist bisher bei weitem noch nicht erreicht worden, dass der Frauenanteil in der Polizei dem Anteil der Frauen in der Bevölkerung entspricht. Allgemein wird in Deutschland von einem Verhältnis in der Größe etwa 51 Prozent Frauen und ca. 49 Prozent Männern ausgegangen. In der Polizei Niedersachsen betrug der Frauenanteil in den Jahren 1998 8,9 Prozent, 2000 9,6 Prozent, 2001 10,4 Prozent und 2002 11,25 Prozent (vgl. Anlage 6), bundesweit waren es 1999 etwa 10 Prozent (vgl. Klein 1999).

Die Hoffnung auf personelle Entspannung durch die Einstellung von Frauen hat sich bis dato bei weitem nicht erfüllt, obwohl ca. die Hälfte des Nachwuchses bei der Polizei Niedersachsen mittlerweile weiblich ist, wie die Deutsche Polizeigewerkschaft (DPolG) im Deutschen Beamtenbund (DBB) Anfang Februar 2003 mitteilte. Der prozentuale Anteil von Frauen an den Einstellungszahlen erreichte im Jahr 1992 mit 41,98 % seinen Höchststand, im Jahr 2000 waren es immerhin noch 38,64 Prozent (vgl. Anlage 5). Der Personalmangel wird sich noch weiter verstärken. Bis 2014 gehen dieser Mitteilung zufolge voraussichtlich nahezu 50 Prozent der Polizisten Niedersachsens wegen Erreichens der gesetzlichen Altersgrenze und aufgrund von Verschleißerscheinungen durch jahrelangen Schichtdienst in den Ruhestand.

Der *„hohe Schwund an ausgebildeten Frauen in der* Polizei" durch die Inanspruchnahme von Mutterschutz und Erziehungszeiten wird vom Direktor der Hessischen Bereitschaftspolizei, Gero Kolter, als dramatisch eingeordnet. Er beanstandete Anfang 2000 den Luxus in der Polizei, immer wieder neu auszubilden, und stellte provokatorische Fragen: *„Wo sind eigentlich die vielen ausgebildeten Polizeibeamtinnen? Ich sehe immer nur junge Polizeibeamtinnen in den Streifenwagen und auf den Revieren. Es müsste doch [...] auch schon einige ältere Kolleginnen geben?"* (Verwaltungsfachhochschule Wiesbaden 2000, S. 19).

Es gibt sie, wenn auch in weitaus geringerer Zahl als die Einstellungszahlen erwarten lassen dürfen. Im Jahr 2000 wurden zum Beispiel 182 Frauen (38,64 Prozent) in den Polizeivollzugsdienst des Landes Niedersachsen eingestellt, im Dienst befanden sich im selben Jahr insgesamt 1644 Frauen, das entspricht einem Anteil von 9,6 Prozent an der Gesamtzahl der Polizeivollzugsbeamtinnen und –beamten (vgl. Anlagen 5 und 6).

Polizeibeamter, 39 Jahre: *„Die Frauenquote schwindet mehr, man merkt das schon. Bei der Polizeischule sind teilweise Lehrgänge von 50 % von Frauen. In der Bereitschaftspolizei nimmt es dann schon derbe ab, wir haben meistens so um 19 %. Und im Einzeldienst kommt nach mehreren Jahren kaum noch eine an, weil sie doch irgendwo zu Hause ist. "*

Dirk Hallmann, Landesvorsitzender Niedersachsen der Deutschen Polizeigewerkschaft (DPolG) im Deutschen Beamtenbund (DBB), mahnt in diesem Zusammenhang Möglichkeiten zur Kinderbetreuung an, deren Öffnungszeiten sich am polizeilichen Wechselschichtdienst orientieren. *„Eine optimale Kinderversorgung für Eltern im Schichtdienst führt zu einer schnelleren Wiedereingliederung nach Fehlzeiten im Mutterschutz oder Erziehungsurlaub"* (Polizeispiegel September 2000).

Dem Thema *„Wiedereingliederung nach der Elternzeit"* kommt innerhalb der Polizei Niedersachsen erst seit jüngster Zeit größere Aufmerksamkeit zu. Bisher wurde weitgehend davon ausgegangen, dass der Polizeibeamte bzw. die Polizeibeamtin aufgrund der berufsimmanent vermuteten Flexibilität sich auch nach drei oder gar fünfzehn Jahren „Familienzeit" problemlos in den polizeilichen Alltag hineinfinden wird. Die Lebenserfahrung zeigt jedoch, dass nicht nur Anpassungen an veränderte rechtliche und organisatorische Gegebenheiten erforderlich sind, auch der praktische Umgang mit moderner Bürotechnik, Weiterentwicklungen in der Waffen-, Kommunikations- und Fahrzeugtechnik, u. a.

muss nachgeschult werden. Es bedarf ferner individueller Beratung und Betreuung der Polizeibeamtinnen und –beamten vor, während und auch nach der Elternzeit seitens der Dienststellen. Die Polizeibehörden Niedersachsens sind dem mit dem Einrichten von *„Projektgruppen Betreuung und Weidereinarbeitung von Beurlaubten"* nachgekommen und bieten entsprechende Maßnahmen zur Betreuung an (vgl. Anlage 3 *„Ich bin schwanger ... was nun?"* und Anlage 4 *„Maßnahmen und Verantwortlichkeiten zur Betreuung bzw. zum Coaching und zur Wiedereinstellungvon längerfristig beurlaubten Mitarbeiterinnen und Mitarbeitern"*).

Von besonderem Interesse waren und sind stets Überlegungen darüber, ob geschlechtsspezifische Besonderheiten den dienstlichen Erfordernissen der Einsatzbedingungen des Polizeivollzugsdienstes entsprechen oder auch hinderlich sind. Bereits vor Öffnung des Berufsfeldes Polizei für Frauen glaubte man auch durchaus polizeitaktische Vorteile zu erkennen, ohne jedoch näher auf diese einzugehen (vgl. Niedersächsisches Ministerium des Innern, FS-Erlaß Nr. 159 vom 12. November 1980). Es ist zu vermuten, dass die Ergebnisse der oben angeführten Tagungen leitender Polizeibeamter aus den Jahren 1976 und 1980 (vgl. S. 152) eine Basis für solche Erwartungen lieferten. Auf diesen Kongressen wurde unter anderem betont, dass der Polizeidienst im Einzelfall unstreitig gefahrenträchtig, sogar lebensgefährlich sei und daher die Anwendung von Gewalt erfordern könne. Gleichzeitig wurde aber hervorgehoben, dass der größte Teil der polizeilichen Arbeit gewaltfreie Tätigkeit ist, die keiner besonderen physischen Kräfte bedarf, wie sie üblicherweise Männern zugeschrieben werden. Die Ergebnisse meiner eigenen Untersuchungen bestätigen einerseits den Umstand des überwiegend gewaltfreien polizeilichen Alltages, geben andererseits aber auch der Sorge Ausdruck, es könne Frauen dann, wenn es angebracht sei, an der notwendigen körperlichen Kraft fehlen (vgl. S. 119 ff.).

Frauen haben nach überwiegend bekundeter Ansicht das Klima in der Polizei wesentlich zum Positiven mitgestaltet (vgl. Polizeispiegel Juli/August 2001, S. 161). Das ist zunächst als erfreuliche Feststellung zu werten. Es wird damit aber auch zumindest die Vermutung geäußert, dass die innerdienstliche Stimmungslage ohne Eröffnung des beruflichen Zugangs für Frauen als verbesserungswürdig, wenn sogar als schlecht eingestuft werden muss. Da Frauen die offenkundig eingetretene Verbesserung des Innenklimas und auch der Außenwirkung der Polizei nicht nur schlechthin bewirkt, sondern mitgestaltet haben, ist dies als bedeutender Indikator für gemeinsames Handeln von Männern und Frauen im Sinne von Gender Mainstreaming zu werten.

Männer verhalten sich offenkundig völlig anders, wenn sie unter sich sind oder wenn zumindest eine Frau anwesend ist. *„Für manche Kollegen stürzte zwar die polizeiliche Männer-Welt zusammen, doch die meisten stellten sich auf die Frauen ein. Man(n) achtete mehr auf sein Outfit. Eau de Toilette duftete* *häufiger durch die Stuben, und der Ton wurde höflicher"* (Müller-Franke 1996 ,S. 38).

Polizeibeamtin, 22 Jahre: *„Angenehmeres Klima / Wortschatz ist besser, sobald Frauen in der Dienstabteilung sind. "*

Polizeibeamter, 22 Jahre: *„Gespräche gehen in eine andere Richtung, als wenn man mit Frauen redet. Wenn das Männer sind, die neigen häufig dazu, etwas zu prahlen oder dies und das zu erzählen, auch auf sexueller Ebene. Da sind Männer eigentlich gepolt, in eine andere Richtung zu gehen, als wenn man mit Frauen unterwegs ist. Dann unterhält man sich über ganz andere Dinge. Auch wichtige Dinge, klar, aber es läuft in andere Richtungen. "*

Polizeibeamtin, 26 Jahre: *„Es ist doch schon was anderes, es ist ein ganz anderes Arbeitsklima, wenn Frauen da sind oder wenn halt nur Männer da sind.[...] die passen immer auf, was sie sagen, sobald eine Frau dabei ist. "*

Polizeibeamtin, 27 Jahre: *„Einige Kollegen sagen sehr gut, deeskalierend, bringen neue Ansichten, fördern das Sozialverhalten. Andere sagen, wir setzen Keile in die Gemeinschaft. Es gibt ja dieses typische Gockelverhalten, sich darstellen müssen, ich bin hier der Herr und ich bin der Beschützer. "*

Polizeibeamter, 37 Jahre: *„Der Umgangston auf einer Dienststelle ist ein wesentlich anderer, wenn Frauen da sind, als wenn nur Männer da sind. Also, der Umgangston wird vom Niveau her, das Niveau, das steigt. Sonst, wenn nur Männer sich unterhalten, ist doch schon ab und zu, sind die schmutzigen Witze im Vordergrund und sobald dort Frauen auftauchen, dann steigt das Niveau und das ist durchaus eine Bereicherung. "*

Aber auch Frauen verhalten sich offenkundig völlig anders, wenn sie unter sich sind oder wenn zumindest ein Mann anwesend ist.

Polizeibeamtin, 25 Jahre: *„ Wo viele Frauen aufeinander kommen, gibt es auch immer dieses in Anführungsstrichen kleine Machtgehabe, vielleicht als Konkurrentin* [einem Kollegen gegenüber], *obwohl keine Konkurrenz besteht. Ich sage mal Zickengetue. Es gibt so ein paar Eigenschaften, die haben eben nur Frauen und wenn die in bestimmten Momenten aufeinandertreffen, kann es schon mal ein bisschen kritisch werden.. "*

Polizeibeamtin, 26 Jahre: *„Es ist doch schon was anderes, es ist ein ganz anderes Arbeitsklima, wenn Frauen da sind [...]. Es wird mehr erzählt. Wenn Frauen unter sich sind, wird mehr getratscht, mehr erzählt. "*

Polizeibeamtin, 27 Jahre: *„Viele sind froh, wenn man Unterstützung hat, dass man irgendwie auch so eine Gemeinschaft bildet, gemeinsam gegen die Männerfront manchmal, um das mal krass zu sagen. Es gibt auch die anderen, die sagen, doof, ich bin nicht mehr alleine unter den Männern. Dann gibt es diese Stutenbeißerei oder sich auch profilieren wollen. So wie es bei den Männern eigentlich auch ist, irgendwie herausragen wollen, irgendwie dieser Neid. "*

Eine Polizeibeamtin (28 Jahre) berichtet darüber, wie harmonisches Zusammenwirken von Frauen Erstaunen auslöste und schlägt dann gemeinsam mit einer weiteren Polizeibeamtin (26 Jahre) den Bogen zu den von Gender Mainstreaming verfolgten Zielen der Gleichwertigkeit von Mann und Frau.

„Mein Chef ist einmal zu mir gekommen und hat gesagt ‚Ich kann es mir gar nicht vorstellen, Sie sind vier Frauen im Fachkommissariat, keine kratzt sich hier die Augen aus, wie kommt das?'. Ja, wir haben alle das gleiche Verständnis voneinander und haben nicht die Energie, uns gegenseitig fertig zu machen. Das passt nicht dazu und das müssen wir nicht. Ich habe gehört, dass es so etwas gibt, aber in meinem Umfeld gibt es so etwas nicht. Viele Probleme werden durch diese Rollengeschichte Frau und Mann kompliziert. Diese sich selbsterfüllende Prophezeiung wird beibehalten, von beiden Seiten. Da müssen wir dran arbeiten. Allerdings kann man das nicht mit Seminaren ‚Wir lernen jetzt mal die Frauen bei der Polizei kennen' machen. So ein Seminar für Männer ist ja völliger Quatsch. Das muss ins Selbstverständnis. Mit der Zeit und Erfahrung wird das kommen, da müssen wir aufeinander zugehen und das jetzt nicht unbedingt problematisieren.“

„Also ne reine Frauenbesatzung würde ich nicht unbedingt bevorzugen und ne reine Männerbesatzung kennt man ja von früher nur so. Ich find es schon optimal, wenn ne Frau und ein Mann zusammen rausfahren. Es ist doch schon was anderes, es ist ein ganz anderes Arbeitsklima, wenn Frauen da sind oder wenn halt nur Männer da sind.“

Ein Polizeibeamter (26 Jahre) stellt jedoch lakonisch fest *„Frauen stören die Gemeinschaft, das Binnenklima.“*

Überwiegend werden der Anwesenheit von Frauen jedoch positive Einwirkungen auf das Binnenklima bescheinigt, die auch im tagtäglichen Arbeitsfeld des Polizeidienstes erkennbar sind. Frauen prägen den Umgangston und das Arbeitsklima positiv und wirken deeskalierend in ihr Umfeld hinein. Die bisherigen Erfahrungen aus der Praxis hinsichtlich der Entschärfung kritischer Situation beweisen zwingend die Notwendigkeit von Frauenbeteiligung im täglichen Dienst, zu diesem eindeutigen Ergebnis kommt u. a. die Bundesfrauenkonferenz der Deutschen Polizeigewerkschaft (DPolG) im Deutschen Beamtenbund (DBB) (vgl. Polizeispiegel Juli/August 2001, S. 161). Die durch Frauen im Polizeidienst bewirkten positiven Ergebnisse treten auch in der Öffentlichkeit deutlich hervor. *„Immer einen Tick intelligenter“* betitelte die Zeitschrift *„Der Spiegel“* in seiner Ausgabe Nr. 18/2000 einen umfangreichen Bericht über Polizistinnen, der sich intensiv mit Dienstabläufen auseinander setzte, wie sie von Männern, von Frauen und auch untereinander gestaltet wurden. Für den Spiegel besteht kein Zweifel, *„Frauen sind die besseren Polizisten“*, da sie *„penibler ermitteln, Streit besser schlichten und sich selbst eher an Gesetze halten.“* Es ist ein Gebot der Stunde, diese und ähnliche Erkenntnisse innerhalb der gesamten Polizeistruktur zu akzeptieren und zu integrieren, auch in bisher nicht erprobten Einsatz- und Führungssituationen.

Polizeibeamtin, 25 Jahre: *„Ich denke im Großen und Ganzen ist unsere Generation ganz gut zufrieden damit, dass es Frauen bei der Polizei gibt, da die eben gewisse Gegenpole liefern, die nicht immer unbedingt unangenehm sind."*

Im Berufsbild der Polizei kommt es nicht darauf an, *„dass sich die Frau integrieren und unterordnen muss, nur weil sie eine Frau ist, sondern dass sie als gleichwertige Partnerin akzeptiert und integriert wird"* (Deutsche Polizei März 2000, S. 49). Zur Integration gehören nämlich beide, der Polizeibeamte und die Polizeibeamtin, die einander akzeptierend ihre Arbeit machen.

Polizeibeamtin, 28 Jahre: *„Ich mache da keinen Unterschied, ob der Kollege männlich oder weiblich ist. Ich verstehe mich mal mit dem einen besser, mal mit dem anderen weniger. Es ist ja auch richtig so, dafür sind wir alle unterschiedlich. Es sind halt nur Kollegen, nur in Anführungsstrichen. Wir sind alle Polizeibeamte, so auf den Schlag weg und da dann eher die Persönlichkeit, so was mache ich nicht am Geschlecht aus."*

Polizeibeamter, 37 Jahre: *„Auf unseren Dienstbereich bezogen müssen alle gleich anpacken. Da kann man nicht sagen, das ist typisch ein Job für Frauen oder nicht, da muss man sich anpassen. Das weiß man, bevor man sich den Beruf aussucht."*

Polizeibeamter, 45 Jahre: *„Ich arbeite hier mit drei Frauen zusammen, eine davon ist Angestellte, die beiden anderen sind Polizeivollzugsbeamtinnen. Ich kann nicht sagen, dass jemand aufgrund der Situation, 'ne Frau oder 'n Mann zu sein, eine bestimmte Aufgabe übernimmt."*

Polizeibeamter, 30 Jahre: *„Männer und Frauen können im Polizeidienst alles bewältigen, wenn sie entsprechend ausgebildet und persönlich körperlich/geistig befähigt sind (Persönlichkeit, nicht Geschlecht)."*

Polizeibeamtin, 40 Jahre: *„Frauen sind ebenso gefordert, eigene Grenzen auszukundschaften und neues Terrain zu beschreiten wie Männer in dem Bereich, der scheinbar den Frauen zugehörig ist."*

Polizeibeamtin, 41 Jahre. *„Ich denke, dass jede der Frauen, die hier sind oder die auch länger im Dienst sind, auch ihre Frau steht und integriert ist."*

Meine Frage nach der *„persönlichen Wahrnehmung und Sichtweise zu der uneingeschränkten Verwendung von Frauen und Männern im Polizeidienst"* wurde mit 18 Prozent in Richtung *„Kein Mensch kann alles"* beantwortet, 82 Prozent haben sich im Sinne einer auf das jeweils andere Geschlecht bezogenen Kontrastfolie geäußert. Eine Polizeibeamtin (30 Jahre) und (!) ein Polizeibeamter (50 Jahre) haben das Wort *„Nein!"* mit einem Ausrufungszeichen versehen, es sehr groß niedergeschrieben und zusätzlich doppelt unterstrichen, um ihrer Überzeugung *„Ich denke, es gibt nichts, was Frauen im Polizeidienst nicht oder nicht so gut können"* Nachdruck zu verleihen. Ein Polizeibeamter (40 Jahre) stellt auf Polizeibeamte bezogen nüchtern fest *„alle Männer können alles machen"* und deutet damit indirekt an, dass dies bei Frauen wohl nicht so wäre. Ein weiterer Polizeibeamter (38 Jahre) ist sich unschlüssig, wie er zu dieser Frage stehen soll: „*Habe keine Erfahrung. Dann denke ich auch nicht. Habe keine Vorurteile diesbezüglich.*" In einigen Fällen wird auch darauf verwiesen, dass, Notfälle ausgenommen, Männer keine Frauen und Frauen keine Männer durchsuchen dürfen. Diese auf die Freiheit und Achtung der sexuellen Selbstbestimmung ausgerichtete Schutzvorschrift ist innerhalb des von abgehandelten Gesamtthemas jedoch nur von marginalem Interesse.

Die Antworten in Richtung „*Kein Mensch kann alles*" sind aus der Sicht von Gender Mainstreaming besonders erfreulich. Denn es kommt auch im Polizeidienst nicht so sehr auf das Geschlecht an sich, sondern auf die Persönlichkeit, die eine bestimmte Aufgabe zu erfüllen hat, an.
Polizeibeamtin, keine Angabe zum Lebensalter: „*Niemand kann alles. Manche Männer bewältigen Aufgaben, die andere Männer/Frauen nicht bewältigen können. Manche Frauen bewältigen Aufgaben, die andere Frauen/Männer nicht bewältigen können. Andere Frauen sind nicht dazu in der Lage.*"
Polizeibeamter, 22 Jahre: „*[...] habe ich gesehen, dass es sowohl Frauen gibt, die das besser können als Männer als auch umgekehrt. Da kann man einfach keine strikte Trennung machen. Es gibt bei beiden Geschlechtern irgendwie was, das sie besser und das sie schlechter können, aber das mischt sich halt auch in vielen Bereichen, eigentlich in allen Bereichen.*"
Polizeibeamtin, 23 Jahre: „*Das ist nicht geschlechterabhängig, [...] Jeder Mensch strahlt etwas Positives aus und kann Positives leisten. Mal mehr, mal weniger.*"
Polizeibeamter, 23 Jahre: „*Frauen können, genauso wie Männer, nicht alles.*"
Keine Geschlechtsangabe, 23 Jahre: „*Jeder hat irgendwelche Defizite.*"
Polizeibeamter, 31 Jahre: „*Jedes Geschlecht bringt Vor- und Nachteile mit sich.*"
Polizeibeamter, 34 Jahre: „*Es gibt keinen Supercop!*"
Polizeibeamter, 40 Jahre: „*Das ist von der Person abhängig.*"
Polizeibeamter, 43 Jahre: „*Das kommt auf die Frau an. Das kommt auf den Mann an.*"
Polizeibeamter, 43 Jahre: „*Entweder man hat ein gutes Bild von ihm* [dem Kollegen]*, [...] oder man bezeichnet ihn als Flachpfeife und wendet sich ab. Es gibt gute Frauen oder nicht so gute Frauen und mit denen arbeitet man dann entweder lieber oder nicht so gerne zusammen.*"
Polizeibeamter, 43 Jahre: „*Auch hier gibt es Kollegen, die es besser und auch andere, die es nicht so gut können.*"
Polizeibeamtin, 54 Jahre: „*Der Polizeiberuf ist so geartet, dass hier jeder, jede alles machen kann.*
Ein junger Polizeibeamter (22 Jahre) sieht dies in Bezug auf Männer etwas kritisch, indem er folgenden Standpunkt vertritt: „*Männer können im Polizeidienst alles bewältigen, bloß wie, das ist die Frage.*"

75 Prozent der Antworten beinhalten konkrete Angaben zu Vorteilen und auch Nachteilen, die durch Männer oder auch Frauen in den Dienst eingebracht werden. Wie zu erwarten, entsprechen die Vorteile des einen Geschlechtes sowohl inhaltlich als auch von der Gesamtzahl in etwa den Mängeln, die beim jeweils anderen Geschlecht ausgemacht wurden. 30 Prozent „Vorteile bei Polizeibeamtinnen" stehen 27 Prozent „Nachteile bei Polizeibeamten" gegenüber, neun Prozent „Mängel bei Frauen" entsprechen in meiner Untersuchung exakt neun Prozent „Vorteile bei Männern". Nicht nur dienstlich erscheint es daher geboten, im Polizeidienst sowohl Frauen und Männer einzusetzen, um ggfs. vorhandene Mängel durch spezifisch vorhandene Vorzüge ausgleichen können. So wie es eine Polizeibeamtin (24 Jahre) mit Blick auf eventuelle vorhandene Schwachstellen wie folgt präzisiert: *„[...] Situationen müssten mit anderen Fähigkeiten im Team mit ihnen* [den Kollegen] *ausgeglichen werden."* Ein Gedanke, der sich nahtlos in das einfügt, was durch Gender Mainstreaming erreicht werden soll, nämlich dem Herstellen der Gleichwertigkeit von Mann und Frau in allen Lebensbereichen.

Die Polizeibeamtinnen zugeschriebenen Vorzüge lassen sich in Gruppen wie *„Einbringen von mehr kommunikativer Kompetenz", „größere Zwischenmenschlichkeit", „Entschärfen von Krisensituationen"* einordnen.
Polizeibeamtin, keine Angabe zum Lebensalter: *„Vorteile bei Kommunikation."*
Polizeibeamtin, 21 Jahre: *„Frauen bringen ein Stück mehr Wärme und „Menschlichkeit" mit, ohne etwas aufzuweichen."*
Polizeibeamter, 21 Jahre: *„Frauen bringen verstärkt Gefühle im positiven Sinne in den Beruf mit ein. Das Miteinander wird positiv beeinflusst."*
Polizeibeamter, 21 Jahre: *„Frauen sind einfühlsamer, wirken deeskalierend auf Männer."*
Polizeibeamter, 22 Jahre: *„Frauen [...] können Situationen, die ein Mann mit Gewalt lösen müsste, mit Einfühlungsvermögen schlichten.*
Polizeibeamter, 22 Jahre: *„[...] da trägt die Frau enorm dazu bei, dass es auch in andere Richtungen mal geht, dass auch andere Personen mal verstanden werden von der Polizei. [...] so diese familiären Probleme, wenn es vielleicht um irgendwelche Jugendlichen geht, die vielleicht in der Öffentlichkeit geraucht haben oder einen Joint geraucht haben oder Drogen genommen haben. [...] dass Frauen dann mal eher damit reden. Die haben ja mehr diesen kommunikativen Aspekt, dass sie so eher Probleme lösen als Männer und dass sie dann da vielleicht auch eher auf den Jugendlichen einwirken können und dass sie da was bewirken können und nicht nur rigoros durch Sanktionen irgendwas erreichen oder auch eben nicht."*
Polizeibeamtin, 22 Jahre: *„Freundlich, offen gegenüber Bürgern (mehr als Männer)."*
Polizeibeamtin, 22 Jahre: *„[...] Vielleicht lösen wir manche Sachen mit ein bisschen mehr Fingerspitzengefühl, weil wir auch körperlich nicht so unbedingt auf Krawall aus sind. Zeugen oder tatverdächtige Frauen wollen gerne auch mit*

Frauen sprechen bei der Polizei [...]. In brenzligen Diskussionen oder Situationen mit einem bisschen Fingerspitzengefühl, mal ein beschwichtigendes Wort einfügen, das habe ich eher von Frauen erlebt als von Männern. Frauen, die sind da ein bisschen mehr psychologischer 'Hören Sie, Sie sind doch ein ganz Vernünftiger'. Das kann man doch auch so regeln, diese Tour, die kommt eigentlich mehr von Frauen. "

Polizeibeamter, 23 Jahre: *„Dass der Mann so den härteren Teil verkörpert und die Frau mehr so den weicheren und barmherzigeren Teil. [...] Einsatzfälle bei der Polizei, beispielsweise bei Familienstreitigkeiten, wenn es darum geht, Personen zu beruhigen, dass dann Frauen eine ganz andere Ausstrahlung haben. Dieses Umgehen mit Opfern, da bin ich der Meinung, dass Frauen das geschickter machen und das auch besser können. "*

Polizeibeamtin, 25 Jahre: *„Bei Frauen sind es eher die beruhigenderen Aufgaben, wenn z. B. Frauen oder Männer sehr in Panik geraten sind, z. B. durch Verkehrsunfälle oder so etwas, dann haben Frauen eher das Gefühl, auf diese Personen einzugehen, können sich eher diesen Personen nähern. Auch bei anderen schlimmen Situationen, bei Familienstreitigkeiten oder Sonstigem. "*

Polizeibeamtin, 26 Jahre: *„Gerade in einer Situation, in der deeskalierend und verständnisvoll eingegriffen werden soll, haben Frauen manchmal das bessere Händchen. "*

Polizeibeamtin, 26 Jahre: *„Frauen können die Situation besser beruhigen, weil Männer gegenüber Frauen meistens nicht so aggressiv sind. Oder sich nicht so trauen, weil doch die Frauenrolle eher ist, dass man nicht zuschlägt oder so, dass man eher versucht, beruhigend auf die Leute einzuwirken, indem man mit denen redet. "*

Polizeibeamtin, 29 Jahre: *„Totale Scheißfrage, Frauen bringen aber mehr Gefühlt in den Beruf/Umgang mit Menschen. "*

Polizeibeamter, 29 Jahre: *„.Meine bisherige Erfahrung hat gezeigt, dass es da Bereiche gibt, [...] z.B. der Umgang mit Kindern. Mein eigenes Kind ist Fremden gegenüber äußerst misstrauisch und [...] öffnet sich also eher Frauen als fremden Männern. Im Dienst, wenn wir Sachverhalte haben mit Kindern und auf Befragung der Kinder und Aussagen der Kinder angewiesen sind, dann erweist sich das schon als vorteilhaft, wenn eine Kollegin mit den Kindern umgeht. Das sind Bereiche, denk ich mal, wo eine Frau mittlerweile bei uns, im späteren Verlauf auch im Ermittlungsdienst, nicht wegzudenken ist. "*

Polizeibeamtin, 31 Jahre: *„Wenn es so in eine Wirtshausschlägerei geht, wenn es in so einen Bereich geht, denke ich, ist eine Frau vielleicht zu Beginn deeskalierend. Aber wenn es wirklich zur Sache geht, ob sie da noch mithalten kann, ist die zweite Frage. "*

Polizeibeamter, 35 Jahre: *„Frauen sind wichtig bei der Polizei. Ich bin Jugendsachbearbeiter, da gibt es Situationen, wo es angebracht wäre, dass eine Frau das bearbeitet. "*

Polizeibeamtin, 35 Jahre: *„Ich glaube, dass [...] Frauen der Sache einfach noch so einen ganz anderen Aspekt geben, dass Dinge oft weicher behandelt werden und dass sie auch bereit sind zu lernen."*

Polizeibeamter, 37 Jahre: *„Frauen, finde ich, gehen bisschen gefühlvoller mit bestimmten Sachen um, gerade im polizeilichen Alltag, also wenn es darum geht, z. B. [...] eine Todesnachricht zu überbringen, dann habe ich das erlebt, dass das sowohl von Frauen, von Kolleginnen durchgeführt worden ist und auch von Männern und, da habe ich meine persönliche Erfahrung gemacht, da gehen Frauen dort geschickter mit um."*

Polizeibeamtin, 37 Jahre: *„Ich bearbeite ja innerfamiliäre Gewalt. Wenn eine Frau, ein Opfer, zur Dienststelle kommt, ist es sicherlich besser, wenn diese Frau mit einer Polizeibeamtin spricht. Ich will nicht sagen, dass Männer das nicht können. Aber vom Emotionalen her denke ich, ist eine Frau, ein Opfer, bei einer Kollegin besser aufgehoben. Bei einer Schlägerei in einer Gaststätte, [...] da ist das Psychologische vielleicht wieder gut, was eine Frau wieder besser kann. Dieses die Situation erst einmal runterreden, Ruhe reinbringen."*

Polizeibeamter 45 Jahre: *„Ich habe schon erlebt habe, dass Frauen in vielen Bereichen deeskalierend wirken können, also Gespräche mit etwas mehr Feingefühl beginnen oder durchführen."*

Polizeibeamter, 52 Jahre: *„Für die Polizei unliebsame Situationen, d.h. also, man kommt irgendwo hin, wo es ein Problem gibt. Wenn es Probleme gibt, dann kann man immer davon ausgehen, dass zwei oder mehrere Personen aneinander geraten sind, dass es also Streit, Uneinigkeit gibt, natürlich auch Aggression, Konfrontation. Da kann ich mir durchaus vorstellen, dass eine Frau die Männerwelt lenkend beschwichtigen kann, einfühlsam sagen kann: ,Junger Mann, nun halten Sie mal, nun bleiben Sie mal ganz ruhig.' Eine Frau wirkt auf einen Mann beschwichtigend und einlenkend, so dass ein Mann möglicherweise seine Aufgeregtheit, seine Aggression möglicherweise erst einmal zurückfährt und sagt: ,Oh, eine Frau, ein bisschen vorsichtig.' Also so ein bisschen einen auf Gentleman machen will."*

Polizeibeamter 56 Jahre: *„[...] beim polizeilichen Einschreiten und das ist ja nun auch schon Erfahrung, gibt es einfach Situationen, wo die Frauen einfach mehr die soziale Kompetenz haben, dieses Einfühlungsvermögen ist einfach ausgeprägter bei der Frau. Die gehen auch etwas cleverer an die Sache ran und fallen nicht mit der Tür ins Haus."*

Die Kontrastfolie zu den hier wiedergegebenen Vorzügen von Polizeibeamtinnen bilden die Nachteile, wie sie Polizeibeamten zugeordnet werden. Interessant ist diesem Zusammenhang das Wissen eines jungen Polizeibeamten (21 Jahre) um die Funktion von „doing gender" durch Erziehung und sonstige Lebensprägungen (vgl. S. 68, 195 ff.): *„Männer [...] sind aufgrund ihrer Sozialisation oft nicht in der Lage, mit Gefühlen umzugehen."*

Eine Auswahl der zu Nachteilen von Männern im Polizeidienst dargelegten Standpunkte:

Polizeibeamtin, keine Angabe zum Lebensalter: *„Männer im Polizeidienst haben im sozialen Bereich oft Schwierigkeiten und wollen immer die Harten sein."*

Polizeibeamter, keine Angabe zum Lebensalter: *„Männer können vielleicht das Vertrauen zu Kindern nicht so gut aufbauen."*

Polizeibeamtin, 21 Jahre: *„Es gibt auch Fälle, wo den Männern das nötige Verständnis und Einfühlungsvermögen fehlt. Es hapert an der angemessenen Kommunikationsform."*

Polizeibeamtin, 21 Jahre: *„[...] manchmal nicht so einfühlsam wie Frauen."*

Polizeibeamter, 22 Jahre: *„Viele Männer haben Probleme mit dem Umgang mit Jugendlichen oder Kindern u.s.w.. Einfühlungsvermögen, Taktgefühl oft nicht so ausgeprägt."*

Polizeibeamtin, 22 Jahre: *„[...] oft zu plump."*

Polizeibeamtin, 22 Jahre: *„In brenzligen Diskussionen oder Situationen mit einem bisschen Fingerspitzengefühl, mal ein beschwichtigendes Wort einfügen, das habe ich eher von Frauen erlebt als von Männern. Die sind dann gleich 'Aber jetzt ist aber Ruhe hier und jetzt bin ich da und jetzt möchte ich, dass Sie das machen was ich sage!'"*

Polizeibeamter, 29 Jahre: *„Meine bisherige Erfahrung hat gezeigt, dass es da Bereiche gibt, [...] z.B. der Umgang mit Kindern. Mein eigenes Kind ist Fremden gegenüber äußerst misstrauisch und ganz besonders fremden Männern."*

Polizeibeamtin, 31 Jahre: *„Ich denke, Männer sind überfordert, [...] wenn es um Kinder geht. In Zeugenvernehmungen oder Opfervernehmungen haben Männer durch ihr Auftreten oder ihr Geschlecht dann doch etwas eher Bedrohendes."*

Polizeibeamter, 38 Jahre: *„Männer können nicht so gut Zeugenvernehmungen durchführen, wo Einfühlungsvermögen gefordert ist."*

Polizeibeamter, 38 Jahre: *„[...] psychisches Hineindenken in andere Personen (Empathie) bei Geschädigten und Opfern."*

Polizeibeamter, 39 Jahre: *„ - Empathie, - auch mal „verlieren" können."*

Polizeibeamtin, 39 Jahre: *„Männer können nicht so gut Gefühle zeigen und darüber sprechen."*

Polizeibeamter, 43 Jahre: *„Männern fehlt es in stressbedingten Situationen oft an entsprechendem Einfühlungsvermögen."*

Polizeibeamter, 52 Jahre: *„[...] undiplomatisches Einschreiten."*

Männliche Überlegenheit im Vergleich mit dem Einschreiten von Polizeibeamtinnen wird in den Bereichen *„Respekt"*, *„Durchsetzungsvermögen"*, *„Beschützer"*, *„Stärke"*, *„Anschein von Kompetenz"* erkannt. Eine Polizeibeamtin (23 Jahre) stellt fest, dass durch Männer *„wohl die Tradition gewahrt wird."* Eine weitere Polizeibeamtin (ohne Altersangabe) und ein Polizeibeamter (24 Jahre) bringen auch *„Angst"* und *„bedrohliches Auftreten"* in eine Verbindung mit der nach außen erkennbaren Wirkung von Polizeibeamten.

Polizeibeamtin, keine Angabe zum Lebensalter: *„Männer vermitteln Respekt. "*
Polizeibeamtin, keine Angabe zum Lebensalter: „Sie *können sich besser durchsetzen. "*
Polizeibeamter, 21 Jahre: *„Bei Ausländern, kulturell bedingt, mehr Respekt. "*
Polizeibeamter, 21 Jahre: *„Demonstration von Stärke, wenn notwendig. "*
Polizeibeamter, 21 Jahre: *„Überlegenheit bei Auseinandersetzungen. "*
Polizeibeamtin, 22 Jahre: *„[...] hat es Vorteile, weil die Männer wirklich mehr Kraft haben, wenn es dann hart auf hart kommt. "*
Polizeibeamter, 23 Jahre: *„Rolle des Beschützers / Gefühl der Sicherheit. "*
Polizeibeamtin, 23 Jahre: *„Sicherheitsgefühl, 'Tradition' wird gewahrt. "*
Polizeibeamter, 24 Jahre: *„Anordnungen Nachdruck verleihen. "*
Polizeibeamtin, 25 Jahre: *„Männer hingegen sind durch ihren Körperbau oft in gewalttätigeren Situationen nützlicher, [...] da sie eben von Natur aus mehr Kraft mitbringen und für den Fall, dass diese eingesetzt werden muss, haben die eine bessere Möglichkeit, damit umzugehen als wir. "*
Polizeibeamter, 26 Jahre: *„[...] vermitteln Stärke, Kompetenz. "*
Polizeibeamter, 31 Jahre: *„Männer können dem Bild einer starken Polizei eher als Frauen gerecht werden. "*
Polizeibeamter, 35 Jahre: *„Es gibt Situationen, wo man sagen muss, da muss mal ein Mann ran. Wenn es um Widerstandshandlungen geht oder Hundertschaftseinsätze, die nun mal wirklich zum Teil an der Substanz zehren. Das ist für eine zierliche junge Frau nichts. "*
Polizeibeamtin, 37 Jahre: *„Bei einer Schlägerei in einer Gaststätte ist sicherlich ein Mann besser dran, er kann diese Situation sicherlich von der Kraft her besser managen als eine Frau. "*

Der Gegenpol zu den genannten Vorteilen von Polizeibeamten liegt auch hier in festgestellten Nachteilen, diesmal bei Polizeibeamtinnen. Besonders hervorzuheben sind die Aussagen eines Polizeibeamten (23 Jahre) und einer Polizeibeamtin (26 Jahre) zu dem Verhalten von Männern aus Kulturkreisen, in denen die Frau nicht in derselben Wertigkeit steht wie ein Mann. *„[...] ausländische Traditionen sehen deutsche Polizeibeamtinnen als nicht wahrzunehmende Personen an! Probleme beim Kontakt Polizeibeamtin und ausländischer Mann. "* *„Bei Ausländern (meist Türken) wird nur der männliche Polizist respektiert. "*

Ein Polizeibeamter (35 Jahre) meint, Frauen in der Polizei würden in Straftätern zu sehr *„an der Gesellschaft gescheiterte Mitmenschen "* sehen. Sie sollten *„[...] Kriminelle wie Kriminelle behandeln "* und ihnen gegenüber nicht *„zu viel Verständnis "* zeigen.

Völlig aus dem Rahmen der ansonsten getätigten Aussagen fällt die Meinung eines Polizeibeamten (26 Jahre) über seine Kolleginnen: *„[...] logisch denken fällt ihnen schwer. "*

Eine Auswahl der zu Nachteilen von Frauen im Polizeidienst dargelegten Standpunkte:

Polizeibeamtin, keine Angabe zum Lebensalter: *„Frauen im Polizeidienst haben teilweise Schwierigkeiten sich gegen männliche Störer durchzusetzen."*

Polizeibeamtin, 22 Jahre: *„Man fährt ja grundsätzlich nicht mit zwei Frauen zusammen auf Streife. [...] weil die Männer wirklich mehr Kraft haben, wenn es dann hart auf hart kommt."*

Polizeibeamter, 23 Jahre: *„Wenn es um Aufgabenbereiche geht, in denen es auf körperliche [...] Kraft an sich ankommt, [...] dass Frauen etwas hinderlich sind oder so den Betrieb etwas aufhalten."*

Polizeibeamter, 37 Jahre: *„[...] Frauen sind bei Schlägereien zurückhaltender."*

Polizeibeamter, 39 Jahre: *„Durchsetzungskraft in [...] extremen Einsatzsituationen: Klare Anweisungen, die in diesem Moment keine Diskussion zulassen!"*

Die Bearbeitung von Straftaten gegen die sexuelle Selbstbestimmung wie sexuelle Nötigung oder Vergewaltigung sollte grundsätzlich Frauen übertragen werden. Dies ist nicht nur seit Jahrzehnten eine in der Polizeiarbeit geübte Praxis, auch 14 Prozent der von mir Befragten schließen sich dieser Ansicht an. Begründet wird dies mit neben einem besseren Verständnis *„von Frau zu Frau"* vor allem mit Hinweisen in Richtung *„Frauen können sich besser in andere Menschen hineinempfinden als Männer."* Ein Polizeibeamter (27 Jahre) schließt sich dem an, richtet den Blick aber indirekt auch auf bisher kaum berücksichtigte Fälle des sexuellen Missbrauches von männlichen Opfern: *„Gespräche mit Vergewaltigungsopfern sollten lieber von gleichgeschlechtlichen Personen durchgeführt werden."* Zwei Polizeibeamte (22 und 23 Jahre) verweisen auf bei Männern vorhandene *„Probleme [...] mit vergewaltigten Frauen"* und darauf, dass Männer in *„Frauenangelegenheiten überfordert sind."* Vermutlich liegen hier zumindest aufgrund des jugendlichen Alters, vielleicht aber auch insgesamt bei Männern vorhandene Unsicherheiten hinsichtlich des Umganges mit intimen Angelegenheiten vor.

Polizeibeamter, 22 Jahre: *„So was wie sexuelle Misshandlung oder Vergewaltigung, das sollten eher Frauen in die Hand nehmen. Die können sich besser reinfühlen, die können besser mit den Frauen umgehen. Da sind Männer vielleicht nicht so angesagt."*

Polizeibeamter, 23 Jahre: *„Ich denke beispielsweise an Sexualstraftaten, weil dann doch eine Beamtin sehr viel einfühlsamer mit den Opfern umgehen kann als das männliche Kollegen können."*

Polizeibeamtin, 26 Jahre: *„Wenn einer Frau was Schlechtes widerfahren ist, sie ist vergewaltigt worden oder geschlagen worden von ihrem Mann, in Bezug auf häusliche Gewalt, wo es wirklich darum geht, mit Frauen zu sprechen, dann öffnet sich so eine Person eher einer Frau gegenüber als einem Mann. Von dem Aspekt gesehen kann man da als Frau vielleicht doch eher herausbekommen, was überhaupt passiert ist und der Frau helfen."*

Polizeibeamtin, 28 Jahre: *„Männer, auch wenn sie noch so viel Erfahrung haben, können sich nicht einfühlen vergewaltigten Frauen gegenüber zu sitzen. Das finde ich ist auch nicht in Ordnung, dass das Männer dann bearbeiten. Weil dann dieses Vertrauensverhältnis absolut zerstört wird, die Frau ist gerade von einem Mann misshandelt worden, im schlimmsten Fall vergewaltigt worden. Die kann dann einfach keinem Polizeibeamten, und sei es noch so neutral, gegenüber sitzen. Ich denke schon, dass da Frauen das bessere Verständnis hätten und dass dem polizeilichen Gegenüber einfacher machen könnten und auch verständnisvoller, einfach damit auch mehr für die Sache dabei rumkommt."*

Polizeibeamter, 29 Jahre: *„Und ne andere Sache dann auch bei Frauen, die Opfer geworden sind einer Gewalttat. [...] Auf sexuellen Bereich, wenn da was gewesen ist, [...] redet ne Frau nicht gerne mit einem Kollegen. Das ist so meine Erfahrung, was ich so erlebt hab, in den letzten Jahren. Das sind Bereiche, denk ich mal, wo eine Frau mittlerweile bei uns, im späteren Verlauf auch im Ermittlungsdienst, nicht wegzudenken ist."*

Polizeibeamtin, 31 Jahre: *„Ich denke, Männer sind überfordert, wenn es in den persönlichen Bereich geht, in den intimen Bereich, im Bereich der Sexualstraftaten."*

Polizeibeamter, 35 Jahre: *„Wenn man Sexualdelikte bearbeitet, dann ist es oftmals sinnvoll, wenn Frauen auch von Frauen vernommen werden. Weil Frauen einfühlsamer sind und besser aufeinander eingehen können."*

Polizeibeamtin, 35 Jahre: *„Bei Sexualstraftaten, da ist es natürlich so, dass eher Frauen als dafür zuständig gesehen werden. Es liegt aber natürlich in der Natur der Sache, dass Frauen häufiger betroffen sind."*

Polizeibeamter, 37 Jahre: *„Wenn es darum geht, bei Vernehmungen von weiblichen Sexualopfern, sind, denk ich mal, Männer absolut fehl am Platz. Das müssten Frauen machen und da haben Männer nichts zu suchen."*

„[...] da haben Männer nichts zu suchen" ist nicht nur die Meinung des soeben zitierten Polizeibeamten, es ist allgemein in der Polizei anzutreffende Praxis. *„Grundsätzlich ist es auf fast allen Dienststellen so, dass im Kriminalitätsbereich Delikte gegen Frauen, Sexualdelikte [...] von Frauen bearbeitet werden,"* äußert sich ein weiterer Polizeibeamter (22 Jahre) dazu und fährt dann nachdenklich werdend fort *„ob das unbedingt immer so erforderlich ist, ist eine andere Sache, aber es ist gängige Praxis."* Es ist also durchaus überdenkenswert, inwieweit die geübte Praxis auch wirklich den Erfordernissen und tatsächlichen Gegebenheiten entspricht.

Polizeibeamtin, 35 Jahre: *„Bei den Sexualdelikten wird gesagt, dass das besser Frauen machen sollten, bei einigen Vernehmungen auch."*

Polizeibeamtin, 54 Jahre: *„Hm, es wird immer gesagt, dass z. B. Sittendelikte vorrangig von Frauen gemacht werden sollen. Hm, schwer zu sagen. Grundsätzlich ja, grundsätzlich nein. [...] Frauen haben nicht automatisch das Privileg einfühlsamer zu sein als Männer,"* berichtet diese Polizeibeamtin aus ihrer langjährigen Diensterfahrung und weist auf die *„Einzelfallfrage"* hin. Damit sind zunächst die kriminalistischen Gegebenheiten des konkret zu bearbeitenden Deliktes gemeint, es wird aber außerdem deutlich darauf hingewiesen, dass auch Männer durchaus mit solchen Ermittlungen betraut werden können. Dies wird in derselben Weise aus einigen weiteren Antworten ersichtlich:

Polizeibeamter, 22 Jahre: *„Da war eine Vergewaltigung, da war keine Frau* [keine Polizeibeamtin] *da, da habe ich mit einem Kollegen* [mit dem Opfer] *gesprochen, [...] und das hat auch funktioniert. Kommt natürlich ein bisschen auf den Mann an, wie der damit umgehen kann. Da gibt es auch qualifizierte Leute, die das können.“*

Polizeibeamtin, 35 Jahre: *„[...] Ich glaube, dass Männer das genauso gut könnten, dass sie das vielleicht noch nicht so praktizieren, aber ich glaube, dass sie das genauso gut könnten.“*

Polizeibeamtin, 35 Jahre: *„Es gibt auch Frauen, die sind wenig empathisch und auch Männer, die sind sehr empathisch.“*

Polizeibeamtin, 41 Jahre: *„[...] dass auch die Männer die Bereiche, die Frauen machen, auch übernehmen können. Nicht alle, nicht jeder, aber es gibt welche, die auch sensible Bereiche, Sexualstraftaten oder wenn es um Kindesmissbrauch, Misshandlung geht, eigentlich genauso gut machen können.“*

Einige weitere Antworten zu meiner Frage nach der *„persönlichen Wahrnehmung und Sichtweise zu der uneingeschränkten Verwendung von Frauen und Männern im Polizeidienst“* setzen sich damit auseinander, wie Polizeibeamtinnen von ihren Kollegen, aber auch in der Öffentlichkeit, akzeptiert werden. Insbesondere sind es Frauen, die überwiegend zum Ausdruck bringen, dass es vor allem ältere Kollegen sind, die *„noch mit vielen Vorurteilen zu kämpfen“* (Polizeibeamtin, 54 Jahre) haben. Es handelt sich bei den geäußerten Vorbehalten aber nicht nur um subjektive Empfindungen, auch der Sorge, wie eine Situation mit „körperlicher Gewaltanwendung“ bewältigt werden kann, wurde Ausdruck verliehen. Insgesamt kann aber dem gefolgt werden, wie es ein Polizeibeamter im Lebensalter von 40 Jahren formuliert hat: *„Ich habe damit keine Probleme.“*

Polizeibeamtin, 35 Jahre: *„Viele Männer sehen uns noch nicht als vollwertig an, meinen, dass wir gerade bei schwierigeren Einsätzen, schwierige Einsätze sind also die, wo es auch zu körperlichen Angriffen kommen kann, vielleicht noch nicht bestehen können.“*

Polizeibeamter, 38 Jahre: *„Ich komme aus einem kleinen Dorf, sehr konservativ eingestellt. Da kann man es sich sehr schwer vorstellen, dass eine Frau in der Polizei gewisse Aufgaben lösen kann. Aber ich denke, wenn man sich das genau anschaut, dann ist das sehr wohl möglich. Vor allen Dingen die sozialwissenschaftlichen Aspekte stehen mehr denn je im Vordergrund, so dass wir auf jeden Fall auf die Hilfe der Frau auch zählen können und sie mit Sicherheit auch in der Lage ist, die vielfältigen Probleme der Polizei auch mit anfassen zu können.“*

Polizeibeamtin, 25 Jahre: *„Bei Älteren ist mir aufgefallen, die akzeptieren die Frauen noch nicht so. Bei den Jüngeren stört es nicht weiter, da habe ich noch nie Probleme gehabt. Das kommt schon ab und zu bei älteren Kollegen."*
Polizeibeamtin, 26 Jahre: *„Es gibt Kollegen, die sind der Meinung, Frauen gehören nicht in die Polizei. Andere finden das gut, weil, ja, das weiß ich eigentlich auch nicht, warum sie das gut finden."*
Polizeibeamtin, 26 Jahre: *„Es gibt Männer, die sind der Meinung, Frauen gehören nicht in die Polizei. Ich glaube, Männer denken, [...] Männer gehören einfach zur Polizei."*
Polizeibeamtin, 27 Jahre: *„Männer denken unterschiedlich über Frauen in der Polizei. Der eine Teil ,sehr gut, deeskalierend, bringen neue Ansichten, fördern das Sozialverhalten'. Andere sagen, wir setzen Keile in die Gemeinschaft. Prinzipiell recht unproblematisch, aber man merkt in manchen Dienststellen doch Probleme, dass man als Frau nicht die Akzeptanz findet. Die Kollegen finden einen nett, aber mit einem arbeiten, da gibt es Unterschiede. Oder sie lassen sich nichts sagen."*
Polizeibeamtin, 28 Jahre: *„Das, denke ich, ist altersabhängig. Die älteren Kollegen haben ein gespaltenes Verhältnis dazu gehabt. Inzwischen ist das auch nicht mehr so, am Anfang, wo die ersten Polizeibeamtinnen eingestiegen sind, gerade hier oben auf dem Land war das ja noch sehr spät, dass da in jeder Schicht eine Frau war. Vielleicht mit Vorurteilen belegt, einerseits wurden die auch bestätigt, andererseits konnten die auch wieder abgebaut werden. Die Kollegen, die mit mir zusammen angefangen sind, kennen die Polizei ja gar nicht ohne Frauen und haben dadurch dann ja auch ein komplett anderes Verständnis."*
Polizeibeamter, 29 Jahre: *„[...] die Frau kann eigentlich in jedem Einsatzbereich eingesetzt werden. [...] Aber die älteren Kollegen so, die noch in den Schichten sind, sind zwiespältig. Die Frau ist im Vormarsch im Polizeiberuf und das sollte man auf jeden Fall fördern."*
Polizeibeamter, 29 Jahre: *„Ich denke, dass ist sicherlich nicht von Nachteil, wenn Frauen auch im Schichtdienst tätig sind."*
Polizeibeamtin, 35 Jahre: *„Viele Männer sehen uns noch nicht als vollwertig an, meinen dass wir gerade bei schwierigeren Einsätzen, wo es auch zu körperlichen Angriffen kommen kann, vielleicht nicht bestehen können."*
Polizeibeamter, 37 Jahre: *„[...] muss ich sagen, dass ich das durchaus als positives Element empfinde, dass Frauen bei der Polizei beschäftigt sind. [...] Ich würde mich durchaus freuen, wenn Frauen noch vermehrt bis in alle Bereiche der Polizei vordringen würden. Ich arbeite auf einer kleinen Dienststelle und es wäre durchaus für uns schön, wenn dort auch Frauen arbeiten würden."*
Polizeibeamter, 38 Jahre: *„In diesem Beruf, das hat die Erfahrung gezeigt, im Unterricht oder im Gespräch mit vielen Kollegen, stehen die Frauen auch ihren Mann. Ob das da ein Mann ist, der diese Aufgabe bewältigt oder eine Frau, ist zweitrangig. Es ist anders, wie die Frau da rangeht, wie der Mann da rangeht,*

das ist unterschiedlich, das kann man nicht auf ein festes Bild zusammenschmeißen.“

Polizeibeamtin, 41 Jahre. *„[...] ich habe erst gedacht, je mehr Frauen wir sind und je länger das andauert, mit Frauen bei der Polizei, würde das alles son bisschen sich normalisieren. Wir hatten jetzt im Unterricht mal Thema in Sozialwissenschaften angesprochen und da merkte man doch an den Äußerungen, dass wir da noch lange nicht sind und äh, ich merk das so an meiner Arbeit nicht unbedingt, aber man merkt das immer wieder durch Gespräche und Einstellungen von Männern, dass das nicht so ideal ist. [...] Ich habe die Besorgnis, dass, wenn es drauf ankommt, die Frau dann eher vielleicht ein bisschen fallen gelassen wird.“*

Polizeibeamtin, 54 Jahre: *„Also manche werden sagen, Frauen haben bei der Polizei nichts zu suchen, aber das Gros wird sagen, gut, dass es Frauen bei der Polizei gibt. Frauen gibt es erst seit einigen Jahren bei der Polizei. Ich denk mal das Bild der Frau in der Polizei, das polizeiliche Bild der Frau, ist in der Gesellschaft mit positiveren Aspekten besetzt als bei den Männern. Also Männer haben sicherlich noch mit vielen Vorurteilen zu kämpfen.“*

Polizeibeamter, 56 Jahre: *„[...] mit denen ich zusammengearbeitet habe, da kann ich nur wirklich den Hut ziehen. Gut ausgebildet, gut, sicher, stark im Auftreten, also ich kann das nur begrüßen. Eine Bereicherung, dass wir auch Frauen bei uns haben.“*

Abschließend einige Gedanken zu dem, was allgemein als nicht ernstzunehmende *„Sprüche, Witze, Scherze unter Kollegen“* verstanden wird. Landläufig wird die Ansicht vertreten, das dürfe nicht so ernst genommen werden. Es steckt aber offensichtlich mehr dahinter, wenn *„Sprüche geklopft“* werden.

Polizeibeamtin, 22 Jahre: *„Aus der Gruppe heraus fallen schon mal Sprüche, aber wenn man dann mit den Kollegen alleine ist, dann ist davon nichts mehr zu merken, dann ist das alles nur ein Spaß gewesen. Im Einzeldienst, da ist das, glaube ich, ein bisschen fester noch verwurzelt. Da habe ich es auch schon erlebt, also im Streifenwagen mit einem Kollegen, der hat diese Meinung dann auch nicht abgelegt, also der hat dann auch noch weiterhin so geredet mit mir.“*

Polizeibeamtin, 41 Jahre. *„[...] Das sind entweder ernst gemeinte oder nicht ernst gemeinte Sprüche, die so in Richtung Frauenfeindlichkeit gehen. Ich registriere das, das macht mir jetzt nicht so viel aus, aber ich registriere das und mit ,n bisschen mit Besorgnis. Solange die Arbeit nicht drunter leidet, die ich als Frau leiste. Unter Kollegen ist das ja in Ordnung, aber schön ist das nicht.“*

Polizeidienst bedeutet, und das darf die Bevölkerung auch erwarten, die ständige Verfügbarkeit *„rund um die Uhr.“*

Polizeibeamtin, 26 Jahre: *„Es sind einige, die sind halt der Meinung, dass das schlecht ist, wenn Frauen bei der Polizei sind, weil die halt Kinder kriegen [...] und dadurch Ausfallzeiten haben.“*

Polizeibeamter, 29 Jahre: *„Andererseits [...] man kommt auch mit verschiedenen Problemen in Berührung. Sei es, wenn die Frauen ausfallen durch Mutterschaft und den darauf folgenden Erziehungsurlaub oder dann nur teilweise arbeiten, also nicht voll zählen zur Schichtstärke."*
Polizeibeamter 32 Jahre: *„[...] längere Unterbrechungen durch Mutterschaftsurlaube."*

Als besonders prekär hat sich daher herausgestellt, wenn Frauen aufgrund von Schwangerschaft ihre ihnen dann zustehenden Rechte in Anspruch nehmen. Diese Rechte werden aus guten Gründen wahrgenommen, die jeder von uns, der ja ebenfalls aufgrund einer Schwangerschaft zur Welt gekommen ist, mit entsprechenden Empfindungen für das damalige Wohlbefinden seiner Mutter nachvollziehen wird. Die Polizeibeamtinnen werden dann, wenn es irgendwie möglich ist, zumindest teilzeitbeschäftigt und erfahren dienstliche Betreuung während und auch nach der Schwangerschaft (vgl. Anlage 3 *„Ich bin schwanger ... was nun?"*). Auch das äußere Erscheinungsbild einer Uniformträgerin während einer Schwangerschaft bedingt eine zumindest zeitweilige Dienstverrichtung in Bereichen mit weniger *„Außenkontakten."* Sogar *„die Tatsache, daß sich bei Beamtinnen nach* [![*einer Schwangerschaft figürliche Veränderungen ergeben können"*(vgl. Nds. Ministerium des Innern, Frauenförderkonzept für die Polizei Niedersachsen, S. 34), beinhaltet größere negative Auswirkungen als zunächst [von Männern] zu vermuten ist. Uniformen werden aus Kostengründen nicht nach tatsächlichem Bedarf, sondern unter Festlegung einer jährlichen Höchstsumme in einem persönlichen Kleiderkonto zur Verfügung gestellt. Dieses Kleiderkonto wird entsprechend der durch Schwangerschaft bedingten Arbeitszeitverkürzungen reduziert, für eine notwendig gewordene neue Grundausstattung stehen der in den Dienst zurückkehrenden Polizeibeamtin evtl. nicht genügend bereitgestellte Finanzmittel zu Verfügung.

Die Polizeibeamtinnen fehlen bei den durch eine Schwangerschaft bedingten Ausfallzeiten aber dort, wo sie dringend gebraucht werden, „vor Ort" im belastenden Streifen- und Hundertschaftsdienst. Das bedeutet für ihre Kolleginnen und Kollegen eindeutig Mehrbelastungen. Bis auf wenige Einzelfälle sind es aufgrund der zahlenmäßig geringen Anzahl von Frauen fast immer Männer, die davon betroffen sind. Polizeibeamtinnen sind daher auch dann, wenn sie nicht schwanger sind, dies aber unterschwellig für stets möglich erachtet wird, einem latenten zusätzlichen Druck ausgesetzt. Dieser potenziert sich noch, wenn schwangerschaftsbedingter Personalausgleich zwar *„auf dem Papier"* stattfindet, die Lücke aber nicht dort, wo sie entstanden ist, ausgefüllt wird (vgl. Deutsche Polizei Juni 2002, S. 3).

Karina Gütges setzt sich kritisch mit einer von Polizeibeamtinnen vorgeschlagenen Lösungsmöglichkeit auseinander, nicht mehr als ein Drittel Frauen in die Polizei einzustellen, damit schon rein zahlenmäßig weniger Schwierigkeiten zu erwarten sind (vgl. Gütges 1999). Ihrem Einwand, dass damit eine weitere Benachteiligung von Frauen hinsichtlich des gleichberechtigten Zuganges zum Polizeiberuf manifestiert würde, ist zuzustimmen. Die Idee der reduzierten Einstellung von Frauen in den Polizeidienst, eingebracht von Polizeibeamtinnen, bestätigt die Verinnerlichung traditioneller Denkweisen und Rollenbilder nicht nur bei Männern, sondern auch bei Frauen. Denn es handelt sich bei den Ausfallzeiten durch Schwangerschaft, Mutterschutz und Elternzeit (so auch Müller-Franke 1996, S. 41) um keine mindere Leistung der Polizeibeamtinnen, sondern um ein strukturelles Problem. Es trifft in derselben Weise auch Polizeibeamte zu, die Elternzeit in Anspruch nehmen. Alternativmöglichkeiten wie Nutzen der Elternzeit durch den Vater oder Verteilung dieser Zeit auf beide Partner, Verbesserung der Rahmenbedingungen bei der Kinderbetreuung, Einrichtung eines Überhangstellenpools, Schaffung von Leer- oder Springerstellen u. a. sind bisher noch gar nicht oder nur unzulänglich entwickelt worden.

Frauen in Führungspositionen

In den ersten Zielsetzungen aus Anlass der Einstellung von Frauen in den Polizeivollzugsdienst des Landes Niedersachsen, die (von Männern) diskutiert und schriftlich festgehalten wurden, hob man [!] die grundsätzlich[55] selben Ausbildungsgänge und Dienstverrichtungen wie bei den *„männlichen Kollegen"* explizit hervor (vgl. Niedersächsisches Ministerium des Innern, FS-Erlaß Nr. 159 vom 12. November 1980). Es ist anzunehmen, dass dieser ersten Konzeption eines Dienstes von Frauen im polizeilichen Vollzugsdienst wohlgemeinte Gedanken in Richtung einer besonderen Entlastung aufgrund einer angenommenen Schwäche des weiblichen Körpers, hoffentlich nicht der geistigen Fähigkeiten, zugrunde lagen. Unzweideutig stellte man aber *„unbegrenzten Aufstieg"* und *„Übernahme von Führungsfunktionen"* als Selbstverständlichkeit dar und verwies auf die Verordnung über die Laufbahnen des Polizeivollzugsdienstes des Landes Niedersachsen, welche den unbegrenzten Aufstieg für alle Polizeiangehörigen vorsieht[56].

Nach mehr als zwanzig Jahren seit dieser im Jahre 1980 in die Zukunft gerichteten Aussage ist zu fragen, inwieweit inzwischen Frauen tatsächlich Führungsaufgaben in der Polizei übernommen haben und wie sie sich darin bewährt haben. Denn es war immerhin eine dpa-Meldung mit Foto wert, die am 4. April 2002 von der Neuen Osnabrücker Zeitung übernommen und veröffentlicht wurde: *„Spitzenbeamtin! Cordula Müller ist als erste Frau in Niedersachsen zur*

---

[55] Der Begriff *„grundsätzlich"* lässt im Gegensatz zur Wortbedeutung *„generell"* Ausnahmen zu.
[56] „Dem Polizeivollzugsbeamten stehen entsprechend seiner Eignung, Befähigung und [...] fachlichen Leistung [...] alle Ämter [...] offen" (§ 3 Abs. 1 Verordnung über die Laufbahnen des Polizeivollzugsdienstes des Landes Niedersachen).

Leitenden Kriminaldirektorin berufen worden. Die 46-jährige Beamtin ist seit 25 Jahren im Polizeidienst. " Allein schon die Tatsache, dass dies öffentliche Aufmerksamkeit erregt hat, ist ein bedeutender Indikator für die formal zwar vorhandenen, praktisch aber bisher nur unzulänglich eröffneten Aufstiegsmöglichkeiten für Frauen in der Polizei des Landes. Die Gewerkschaft der Polizei (GdP) im Deutschen Gewerkschaftsbund (DGB) wies am 30. April 2002 während ihrer Landesfrauenkonferenz in Bad Nenndorf darauf hin, dass nur ca. 3 % Hauptkommissarinnen, aber ca. 97 % Hauptkommissare der Besoldungsgruppe A 12 angehörten. Den Aufstieg in die Chefetagen des höheren Polizeivollzugsdienstes hatten im Jahr 2002 12 Polizeivollzugsbeamtinnen geschafft. Bei einer Gesamtzahl von 240 Polizeivollzugsbeamten in den Besoldungsgruppen A 13 (höherer Dienst) – A 16 entspricht das einem Prozentanteil von 5 Prozent (vgl. Anlage 6 *„Frauenanteil in der Polizei Niedersachsen in den Jahren 1998, 2000, 2001 und 2002"*). Insgesamt wird der Frauenanteil in Führungspositionen der Polizei mit ca. 5 % als eklatante Unterrepräsentanz beklagt (vgl. Deutsche Polizei Mai 2002, S. 2).

Polizeibeamtin, 40 Jahre: *„Die Möglichkeit, entsprechende Ämter, wo es mehr Geld gibt, zu erreichen, aufgrund der Zahlen kann man ganz klar belegen, dass da Frauen unterrepräsentiert sind. Das ist aber ein grundsätzliches geschlechtsspezifisches gesellschaftliches Problem, sicherlich ausgeprägter bei der Polizei. Bedingt durch hierarchische Gefälle und die Tatsache, dass in entscheidenden Positionen halt Männer sitzen. "*

Führungspositionen sind auch heute noch nur in geringem Maße mit Frauen besetzt, woraus auf eine durch Männer bewirkte Benachteiligung bei Beförderungen, vielleicht schon bei der Bewertung erfolgreicher Arbeit, geschlossen werden kann. *„Das deutet darauf hin, dass deutsche Männer insgesamt nicht damit fertig werden, sich von einer Vorgesetzten, einer Frau, sagen zu lassen, wie man bestimmte Probleme gerne angehen möchte"*, stellt Heide Simonis (SPD), Ministerpräsidentin des Landes Schleswig-Holstein, dazu fest (vgl. Neue Osnabrücker Zeitung 9. Januar 2002). Auch Marianne Kreuzer, Chefmoderatorin Sport im Bayerischen Fernsehen, hat ähnliche Erfahrungen gemacht:. *„Ich halte es grundsätzlich für schwierig, wenn ein Mann eine Frau als Vorgesetzte hat"*, sagte sie mit Blick auf einen ihr nachgeordneten äußerst prominenten Reporter, der mit einer ihn betreffenden Personalentscheidung nicht einverstanden war. Dieser hatte sich öffentlich dahingehend geäußert, dass es für ihn grundsätzlich problematisch sei, eine Frau als Vorgesetzte zu haben, da er das traditionelle Rollenverhältnis bevorzugen würde (vgl. Neue Osnabrücker Zeitung 18. November 2000). *„Darüber hinaus wurde auf generelle Vorbehalte von Männern bezüglich der (Führungs-)fähigkeiten von Frauen verwiesen. Männern wird mehr Führungskompetenz zugebilligt und deswegen war und ist die Förderung weitestgehend immer noch auf Männer ausgerichtet"* (vgl. Gütges 1999).

„Männer und Frauen haben aber auch durchaus unterschiedliche Interessenlagen," äußerte sich Nüsslein-Volhard am 27. Oktober 2000 im DeutschlandRadio Berlin. Die Wissenschaftlerin beklagt zwar ebenfalls den offenkundigen Mangel an durch Frauen besetzten Führungspositionen, sieht aber eine Ursache darin, dass Frauen berufliches *„Aufsteigen nicht als ihr größtes Ziel"* sehen würden. Daher gäbe es nicht nur weniger Frauen als Männer, die sich für eine berufliche Karriere interessieren, sondern auch weniger, die *„es dann auch packen."* Polizeibeamter, 37 Jahre: *„[...] Ich würde es mir wünschen, wenn mehr Frauen in Führungspositionen reinkommen, das wäre für das Klima u. a. mit Sicherheit besser. Nur oftmals wollen ja Frauen sich nicht in Führungspositionen begeben, da sind viele noch sehr zögerlich."*

Dies widerspricht jedoch Erkenntnissen, die ich während des Abschlussgespräches eines Seminars am Bildungsinstitut der Polizei Niedersachen am 24. September 2001, insbesondere aber den 1999 veröffentlichten Untersuchungen von Bischoff zu *„Männer und Frauen in Führungspositionen der Wirtschaft in Deutschland"* (vgl. Geissler/Oechsle 2000, S. 16) gewinnen konnte. Die bis etwa 1990 im Hinblick auf instrumentelle Orientierungen (Karriere machen, höheres Einkommen erzielen) vorhandenen signifikanten Unterschiede zwischen Männern und Frauen können bei jungen Frauen in dieser Weise nicht mehr festgestellt werden. Bei ihnen zeichnet sich *„eine generell ausgeprägtere instrumentelle Einstellung"* ab. Während sich 1990 Frauen in Führungspositionen zu Ausübung und Funktion von Macht noch durchweg distanziert verhielten, *„hat sich ein knappes Jahrzehnt später das weibliche Verhältnis zu Macht verändert"* (vgl. Geissler/Oechsle 2000, S. 16). Eine Polizeibeamtin (35 Jahre) fasst das wie folgt zusammen: *„Mittlerweile werden sehr viele Frauen eingestellt und diejenigen, die in den Führungspositionen sind, sind kaum zu finden. Da spricht man ja von dieser gläsernen Decke, dass wir uns natürlich fragen, wie kommt das, dass nicht mal anteilig Frauen in Führungspositionen sind. Die Gründe sind sicherlich ganz unterschiedlich, vielleicht weil Frauen nicht unbedingt in Führungspositionen wollen, zum Teil weil sie sich für Familie entscheiden, zum Teil weil sie keine Chance haben. In der Auswahlkommission sitzen ja überwiegend Männer und bekanntermaßen suchen Männer irgendwelche Nachfolger, Vertreter oder ja Mitarbeiter oft aus nach dem Ähnlichkeitsprinzip, nach dem Motto, die müssen so sein wie ich. Da fällt eine Frau natürlich schon mal hinten runter, wobei ich auch glaube, das hat eine Menge mit Angst zu tun. Viele Männer könnten das sicher nicht aushalten, Frauen als Vorgesetzte zu haben."*

Die Empfindungen von Männern gegenüber einer vorgesetzten Kollegin sind tatsächlich sehr unterschiedlich. Einige freuen sich über die weibliche Ausprägung von Führungskompetenz, einigen ist es, sofern ordentliche Arbeit geleistet wird, gleichgültig, ob sie einen Mann oder eine Frau als Chef haben, einige haben Akzeptanzprobleme (vgl. Dudin 2002).

Eine Studie der Universität Leeds unter 3 500 Managern und Managerinnen kommt zu dem überraschenden Ergebnis: *„Sogar Männer glauben, dass weibliche Chefs besser sind"* (Polizeispiegel April 2003, S. 40). Nicht nur Frauen empfinden es als angenehm, wenn sie mit Leitungsaufgaben betraute Frauen erleben. Einer repräsentativen Emnid-Umfrage im Auftrag der Zeitschrift *„Readers Digest"* zufolge kann sich die Mehrheit der Deutschen eine Frau als Vorgesetzte vorstellen (vgl. Neue Osnabrücker Zeitung 4. Januar 2003). Eine weitere Umfrage der Universität Leeds kommt ebenfalls zu dem Ergebnis: *„Frauen sind die besseren Bosse."* Sie können ihr Personal natürlicher motivieren und schaffen ein Klima für Fortbildung und Weiterentwicklung, berichtet die Tageszeitung *„The Daily Telegraph"* unter Berufung auf eine Befragung von 2000 Angestellten aus dem Gesundheitsbereich und der kommunalen Verwaltung. Innerhalb dieser Untersuchung schnitten Frauen in 11 von 14 Bewertungskategorien zur Effektivität der Chefs besser ab als Männer (vgl. Neue Osnabrücker Zeitung, 18. Januar 2003).

Einer Umfrage des Marktforschungsinstituts Europressedienst (vgl. Neue Osnabrücker Zeitung 24. März 2003) ist zu entnehmen, dass Frauen der Sprung in Führungspositionen aber immer noch sehr selten gelingt. In der gesamten deutschen Wirtschaft liegt der Anteil von Frauen in den Führungsetagen unter zehn, in der gesamten Arbeitswelt bei 11 Prozent, stellte Frauenministerin Renate Schmidt aus Anlass des Internationalen Frauentages 2003 fest (vgl. Neue Osnabrücker Zeitung 7. März 2003). Zum Beispiel sind etwa 40 Prozent der Akademiker eines DAX-Unternehmens Frauen, aber nicht eine einzige hat es in den Vorstand geschafft. An der Fachhochschule Wilhelmshaven gibt es 120 Professorenstellen, davon sind ganze neun von Frauen besetzt (vgl. Neue Osnabrücker Zeitung 8. Januar 2000). Dieselben Konstellationen sind auch im Freizeitbereich zu verzeichnen. Die Statistik des Landessportbundes Niedersachen für das Jahr 2002 ergibt einen Anteil von 42,5 Prozent Sportlerinnen, als Vereins- bzw. Sportbundvorsitzende engagieren sich aber nur 6,5 % bzw. 7,7 % Frauen. Immerhin gehören inzwischen drei Frauen dem aus acht Mitgliedern bestehenden Präsidium an (Sport und mehr April 2003, S. 6). Michaela Engelmeier, Vize-Präsidentin des Deutschen Judo-Bundes, beklagt ebenfalls, dass Frauen nicht genügend Chancen erhielten Verantwortung zu übernehmen: *„In den Führungsgremien der deutschen Spitzensportverbände sind 289 Männer, aber nur 25 Frauen vertreten. Es geht nicht darum, dass Quoten-Frauen gebraucht werden. Frauen sollen nicht in Führungspositionen tätig sein, weil das nett aussieht, sondern weil sie gut sind und Ahnung haben"* (Judo-Magazin März/April 2003, S. 41).

Darüber, wie Polizeibeamte und –beamtinnen zu einem weiblichen oder männlichen Chef stehen, ergibt sich aus meiner Untersuchung folgendes Resultat: Als Ausgangslage wird zunächst bestätigt, *„Männer haben in der Polizei gegenüber den Frauen die bessere Positionen"* (Polizeibeamter, 23 Jahre).

Polizeibeamter, 36 Jahre: *„Frauen sind insgesamt im Berufsleben leider immer noch benachteiligt. Das fängt bei der Besetzung von Spitzenpolitikern an und endet im ‚einfachen' Berufsleben. "*
Polizeibeamter, 39 Jahre: *„Die meisten Führungsfunktionen, selbst beim Gruppenführer fängt es schon an, werden von männlichen Kollegen wahrgenommen und nur in Ausnahmesituationen von den Frauen. "*
Polizeibeamter, 46 Jahre: *„Frauen finden sich eher in der Sachbearbeitung, weniger in Führungspositionen. "*

Ein Beamter (38) berichtet von einer Vorgesetzten, die in der Hierarchie so weit oben angesiedelt war, dass man nur wusste, dass es sie gab: *„Wir hatten mal eine Chefin, mit der ich natürlich nicht so engen Kontakt hatte. Das war unsere Direktorin der Polizei. Die hatte man aber nur auf dem Papier kennen gelernt oder im Vorbeifahren. "*

Zwei Beamte (39 und 45 Jahre) berichten von positiven Dienstabläufen mit ihrer Chefin, einer davon gibt sogar eine besonders gute Beurteilung über sie ab: *„Ich habe erst ein einziges Mal eine Frau als Chefin gehabt, mit der kam ich gut klar. " „Ich habe eine Chefin. Mit dieser Chefin bin ich ausgesprochen gut zufrieden. Ich glaube, auch die anderen Mitarbeiter und Mitarbeiterinnen bei uns. An ihrem Führungsstil ist überhaupt nichts auszusetzen. Es ist sehr kollegial und von daher kann ich mir überhaupt keine bessere Chefin oder einen besseren Chef vorstellen. "*

Diese Aussagen entsprechen hinsichtlich ihrer inhaltlichen Wertung dem, was 38 Prozent der Antworten enthalten. Es kommt nicht darauf an, ob es sich in der Vorgesetztenfunktion um eine Frau oder einen Mann handelt, sondern einzig und allein auf die persönliche und fachliche Kompetenz.
Polizeibeamter, 22 Jahre: *„Das ist mir eigentlich egal. Es kommt mir darauf an, was für eine Person das ist, wie er als Chef ist, wie er als Vorgesetzter ist und nicht ob es ein Mann oder eine Frau ist. "*
Polizeibeamter, 22 Jahre: *„Also ich hatte beides schon, ich kann mit beiden auskommen. Ist mir eigentlich egal, mit Frauen komme ich auch sehr gut aus, hatte ich schon. "*
Polizeibeamtin, 22 Jahre: *„Jemanden Nettes, ist egal ob Mann oder Frau. "*
Polizeibeamter, 23 Jahre: *„Ich sehe das auch nicht als Problem, wenn Frauen höhere Stellen bekleiden würden oder wenn ich eine Kollegin als Vorgesetzte hätte. "*
Polizeibeamtin, 27 Jahre: *„Das ist mir egal, er muss kompetent sein, oder sie, das ist mir wirklich egal. "*
Polizeibeamter, 29 Jahre: *„Wenn sie ihren Job gut machen, ist mir das eigentlich ziemlich egal, wenn ich ihn als Chef, als Chefin akzeptiere. "*
Polizeibeamtin, 31 Jahre: *„Das ist mir eigentlich egal, da steht mehr der Mensch im Vordergrund. "*

Polizeibeamter, 35 Jahre: *„Das kommt auf die Person drauf an. [...] Ein Chef muss immer führungsstark sein, der muss eine hohe soziale Komponente haben und wenn das bei einer Frau gegeben ist, dann warum nicht, da hätte ich, glaube ich, kein Problem mit."*
Polizeibeamtin, 35 Jahre: *„[...] aus dem Frauenbild, wie ich eins habe und auch dem Männerbild, würde ich sagen, egal."*
Polizeibeamter, 37 Jahre: *„Das wäre mir egal, Hauptsache er macht seinen Job gut, ehrlich, offen und ist konsequent in seiner Durchsetzung."*
Polizeibeamtin, 40 Jahre: *„Das kommt auf die Frau an und das kommt auf den Mann an. Ich kann mit einem Mann als Chef ebenso gut leben wie mit einer Frau. Das bloße Argument, es ist eine Frau, reicht für mich nicht aus, um in bestimmte Positionen zu kommen. Obgleich ich mich frauensolidarisch erkläre, [...] bin ich keine Befürworterin 'des um jeden Preises', sondern dann durchaus 'im Wohle aller' zu gucken."*
Polizeibeamtin, 41 Jahre: *„Das kann ich so nicht sagen, das ist mir eigentlich gleich, Hauptsache kompetent, fähig, teamfähig, das würde ich von den Qualitäten abhängig machen."*
Polizeibeamtin, 54 Jahre: *„Das ist mir also völlig egal und zwar völlig egal im besten Sinne des Wortes. Hm, ich denke mal, dass ich weder mit Männern als Vorgesetzten oder Frauen als Vorgesetzte Probleme habe, hoffe ich zumindest."*

Es haben sich aber auch einige Meinungen gebildet, die sich entweder lieber eine Frau oder einen Mann in der Position eines Vorgesetzten wünschen. Von der Anzahl her halten sie sich mit vier Prozent für weiblich und fünf Prozent für männlich in etwa die Waage.
Ein Polizeibeamter (32 Jahre) erkennt in der *„[...] Frauenförderung [...] teilweise recht seltsame Wege [...], die offensichtlich nicht sonderlich qualifizierte Frauen in Führungspositionen setzt."*
Zwei Polizeibeamtinnen (26 und 35 Jahre) berichten von schlechten Erfahrungen mit Frauen als Vorgesetzte:
„Ich hab das mal erlebt, da war auch eine Frau und die Männer sind da gar nicht so gut mit klar gekommen, hat ich so das Gefühl. Ich glaub, das lag aber da auch an der Persönlichkeit, also nicht unbedingt nur daran, dass es ne Frau war. Sie hat wohl sehr schnell Karriere gemacht und das passte den Kollegen nicht und dann kommen halt so Gerüchte auf, dass die halt nur so weit gekommen ist oder so schnell so weit gekommen ist, weil sie halt ne Frau ist."
„Ich hatte viele Vorgesetzte, darunter zwei Frauen und diese zwei Frauen haben mir das Leben ohne Ende schwer gemacht. Es waren für mein Empfinden Frauen, die sehr hart geworden sind, deswegen fehlte mir das Zwischenmenschliche da total. Aus der Erfahrung raus würde ich sagen, oh nein, lieber einen Mann."

Eine Polizeibeamtin (37 Jahre) äußert sich dahingehend, dass eine Frau *„hier viel, viel mehr Wind reinbringen würde"*, es ihr unter *„Männerregie"* offensichtlich nicht genügend erfolgsorientiert zugeht. Ihr Kollege (56 Jahre) erhofft sich aufgrund seiner Erfahrungen mit einer Frau als Chefin ein besseres Arbeitsklima: *„Ich habe mit Kolleginnen, die vom Dienstgrad höher waren als ich, zusammengearbeitet und ich glaube schon, dass das Vorteile haben kann für die Atmosphäre in der Dienststelle."*

Ohne Angabe von Gründen erklärt ein Polizeibeamter (39 Jahre) kurz und knapp: *„Grundsätzlich hätte ich lieber einen Mann als Chef."* Zu derselben Überlegung kommt auch eine Polizeibeamtin (25 Jahre) und begründet dies mit möglicherweise aufkommenden zwischenmenschlichen Zwistigkeiten: *„[..] weil dieses Zickengetue nicht aufkommen würde. Frauen achten auch oft auf oberflächlichere Sachen wie optisches Erscheinungsbild. Einem Mann ist es eher egal, wie ich optisch in meiner Privatzeit rumlaufe als einer Frau. Weil sie mich vielleicht als Konkurrentin sehen würde, obwohl keine Konkurrenz besteht. Deshalb hätte ich lieber einen Mann als Vorgesetzten."* In dieselbe Richtung gehen die Überlegungen eines Polizeibeamten von 29 Jahren: *„Ich hab die Erfahrung gemacht, dass da es zwischen Vorgesetzten und Frauen häufig zu engeren Verhältnissen gekommen ist und es da zu Bevorteilungen kam. Für mich persönlich würde ich mir einen Mann als Vorgesetzten wünschen, da ich die Angst hätte, dass eine Frau als Vorgesetzte mit einem Mitstreiter, ich hätte Bedenken, dass da vielleicht sich was entwickeln könnte zu Lasten der andern Kollegen, die da keinen Einfluss drauf haben."* Eine weitere Polizeibeamtin (35 Jahre) wünscht sich einen männlichen Vorgesetzten mit hilfsbereitem Wesen und gesellschaftlichem Fachwissen: *„Wenn ich mir eine Führungsperson basteln könnte, dann wäre es halt ein Mix, wo auch soziale Kompetenz eine Rolle spielt. Wenn diese soziale Kompetenz ein Mann hat, dann würde ich auch gerne einen Mann nehmen."*

Um im männerdominierten beruflichen Umfeld keine Schwäche zu zeigen, passen Frauen sich an bestehende Verhältnisse an und verhalten sich so wie Männer es auch gewohnt sind. Patriarchale Strukturen, wie sie in der Polizei immer noch vorgefunden werden, bedingen, so die Erkenntnis von Kurz-Scherf (vgl. Floreck (B) 2001, S. 16), das Streben nach Karriere, Macht und Status. Um als kompetent angesehen zu werden, müsse der *„um seine Bedeutung und Unentbehrlichkeit kämpfende Oberhahn"* in Gesprächen belehren und auf Selbstinszenierung bedacht sein. Frauen erhielten innerhalb der bestehenden männlich dominierten Strukturen inzwischen zwar bessere Chancen und leisten durch ihr Vorhandensein auch in Führungspositionen einen wesentlichen Beitrag dazu, dass diese Positionen auch für Frauen immer selbstverständlicher werden. Ihr Freiheitsspielraum dürfe aber nicht überschätzt werden, führt Kurz-Scherf weiter aus. Um ihre Karriere nicht zu gefährden, würden weibliche Führungskräfte sich *„genauso benehmen wie Männer, nur eben ein Kostüm und einen weiblichen Vornamen tragen."*

Polizeibeamtin, 35 Jahre: *„Ich hatte zwei Frauen als Vorgesetzte. Es gibt ja diesen Ausspruch, manche Frauen sind bessere Männer. Das habe ich auch gedacht, dass die ein besonders heftiges Regiment geführt haben, völlig an Beziehungen und Menschen vorbei, also Mensch spielte als Faktor überhaupt keine Rolle. Weil sie die Ausnahme waren und Dienststellenleiterin, standen die meiner Interpretation nach so unter Druck, sich zu beweisen, dass die gesagt haben, es muss hier auch alles Superklasse laufen, sonst wird gesagt, guck mal, das ist eine Frau und die hat ihren Laden nicht im Griff."*

Während der Diskussion auf dem 10. Frauenbildungstag am 13. Oktober 2000 in Georgsmarienhütte, an dem ich teilgenommen habe, wurde dies ebenfalls thematisiert und mit der Frage verbunden, ob es nicht auch umgekehrt der Fall sein könnte. Die Frage, wie es denn wäre, wenn karrierebewusste Männer sich in ihrem Verhalten an weiblichen Vorbildern orientieren würden, blieb mangels geeigneter Beispiele aus der Lebenspraxis unbeantwortet.

Polizeibeamtinnen in Führungspositionen sind oft unverheiratet oder kinderlos, häufig sogar beides (vgl. (Klein 1999). Die Bundesfrauenkonferenz 2003 der Deutschen Polizeigewerkschaft (DPolG) im Deutschen Beamtenbund (DBB) hat sich eingehend mit den Gründen für diese offensichtlich vorhandene Phänomen, welches bei Männern ja nicht so krass in Erscheinung tritt, befasst. Die berufliche Tätigkeit von Polizeibeamtinnen wird durch für sie ungünstige Rahmenbedingungen erheblich eingeschränkt, lautete das Ergebnis. *„Berufsverläufe mit Unterbrechungen passen nicht nur schlecht in Dienstpläne, der Aufstieg von Frauen mit Familie in höhere Positionen ist fast gänzlich unmöglich. Nur eine Frau ohne Kinder hat gute Chancen Karriere bei der Polizei zu machen"* (Polizeispiegel Juli/August 2003, S, 11).

Krankheitsbedingter Ausfall wird von Frauen in Führungspositionen vermieden, vorwiegend mit *„dem Griff zu Medikamenten."* Lediglich 18 Prozent erlauben sich *„eine wirkliche Auszeit für einen längerfristigen Stressabbau."* *„Jede zweite weibliche Führungskraft in Deutschland hat mit Symptomen wie Verspannungen, Kopfschmerzen, Migräne, Schlafstörungen, Nervösität oder Magen-Darm-Problemen zu kämpfen,"* ist einer Studie des Marktforschungsinstituts Europressedienstes zu entnehmen (vgl. Neue Osnabrücker Zeitung 24. März 2003). Sie sind, so das Ergebnis der Befragung von 1500 Frauen in Führungspositionen, durch Mehrfachbelastungen einem äußerst starken Druck ausgesetzt und fühlen sich *„vom Mann mit Beruf, Familie und Haushalt allein gelassen."* Die hiermit indirekt, aber doch deutlich angemahnte Vereinbarkeit von Familie und Beruf darf in der Tat nicht außer Acht gelassen werden (vgl. S. 195 ff., 205 ff.). *„Die Vereinbarkeit unterschiedlicher Anforderungen bedarf immer eines guten Managements"*, weiß Czech, Vize-Präsidentin des Landessportbundes Niedersachsen, zu berichten und sieht *„die Unterstützung der Frauen durch die gesamte Familie als absolut notwendig an,"* um hier entlastend mitzuwirken (vgl. Sport und mehr April 2003, S. 6). Während Männer im wesentlichen unbelastet von familiären Pflichten den sich daraus ergebenden Freiraum zur beruflichen Entfaltung nutzen können, ist das dazu notwendige berufliche Engagement Frauen aufgrund der benannten und allseits bekannten Mehrfachbelastungen weitgehend verwehrt (vgl. S. 219 ff.).

Auf in Polizeikreisen der Bundesrepublik Deutschland bisher noch gar nicht bekannte familienfreundliche Regelungen macht Gütges aufmerksam. Polizistinnen in der ehemaligen DDR konnten in der Zeit, in der für sie die Familie eine zentrale Rolle ihres täglichen Lebens einnahm, die Möglichkeit eines Fernstudiums zum Aufstieg in Führungsämter nutzen. *„Das dauerte zwar länger als ein Präsenzstudium, wirkte sich aber positiv auf die Vereinbarkeit von Beruf, Aufstieg und Familie aus, weil ein Umzug zu den zentralen Ausbildungsstellen nicht erforderlich war"* (Gütges 1999).

Die Frage, inwieweit Frauen oder Männer Führungsfunktionen real ausüben, eröffnet aber nicht nur personenbezogene Perspektiven. Bei einem höheren Anteil von Frauen in Chefetagen der Polizei ist zu erwarten, dass sich langfristig auch die Kultur der gesamten Organisation Polizei im Sinne von Gender Mainstreaming positiv verändert. Aber auch die Effektivität der polizeilichen Arbeit wird, da Erkenntnisse aus Analysen des Managements in Führungsetagen von Politik und Wirtschaft (vgl. Höhler 2000) evaluierend übernommen werden können, gesteigert. *„Frauen und Männer – als Team unschlagbar"*, lautet Gertrud Höhlers These, die u. a. aus der Beobachtung der Zusammenarbeit von jungen Managern und Managerinnen herrührt: *„Junge Männer haben einen kurzen Denkweg zu der Selbstverständlichkeit, dass gemischte Talente komplexere Lösungen bringen. Firmen von gestern sind Männerfirmen, die männlich kollabieren, auch wenn sie gestern noch vor Kraft kaum gehen konnten. Firmen für morgen sind gemischte Teams, die das neue Aufgabenspektrum im Management zwischen Männern und Frauen aufteilen, weil die Aufgaben verschiedenes Know-how verlangen."* Auch die in den USA von Cox und Blake 1991 im Rahmen des Konzeptes *„Managing Diversity"* entwickelten *„Kreativitäts- und Problemlösungsargumente"* unterstützen diese These. Sie verweisen eindeutig darauf, dass *„gemischt zusammengesetzte Gruppen kreativer sind und zu tragfähigeren Problemlösungen kommen"* (vgl. Niedersächsisches Ministerium für Frauen, Arbeit und Soziales (C) 1999, Gender Mainstreaming, S. 9). Verstärkend hinzu kommt auch noch das aus derselben Untersuchung stammende *„Systemflexibilitäts-Argument."* Es geht von einer in Monokulturen, wie sie zum Beispiel im männerdominierten Berufsfeld Polizei anzutreffen ist, vorhandenen erheblichen Veränderungsresistenz aus. *„Die vollständige Integration* [von Frauen in die Polizei] *bewirkt dagegen eine größere Veränderungsbereitschaft und –fähigkeit."*

Der Trend- und Zukunftsforscher Matthias Horx sieht die durch Frauen bewirkten Veränderungen bereits weiter entwickelt als es allgemein zur Kenntnis genommen wird. Auf der vom Volkswagen-Konzern Anfang April 2000 in Berlin veranstalteten *„Zukunftsmesse"* beantwortete er die Frage *„Welche Rolle spielen Frauen im 21. Jahrhundert"* sehr zuversichtlich: *„Sie werden in allen Spitzenstellungen zu finden sein. Die Erwerbstätigkeit von Frauen nimmt auf jeden Fall immer mehr zu und auch das Einkommen. Im Jahr 2030, das kann man sich ausrechnen, ist die Emanzipation der Frauen ökonomisch gelaufen"* (vgl. Hallo Berlin 5. April 2000).

Kernpunkte gesellschaftlicher Rahmenbedingungen

Freie Wahl der Lebensform für Männer und Frauen

Das Grundgesetz der Bundesrepublik Deutschland spricht nicht irgendeinem Kollektiv, sondern jedem Einzelnen das Recht zu, nach seiner Facon selig zu werden[57]. Menschliches Wohlergehen wird gemeinhin auch nicht als ein Geschenk *„von oben"* angesehen, sondern als das Ergebnis eigener Anstrengungen, die nach eigenem Ermessen, ohne Bevormundung durch *„Regierungsgewalt"*, dosiert werden können (vgl. Adam 2003). Innerhalb eines freiheitlichen Gemeinwesens hat der Staat kein Recht Frauen oder Männern die Form ihres Lebens vorzuschreiben. Ob Hausfrau, berufstätige Mutter, alleinlebende Frau mit oder ohne Kind(er), oder ob Hausmann, berufstätiger Vater, alleinlebender Mann mit oder ohne Kind(er), der Staat darf darauf keinen direkten Einfluss nehmen.

Das verfassungsmäßig festgeschriebene Grundrecht der freien Entfaltung der Persönlichkeit stößt jedoch schnell an die realen Grenzen der Lebenswirklichkeit. Die geschlechterdifferenzierte Analyse des *„Lebenslagen-Ansatzes"* ergibt eindeutig eine Summierung der Benachteiligungen von Frauen, bedingt durch die männlich strukturierte Gesellschaftsordnung. Bestimmte Ressourcen sind für Frauen zur Ausgestaltung ihrer Lebensform signifikant bedeutsamer als für Männer, die diese Verflechtungen in stärkerem Maße bereits vorfinden bzw. leichter zusammenstellen können. *„Die Lebenslagen von Frauen beinhalten strukturelle Benachteiligungen, geschlechtsspezifische Belastungen und Abhängigkeiten."* Frauen sind weitaus mehr als Männer auf *„tragfähige soziale Bindungen bzw. Beziehungen zur Herkunftsfamilie, zum ‚Mann an ihrer Seite' als ‚Partner', ‚Ernährer', ‚Beschützer', ‚Versorger' [...], zum sozialen Netzwerk, als Zugang zur Befriedigung von materiellen und sozialen Bedürfnissen"* angewiesen (vgl. Enders-Dragässer/ Sellach 1999, S. 166).

---

[57] Art. 2 Abs. 1 1. Halbsatz Grundgesetz: *„Jeder hat das Recht auf freie Entfaltung seiner Persönlichkeit."*

Es gibt sicher Frauen, die an *„der männlich orientierten Welt"* nichts auszusetzen finden, sich vielleicht sogar in *„gottgewollten Abhängigkeit"* in einer auf
Versorgung ausgerichteten Ehe wohlfühlen oder überhaupt nicht zum Nachdenken über die damit zusammenhängenden Fragen kommen (vgl. Nave-Herz 1997,
S. 17). Aber *„man sollte weder Männern noch Frauen vorschreiben, wie sie ihr
Leben zu gestalten haben. Wer Hausmann oder Hausfrau werden will, soll das
tun können. Und wenn die Frauen (die Männer) erwerbstätig sein wollen, sollen
sie die Möglichkeit dazu haben"* (Floreck (A) 2001, S. 21).
Polizeibeamter, 52 Jahre: *„Beide sollten die Möglichkeit haben, sich auch im
beruflichen Leben nach ihren Vorstellungen verwirklichen zu können."*

*„[...] sich auch im beruflichen Leben nach ihren Vorstellungen verwirkli-
chen [...] können"*, damit bringt ein anderer Polizeibeamter die Gender-
Problematik treffend auf den Punkt. Frauen werden überwiegend „durch die
Familie" daran gehindert berufstätig zu sein, obwohl sie es sich evtl. wünschen.
Männer sehen es aufgrund des traditionellen Rollenverständnisses und der sich
daran ausrichtenden Rahmenbedingungen als ihre Pflicht an, berufstätig zu sein,
obwohl sie es sich evtl. gar nicht wünschen und sich vermehrt „um die Familie"
kümmern möchten.

*„Für Frauen in Deutschland steht inzwischen die finanzielle Unabhän-
gigkeit bei der Lebensplanung an erster Stelle"*, so das Ergebnis der repräsentativen Untersuchung *„Frauen 2002 – Wünsche, Werte, Wirklichkeit"* des Meinungsforschungsinstitutes TNS Emnid (vgl. Neue Osnabrücker Zeitung 19.
September 2002). Der Wunsch nach eigener wirtschaftlicher Eigenständigkeit
rangierte der Studie zufolge mit 94 Prozent noch vor den Absichten Kinder zu
bekommen (88 Prozent) und den Mann fürs Leben zu finden (85 Prozent).

Bisher richteten sich die vom Staat initiierten und getragenen Rahmenbedingungen für Familien nach dem aus, was traditionell als Familie verstanden
wird, nämlich die als intakt geltende Hausgemeinschaft von Vater, Mutter,
Kind(ern). In der Psychologie wird eine solche enge Lebensgemeinschaft nach
amerikanischem Vorbild die *„Dick and Jane"*-Familie genannt (vgl. Publik Forum April 2003). Nach dieser Einheitsform ist der Vater im Job, die Mutter
Hausfrau und zwei Kinder sind zu versorgen. Diese herkömmliche Form einer
Familie ist auch heute noch die populärste Lebensform, stellte neben anderen
Familienministerin Renate Schmidt aus Anlass der Vorstellung des Familienda-
tenreportes 2002 fest (vgl. Neue Osnabrücker Zeitung 22. Mai 2003). Ehepaare
mit Kind(ern) bilden mit 80 Prozent (Westdeutschland) und 70 Prozent (Ost-
deutschland) die größte Gruppe der insgesamt 22,4 Millionen Familien (vgl. E-
vangelische Zeitung 3. August 2003). Allen Umfragen zufolge stehen derartige
Familien bei Männern und Frauen als *„institutioneller Garant von Glück, Liebe
und Zufriedenheit"* hoch im Kurs (Meesmann C, 2001, S. 9). Erst der *„Kindersegen"* gilt Meesmann zufolge als das äußere Zeichen einer *„richtigen"* Fami-

lie, sicherlich auch als deren inneres Band. Immerhin leben vier von fünf Kindern mit Eltern zusammen, die auch miteinander verheiratet sind. Dem oben genannten Familiendatenreport nach sind es 54 Prozent der Bevölkerung.

Diese traditionelle Form einer Lebensgemeinschaft als Familie weist inzwischen eine zunehmend geringer werdende Tendenz auf. .
Der entscheidende Grund dafür ist, dass kaum noch das anzutreffen ist, was noch vor etwa zwei Generationen der Normalfall war: Die in einer Familiengemeinschaft lebenden und sie stützenden Alten, die auch ihrerseits von den Jungen umsorgt werden. Dies Idealbild vergangener Zeiten hat sich entscheidend gewandelt.

Ein weiterer Grund liegt darin, dass der spät erwachte Bindungswunsch eines Singles oft nur noch schwer zu erfüllen ist. Karriereerfolg und gesellschaftlicher Aufstieg begünstigen zwar die persönliche Autonomie, erweisen sich aber oft auch als Hindernis. *„Die noch verfügbaren Kandidaten rangieren eher am unteren Ende der sozialen Skala, können also auch die Evaluierung nicht bestehen. Daraus entsteht eine objektive Knappheit des Angebotes, subjektiv das Empfinden der Unzulänglichkeit und Mittelmäßigkeit"* bei Alleinlebenden, die das ändern wollen (vgl. Stolpe 2000).

Ebenfalls schwindet die Lust auf eine Ehe mit Trauschein, gleichgültig, ob es die erste oder eine weitere ist. Es zeichnet sich ab, dass die Ehe so nach und nach als verzichtbare Institution angesehen wird. Registriert werden nicht nur weniger Heiraten, sondern auch mehr Scheidungen und weniger Geburten. Im Jahr 2001 gaben sich 6,8 Prozent weniger Paare als 2000 vor einem Standesamt das Ja-Wort (vgl. Neue Osnabrücker Zeitung 3. April 2003), aber jede dritte Ehe , in konkreten Zahlen 197 498 (38,4 Prozent), wurde geschieden (vgl. Neue Osnabrücker Zeitung 26. April 2003). Das Bundesamt für Statistik erklärt diese von ihm veröffentlichten Zahlen in erster Linie mit der bereits genannten zunehmenden Entwicklung in Richtung Zusammenleben ohne Trauschein. Denn Familie bedeutet nicht mehr zwingend Ehe, diese Lebensform ist nur noch eine unter anderen Arten des Miteinanderlebens.

Auch das Zusammenleben von Mann und Frau an sich, mit oder ohne Trauschein, ist nicht als Familie zu verstehen. Zu einer Familie gehört zumindest ein Kind. Eine Familie ist auch dort vorhanden, wo nur ein Elternteil mit dem oder den Kindern in häuslicher Gemeinschaft lebt. Dieser von mir hier vertretenen Ansicht wird entgegengehalten, dass eine Familie nicht automatisch dadurch entstehe, wenn zumindest ein Kinder da sei. Insbesondere über den Umgang mit allein Erziehenden und sich daraus ergebenden staatlichen Verpflichtungen ist eine äußerst kontrovers geführte Diskussion entbrannt. Es wird bewusst und gezielt nachgefragt *„Ist das Alleinerziehen ein Unglücksfall oder ein Lifestyle?"* (vgl. Lau 2002). Lau setzt sich vehement für Erhaltung und Ausbau der Privilegierung der Ehe durch den Staat ein und begrüßt die Abschaffung des Haushaltsfreibetrages, der bis Ende 2002 allein erziehenden Eltern zugute kam (vgl. S. 209).

Kinder leben heute mit ihrer allein erziehenden Mutter, mit ihrem allein erziehenden Vater oder in Patchwork-Familien[58] als Familie zusammen, auch wenn kein Trauschein vorhanden ist. Mit steigender Tendenz entwickeln sich innerhalb der Gesellschaft solche zum Teil heftig umstrittenen Lebensformen, die gezielt auf das *„Leben mit Kindern, unabhängig davon, ob die Eltern verheiratet, geschieden, ledig oder gleichgeschlechtlich orientiert sind"* (vgl. Schewe-Gerigk 2001, S 1). Bei etwa einem Drittel der Eltern-Kind-Beziehungen in Deutschland liegen inzwischen keine konventionellen Familienstrukturen zu Grunde (Publik Forum April 2003).

Es wird aber auch die Ansicht vertreten, dass, unter der Prämisse der dafür notwendigen rechtlichen und gesellschaftlichen Rahmenbedingungen, das Modell der *„bürgerlichen Kleinfamilie"* weiter tradierend erhalten bleibt. Zur Begründung wird eine unterschwellig in uns allen schlummernde *„Sehnsucht nach häuslicher Idylle"* angeführt. Auch wenn die äußeren Formen sich wandeln, dieser Wunschtraum dauert an und wird aus Angst davor, dass *„das Individuum auf der Strecke bleibt"*, realisiert (vgl. Panke-Kochinke 2001).

Kinder

Jede(r) kann sich in seiner Lebensplanung bewusst für Kinder entscheiden, wenn es denn aufgrund körperlicher Gegebenheiten möglich ist. Für den Fall, dass sich ein Kinderwunsch leibhaftig nicht realisieren lässt, *„stehen immer ausgeklügeltere Verfahren der ‚Reproduktionsmedizin' zur Verfügung"* (Vorländer 2001, S. 11). *„Vielleicht muss auch nicht jede Frau um jeden Preis ein Kind kriegen,"* meint Nüsslein-Volhard mit Blick auf ihre Arbeiten zur Stammzellenforschung (vgl. Schwarzer 2001, S. 107). Auf die mit Reproduktionsmedizin und Stammzellenforschung verbundenen offenen Fragen sowie die Möglichkeit der Adoption soll an dieser Stelle jedoch lediglich hingewiesen werden.

Jede(r) kann sich aber auch ausdrücklich gegen ein Dasein mit Kindern entscheiden. *„Viele gute ausgebildete junge Frauen winken ab: Rotznasen abwischen und dreckige Windeln waschen? Nein danke!"* (WDR 5 11. Mai 2002). In dieser Sendung mit dem Titel *„Nicht noch den Stress!"* kam Katja Kullmann, Autorin des Buches *„Die Generation Ally. Warum es so kompliziert ist eine Frau zu sein."*, zu Wort. Ihrer Analyse nach strebt eine beachtliche Anzahl junger Frauen *„nicht ein bisschen weibliche Selbstverwirklichung, sondern perfekte Selbstverwirklichung im Beruf und gleichzeitig ein erfülltes Privatleben mit dem richtigen Mann an."*

---

[58] Zusammenleben nach Todesfall, Scheidung oder „schlichtem Verlassen der Wohnung" eines bisherigen Lebenspartners.

Alle Frauen, die sich bewusst gegen ein Kind entscheiden, erfahren durch Hedwig Meyer-Wilmes, Professorin für feministische Theologie an der Universität Nijmegen, Unterstützung. Auf einer Tagung der Europäischen Gesellschaft für Theologische Forschung von Frauen (ESWTR), in der christliche, jüdische und muslimische Theologinnen vertreten sind und deren Präsidentin sie ist, formulierte sie den Slogan *„Wir sind keine Brutkästen"* (Publik-Forum 18/2001, S. 51). Ein provokantes Motto, mit dem sie sich anlassbezogen gegen eine sich diesbezüglich abzeichnende Entwicklung in der Gen-Technik gewendet hat, das aber auch für die Frauen, die sich entscheiden kinderlos zu bleiben, eine wichtige Rolle spielen kann. Jede dritte Frau in Deutschland verzichtet inzwischen auf Nachwuchs. Rund 32 Prozent der Frauen des Jahrganges 1965 sind kinderlos geblieben, teilte das Institut der Deutschen Wirtschaft mit (vgl. Neue Osnabrücker Zeitung 20. Februar 2003). Sie entscheiden sich zum großen Teil bewusst gegen Kinder, weil sie befürchten müssen, *„bei der Kindererziehung allein gelassen zu werden, von der Politik, der Gesellschaft und nicht zuletzt vom Ehemann."* In der Mehrzahl verfügen sie sogar über eine qualifizierte Bildung und Ausbildung, haben Männer diesbezüglich zum Teil weit hinter sich gelassen und *„fragen sich, wozu sie viele Jahre in Ausbildung und Beruf investieren, wenn sie danach als promovierte Mutter Kind und Haus hüten sollen"* (Schewe-Gerigk 2001). Aufgrund von im Universitätsbereich, insbesondere der im Projekt *„Familiengerechte Hochschule"*[59] gewonnenen Erkenntnisse wird diese Entwicklung bestätigt: *„Je höher die Qualifikation der Mütter, desto weniger Kinder bringen sie zur Welt"* (Neue Osnabrücker Zeitung 22. März 2003).

In Deutschland verminderte sich die Anzahl der Geburten im Jahr 2000 im Vergleich zum Vorjahr um 3,9 Prozent, meldete die Neue Osnabrücker Zeitung am 22. Mai 2001 unter Berufung auf das Statistische Bundesamt. Die seit 1990 festzustellende rückläufige Entwicklung hält demnach unvermindert an. Als Gründe werden *„geburtenschwache Jahrgänge, die jetzt ins Heiratsalter kommen"* und der *„Trend, als Frau später und weniger Kinder zu bekommen"*, angegeben.

Die Zahl der in Deutschland gemeldeten (über die Dunkelziffer werden nur Vermutungen angestellt) Schwangerschaftsabbrüche bestätigt die anhaltende Tendenz zum Verzicht auf Kinder. Innerhalb von nur drei Monaten, von April bis Juli 2002, wurden in Deutschland 33 400 Abtreibungen durchgeführt. Das Statistische Bundesamt verzeichnete für denselben Zeitraum des Jahres davor, von April bis Juli 2001, 33 200 Abbrüche (vgl. Neue Osnabrücker Zeitung 20. September 2002). Aus diesen Erhebungen kann geschlossen werden, dass in Deutschland wohl in jedem Quartal etwa 30 000 Fälle vorliegen. Die Anzahl

---

[59] Das Projekt *„Familiengerechte Hochschule"* wurde von der gemeinnützigen Hertie-Stiftung ins Leben gerufen und wird von der Universität Trier evaluiert. Ziel ist es, die Studien- und Arbeitsbedingungen für Studierende und Hochschulangestellte mit Kindern zu verbessern.

lediger (48 Prozent) und verheirateter (46 Prozent) Frauen hält sich in dieser Statistik die Waage. Sechs Prozent der Frauen waren geschieden oder verwitwet, in nur zwei (!) Prozent der Fälle lagen medizinische oder kriminologische Indikatoren vor.

1999 lebten den Angaben des Statistischen Bundesamtes zufolge 42 Prozent der Ehepaare ohne Kinder, die Tendenz wurde als steigend prognostiziert (vgl. Sport und mehr Mai 2000, S. 9). Für kinderlose Partner, die beide berufstätig sind, hat sich bereits ein eigener Fachbegriff etabliert: *„Dinks (double income no kids)"* (Vorländer 2001, S. 11). Diese fühlen sich inzwischen gesellschaftlich gesehen zunehmend in die Enge getrieben. *„Dabei würden sie schon heute mit ihren hohen Abgaben Familien unterstützen – bei den Kosten für Kindergärten, Schulen oder die beitragsfreie Familienversicherung in der Krankenversicherung"* (Petropulos 2001). Das Verhältnis zwischen denen, die in die Kasse einzahlen und denen, die daraus finanziert werden, stimme, so Kostas Petropulos, nicht mehr.

Gegen eine solche an finanziellen Überlegungen orientierte Aufrechung erhebt sich aber energisch vorgetragener Widerspruch:
„[...] dass der Nutzen [...] [von Kindererziehung] auch allen jenen zugute kommt, die von solchen Mühen [der Kindererziehung] frei sind, weil ohne großgezogene Bäcker, Ingenieure oder Ärzte auch in Zukunft wirklich gar nichts laufen wird [...]. Insofern hält die Hausfrau [...] Kinderlosen den Rücken frei" (Mayer 2002).
„Man sollte Mütter nicht als ausgefallene Rentenzahler betrachten, die [nach der Entbindung] *schnellstens wieder ins Berufsleben eingegliedert werden müssen. Es muss immer bedacht werden, dass diese ausgefallenen Rentenzahler schließlich auch neue Rentenzahler heranziehen"* (Corinna Miersch in einem Leserbrief in der Evangelischen Zeitung vom 23. März 2003).
„Beschämend ist in unserem Land, [...] dass die Leistungen der Familien nicht gewürdigt werden. [...] Diese Kinder werden Tausende in die Rentenkasse einzahlen" (von der Leyen, Sozialministerin Niedersachsen, Neue Osnabrücker Zeitung 14. März 2003).

Mit Blick auf die Bereitschaft Elternverantwortung zu übernehmen, lassen sich zwei Gruppen unterscheiden (vgl. Schewe-Gerigk, 2001, S 1):
„Diejenigen, die sich bereits für ein Leben mit Kindern entschieden haben und angesichts der Belastungen, die sie durch Versorgung, Betreuung, Erziehung und Bildung der Kinder zu tragen haben und der Leistungen, die sie auch für die Gesellschaft einbringen, bisher keine ausreichende Gerechtigkeit erfahren."
„Diejenigen, die sich zwar Kinder wünschen, aber aufgrund der für sie schlechten Rahmenbedingungen diesen Wunsch nicht realisieren und daher (noch) auf Kinder verzichten."

Aber es sind nicht nur finanzielle Aspekte, die es zu bedenken gilt. Extrafunktionale Fähigkeiten wie Verantwortungsbewusstsein für sich selbst und das soziale Umfeld wurden in vergangenen Zeiten während der kindlichen Entwicklung innerhalb einer Familie von Generation zu Generation weitergegeben. Heute ist dies weitgehend nicht mehr der Fall. *„In unserer individualisierten, enttraditionalisierten Gesellschaft ist dies nicht mehr selbstverständlich [...] und somit nicht mehr vorhanden"* (Sonntag der Diakonie 2001, S. 30).

Insgesamt kann dem auf die Gesellschaft bezogen zugestimmt werden, auf die persönliche Ebene bezogen sollte jedoch auch Folgendes bedacht werden. Kinder sind für Frauen, so die allgemein vertretene und auch wohl zutreffende Sichtweise, aufgrund der sich während der Schwangerschaft ergebenden physischen und insbesondere psychischen Abläufe offensichtlich wichtiger als für Männer. Das hat Auswirkungen auf die Frage, wer von den beiden Elternteilen voll berufstätig wird, dies nur teilweise oder gar nicht ist, um sich dem Kind und der Familie zu widmen.

Im Tätigkeitsfeld der unbezahlten Arbeit wird zwar gesellschaftlich hoch anzusetzende wertvolle Arbeit geleistet, aber Rentensprüche, wie sie aus Berufstätigkeit erwachsen, werden dadurch nicht erworben. Auch der *„Blick in die Steuergesetzgebung"* lässt schnell erkennen *„rein rechnerisch ‚lohnen' sich Kinder nicht. Sie schmälern heute das Monatsbudget und später die Rente"* (Vorländer 2001, S. 11). *„Wir müssen uns dringend Gedanken machen, wie wir die Erziehungsleistung stärker anerkennen, zum Beispiel bei der Rente. Frauen erhalten für die Erziehung eines Kindes keine 20 Euro im Monat, das ist absurd"* (von der Leyen, Sozialministerin Niedersachsen, Neue Osnabrücker Zeitung vom 14. März 2003). Ein Problem, welches allein erziehende Mütter und Väter, die sich um ihre Kinder kümmern und deshalb oder aufgrund der unzulänglichen Rahmenbedingungen nicht berufstätig sein können, besonders hart trifft (vgl. S. 190, 209). Nicht nur der Fakt, dass sie und ihre Familie in großer Zahl auf Sozialhilfe angewiesen sind, auch der hin und wieder erhobene „Generalverdacht", alle Sozialhilfeempfänger seien „arbeitsunwillig", führt zu weiteren Belastungen. *„Sozialhilfeempfänger werden immer mehr in nahezu unbezahlte Arbeit gezwungen, um ihren Anspruch auf Beihilfe zum Lebensunterhalt nicht zu verlieren. Es ergibt sich weder ein Rentenanspruch für die Betroffenen, noch steht ihnen Lohnfortzahlung im Krankheitsfall zu"* (TERRE DES FEMMES 2001, S. 22). Die Frauenrechtsorganisation TERRE DES FEMMES sieht in dieser Verfahrensweise einen eklatanten Verstoß gegen internationale Vereinbarungen, zu denen sich Deutschland verpflichtet hat.

„Kinder kriegen die Leute sowieso", davon war Bundeskanzler Konrad Adenauer überzeugt (vgl. Schewe-Gerigk 2001). Er konnte nicht ahnen, dass die Frauen inzwischen seit 40 Jahren[60] dank der Verhütungspille selbstbestimmt über eine Schwangerschaft entscheiden. *„Die Medizinisierung der Fortpflanzung überträgt der Frau die wesentlichen Entscheidungen. Sie ist es, die sich das Kind machen lässt"* (Stolpe 2000). Frauen entscheiden sich heute auch bewusst gegen Kinder. Entweder wird gar keine Schwangerschaft zugelassen oder das im Mutterleib entstehende Leben wird abgetrieben (vgl. S. 184, 185). Eine Betrachtung über Nutzen und Kosten des Kinderkriegens ergibt, dass Kinder in erster Linie nicht mehr als ein unverfügbares Geschenk, sondern als Produkt genauer zeitlicher Planung gelten (vgl. Vorländer 2001, S. 11 ff.).

Der Kinderwunsch steht bei vielen jungen Paaren heutzutage erst an zweiter Stelle, zunächst geht es ihnen um eine materiell gut gesicherte Zukunft, beklagte Walter Wilken, Geschäftsführer des Deutschen Kinderschutzbundes, im November 2001 in der Neuen Osnabrücker Zeitung: *„Vernunft und Kontostand haben Vorrang vor dem Kinderwunsch, da die Versorgung eines Kindes von der Geburt bis zur Volljährigkeit rund 891 000 Mark [445 500 Euro] kostet."* Das Deutsche Institut für Wirtschaftsförderung (DIW) hat festgestellt, dass Familien mit Kindern im Jahr 2000 nur über ein Einkommen verfügten, welches mehr als ein Fünftel unter dem der Haushalte lag, in denen kein Kind unter 16 Jahren lebte (vgl. Neue Osnabrücker Zeitung, 8. August 2001). Heinz Hilgers, Präsident des Deutschen Kinderschutzbundes, verweist in einem Interview der Neuen Osnabrücker Zeitung vom 3. Mai 2003 auf die *„letzte Shell-Studie"*, nach der 90 Prozent aller jungen Menschen sich zwar eine Familie und Kinder wünschen; aber *„ganz schnell verabschieden sich viele davon, wenn sie merken, wie gering die Unterstützung für Familien mit Kindern in dieser Gesellschaft ist, und wie sie allein gelassen werden. Kaum jemand kann es sich leisten, längere Zeit aus dem Arbeitsprozess auszuscheiden, ohne den Anschluss zu verlieren."* Denn *„wer keine Kinder ,am Bein' hat, dem stehen prinzipiell alle Karrierewege offen; der kann im Durchschnitt über ein doppelt so hohes Pro-Kopf-Einkommen verfügen wie ein Elternpaar; der kann bei durchgängiger Erwerbstätigkeit im Alter auf eine satte Rente und eine gute zusätzliche Absicherung hoffen. Unstrittig ist, dass die Entscheidung für Kinder hierzulande Armuts- und Berufsrisiko Nummer eins ist"* (Petropulos 2001).

Auch die heute als normal vorausgesetzte und geforderte berufliche Mobilität wird einer Studie des Bundesfamilienministeriums zufolge ebenfalls als hohe Belastung bei der Entscheidung für oder gegen Kinder eingestuft. In einer Untersuchung der Universitäten Mainz und Bamberg zur Mobilität von berufs-

---

[60] 1961 kam die erste Pille auf den europäischen Markt und wurde als Mittel zur sexuellen Befreiung gepriesen. Heute ist sie in Deutschland die am häufigsten angewandte Verhütungsmethode (vgl. TERRE DES FEMMES 2001, S. 23).

tätigen Frauen und Männern wurden rund 1.100 Paare befragt. Jeder sechste in einer Partnerschaft lebende 25 – 55jährige Erwerbstätige ist aus beruflichen Gründen täglich oder auch für längere Zeit über weite Strecken unterwegs. 69 Prozent der befragten Frauen und 49 Prozent der Männer erklärten, lange Wege oder häufige Abwesenheit hemmten die Entwicklung ihrer Familie. Die Studie ergab ferner, dass beruflich mobile Menschen deutlich häufiger kinderlos bleiben oder später Eltern werden als andere Arbeitnehmer (vgl. Evangelische Zeitung 2. September 2001).

Der Präsident des Deutschen Kinderhilfswerks fordert in einem am 31. August 2001 der Neuen Osnabrücker Zeitung gegebenen Interview energisch die grundlegende Verbesserung der allgemeinen Rahmenbedingungen für Familien mit Kindern: *„Wir müssen leider eine Besorgnis erregende soziale Ausgrenzung von kinderreichen Familien in Deutschland beklagen. Eltern mit drei oder mehr Kindern stoßen immer häufiger auf Mitleid, Arroganz und Verachtung. Grund ist der zumeist geringere Lebensstandard sowie die große zeitliche Belastung durch die Erziehung.“* Altbundespräsident Roman Herzog verlangte ebenfalls *„ein Ende der strukturellen Rücksichtslosigkeit der Gesellschaft gegenüber Familien mit Kindern“* und bemängelte den *„nicht länger hinnehmbaren Zustand in unserer staatlichen Gemeinschaft, in der man arm wird, wenn man kinderreich ist“* (Vorländer 2001, S. 11).Vom Deutschen Kinderschutzbundes wird eine dort erkannte vorhandene Perspektivlosigkeit der aktuellen Politik beklagt, die *„keinen Hinweis auf eine Veränderung der strukturellen Bedingungen und jegliche familienpolitische Komponente erkennen lasse“* (Neue Osnabrücker Zeitung 3. Mai 2003). Niedersachsens Sozialministerin von der Leyen sieht das genauso, indem sie erklärte: *„Beschämend ist in unserem Land, dass Kinderreichtum arm macht“* (Neue Osnabrücker Zeitung 14. März 2003). Sie und alle anderen politischen Entscheidungsträger werden aus vielerlei Richtungen ermuntert, ihren persönlichen Einfluss zur Gestaltung einer kinderfreundlichen Gesellschaft geltend zu machen. Ein Beispiel (vgl. Sichtermann 2002): *„Alle Politik läuft letztlich auf Umverteilung der Mittel hinaus. Macht hat, wer Prioritäten setzen kann. Wäre nicht die Jugendpolitik endlich mal auf Platz eins zu stellen, anstatt als Restgröße vor sich hinzukümmern?“*

Mit der Strategie Gender Mainstreaming soll der bisher auf traditionelle Männerinteressen zugeschnittene gesellschaftliche Rahmen einer die Blickwinkel und Denkweisen beider Geschlechter einbeziehende Neuordnung unterworfen werden. *„Die wichtigste Voraussetzung für eine kinderfreundliche Gesellschaft ist eine emanzipierte Gesellschaft, die eine Gleichstellung der Geschlechter zur Bedingung hat“* (Schewe-Gerigk 2001, S 1). *„Es muss möglich sein, dass Väter und Mütter zugleich, sofern sie es wünschen, in der Arbeitswelt Fuß fassen und sich entwickeln können“* (Petropulos 2001). Mit dem Hinweis darauf, dass *„43 Prozent aller Akademikerinnen in Deutschland kinderlos blieben,“* schließt sich das Projekt *„Familiengerechte Hochschule“* diesen mahnenden Forderungen an: *„Kinder zu haben, wirkt sich auf die beruflichen Chancen der meisten Frauen nachteilig aus. Deshalb müssen Arbeitzeiten und Seminartermine flexibler gestaltet werden"* (Neue Osnabrücker Zeitung 22. März 2003). Auch die Wirtschaftsexpertin Christa Müller ist sich sicher: *„Wenn es in Deutschland wieder mehr Kinder geben soll, muss das Erwerbsleben auch so gestaltet werden, dass Menschen wieder mehr Lust haben, eine Familie zu gründen und Kinder zu haben"* (Floreck (A) 2001, S. 21).

Der in früheren Zeiten hochgelobte und gewünschte *„reiche Kindersegen"* wird heutzutage unbekümmert als *„leichte Form des Irreseins"* eingeordnet. Dumme Sprüche wie *„Sonst kein Hobby?"*, *„Fernseher kaputt?"* (Vorländer 2001, S. 11) oder ähnlich werden zwar „locker scherzend in die Runde geworfen", sind aber, das soll besonders hervorgehoben werden, für den Scherzenden selbst und auch die Gesellschaft entlarvend. Denn *„der Scherz ist das Loch, durch das die Wahrheit pfeift"* gibt ein Bert Brecht zugeschriebener Ausspruch zu bedenken. Sogar Diskriminierungen am Arbeitsplatz treten. *„Wir müssen leider feststellen, dass kinderreiche Familien in Betrieben von Kollegen und Vorgesetzten gemobbt werden,"* wird aus den Erfahrungen des Deutschen Kinderhilfswerkes berichtet. Als besonders absurd wird herausgestellt, dass die Mehrwertsteuer für Produkte, die Kleinkinder benötigen, zum Beispiel Kindernahrung, Windeln, Pflaster, Medikamente für Kinderkrankheiten 16 Prozent, die für das Genussmittel Kaffee, für Bücher und Zeitschriften und sogar für Katzenfutter aber nur sieben Prozent betrage (vgl. Neue Osnabrücker Zeitung, 1. September 2001).

Die vom Deutschen Kinderhilfswerk, vom Deutschen Kinderschutzbund und anderen erhobenen Forderungen nach familienfreundlicheren Rahmenbedingungen als die derzeitigen nehmen sich auch einer weiteren gesellschaftlichen Schieflage an. Die Berufstätigkeit beider Elternteile ist nämlich in den meisten Fällen nicht völlig freiwillig. In vielen Familien, vorwiegend im Bereich der großen Städte, müssen einfach zwei Verdiener da sein, *„um über die Runden zu kommen."* Die Zahl der so genannten *„Working Poor,"* das sind Menschen, die trotz Arbeit nicht über die Armutsschwelle hinauskommen, wächst (vgl. Poreski 2001). Um das Einkommen zu steigern oder auch um den Arbeitsplatz zu sichern, nehmen sowohl Männer als auch Frauen längere Arbeits- und Fahrtzeiten in Kauf, zu Lasten einer familienorientierten Lebensweise.

Polizeibeamter, 38 Jahre: *„Geld ist leider ein nötiges Übel, um vernünftig leben zu können. Wenn beide arbeiten, werden Konflikte innerhalb der Fam. durch 'Geldmangel' vermieden."*

Polizeibeamter, 38 Jahre: *„Beide sollen sich um den Lebensunterhalt kümmern. Damit ein gewisser Standard gehalten werden kann."*

Polizeibeamter, 39 Jahre: *„Wenn beide sich um den Lebensunterhalt kümmern, höchstwahrscheinlich mehr Wohlstand / größere Unabhängigkeit."*

Polizeibeamter, 39 Jahre: *„Ein Verdiener führt möglicherweise zu Armut."*

Polizeibeamter, 40 Jahre: *„Zurückstellung der Berufstätigkeit* [eines Partners] *nur, wenn Lebensunterhalt gewährleistet ist."*
Polizeibeamter, 41 Jahre*: „Gemeinsames Geldverdienen zum Unterhalt der Familie nötig."*
Polizeibeamter, 41 Jahre: *„Wenn es finanziell notwendig ist, sollte die Frau mitarbeiten."*
Polizeibeamter, 41 Jahre: *„Es wichtig, dass der Lebensunterhalt gesichert ist. Denn viele Probleme sind ein Ausfluß von Geldmangel."*
Polizeibeamter, 42 Jahre: *„Beide müssen arbeiten, weil die Kohle sonst nicht reicht."*
Polizeibeamter, 42 Jahre: *„Die Erwerbstätigkeit hat das Ziel, einen Lebensstandard zu halten. Wie hoch dieser ist oder sein sollte, muß in der Partnerschaft geklärt werden. Erst dann kann man sich darüber unterhalten, inwieweit die Erwerbstätigkeit für Mann oder Frau zurück zufahren ist."*
Polizeibeamter, 46 Jahre: *„Der Lebensstandard soll gehalten werden."*

Sofern der Wunsch nach Kindern aufgrund der für Eltern und Kinder schlechten Rahmenbedingungen (noch) nicht realisiert wird, treffen die daraus resultierenden Nachteile Frauen stärker als Männer. Die Partnerin verzichtet häufig auf eine eigene Karriere, die den Mann, der traditionellen „Vaterrolle" folgend, voll und erschöpfend in Anspruch nimmt. Sie übernimmt dann zwangsläufig, obwohl in einer Partnerschaft lebend, die Rolle einer allein erziehenden Mutter. *„Früher war die Alleinerziehende anerkanntermaßen ein Unglücksfall – die Witwe eines Soldaten oder das Opfer eines Lumpen, der sich aus dem Staub gemacht hatte, als aus dem Flirt eine Familie zu werden drohte"* (Lau 2002). Ungewollte Schwangerschaft, Tod des Partners, Ehescheidung, Verlassen der gemeinsamen Wohnung, aber auch bewusste Entscheidung gegen eine Partnerschaft und für ein Leben mit dem Kind sind heutzutage bekannte Gründe für den Status „Alleinerziehend." Der Elternteil, der mit dem Kind oder den Kindern in häuslicher Gemeinschaft lebt und sich um die Erziehung kümmert, hat zunächst weitaus weniger Zeit und Freiraum für die eigene Entwicklung als derjenige, der die Verantwortung mit einem Partner oder einer Partnerin teilen kann. Darüber hinaus kümmern sich diese Mütter und Väter in einem Umfeld um ihre Kinder, das dem, was sie erwarten dürfen und auch dringend benötigen, bei weitem nicht entspricht. In einer solchen Familie ist kein Partner oder keine Partnerin vorhanden, die den Lebensunterhalt sichert. Alleinerziehende Männer und Frauen geraten schnell in den Teufelskreis *„Geringe Bezahlung – geringes Selbstwertgefühl – Krankheit – Armut"* und dadurch in echte Existenznot (vgl. Gottschlich 2003). Das größte Risiko, von Sozialhilfe abhängig zu werden, tragen allein Erziehende und ihre Kinder. Der Bezug von Sozialhilfe gilt als Kriterium für den Status Armut (vgl. Neue Osnabrücker Zeitung 28. Februar 2003).

Im Jahr 2002 waren es mehr als 1,8 Millionen Männer oder Frauen, die alleinstehend über 2,6 Millionen Kinder unter 18 Jahren großziehen. Etwa 85 Prozent von ihnen sind Frauen, rund ein Drittel davon ist auf Sozialhilfe angewiesen (vgl. Lau 2002). Laut Armuts- und Reichtumsbericht der Bundesregierung für das Jahr 2001 erhalten 28,1 Prozent von ihnen staatliche Unterstützung. Das dürfte sich noch weiter verstärken. Der Sozialhilfesatz reicht nach Ansicht des Paritätischen Wohlfahrtsverbandes schon heute nicht aus, um den Mindestbedarf von Kindern zu decken, *„die mit der Agenda 2010 bewirkten Sozialkürzungen würden rund eine Halbe Million Kinder zusätzlich in die Armut abrutschen lassen"* (Neue Osnabrücker Zeitung 1. August 2003). Das Deutsche Institut für Wirtschaftsforschung (DIW) hat festgestellt, dass das Armutsrisiko bei allein Erziehenden, die aufgrund der für sie ungünstigen Rahmenbedingungen nur selten erwerbstätig sein können, bei etwa 80 Prozent liegt (vgl. Neue Osnabrücker Zeitung, 8. August 2001).

Der Staat hat im Jahr 2002 die Kinder von Vätern, die sich ihren Verpflichtungen entzogen haben und keine Alimente zahlen, mit einer Summe von 226,5 Millionen Euro unterstützt, berichtete das Magazin *„Focus"* unter Berufung auf das Familienministerium (vgl. Neue Osnabrücker Zeitung 19. Mai 2003). Die Mütter dieser Kinder, oftmals hochqualifiziert, haben aufgrund der für sie äußerst negativen gesellschaftlichen Rahmenbedingungen kaum Gelegenheit, den Lebensunterhalt für sich und ihr(e) Kind(er) durch eigene Berufstätigkeit sicherzustellen. Sie werden aufgrund mangelnder Betreuungsmöglichkeiten, denn Kinder müssen während der üblichen Arbeitszeit sachgerecht betreut werden, in die Sozialhilfe verwiesen. Neben den Unterhaltsvorschüssen des Staates für säumige Väter, von denen nicht einmal 25 Prozent wieder eingetrieben werden können, ist dies ein weiterer unnötiger Kostenfaktor. Es ist angesichts der hohen Arbeitslosigkeit volkswirtschaftlicher Unsinn, an den jetzigen Verfahrensgängen festzuhalten, die von Vertretern des traditionell ausgerichteten Familienmodells unterschwellig als Strafe für allein Erziehende verteidigt werden. Die riesigen Summen, die in diesen Fällen für Unterhaltsvorschüsse und Sozialhilfe ausgegeben werden, könnten wesentlich zukunftsträchtiger in den Ausbau von Ganztageseinrichtungen, in private Kinderbetreuung, u.a. investiert werden. Zusätzlich würden auch psychische Probleme, wie sie durch von der Gesellschaft verweigerte eigene Berufstätigkeit entstehen, vermieden werden.

Die Vermutung, Kinder könnten nur in einer „intakten Familie" mit Vater und Mutter „ordentlich erzogen" werden, kann nicht bestätigt werden. *„Die große Mehrheit allein erziehender Eltern meistert ihre Aufgaben souverän und erfolgreich wie andere Familien auch"* (Niedersachsens ehemalige Sozialministerin Trauernicht 2001, Sonntag der Diakonie). Es kommt nicht auf den E-hestatus an sich an, sondern auf die Menschen, die miteinander leben und die Art, wie sie es tun.

Die allein erziehende Mutter, in früheren Zeiten als *„ledige Mutter"* diskriminiert und in das gesellschaftliche Aus gestellt, wird heute schon weitgehend toleriert. Sie sieht sich jedoch immensen, kaum zu bewältigenden Schwierigkeiten gegenüber. Dasselbe gilt auch für allein erziehende Väter, die immer noch (vor allem in der traditionellen Männerwelt) erstaunt als Rarität zur Kenntnis genommen werden. Es sind ja nicht nur Erziehungsfragen, welche die ohnehin schon schwierige Lage von allein Erziehenden zusätzlich belasten. Sie sehen sich auch noch Vorwürfen aus dem Kreis der Verwandten, der Freunde und der Nachbarschaft ausgesetzt, weiß Sixtus, Landesvorsitzende Niedersachsen des Verbandes allein erziehender Mütter und Väter (VAMV), zu berichten (vgl. Neue Osnabrücker Zeitung, 14. September 2001). Diese und andere Bürgerinitiativen, wie die Arbeitsgemeinschaft für alleinerziehende Mütter und Väter in der Landeskirche Hannover (AGAE), bieten daher das an, was vom Staat gar nicht oder nur schwerlich geleistet wird oder werden kann: Beratungen, Gesprächskreise und andere Aktivitäten, die nicht nur die allein erziehenden Elternteile ein beziehen. Das Angebot richtet sich auch gezielt an die betroffenen Kinder.

Nicht nur materielle Angelegenheiten können allen Eltern Kummer bereiten. Wenn sie sich intensiv um ihre Kinder kümmern, dafür unter Umständen sogar finanzielle Einschränkungen hinnehmen, müssen sie um ihre Stellung und ihr Ansehen in der Gesellschaft fürchten. *„Sie haben weniger Zeit für andere Dinge und sind häufig von einem gewissen Lebensstandard sowie dem sozialen Leben ihres Ortes ausgegrenzt,"* klagt der Präsident des Deutschen Kinderhilfswerks am 31. August 2001 in der Neuen Osnabrücker Zeitung. Mit besorgtem Blick auf die demografische Schieflage unserer Gesellschaft[61] bezeichnet er *„die Kinder als unseren schönsten Reichtum."* An finanzielle Überlegungen ausgerichtete Berechnungen über Nutzen und Kosten des Kinderkriegens (vgl. S. 185) sehen sich daher auch der Frage gegenüber (vgl. Vorländer, 2001): *„Gibt es mehr als Geld und Arbeit, Leistung und Selbstentfaltung?".* Denn nicht alles, was einem außen stehenden Betrachter als eine intakte Familie erscheint, ist dies auch in Wirklichkeit. Beruflicher Aufstieg, Macht und Geld werden in der Öffentlichkeit anerkennend wahrgenommen, dadurch bewirkter Ruin von Familie und persönlichem Glück aber als *„die unsichtbaren Kosten von Karriere"* nur sehr diskret registriert (vgl. Floreck (A) 2001, S. 21).

Der von der Arbeitsgemeinschaft für allein erziehende Mütter und Väter in der Landeskirche Hannover (AGAE) (vgl. Sonntag der Diakonie 2001, S. 30) und auch anderen an alle gerichtete Appell nach *„einem Wandel in den Köpfen"*

---

[61] Seit 1998 leben erstmals in der Geschichte der Bundesrepublik mehr Rentner (13,1 Millionen) als Kinder (11,5 Millionen) in Deutschland (vgl. Neue Osnabrücker Zeitung 1. September 2001).

zeigt bereits Wirkung. Eltern wissen inzwischen durchaus um die Wertigkeit von Lebensqualität außerhalb von beruflicher Karriere, wie auch aus den folgenden Antworten zu meiner Interviewfrage *„Wer sollte sich Ihrer Meinung nach innerhalb einer Partnerschaft um die Familie kümmern, wer sollte den Lebensunterhalt sicherstellen?"* zu ersehen ist:

Polizeibeamter, 37 Jahre: *„Wenn man sich Kinder anschafft, sollte man auch Zeit für sie haben. Das Leben darf sich nicht allein um ‚Kohle' und Erfolg drehen."*

Polizeibeamter, 39 Jahre: *„Kinder sind nur 1 x ‚klein', mir ist es persönlich wichtiger, das mitzubekommen als eine berufliche Karriere zu machen."*

Polizeibeamter, 40 Jahre: *„Als Frau würde ich mir die Erziehungszeit nicht nehmen lassen = es ist eine Zeit des Genießens!"*

Die Arbeitsgemeinschaft für allein erziehende Mütter und Väter in der Landeskirche Hannover (AGAE) engagiert sich unter anderem explizit für die Förderung des Bewusstseins für eine Bereicherung des Lebens mit Kindern, welches *„schlichtweg auch Freude, Glück und Lebensqualität"* bedeutet. Es lohne sich, entgegen dem Trend in der *„Fun-Gesellschaft"* gezielte Maßnahmen zur Entwicklung einer persönlichen Überzeugung dafür zu vermitteln, *„dass es sich lohnt, Kinder zu haben, auch wenn es langfristige Bindung und Belastung einschließt"* (Sonntag der Diakonie 2001, S. 30).

Diesen inhaltlich wertvollen Zielsetzungen kann und wird sicher auch allgemein zugestimmt werden, denn es besteht ein weitgehendes Einverständnis darüber, dass Kinder und Jugendliche die Zukunft unseres Staates und unserer Gesellschaft sind. Mit diesem Anspruch wird eine kaum noch zu übertreffende Anforderung an die Erziehungskompetenz der Eltern gestellt. In den meisten Fällen trifft dies auf die Mutter zu, die sich quasi alleinerziehend um das Kind oder die Kinder kümmert. Die entscheidenden Prägungen zur Festigung und Herausbildung der Persönlichkeit werden daher in den ersten Lebensjahren unstreitig im Elternhaus durch die Mutter bewirkt. Väter können sich, auch wenn sie es wollten, nicht in derselben Weise wie Mütter einbringen, da sie aufgrund der für Männer besseren Verdienstmöglichkeiten optimaler imstande sind, für den Lebensunterhalt zu sorgen.

Die mit der durch die Eltern für die Gesellschaft eingebrachte Erziehungsleistung wird aber nur unmerklich in Form von Erziehungs- und Kindergeld anerkannt. Als echte Arbeit wird bisher nur die Erwerbstätigkeit außer Haus anerkannt, das Großziehen von Kindern wird gesellschaftlich kaum honoriert. Das Gegenteil ist der Fall. Wer es sich nicht leisten kann, *„schafft sich auch kein Kind"* an. Wobei „leisten können" nicht so sehr mit finanzieller Möglichkeit, sondern eher mit einem gewünschten Lebensstandard in Verbindung zu bringen ist. *„Kinder werden weniger als Bereicherung des Lebens, sondern als Einschränkung der persönlichen Freiheit und des wirtschaftlichen Wohlergehens gesehen"* (Vorländer 2001, S. 11). Wirkliche gesellschaftliche Wertschätzung der von Vätern und Müttern eingebrachten Verdienste wird erst dann erreicht sein, wenn Hausarbeit mit dem Schwerpunkt Erziehung der Kinder angemessen vergütet in die Grundsicherung einfließt. *„Eine Mutter ist kein kleines Doofi. Kindererziehung ist kein Kinderspiel und da sollte unsere Gesellschaft langfristig umdenken"* (Corinna Miersch in einem Leserbrief in der Evangelischen Zeitung vom 21. März 2003).

Das Institut für Wirtschaftförderung (DIW) fordert daher den Staat auf, Familien mit kleinen Kindern, insbesondere allein Erziehende, zumindest in derselben Weise zu fördern wie die *„Institution Ehe. Das Ehegattensplitting und die beitragsfreie Mitversicherung von erwerbslosen Ehefrauen in der Sozialversicherung sollten zügig auf das verfassungsrechtlich gebotene Maß zurückgeführt werden"* (Neue Osnabrücker Zeitung 8. August 2001). In dieselbe Richtung gehen die Forderungen des Deutschen Kinderschutzbundes. Ihr Präsident Hilgers bezeichnet es als *„Skandal, dass gut verdienende Familien über die Kinderfreibeträge bis zu 300 Euro pro Monat erhalten, während sich ‚Normalverdienende' mit 156 Euro Kindergeld zufrieden geben müssen."* Nur Besserverdienende, darauf hebt diese Kritik ab, können sich aufgrund *„dieses Fehlers im Steuersystem"* eine private Kinderbetreuung, die aber auch zusätzliche Arbeitsplätze schafft, leisten (Neue Osnabrücker Zeitung 3. Mai 2002).

Die Arbeitsgemeinschaft für allein erziehende Mütter und Väter in der Landeskirche Hannover (AGAE) und nicht nur sie hält *„es für die Aufgabe des Staates und der Gesellschaft, Rahmenbedingungen zu gestalten, die den Willen zum Kind und die Bereitschaft zur Erziehung fördern"* (Sonntag der Diakonie 2001, S. 30). Regierungen und Parlamente in Bund und Ländern haben gemeinsam mit den davon betroffenen Behörden dafür zu sorgen, dass Paare, die sich Kinder wünschen, wesentlich familienfreundlichere Strukturen vorfinden als es zur Zeit der Fall ist. Dies hat das Bundesverfassungsgericht veranlasst, der Bundesregierung in etlichen seit 1990 ergangenen „Familienurteilen" den Auftrag zu erteilen, für die Wahlfreiheit der Eltern die dazu notwendigen tatsächlichen Voraussetzung zu schaffen (vgl. S. 209).

Die bisherigen gesellschaftlichen Rahmenbedingungen sind zwar männerfreundlich, jedoch auf keinen Fall frauen– und familienfreundlich. Die „Männer"-Gesellschaft, aber nicht nur diese, hat Gender Mainstreaming als Strategie zur Herstellung von Geschlechtergerechtigkeit weitgehend noch gar nicht zur Kenntnis genommen, von einer Umsetzung ganz zu schweigen. Es ist noch nicht überall deutlich geworden, dass mit Gender Mainstreaming keinesfalls an eine Aufhebung des Gegensatzes der Geschlechter gedacht ist. Das Schwergewicht von Gender Mainstreaming liegt ausdrücklich in der Betonung der Gemeinsamkeiten von Männern und Frauen, der einander weiterhelfenden Solidarität zwischen Männern und Frauen (vgl. S. 24, 25).

Individuelle und soziale Ursachen der Reproduktion gesellschaftlicher Rahmenbedingungen

Gleichgültig in welcher Altersgruppe und mit welcher Bildung, für die große Liebe sind Frauen bereit, alles Bisherige über Bord zu werfen. Dies ergab eine Forsa-Umfrage für die Hamburger Zeitschrift *„Journal für die Frau"*. 43 Prozent der 14- bis 29-Jährigen, 37 Prozent der 30- bis 44-Jährigen, 25 Prozent der 45- bis 59-Jährigen und sogar 18 Prozent der Frauen zwischen 60 und 70 Jahren würden für die Liebe ihres Lebens alles hinter sich lassen, aus den gewohnten Bahnen ausbrechen (vgl. Neue Osnabrücker Zeitung 9. November 2002). Frauen sind und waren stets bereit im Interesse von Liebe, Familie, Partnerschaft alles an persönlicher Eigenständigkeit und beruflicher Entwicklung zumindest solange hinter sich zu lassen, „bis die Kinder aus dem Haus sind." Daraus resultierende Erziehungsaufgaben sind in den meisten Fällen, in denen sie unter diesen Prämissen von Frauen übernommen wurden und werden, ohne Zweifel mit der Wertigkeit eines Lebensinhaltes im Sinne von Berufung und Beruf zu verstehen. Es ist daher zu vermuten, dass Frauen diese Erziehungsaufgaben auch nicht gern „aus der Hand geben." Inwieweit Männer diese Leistung im Sinne einer Berufung mit derselben Intention gern „in die Hand nehmen" darf bezweifelt werden. In der Vergangenheit dachten sie jedenfalls nicht daran, im Interesse von Liebe, Familie, Partnerschaft alles an persönlicher Eigenständigkeit und beruflicher Entwicklung zumindest solange hinter sich zu lassen, „bis die Kinder aus dem Haus sind", und das gilt in dieser Konsequenz für die Mehrzahl von ihnen wohl auch heute noch.

Das wurde vor einem Jahrzehnt schon anders gesehen, wie eine Meinungsäußerung aus dem Jahr 1993 erkennen lässt. *„Über das Verhältnis zwischen den Geschlechtern nachzudenken, ist normal geworden. Das Erreichte ist inzwischen alltäglich"* (Meulenbelt bei Nave-Herz 1997, S. 100). Dies war nicht nur 1993 zu früh und zu optimistisch eingeordnet worden, auch heute ist das Verhältnis der Geschlechter unter dem Aspekt von Gleichwertigkeit bei weitem noch nicht als normal zu bezeichnen. So meldeten unter anderem Barbara Sommerfeld und Jutta Limbach prompt Widerspruch (vgl. Nave-Herz 1997, S. 100, 101) gegen die von Anja Meulenbelt getroffene Feststellung an: *„Ein erheblicher Teil der Frauen in Deutschland erfüllt immer noch - oder schon wieder – die traditionelle Rollenerwartung, nach der mit der Geburt von Kindern der Beruf zumindest teilweise zurückzustehen habe"* (Sommerfeld 1995). *„Für die Frauen im sog. ‚gebärfähigen Alter' gilt nach wie vor, daß die ‚Frauenfrage' eine ‚Kinderfrage' ist. Sie rücken nicht in dem für das männliche Geschlecht üblichen Gleichschritt die Karriereleiter hinauf. Frauen müssen Lücken und Verzichte in ihrem Berufsweg einplanen; es sei denn, sie wollen auf Familie verzichten"* (Limbach 1996).

Die Vereinbarkeit von Familie und Beruf bereitet Frauen und Männern erkennbar Probleme. Dem berufstätigen Partner *„droht der Verlust eines kreativen Zugangs zur Innen- und Beziehungswelt,"* dem Vollzeit-Elternteil die Gefahr *„vom Erwerbsleben ausgeschlossen zu bleiben"* (Arbeitsgemeinschaft der Männerarbeit der EKD 2002). *„In 50 Jahren Bundesrepublik war es nicht möglich, Kinder angemessen in ihrem jungen Leben zu begleiten, ohne dass einer der Eltern aufhörte mit dem Verdienen"* (Mayer 2002). Üblicherweise ist es die Frau, welche die Konsequenzen zieht, nicht mehr berufstätig ist und zu Hause bleibt. *„Männer artikulieren zwar offen ihr Interesse an Teilzeitarbeit und somit mehr ,Familienzeit', nehmen jedoch aus Angst vor dem Karriereknick davon Abstand"*, berichtete Andreas Bruns, Abteilungsleiter Polizei im Niedersächsischen Innenministerium, am 30. April 2002 aufgrund von in der Polizei Niedersachsen gemachten Erfahrungen. (vgl. Deutsche Polizei Juni 2002, S. 3).

Meine Interviewfrage *„Sollte die Erwerbstätigkeit für den <u>Mann</u>, für die <u>Frau</u> nach der Geburt von Kindern zurückstehen?"* ergab bei Polizeiangehörigen folgendes Ergebnis:

11 mal wurden keine Angaben gemacht, in zwei Fällen wurde die Frage durchgestrichen.

Sich nicht entschieden, aber Gedanken zu der Männer betreffenden Problematik haben 23 Prozent, zu den Frauen berührenden Fragen äußerten sich 18 Prozent.
Einige beispielhaft dazu zusammengefasste Antworten:
Polizeibeamter, 21 Jahre: *„Blöde Frage!"*
Polizeibeamter, 22 Jahre: *„Kommt darauf an, wer welchen Job hat und wer was gerne macht."*
Polizeibeamter, 22 Jahre: *„Das muss man halt eben sehen, wie die aktuelle Situation ist, in der man sich befindet, finanziell und arbeitsmäßig."*
Polizeibeamtin, 22 Jahre: *„Das muss man unter sich ausmachen, das kann der Mann auch wie die Frau machen, da bin ich ganz, ganz frei."*
Polizeibeamter, 23 Jahre: *„Ich habe mich mit meiner Partnerin auch schon so etwas in die Richtung Kinder unterhalten. Da habe ich dann auch schon gehört, dass meine Partnerin es begrüßen würde, wenn ich mich dann auch um die Kinder kümmern würde."*
Polizeibeamtin, 25 Jahre: *„Wenn der Mann weniger verdient als die Frau, warum soll nicht der Mann den Erziehungsurlaub nehmen und sich um die Kinder kümmern."*
Polizeibeamter, 25 Jahre: *„Wenn die Kinder klein sind, dann müsste man das vielleicht so regeln, derjenige, der besser verdient, dass der einfach weiter arbeitet und der andere zu Hause bleibt. Oftmals sind es ja auch die Frauen, die ganz gerne zu Hause bleiben wollen, versteht man ja. Das muss man mit seinem Partner dann absprechen."*

Polizeibeamtin, 26 Jahre: *„Wenn der Mann [...] mehr verdient, [...] dass der Mann dann arbeiten geht und die Frau sich um das Kind kümmert. Grundsätzlich ist das egal, weil ein Mann kann sich genauso um ein Kind kümmern wie eine Frau. Direkt nach der Geburt ist das meistens schlecht, weil die Mütter oft noch Stillen. Aber wenn dann das Kind groß genug ist, dann denk ich, dass sollte es einfach danach geregelt werden, wer am Besten für den Unterhalt der Familie sorgen kann."*

Polizeibeamtin, 28 Jahre: *„In den ersten drei, vier Lebensjahren [...] müsste eine ganz enge Beziehung [...] zumindest zu einem Elternteil da sein. Danach finde ich es auch o.k., wenn dann ein Elternteil, welches zu Hause geblieben ist, wieder voll einsteigt. Dadurch fühlt man sich selber auch besser und hat nicht nur diesen 'ich kümmere mich nur um mein Kind', sondern erweitert seinen eigenen Horizont, bleibt nicht irgendwo stehen."*

Polizeibeamter, 29 Jahre: *„Sicherlich ist das für ne Frau nicht ne einfache Sache, mit dem Kind. Ich weiß das jetzt auch aus Erfahrung. Gerade in den ersten Jahren ist es sicherlich nicht einfach und dann müsste die Frau selber entscheiden, wie sie Zeit mit dem Mann aufbringen kann, mit der gemeinsamen Kindeserziehung, Betreuung des Kindes und Haushalt. Dann müsste man sich absprechen, wer hauptsächlich fürs Kind da ist und wer für den Beruf da ist. Also ich seh das so, dass die Frau durchaus, meinetwegen auch sofort, wieder loslegen könnte, wenn das geregelt ist."*

Polizeibeamter, 35 Jahre: *„[...] Aus meiner Sicht ist das sinnvoll, dass zumindest jemand zu Hause bleibt."*

Polizeibeamtin, 35 Jahre: *„[...] Es kann durchaus sinnvoll sein, dass die Frau sagt, sie bleibt jetzt erst einmal zu Hause und der Mann arbeitet weiter. [...] Es kann durchaus sinnvoll sein, dass man sich das teilt oder dass der Mann zu Hause bleibt."*

Polizeibeamter, 37 Jahre: *„[...] Eine Regelung innerhalb der Familie, dass die Eltern sich doch schon um das Kind kümmern, in welcher Form auch immer, also in welcher Form, das wäre mir egal."*

Polizeibeamter, 38 Jahre: *„Das ist natürlich wie bei allen anderen wichtigen Entscheidungen eine Frage der Familie, d. h. nicht nur des Mannes, sondern auch der Frau. [...] Das war bei uns auch die Frage. Ich stand finanziell besser da als meine Frau, die da nicht so gut bezahlt wird. Dann, wer fühlt sich auch in der Lage, das zu schaffen? Man sagt das so schnell, eben zu Hause bleiben, Kinder erziehen. Wer das richtig machen will, weiß, dass das ein richtiger Beruf ist. Es muss einem ein wenig liegen, weil das auch eine wichtige Sache ist. [...] Unter Berücksichtigung der Interessen der Kinder, die da noch kommen oder bereits da sind."*

Polizeibeamtin, 39 Jahre: *„Dumme Frage! Wer sichert den Lebensunterhalt? Das ist entscheidend!"*

Polizeibeamter, 40 Jahre: *„Ob Kinder oder Erwerbstätigkeit? Bei mir klar die Kinder!"*

Polizeibeamtin, 40 Jahre: *„[...] Es gibt ja mittlerweile für die Männer ebenso viele Möglichkeiten, was aber in der Praxis noch schwierig ist, auch durchzusetzen. Im Kollegenkreis, auch vor diesem Hintergrund des Selbstbildes, was viele Männer in sich tragen. Ich kenne [...] Kolleginnen und Kollegen, die sind untereinander verheiratet, die sich das [...] teilen. Erst mal die ersten Jahre die, dann der, oder ein Jahr die, dann der. Das ist eine ganz gute Lösung, das auch aufzuteilen."*

Polizeibeamtin, 41 Jahre: *„[...] Es kann ja durchaus sein, dass ein Partner sagt, ich habe ein Kind, ich möchte jetzt zu Hause bleiben. Dann ist das o. k. Aber wenn beide sagen, ich möchte gern meinen Beruf weitermachen, sollte man möglichst versuchen, das in den Griff zu kriegen. Entweder beide Teilzeit oder man wechselt sich ab, Möglichkeiten gibt es heute mittlerweile genug."*

Polizeibeamter, 42 Jahre: *„Die Erwerbstätigkeit hat das Ziel einen Lebensstandard zu halten. Wie hoch dieser ist oder sein sollte, muß in der Partnerschaft geklärt werden. Erst dann kann man sich darüber unterhalten, inwieweit die Erwerbstätigkeit für Mann oder Frau zurückzufahren ist."*

Polizeibeamter, 43 Jahre: *„[...] wenn ich arbeiten gehe, dann möchte ich den größten Vorteil daraus ziehen, d. h. ich will viel Geld verdienen. Da kommt es dann für mich nicht drauf an, wer in einer Partnerschaft das Geld verdient, sondern es geht einfach nur darum, wer kriegt das meiste und der andere kümmert sich um den Rest."*

Polizeibeamtin, 54 Jahre: *„[...] irgendjemand muss sich oder sollte sich um die kindlichen Belange kümmern. [...] Wenn sich beide für Kinder entscheiden, ist das 'n Thema für beide und beide müssen gemeinsam sehen, wie sie diese Dinge bewerkstelligt kriegen."*

Zwei Polizeibeamte (29 und 40 Jahre) setzen sich positiv mit dem Gedanken einer „Auszeit" auseinander: *„Natürlich kann auch der Mann so ein freiwilliges Jahr nehmen, aber man müsste sich darüber einig werden. Würde man mich fragen, würde ich so ein, zwei Jahre als Haushaltsmann sicherlich auch in Erwägung ziehen. Das muss ich zugeben."* *„Als Frau würde ich mir die Erziehungszeit nicht nehmen lassen = es ist eine Zeit des Genießens!"*

Zwei Beamtinnen (35 und 41 Jahre) unterstützen ihre Kollegen mit dem Wunsch, der Mann sollte die Möglichkeit nutzen, die Berufstätigkeit für eine gewisse Zeit „völlig" einzustellen: *„Ich würde es mir wünschen, weil ich von vielen Gesprächen mit Kollegen weiß, dass die den Bezug zu ihren Kindern gar nicht so hatten und dass sie diese Zeit vermissen. Die sagen 'Mensch, als meine Kinder geboren wurden, war ich viel auf Lehrgängen, ich war unterwegs, ich kenne sie nur von Wochenenden oder von abends, ich habe mal mich ans Bett gestellt'. Ich sehe es jetzt an meinem Mann, wie er diese Zeit, wo er jetzt ja 80 % des Tages mit ihr zusammen ist, wie er da auftaut, das genießt und einen ganz anderen Bezug zu unserer Tochter bekommt, als wenn er normal arbeiten würde. Das würde ich jedem wünschen, das ist nämlich ein Geschenk."* *„Wenn das* *machbar ist, ist das sicherlich wünschenswert, wenn der Vater [...] für ne gewisse Zeit sich nur um Familie kümmern würde. "*

Ein Polizeibeamter (35 Jahre) hält es zwar für vorstellbar, dass der Mann zu Hause bleibt, schließt es aber für sich völlig aus: *„Wenn man sich gegen das Stillen entschieden hat, dann ist es durchaus vorstellbar, dass der Mann zu Hause bleibt. Wobei ich für mich sagen muss, ich hätte damit Probleme, zu Hause bleiben zu müssen und mich nur um Haus und Familie zu kümmern. Denn der Beruf bringt einem doch schon eine Menge Abwechslung und es macht auch Spaß. "*

Während sich 23 Prozent dafür entschieden, dass die Erwerbstätigkeit für den Mann nach der Geburt von Kindern nicht zurückstehen sollte, er also weiter berufstätig sein soll, sprachen sich für eine Regelung, bei der die Frau weiter voll erwerbstätig sein soll, nur sieben Prozent aus.

Polizeibeamtin, 27 Jahre: *„Da bin ich etwas konservativer und traditioneller eingestellt. Die Frau sollte den sozialen Part übernehmen, zu Hause bleiben bei den Kindern, zumindest in der Anfangsphase, wenn man Familie gründen möchte. [...] prinzipiell denke ich schon, Mann Arbeit, Frau zu Hause. "*

Polizeibeamter, 29 Jahre: *„Sicherlich ist das für ne Frau nicht ne einfache Sache, [weiter berufstätig zu sein] ich weiß das jetzt auch aus Erfahrung. Gerade in den ersten Jahren ist es nicht einfach und denn müsste die Frau selber entscheiden, wie sie dazu steht. Dann müsste man sich absprechen, wer hauptsächlich fürs Kind da ist und wer für den Beruf. Die Frau könnte durchaus, meinetwegen auch sofort, wieder loslegen, wenn das geregelt ist. "*

Polizeibeamtin, 31 Jahre: *„Gleich nach der Geburt ist klar, dass die Frau zu Hause bleibt, sich um das Kind kümmert und der Mann der Versorger ist. Aber hinterher, ich habe die Vision Gleichberechtigung. "*

Polizeibeamter, 38 Jahre: *„Auch für eine Frau nicht. Nur sollte sich im privaten Bereich etwas verändern / z.B. um den Partner, der sich um das Kind kümmert, zu unterstützen und auch an dessen Entwicklung beteiligt zu sein. "*

Polizeibeamter, 39 Jahre: *„Es ist meistens nicht möglich, dass beide Elternteile „Mutterschutz" nehmen. Jemand, meist der Vater, muß für den Lebensunterhalt sorgen. "*

Polizeibeamter, 39 Jahre: *„[...] Bei mir ist das klassische Familienbild noch vorhanden, meine Frau ist zu Hause, erzieht die Kinder, geht nicht mehr zur Arbeit, was ich auch richtig finde. Ich muss halt das Geld nach Hause bringen und mich um die anderen Dinge kümmern. "*

Polizeibeamter, 41 Jahre: *„Frau befindet sich im Erziehungsurlaub, kann sich um den Nachwuchs kümmern. "*

Polizeibeamtin, 41 Jahre: *„Dass die Frau für die Familie sorgt, ist ganz in Ordnung, ist ja eigentlich auch das Normale. Das liegt an den äußeren Umständen. An der Arbeit des Mannes und an der Muttertätigkeit der Partnerin, das ginge* *sonst gar nicht anders, bei mehreren Kindern geht das gar nicht anders. Das kann sich ändern, wenn die Kinder größer sind."*

Polizeibeamter, 45 Jahre: *„[...] Ich bin eigentlich ganz gut damit gefahren, ich denke unsere Kinder auch, dass das in den ersten Lebensjahren meine Frau gemacht hat und ich eben weiter arbeiten gegangen bin. Einer muss es ja nun mal machen, dass Geld ins Haus kommt."*

Polizeibeamter, 50 Jahre: *„Auch ohne Einschränkung der Arbeit kann ein Mann sich um seine Kinder kümmern!"*

Einander fast gleichwertig wird die Ansicht vertreten, der Mann (47 Prozent) und die Frau (51 Prozent) könnten nach der Geburt des Kindes die Erwerbstätigkeit „teilweise" einschränken. Wie lange diese Zeit andauert, ist stets eine Frage der realen Lebensumstände. Die knappe Mehrheit von fünf Prozent für eine Teilzeittätigkeit von Frauen, die sich aus meiner Untersuchung ergibt, ist als Indikator dafür zu werten, dass es durchaus üblich ist Frauen „nebenher" in zeitlich begrenzten Arbeitsverhältnissen zu wissen, während dies bei Männern zwar denkbar ist, aber eher die Ausnahme darstellt. In einigen Fällen (vier Prozent) wird auch dafür plädiert, Männer und Frauen sollten einander abwechselnd die Erwerbstätigkeit zurückstellen. Hierin ist, wenn auch kaum bemerkbar, einerseits ein „Wandel in den Köpfen" zu erkennen. Andererseits muss konstatiert werden, dass die Strategie Gender Mainstreaming, welche die Herstellung von Gleichwertigkeit der Geschlechter in allen Lebensbereichen zum Ziel hat, bisher nicht auf fruchtbaren Boden gefallen ist.

Polizeibeamter, 27 Jahre: *„Je nach Einkommenssituation."*

Polizeibeamter, 29 Jahre: *„Das ist durchaus möglich* [Teilzeit für den Mann]. *Ich hätte da nicht Schwierigkeiten gehabt, meiner Frau in der Erwerbstätigkeit den Vortritt zu lassen, dass ich dann nur teilweise oder gar nicht gearbeitet hätte."*

Polizeibeamtin, 30 Jahre: *„Es sollen sich beide Elternteil um das Neugeborene kümmern + damit die Frau nicht in die ‚Mutterrolle' verdrängt wird; sie braucht einen Ausgleich."* [Teilzeit für die Frau]

Polizeibeamter, 35 Jahre: *„Unterstützung der Frau bei neuen Aufgaben"* [durch Teilzeit des Mannes].

Polizeibeamter, 37 Jahre: *„Damit er/sie sich auch um sein/ihr Kind kümmern kann und miterziehen kann."* [Teilzeit für Mann und Frau]

Polizeibeamter, 37 Jahre: *„Beide Partner sollten berufliche Einschränkungen hinnehmen, um sich um die Kinder kümmern zu können. Leider ist dies in der heutigen Zeit nicht immer der Fall (Schlüsselkinder)."*

Polizeibeamter, 38 Jahre: *„Erziehung ist Sache beider Elternteile. Die Sache sollte auch von beiden ernstgenommen werden. Andere Bereiche sollten zurücktreten."*

Polizeibeamter, 38 Jahre: *„Auch der Mann kann einen Teil des Erziehungsurlaubes nehmen und sich um das Kind kümmern."*

Polizeibeamter, 38 Jahre: *„Kinder brauchen die Bezugsperson Mutter (auch Vater)."* [Teilzeit für Mann und Frau]

Polizeibeamter, 38 Jahre: *„Um [durch Teilzeit für Mann und Frau] einer vernünftigen Beheimung der Kinder gerecht zu werden."*

Polizeibeamter, 38 Jahre: *„Die Frau braucht nicht allein die Erziehung von Anfang an zu übernehmen."* [Teilzeit für die Frau]

Polizeibeamter, 39 Jahre: *„Um sich um die Familie intensiver zu kümmern."* [Teilzeit für Mann und Frau]

Polizeibeamter, 39 Jahre: *„Wenn diese vollzeitbeschäftigt war!"* [Teilzeit für die Frau]

Polizeibeamter, 39 Jahre: *„Je nachdem, wie die Frau eingestellt ist. Wenn sie zu Hause bleiben möchte, ist es o.k. Wenn sie arbeiten möchte, ist das auch o.k. Die Erziehung der Kinder darf jedoch nicht darunter leiden. Auch nicht das Familienleben."* [Teilzeit für die Frau]

Polizeibeamter, 39 Jahre: *„Teilweise* [Tätigkeit für den Mann]. *Kinder sind nur 1 x „klein", mir ist es persönlich wichtiger, das mitzubekommen als eine berufliche Karriere zu machen."*

Polizeibeamter, 39 Jahre: *„Nach meiner Meinung sollten beide Geschlechter gleiche Chancen haben."* [Teilzeit für den Mann und die Frau]

Polizeibeamter, 39 Jahre: [Teilzeit für den Mann, denn] *„wenn der Vater den ganzen Tag arbeitet, hat er halt wenig Zeit für die Kinder bzw. Familie. Dieses aber wünscht er sich und mit Sicherheit auch die Familie!"*

Polizeibeamter, 40 Jahre: *„Erziehungstechnisch ist das das Beste, für das Kind und die Ehegemeinschaft."* [Teilzeit für die Frau]

Polizeibeamter, 40 Jahre: *„Zumindest aber das erste Jahr* [Teilzeit für die Frau, wenn zuvor Vollzeit], *zum Beispiel, wenn das Kind gestillt wird."*

Polizeibeamter, 40 Jahre: *„Damit die Frau 'unter die Leute' kommt und nicht gelangweilt zu Hause sitzen muß."* [Teilzeit für die Frau]

Polizeibeamter, 40 Jahre: [Teilzeit für den Mann] *„Nur dann, wenn die Frau zum Beispiel einen besser bezahlten Beruf hat und dem entsprechend mehr verdient, und umgedreht auch!"*

Polizeibeamter, 40 Jahre: *„Das Kind sollte den Vater von seinen Eigenschaften her und nicht nur vom Erscheinungsbild her kennen.* [Teilzeit für den Mann] *Die Frau sollte bei der Kinderbetreuung /-erziehung unterstützt werden, da diese neue Aufgabenzuweisung einen immens großen Umfang hat."*

Polizeibeamter, 40 Jahre: *„Weil sie im Allgemeinen weniger als der Mann verdient und jemand für das Kind da sein sollte."* [Teilzeit für die Frau]

Polizeibeamter, 40 Jahre: [Teilzeit für Mann oder Frau] *„Ist wahrscheinlich nicht praktikabel. Es sei denn, die Frau/der Mann könnte allein oder unterstützend den Lebensunterhalt sichern."*

Polizeibeamter, 40 Jahre: *„Kind sollte durch beide Elternteile erzogen und betreut werden. Zurückstellung* [der Erwerbstätigkeit des Mannes oder der Frau] *nur, wenn Lebensunterhalt gewährleistet ist."*

Polizeibeamter, 40 Jahre: „*Wegen der Erziehung* [Teilzeit für die Frau], *außer die Dame des Hauses verdient besser, was ja auch teilweise vorkommt.*"

Polizeibeamter, 41 Jahre: „*Die ersten Lebensjahre sind für das Kind wichtig.*" [Teilzeit für den Mann]

Polizeibeamter 41 Jahre: „*In den ersten Lebensjahren sollte die Frau mehr Rücksicht auf das Kind nehmen.* [Teilzeit für die Frau] *Zumindest sollte der vom Gesetzgeber angebotene 'Erziehungsurlaub' ausgeschöpft werden.*"

Polizeibeamter, 41 Jahre: „*Damit beide Partner die Möglichkeit haben, sich um ihr Kind zu kümmern. Damit beide Bezugspersonen fürs Kind werden. Damit beide Zeit für sich haben.*" [Teilzeit für Mann und Frau]

Polizeibeamter, 41 Jahre: „*Um später im Berufsleben wieder Anschluß zu finden.*" [Teilzeit für die Frau]

Polizeibeamter, 41 Jahre: „*Wenn man die finanziellen Möglichkeiten hat.*" [Teilzeit für die Frau]

Polizeibeamter, 41 Jahre: „*[...] abwechselnd.*"

Polizeibeamter, 41 Jahre: „*Ein Kind braucht Nähe der Eltern, auch nach dem Erziehungsurlaub. Wenn möglich nur noch stundenweise Tätigkeit, nach dem Erziehungsurlaub.*" [Teilzeit für die Frau]

Polizeibeamter, 41 Jahre: „*Geldverdienen zum Unterhalt der Familie nötig. Jedoch nicht um jeden Preis. Sollte zum Wohle der Familie soweit möglich eingeschränkt werden. Es hängt davon ab, wer zum größten Teil zum Lebensunterhalt beiträgt.*" [Teilzeit für die Frau oder den Mann]

Polizeibeamter, 42 Jahre: „*Der Mann kann sich in den ersten Lebensjahren der Kinder vermehrt um deren Erziehung kümmern.*" [Teilzeit für den Mann]

Polizeibeamter, 42 Jahre: „*Es müssen nicht beide zwingend berufstätig sein [...].*"

Polizeibeamter, 43 Jahre: „*Die Kindererziehung sollte absolute Priorität besitzen.*" [Teilzeit für den Mann]

Polizeibeamter, 46 Jahre: „*Eine Person muss sich primär um das Kind kümmern.*" [Teilzeit für die Frau]

Polizeibeamter, 50 Jahre: „*So lange es für das Kind notwendig ist!*" [Teilzeit für die Frau]

Polizeibeamter, 52 Jahre: „*Beide sollten die Möglichkeit haben, sich auch im beruflichen Leben nach ihren Vorstellungen verwirklichen zu können.*"

Polizeibeamter, 52 Jahre: „*Um den Erziehungsauftrag zu erfüllen.*" [Teilzeit für den Mann und die Frau]

Die im letzten Statement geäußerte Ansicht, dass „*der Erziehungsauftrag*" sowohl vom Vater und Mutter einander gleichwertig „*erfüllt*" werden kann, trifft in vollem Unfang auf die Zielsetzungen von Gender Mainstreaming zu (vgl. S. 24, 25). Das Kind benötigt in der frühesten Lebenszeit eine Bezugsperson, die es hegt, liebt, in den Arm nimmt, sich kümmert. Dies kann durchaus auch der Vater sein. Die besseren Verdienstmöglichkeiten des Mannes werden jedoch in den meisten Fällen der Mutter die engere Bindung an das Kind zuweisen, daher müssen die Rahmenbedingungen für beide Geschlechter so gestaltet werden, dass beide Elternteile gleichen Zugang zur Erziehung erhalten können.

29 Prozent der Frauen sind, wie am 26. Mai 2003 auf der „*Frauenpolitischen Fachtagung im dbb-forum-berlin*" (vgl. Polizeispiegel Juli/August 2003, S. 33) dargelegt wurde, gern Hausfrau und Mutter und legen deswegen keinen Wert auf eine weitere Erwerbstätigkeit. 14 Prozent der von mir befragten Polizeiangehörigen entschieden sich ebenfalls dafür, dass „ *die Erwerbstätigkeit für die Frau nach der Geburt von Kindern völlig zurückstehen*" sollte und sind damit Befürworter des traditionell überlieferten Familienbildes „Mann kümmert sich um die Sicherung des Lebensunterhaltes, Frau sorgt sich zu Hause um die Familie." Inhaltlich entsprechen die dafür angeführten Argumente in weiten Teilen denjenigen, die bereits als Begründung zur vollen Erwerbstätigkeit des Mannes verwendet wurden.

Polizeibeamtin, 27 Jahre: „*Da bin ich etwas konservativer und traditioneller eingestellt. Die Frau sollte den sozialen Part übernehmen, zu Hause bleiben bei den Kindern, zumindest in der Anfangsphase, wenn man Familie gründen möchte. Allerdings möchte ich mich gar nicht festlegen. Es kommt auf den Partner an, wie tolerant er ist, auch wie die finanziellen Seiten sind, wer arbeitet, wo macht es mehr Sinn oder wer kann sich das besser einteilen. Da bin ich schon flexibel. Aber so prinzipiell denke ich schon, Mann Arbeit, Frau zu Hause. Mehr tendenziell.*"

Polizeibeamtin, 31 Jahre: „*Gleich nach der Geburt ist klar, dass die Frau zu Hause bleibt, sich um das Kind kümmert und der Mann der Versorger ist. Ich denke, gerade in der ersten Zeit, im ersten oder zweiten Jahr, braucht ein Kind vor allem die Mutter, schon alleine von den biologischen Gegebenheiten her, aber hinterher, ich habe die Vision Gleichberechtigung.*"

Polizeibeamter, 35 Jahre: „*Wenn man sich z. B. dafür entscheidet, dass das Kind gestillt werden soll, dann ist es zwangsläufig so, dass die Frau zu Hause bleiben muss, das ist klar.*"

Polizeibeamter, 36 Jahre: „*Ein Kind braucht zu Beginn des Lebens aus natürlichen Gedanken und Abläufen seine Mutter.*"

Polizeibeamter, 39 Jahre: „*Seit Jahrhunderten sieht man, dass die meisten Männer besser bezahlt werden, dass die meisten zu Hause sind. Bei mir ist das klassische Familienbild noch vorhanden, meine Frau ist zu Hause, erzieht die Kinder, geht nicht mehr zur Arbeit, was ich auch richtig finde. Ich muss halt das Geld nach Hause bringen und mich um die anderen Dinge kümmern.*"

Polizeibeamter, 39 Jahre: „*Erziehung ist wichtiger als Selbstverwirklichung.*" [der Frau]

Polizeibeamter, 39 Jahre: „*In den ersten Lebensjahren ist eine Erziehung / Betreuung des Kindes durch die Mutter sehr wichtig – Sozialisation.*"

Polizeibeamter, 40 Jahre: „*In den ersten Kinderjahren ist die Mutter für die Kinder überaus wichtig, danach kann auch sie einen Beruf ausüben.*"

Polizeibeamtin, 41 Jahre: *„Ganz wichtig ist erst mal, dass für son kleines Würmchen vor allem die Mutter da ist. Dass die Frau für die Familie sorgt, ist ganz in Ordnung, ist ja eigentlich auch das Normale Das liegt an den äußeren Umständen. An der Arbeit des Mannes und an der Muttertätigkeit der Partnerin, das ginge sonst gar nicht anders, bei mehreren Kindern geht das gar nicht anders. Das kann sich ändern, wenn die Kinder größer sind."*

Polizeibeamter, 45 Jahre: *„[...] Ich bin eigentlich ganz gut damit gefahren, ich denke unsere Kinder auch, dass das in den ersten Lebensjahren meine Frau gemacht hat und ich eben weiter arbeiten gegangen bin. Einer muss es ja nun mal machen, dass Geld ins Haus kommt."*

Sobald eine Partnerschaft sich durch das Hinzukommen von Kindern zu einer Familie entwickelt hat, tritt für einen männlichen Polizeibeamten hinsichtlich seiner beruflichen Tätigkeit keine nennenswerte Erschwernis ein. Für die Frau im Berufsfeld Polizei ist dies wie auch in anderen so genannten Männerberufen jedoch keinesfalls so. Nicht nur, dass Familie und Dienstzeit nur schwer in Einklang zu bringen sind, starre Arbeitszeitregelungen verhindern oft die Integration in den Schichtdienst. Betriebliche Kindergärten zur qualifizierten Betreuung der Kinder während des Dienstes des Vaters oder der Mutter sind, aber nicht nur innerhalb des öffentlichen Dienstes, als Thema völliges Neuland. Es werden sich langfristig keine eigenen Betriebskindergärten der Polizei, wie es sie in der DDR gegeben hat (vgl. Gütges 1999), einrichten lassen. Immerhin hat inzwischen aber die Deutsche Polizeigewerkschaft (DPolG) im Deutschen Beamtenbund (DBB) angeregt, Möglichkeiten zur gemeinsamen Einrichtung von Kindertagesstätten für Bedienstete aus ähnlich betroffenen Berufszweigen (Krankenhäuser, Justiz) zu prüfen. Auch ein Stellenpool, aus dem Stellen von Polizistinnen, die Schwangerschaftsurlaub haben oder im Mutterschutz sind, vorübergehend besetzt werden, scheint durchaus sinnvoll. In diese Richtung äußerten sich die CDU-Abgeordneten des Niedersächsischen Landtages Katrin Trost und Christian Wulff (jetzt Ministerpräsident des Landes Niedersachsen) bei einem Besuch der Polizei (vgl. Neue Osnabrücker Zeitung 27. November 2001). Sofern Polizeibeamtinnen oder Polizeibeamte familienfreundliche Regelungen in Anspruch nehmen, sind Benachteiligungen hinsichtlich der Verwendung in der bisherigen Position zu befürchten. Die Gewerkschaft der Polizei (GdP) im Deutschen Gewerkschaftsbund (DGB) setzt sich aus diesem Grunde dafür ein, Konzepte für die Wiedereingliederung von Beurlaubten zu entwickeln (vgl. Deutsche Polizei Juni 2002, S. 4) und trägt damit einen wesentlichen Gesichtspunkt von Gender Mainstreaming direkt in die Organisation Polizei hinein. Zur Herstellung von Geschlechtergerechtigkeit muss die Struktur der Polizeiorganisation selbst überprüft werden, so wie es Gero Koller, Direktor der Bereitschaftspolizei Hessen, bereits Anfang des Jahres 2000 anmahnte: *„Ich fordere mehr Engagement seitens des Dienstherrn, qualifizierte Kräfte im Beruf zu halten bzw. deren Wiedereingliederung nach familiär bedingten Pausen zu fördern"* (Verwaltungsfachhochschule Wiesbaden, 2000, S. 19).

In beruflicher Hinsicht werden Emanzipation, Gleichstellung und Integration der Mütter in Deutschland nicht den Vätern adäquat vollzogen. In ihrem 2001 veröffentlichten Buch „Die deutsche Mutter" dokumentiert Barbara Vinken an einer Vielzahl von Beispielen, wie sich eine Frau auch heute noch zwischen Karriere und Mutterpflichten entscheiden müsse; sie fordert daher „eine konsequente Verfechtung der Gleichheit" (vgl. Morgenstern, Brigitta 2001).

Die derzeitig in Deutschland für Eltern und Kinder geltenden rechtlichen Rahmenbedingungen[62]

Mit einer Vielzahl von Einzelregelungen bemüht sich der Staat darum, Eltern und Kindern Entlastungen zuteil werden zu lassen. Die zum Zeitpunkt der Entstehung dieser Arbeit (2001 – 2003) geltenden Regelungen werden an dieser Stelle innerhalb eines kurzen Überblickes dargestellt. Auf sich innerhalb politischer Willensbildung zwischenzeitlich ergebende Entwicklungen wird verwiesen.

Jeder, der nicht selbst davon betroffen oder sonst in diesen Fragen fachlich bewandert ist, wird schnell erkennen, dass es sich um eine äußerst komplizierte Materie handelt. „Die Gesetze mit ihren Verflechtungen in das Steuer-, Sozial- und Familienrecht werden immer unverständlicher", zu dieser Ansicht ist inzwischen sogar das Bundesverfassungsgericht gelangt. Mit einer am 5. August 2003 in Karlsruhe veröffentlichten Entscheidung mahnt es die Bundesregierung an, alle Regelungen, die Kinder betreffen, klarer und verständlicher zu fassen (vgl. Neue Osnabrücker Zeitung 6. August 2003).

Mutterschutz

Sechs Wochen vor und acht Wochen nach der Geburt haben alle Mütter Anspruch auf Mutterschutz. Die 14 Wochen gelten auch dann, wenn das Kind vor dem errechneten Geburtstermin zur Welt kommt. Bei Mehrlingsgeburten und Frühgeburten unter 2500 Gramm gilt eine Schutzfrist von zwölf Wochen nach der Geburt.

Betreuungsplatz in einer Tageseinrichtung

Kinder unter drei Jahren haben keinen Rechtsanspruch auf einen Betreuungsplatz in einer Tageseinrichtung. Sofern freie Plätze vorhanden sind, können diese genutzt werden. Die Anzahl dieser Räumlichkeiten ist aber erfahrungsgemäß gering und auf größere Orte beschränkt. Bisher können in Westdeutschland

---

[62] Für diese Zusammenstellung wurden folgende Quellen genutzt: **Bundesministerium für Familie, Senioren, Frauen und Jugend** 2001: Erziehungsgeld, Elternzeit; **Die Bundesregierung** November 2001: Familie Deutschland; **Sonntag der Diakonie** 2001, S. 6; **Neue Osnabrücker Zeitung** 5. Dezember 2001; **Schewe-Gerigk** 2001, S. 4;

nur für 2,8 Prozent der Kinder unter drei Jahren Krippenplätze angeboten werden, regional ist es sogar nur wenig mehr als ein Prozent. Angestrebt werden, so Renate Schmidt, Bundesministerin für Familie, Senioren, Frauen und Jugend, zunächst 20 Prozent. Es müssen aber nicht unbedingt Krippenplätze sein, meint die Ministerin und verweist auf gute Chancen für Tagesmütter, die sich durch die Einführung von Mini-Jobs (400 Euro) ergäben (vgl. Evangelische Zeitung, 23. Februar 2003).

Mit dem dritten Geburtstag verbessert sich die Situation geringfügig. In Niedersachsen hat das Kind dann bis zum Schuleintritt einen rechtlich abgesicherten Anspruch auf eine vierstündige Betreuung pro Tag im Kindergarten.

Um berufstätig zu sein, eventuell auch nur eine Halbtagstätigkeit auszuüben, reicht diese Zeit nicht, um die An- und Abreise sowohl zum Kindergarten als auch zum Arbeitsplatz zu ermöglichen. Die üblichen Arbeitszeiten und Öffnungszeiten der Kindergärten stimmen nicht überein. So ist in vielen Fällen nicht einmal die Übernahme von Teilzeitarbeit möglich. In einigen Städten wird daher seit einigen Jahren berufstätigen Eltern im Kindergarten ein Früh- und/oder Spätdienst angeboten. Diese ausgeweiteten Betreuungszeiten decken nicht den real vorhandenen Bedarf, denn 70 Prozent aller vorhandenen Kindergartenplätze sind noch immer auf den Vormittag beschränkt.

Verlässliche Grundschule/Ganztagesschule

Mit dem Schuleintritt des Kindes ändert sich kaum etwas. Die flächendeckende Einführung der „verlässlichen Grundschule", in der die Kinder täglich bis zu fünf Stunden verbringen, hat bereits eine Verbesserung der Situation herbeigeführt, die Einführung einer Ganztagesschule soll weitere Entlastung bringen. *„Das ist keine Schule für Minderbemittelte,"* betont Renate Schmidt, Bundesministerin für Familie, Senioren, Frauen und Jugend. Als einen der Gründe dafür, dass 41 Prozent der Akademikerinnen bis 39 Jahre kinderlos sind, hat sie mangelnde Unterstützung in der Erziehungs- und Betreuungsarbeit ausgemacht. *„Die Frauen verschieben ihren Kinderwunsch immer weiter nach hinten, weil die Rahmenbedingungen nicht stimmen"* (Evangelische Zeitung, 23. Februar 2003).

Erziehungsgeld

Für alle ab dem 1. Januar 2001 geborenen Kinder erhalten Eltern in den ersten beiden Lebensjahren ein Erziehungsgeld von bis zu 307 Euro monatlich. Entscheiden sie sich für einen Bezug nur über ein Jahr, bekommen sie bis zu 460 Euro. Bis zum Ende des sechsten Lebensmonats liegt die dafür maßgebliche jährliche Einkommensgrenze für Verheiratete mit einem Kind bei 51.130 Euro, bei Alleinerziehenden mit einem Kind bei 38.350 Euro, ab dem siebten Lebensmonat bei 16.470 bzw. 13.498 Euro. Das Erziehungsgeld wird auch bei Bezug von Arbeitslosengeld gezahlt, wenn die vorausgegangene Beschäftigung 30 Wochenstunden nicht überstieg. Eltern, die mehr als ein Kind haben, erhalten zusätzlich zum Erziehungsgeld einen Kinderzuschlag von 3.140 Euro pro Jahr.

Elternzeit

Es gilt als erwiesen, dass Kinder, deren Väter und/oder Mütter sich in den das Leben prägenden Jahren der Kindheit selbst um ihre Kinder kümmern (können), weitaus weniger Erziehungsdefizite und daraus resultierende Konflikte aufweisen. Daher kann für Kinder, die vom 1. Januar 2001 an geboren oder mit dem Ziel der Adoption in Obhut genommen wurden (werden), Elternzeit (bis zum 31. Dezember 2000 unter dem Begriff Erziehungsurlaub bekannt) genutzt werden. Der Anspruch auf Elternzeit für Beamtinnen und Beamte ist in den Erziehungsurlaubsverordnungen des Bundes und der Länder geregelt.

Die Gesamtzeit der Elternzeit beträgt für jeweils ein Kind drei Jahre, gleichgültig, ob sie von einem oder von beiden Elternteilen genommen wird. Sie ist im Grundsatz an die ersten Lebensjahre des Kindes gebunden und soll vom Tag der Geburt bis zum Ablauf der drei Jahre in Anspruch genommen werden. Es ist möglich, dass sie von beiden Elternteilen gemeinsam genutzt wird. Allerdings nur dann, wenn ein Arbeitsverhältnis besteht. Mit Zustimmung des Arbeitgebers kann ein Teil der Elternzeit bis zu einer Dauer von einem Jahr auch auf den Zeitraum zwischen dem dritten und achten Geburtstag des Kindes übertragen werden. Dies könnte zum Beispiel im ersten Schuljahr eine wesentliche Hilfestellung bedeuten. Während der Elternzeit ist für den Vater und (!) die Mutter Teilzeitarbeit bis zu 30 Wochenstunden möglich. Bei gemeinsamer Elternzeit sind also bis zu 60 Stunden Erwerbsarbeit möglich, wodurch nicht nur das Familieneinkommen verbessert wird, auch berufliche Qualifikationen und Kontakte bleiben erhalten. Falls keine dringenden betrieblichen Gründe einer solchen Teilzeitarbeit innerhalb der Elternzeit entgegenstehen, besteht in Betrieben ab 16 Mitarbeitern und Mitarbeiterinnen für alle Beschäftigten ein Rechtsanspruch auf Verkürzung der Arbeitszeit im Rahmen von 15 bis 30 Wochenstunden. Nach Ablauf der Elternzeit gilt, sofern nichts anderes vereinbart wurde, wieder die vorherige Arbeitszeit. Da während der gesamten Elternzeit Kündigungsschutz besteht, ist in diesem Rechtsanspruch ein Meilenstein für eine partnerschaftliche Verteilung von Erwerbs- und Familienarbeit, die durch diese gesetzliche Neuregelung deutlich verbessert wurde, im Sinne von Gender Mainstreaming zu sehen.

Elternzeit wurde bis zum Jahr 2000 zu 98,5 % von Müttern und nur zu 1,5 Prozent von Vätern genutzt (vgl. Schewe-Gerigk 2001, S. 4). Inzwischen sind es etwa 2,4 Prozent der Väter, erklärte die Frauenministerin Renate Schmidt anlässlich des Internationalen Frauentages am 8. März 2003 (vgl. Neue Osnabrücker Zeitung 7. März 2003). Anhand von aktuellem Zahlenmaterial wurde auf der *„Frauenpolitischen Fachtagung im dbb-forum-berlin"* am 26. Mai 2003 auf die finanzielle Abhängigkeit der Frauen vom Partner und einer steigenden Unzufriedenheit mit den Lebensumständen durch diese einseitige Nutzung von Elternzeit aufmerksam gemacht. Von den Frauen, dies sich für eine Elternzeit entschieden haben, hätten 28 Prozent den Wunsch zu arbeiten, könnten dies aber nicht, weil es an Betreuungsmöglichkeiten fehlt. Die 33 Prozent Frauen, die es nach Unterbrechung der Erwerbstätigkeit durch Elternzeit schaffen, Familie und

Beruf zu vereinbaren, sind ebenso wie die zehn Prozent, die ihre Kinder extern betreuen lassen, im Durchschnitt wesentlich zufriedener als Frauen, die sich nur der Mutterrolle widmen. Väter sind aufgerufen, die vorhandenen Regelungen stärker als bisher zu nutzen und somit einen wesentlichen Beitrag zur Gendergerechtigkeit zu leisten (vgl. Polizeispiegel Juli/August 2003, S. 33).

Kindbezogene Anrechnung der Elternzeit auf die Rente

Die Elternzeit wird dem Elternteil, der sie in Anspruch nimmt, mit 100 Prozent seines Durchschnittseinkommens auf dem Rentenkonto gutgeschrieben. Diese kindbezogene Anrechnung kommt, da vom Familienstand unabhängig, auch Alleinerziehenden, die aber in der Regel unterdurchschnittlich verdienen, zu gute.

Die ersten zehn Lebensjahre des Kindes werden bei den Vätern oder Müttern, die zugunsten der Kindererziehung beruflich kürzer treten oder in Teilzeit arbeiten, auf dem Rentenkonto berücksichtigt. Werden mehrere Kinder gleichzeitig (zumindest zwei Kinder jünger als zehn Jahre) erzogen, steigert sich das Guthaben zur Rente. Drei Jahre einer solchen „Mehrfacherziehung" bringen zusätzlich so viel für die Rente wie ein Jahr Berufstätigkeit mit durchschnittlichem Einkommen.

Der Aufbau einer zusätzlichen Eigenversorgung („Riester-Rente") wird mit einer jährlich steigenden Zulage zusätzlich unterstützt. Es wird empfohlen, vier Prozent des sozialversicherungspflichtigen Einkommens anzusparen, um ab 2008 pro Kind 185 Euro zu erhalten. Die Beitragsbemessungsgrenze betrug im Jahr 2002 in den alten Bundesländern 4.500 Euro, in den neuen 3.750 Euro.

Kindergeld

Kinder kosten Geld. Um zu verhindern, dass finanzielle Nachteile entstehen oder sogar die wirtschaftliche Absicherung über die Sozialhilfe erfolgen muss, wird für alle Kinder bis zum vollendeten 18. Lebensjahr, unter besonderen Voraussetzungen auch länger, Kindergeld gezahlt. Es beträgt für das erste bis dritte Kind je 154 Euro, für jedes weiter Kind je 179 Euro.

Bei nicht verheirateten, getrennt lebenden oder geschiedenen Eltern wird das Kindergeld demjenigen Elternteil gewährt, der das Kind in seinen Haushalt aufgenommen hat. Trifft das bei niemandem zu, erhält derjenige Elternteil, der diesem Kind den höheren finanziellen Unterhalt zahlt, das Kindergeld

Das Kindergeld wird jedoch zum großen Teil auf die gegebenenfalls gewährte Sozialhilfe angerechnet. Lediglich 10,25 Euro von 154 Euro bei einem Kind und 20,50 Euro von 179 Euro bei zwei und mehr Kindern werden nicht auf das Einkommen angerechnet. Kritisch zu fragen ist, ob nicht zumindest die Hälfte, wenn nicht sogar die gesamte Summe des Kindergeldes dort bleiben kann, wo es dringend benötigt wird.

Steuerlich zu berücksichtigender Kinderfreibetrag

Kinder werden mit einem Kinderfreibetrag von 3.648 Euro pro Kind bei der Steuer mindernd berücksichtigt. Dieser Freibetrag ist für den Betreuungs-, Erziehungs- und Ausbildungsbedarf eines Kindes gedacht und soll sicherstellen, dass das elterliche Einkommen in Höhe des Existenzminimums ihres Kindes steuerfrei bleibt.

Weiterer Freibetrag für Betreuung und Erziehung oder Ausbildung

Zusätzlich zum Kinderfreibetrag wird ein weiterer Freibetrag für Betreuung und Erziehung oder Ausbildung für Kinder bis 27 Jahre in Höhe von 2.160 Euro gewährt. Für volljährige Kinder in der Ausbildung, die nicht mehr bei den Eltern wohnen, gilt ein zusätzlicher Sonderfreibetrag von 924 Euro. Positiv ist hierzu festzustellen, dass diese Betreuungsfreibeträge nicht dem Unterhaltspflichtigen, sondern dem Elternteil, bei dem das Kind lebt, zugute kommen, - in der Regel also dem allein Erziehenden. Damit ist sichergestellt, dass das Geld auch direkt dort hingelangt, wo das Kind sein tägliches Zuhause hat. Es soll verhindert werden, dass säumige Unterhaltspflichtige sich ihrer Pflicht entziehen und dass Geld für sich verbrauchen. Bei der Veranlagung zur Einkommensteuer prüft das Finanzamt zugunsten der Eltern von Amts wegen, ob Kindergeld oder alle in Frage kommenden Freibeträge sich für den Steuerzahler günstiger auswirken.

Wegfall des Haushaltsfreibetrages für allein Erziehende

Am 1. Januar 2002 trat das Zweite Gesetz zur Familienförderung in Kraft, welches besonders allein Erziehende (15 Prozent aller Familien in Deutschland zählen dazu) hart trifft. Sofern sie nicht schon am 31.12.2001 den Status „Alleinerziehend" besaßen, werden sie in die Steuerklasse 1 eingestuft und wie Singles besteuert. Völlig lebensfremd wird dabei übersehen, dass sie nicht alleine leben, sondern dass ihr Einkommen für mindestens zwei, häufig sogar für mehr Personen reichen muss (vgl. Neue Osnabrücker Zeitung 20. November 2001).

Der ihnen bis 2001 in Höhe von 5.616 D-Mark (etwa 2.900 Euro) gewährte Haushaltsfreibetrag wurde gestrichen, weil ein Urteil des Bundesverfassungsgerichtes eine entsprechenden Handhabe dazu bot. Das Gericht hatte der Bundesregierung aufgetragen, für die finanzielle Gleichstellung von verheirateten und unverheirateten Eltern zu sorgen. Die Gewährung des Haushaltsfreibetrages an allein Erziehende entsprach nämlich nicht dem verfassungsrechtlich vorgeschriebenem Gleichheitsgebot. Da die Alternative, diesen Haushaltsfreibetrag an alle Eltern zu zahlen, als nicht finanzierbar angesehen wurde, entschied sich die Bundesregierung dafür, ihn dann schlicht und einfach niemandem mehr zu gewähren. Damit war die angemahnte finanzielle Gleichstellung von verheirateten und unverheirateten Eltern wieder hergestellt.

Für die bisherigen Empfänger wird der Haushaltsfreibetrag bis 2005 nach und nach völlig „abgeschmolzen". Dies wird von allein Erziehenden als verfassungswidrig angesehen, da ihre dadurch verminderte finanzielle Leistungsfähigkeit im Gegensatz zu Ehepaaren, denen das Ehegattensplitting zugute kommt, nicht berücksichtigt wird. Der Verband Alleinerziehender Mütter und Väter (VAMV) hatte gemeinsam mit 96 allein Erziehenden eine dagegen gerichtete Klage beim Bundesverfassungsgericht eingebracht. Diese wurde am 30. April 2003 als unzulässig abgewiesen. *„Zur Begründung hieß es, die Betroffenen würden nicht unmittelbar durch das Gesetz schlechter gestellt, sondern erst auf Grund der darauf basierenden Steuerbescheide der Finanzämter"* (Neue Osnabrücker Zeitung 1. Mai 2003). Eine Entscheidung, die sich streng an formellen Rechtsgrundlagen orientiert, sachliche Gegebenheiten aber völlig außer Acht lässt. Inhaltlich geht das Bundesverfassungsgericht nämlich eindeutig von einer Schlechterstellung aus (*„[...] die Betroffenen würden [...] durch das Gesetz schlechter gestellt*), diesem Mangel könne jedoch aus formaljuristischen Gründen zur Zeit nicht nachgegangen werden. Die Kläger müssten zunächst gegen die von den Finanzämtern erlassenen Steuerbescheide die üblichen Rechtsmittel einlegen. Der Verband Alleinerziehender Mütter und Väter (VAMV) rät allen allein Erziehenden, gegen den Steuerbescheid 2002 Einspruch einzulegen (vgl. Deutsche Polizeigewerkschaft 20. April 2003, Newsletter).

Die Bundesregierung hat die durch die Streichung des Haushaltsfreibetrages bewirkte Ungerechtigkeit inzwischen ebenfalls erkannt und versucht ausgleichende Korrekturen einzuführen. Allein Erziehende mit einem Jahreseinkommen von unter 30 000 Euro sollen bis zur angedachten Erhöhung des Kindergeldes in etwa zwei oder drei Jahren eine monatliche Beihilfe von 20 Euro pro Kind erhalten (Neue Osnabrücker Zeitung, 31. August 2003).

Forderungen nach beitragsfreiem Besuch von Kindertagesstätten, Anerkennung von Kinderbetreuungskosten, Einführung eines Erziehungsgehalt, u. a.

„Man kann nicht die Ganztagschule oder Betreuung der unter Dreijährigen als Allheilmittel ansehen. Sie sind lediglich ein Teil vom Ganzen" (Corinna Miersch in einem Leserbrief in der Evangelische Zeitung vom 21. März 2003). Hinzukommen könnten, so führt sie näher aus, zum Beispiel Prämien für Firmen, die Frauen nach der Familienpause den Weg ins Berufsleben ermöglichen, flexible Arbeitszeiten und Teilzeitmodelle, Anerkennung von Ausbildungszeiten während der Arbeitslosigkeit nach der Familienpause für die Rente. Aber *„jedes zusätzliche öffentliche Angebot ist mit Kosten verbunden"* (Sonntag, der Diakonie 2001, S. 7). Verbesserte Möglichkeiten der Kinderbetreuung und somit Entlastung für Familien sind nicht zum Nulltarif erhältlich. Um Familie und Beruf besser zu vereinbaren, um sich auf das „Abenteuer Leben mit Kindern" einzulassen, sind eindeutige politische Entscheidungen zur Regelung des Verhältnisses von privater und öffentlicher Erziehung notwendig. Denn unser gesamtes soziales Sicherungssystem ist, wie u.a. Thiele, stellvertretender Fraktionsvorsitzender der FDP im Deutschen Bundestag, hervorhebt (vgl. Osnabrücker Sonntagsblatt 3. August 2003), darauf angelegt, dass wir eine ausreichende Zahl Kinder in unserem Land haben. Auch der Verband alleinerziehender Mütter und Väter verweist in diesem Zusammenhang darauf, wie eng wirtschaftliche, sozi-

ale und kulturelle Qualitäten unserer Gesellschaft mit einer gelungenen Integration der nachwachsenden Generation zusammenhängen. Er fordert den Staat auf, den Besuch der Einrichtungen beitragsfrei zu gestalten (vgl. Verband alleinerziehender Mütter und Väter 2002).

Zur besseren Vereinbarkeit von Familie und Beruf gehört auch die steuermindernde Anerkennung erwerbsbedingter Kinderbetreuungskosten. Die Bundesfrauenvertretung des Deutschen Beamtenbundes fordert daher, diese nicht nur als außergewöhnliche Belastung, sondern als Werbungskosten anzuerkennen (vgl. Polizeispiegel Juni 2003, S. 42).

Ferner ist es notwendig, „überzeugten Vollzeiteltern" ihre gesellschaftlich gar nicht hoch genug anzusetzende familiäre Erziehungsarbeit über ein „Erziehungsgehalt" anzuerkennen und gezielt zu honorieren. Diejenigen, die sich für ein Leben mit Kindern entschieden haben und die angesichts der Belastungen, die sie durch Versorgung, Betreuung, Erziehung und Bildung der Kinder zu tragen haben, erfahren mit Blick auf die Leistungen, die sie für die Gesellschaft erbringen, (bisher) keine ausreichenden Gerechtigkeit. Der wissenschaftliche Beirat für Familienfragen hat errechnet, dass einem Paar, dass ein Kind großzieht, bis zu dessen 18. Lebensjahr Kosten in Höhe von 700 000 DM, das entspricht etwa 350 000 Euro, entstehen (vgl. Schewe-Gerigk 2001, S. 1). Sie haben sich ganz bewusst für Kinder und häufig auch für den zeitlich befristeten Ausstieg aus der Erwerbswelt entschieden oder waren dazu aufgrund der individuellen Gegebenheiten gezwungen. Entlastend wirken könnte hier auch die Einführung eines einheitlichen steuerfreien Existenzminimums von 7500 Euro für Kinder, wie die FDP es vorschlägt (vgl. Osnabrücker Sonntagsblatt 3. August 2003).

Ausblick

Die bis hier aufgezeigten institutionellen Einbindungen der Bemühungen um die Herstellung von Geschlechtergerechtigkeit offenbaren zunächst eine *„größere allgemeine Offenheit für Frauenbelange"* (Nave-Herz 1997, S. 83). Es droht aber die Gefahr, dass die an sich lobenswerten Aktivitäten in die Funktion eines „Beruhigungsinstrumentes" geraten und lediglich eine Alibi-Funktion einnehmen. Die Voraussetzungen zur Herstellung von Gleichwertigkeit von Mann und Frau werden dadurch zwar verbessert. Es bedarf aber weiterhin der engagierten Tätigkeit aller derjenigen, die sich in vielfältigen Organisationsformen darum bemühen, den politischen Entscheidungsträgern deutlich zu machen, wo und wie sich gravierende Mängel zur Umsetzung von Geschlechtergerechtigkeit (Gender Mainstreaming) auswirken. *„Die Einsicht [...] allein verbessert die Situation von Frauen noch nicht"* (Nave-Herz 1997 S. 85). Die Kölner Sozialwissenschaftlerin und Publizistin Mechthild Jansen ruft daher insbesondere die politischen Entscheidungsträgern auf, vier von ihr erkannte Eckpunkte zu verwirklichen, mit denen günstigere Rahmenbedingungen als die jetzigen geschaffen werden können (vgl. Kalinsky/von der Haar, 1999, S. 44):

211

1. Die sogenannte geringfügige Beschäftigung abschaffen, jede Arbeitsstunde ist prinzipiell in gleicher Weise abzusichern.
2. Einführen einer Grundsicherung im erwerbsunabhängigem Sinne.
3. Deutliches Verkürzen der durchschnittlichen Erwerbsarbeit.
4. Aufgabe des Ehegattensplittings zugunsten einer eigenständigen Existenzsicherung.

Die in Deutschland üblichen familiären Rahmenbedingungen lassen sich wie folgt kurz und prägnant charakterisieren (vgl. Mackerodt/Pfundt, 2002):

„Der Vater verdient gut.
Die Mutter sorgt sich liebevoll rührig um ihn, die Familie und den Haushalt.
Die Kinder gedeihen prächtig.
Wer sorgt sich aber um die Mutter, die eine gute Ausbildung hat, sie jedoch in den ersten Jahren des Kindes ad acta legen muss?"

Diese treffend skizzierte Sachlage und aufgeworfene Frage deckt die hierzulande herrschendenden gesellschaftlichen Strukturen klar und überaus deutlich auf. Worum es dabei eigentlich geht, wird sofort verständlich, wenn die Gegebenheiten wie folgt auf Männer bezogen umformuliert werden:

„Die Mutter verdient gut.
Der Vater sorgt sich liebevoll rührig um sie, die Familie und den Haushalt.
Die Kinder gedeihen prächtig.
Wer sorgt sich um den Vater, der eine gute Ausbildung hat, sie jedoch in den ersten Jahren des Kindes ad acta legen muss?"

Eine Frage, wie sie sich bisher in dieser Form noch nicht gestellt hat. Oder doch? Gender Mainstreaming fragt jedenfalls inhalts- und zielorientiert ganz konkret:

„Ist es wirklich nicht möglich, Familie und Beruf so zu vereinbaren, dass beides, und zwar für Männer und Frauen, in Ordnung geht?
Muss der Mann und/oder die Frau sich wirklich zwischen Familie oder Beruf entscheiden? Schließt das eine das andere aus?"

In anderen Staaten Europas schließen sich „Kinder und Karriere" nicht in dem Maße wie bei uns in Deutschland aus, sondern werden politisch-gesellschaftlich als Selbstverständlichkeit praktiziert und akzeptiert. Vorwiegend wird auf Frankreich und die skandinavischen Länder hingewiesen und gefolgert, dass dies auch bei uns in Deutschland ebenfalls möglich sein müsste. Dies würde sogar entscheidend zu der aus demografischen Gründen dringend notwendigen Steigerung der Geburtenrate beizutragen. Die Sprecherin des Familienministeriums in Berlin, Beate Moser: *„Der Vergleich zeigt, dass die Ge-*

burtenraten in Ländern mit guter Vereinbarkeit von Familie und Beruf deutlich höher sind" (Neue Osnabrücker Zeitung, 22. Mai 2002).

Der Blick in einige unserer europäischen Nachbarländer bestätigt dies nicht nur, er kann auch zur Problembewältigung beitragen.

Ein Blick in unsere Nachbarländer
Frankreich, Dänemark und Finnland

Man sollte es nicht vermuten, in Ländern mit der höchsten Geburtenrate Europas wie Frankreich, Dänemark und Finnland, sind die meisten Frauen berufstätig. Die Erwerbsquote von Frauen ist innerhalb der Europäischen Union nirgends so hoch wie in Dänemark. EU-weit hat nur jede zweite Frau einen Job, in Dänemark sind es drei von vier. Trotzdem ist Dänemark das einzige Land innerhalb der Europäischen Union, in dem die Geburtenrate nicht zurückgegangen ist. Die EU-Statistikbehörde in Brüssel hat EU-weit einen Mittelwert von 1,45 Kinder pro Frau herausgefunden (vgl. Neue Osnabrücker Zeitung 6. März 2003). Die meisten Kinder werden in Irland (1,98) geboren, gefolgt von Frankreich (1,9), Dänemark (1,74) und Finnland (1,73). Deutschland gehört gemeinsam mit Griechenland und Österreich (1,29) am unteren Ende der Geburtenzahlen. Schlusslicht sind Spanien (1,25 und Italien (1,24).

In Frankreich arbeiten etwa zwei Drittel aller Mütter weiter in ihrem Beruf, in skandinavischen Ländern sind es sogar rund drei Viertel. In Deutschland bleiben dreiviertel aller Kleinkindmütter für mindestens zwei, drei Jahre zu Hause. 70 Prozent der deutschen Frauen sind der Auffassung, sie müssten sich zwischen Kindern und Karriere entscheiden. Dies ist beispielsweise in Dänemark, wo vier von fünf Frauen sicher sind, dass sich beides aufgrund der guten staatlichen Kinderbetreuung gut verträgt, kein Thema. In Dänemark kehren Mütter ganz selbstverständlich ein halbes Jahr nach der Geburt wieder an ihren Arbeitsplatz, der ihnen für höchstens ein Jahr garantiert freigehalten wird, zurück. Für Kinder von sechs Monaten bis zu drei Jahren stehen *„Vuggestue"* [Wiegestuben] als Kindertagesstätten zur Verfügung. Die Vuggestue sind von sieben Uhr morgens bis fünf Uhr nachmittags geöffnet, die Kosten werden zu Zweidrittel vom Staat getragen. Dort, wo keine Plätze in solchen Wiegestuben verfügbar sind, werden junge Väter und Mütter, die tagsüber zusätzlich zu ihrem eigenen Baby auf ein oder zwei fremde Kinder aufpassen, vom Staat bezahlt. Mit drei Jahren wechseln die Kleinen in den Kindergarten, mit fünf Jahren beginnt die Vorschule. Diese hat ebenso wie die nachfolgende Grundschule eigene Freizeiteinrichtungen oder solche in einem nahe gelegenen *„Fritidshjem"* [Freizeitheim]. Die dortigen Pädagogen arbeiten eng mit der Schule und auch den Eltern so zusammen, dass die jeweiligen Aktivitäten mit dem, was gerade in der

Schule als Lernstoff behandelt wird, abgestimmt werden, Hausaufgabenbetreuung, Sport und Ernährung gesichert sind. Bis zum Alter von zehn Jahren garantiert der dänische Staat einen Platz in einer solchen Freizeiteinrichtung (vgl. Hauser 2001).

Die Regierung Frankreichs hat Anfang des Jahres 2003 ein erweitertes Programm zur Familienförderung vorgelegt, welches aus deutscher Sicht fast unglaubliche staatliche Unterstützungen für Familien mit geringem und mittlerem Einkommen vorsieht. Bereits jetzt gibt es neben Betreuungsmöglichkeiten für Kinder unter drei Jahren *„für alle Kinder ab drei Jahre die kostenlose ‚ecole maternelle' und daran anschließend, wie in vielen europäischen Ländern, Ganztagsschulen."* Familien mit einem Einkommen bis zu 4100 Euro erhalten jetzt eine einmalige „Geburtsprämie" von 800 Euro, monatliche Zuwendungen von 160 Euro für Kinder bis zu 3 Jahren und zusätzliche Beihilfen für die Beschäftigung von Kindermädchen. Ferner werden 20 000 zusätzliche Krippenplätze geschaffen (vgl. Neue Osnabrücker Zeitung 3. Mai 2003).

Mackerodt/Pfundt[63] haben in ihrer Untersuchung je eine Frau aus Frankreich, Dänemark und Finnland, die nach Deutschland geheiratet haben, zu Wort kommen lassen:

Vereinbarkeit von Beruf und Karriere
„Das Gefühl, eine Ausländerin zu sein, habe ich erst gehabt, als das erste Kind kam."
„Mich hat es schon sehr überrascht. Ich wusste das nicht, dass in Deutschland die Mütter zu Hause bleiben, oft drei, vier Jahre lang oder länger. Das wusste ich nicht."
„Für mich war immer klar, ich werde drei Kinder haben und noch einen schönen Beruf dazu. In Frankreich ist das völlig normal, dass man Kinder bekommt und dazu noch arbeitet. Wenn man nicht arbeitet, wird man schlecht angesehen. Man kann arbeiten, man will arbeiten und man will Kinder haben."

Es herrschen auch völlig anderer Vorstellungen als in Deutschland darüber, was von einer „guten Mutter" erwartet wird:
„Mit mir würde sich der Kleine fürchterlich langweilen. Der braucht action, der braucht Gleichaltrige um sich rum. Daher bin ich froh, dass er in der KiTa ist. Dass es was zu tun gibt, Freunde und überhaupt [...]."
„Ich wüsste gar nicht, was ich einem Einjährigen zu Hause anbieten könnte, da würde das Fernsehen laufen. Vielleicht die Hälfte des Tages. Ich kann nicht den ganzen Tag mit ihm spielen."

---

[63] Die Rundfunksendung (vgl. Mackenrodt/Pfundt, 2002) wurde von mir mitgeschnitten. Bei den *kursiv* geschriebenen Textbeiträgen handelt es sich um Originalaussagen der drei Frauen aus dieser Sendung.

Die deutschen Verwandten und auch Freunde der interviewten ausländischen Frauen fanden es jedoch unmöglich und verantwortungslos, ein kleines Kind so früh in fremde Hände zu geben:

„Allein schon das Wort abgeben, ich finde es furchtbar. So als wenn ich meinen Sohn so abgebe wie einen Mantel. Dabei vertraue ich mein Kind an. Für mich ist die KiTa etwas Positives. Das wird in Deutschland völlig anders wahrgenommen. "

„Ich erzähle hier in Deutschland was ich so vorhabe und plane und höre, ja, das kannst du dann so machen, aber erst bist du ja für die Kinder da. "

In ihrer Heimat wird das Nebeneinander von Familie und Beruf als völlig normal angesehen, in Deutschland fühlte sich die junge französische Frau einem ständigen Rechtfertigungsdruck ausgesetzt:

„Ich habe fünf, sechs Cousinen in Frankreich, die alle drei oder vier Kinder haben und die wirklich Karriere machen. Ich bin die einzige, die denkt, das ist vielleicht nicht so gut für die Kinder. "

Rabenmutter?

Die Mutter sollte, so die in Deutschland übliche Erwartung an eine „gute Mutter," zumindest in den ersten drei Jahren ganz für ihr Kind da sein. In Finnland, Dänemark und Frankreich stehen die Frauen unter dem umgekehrten Druck. Das Wort *„Rabenmutter"* stieß, da begrifflich in Frankreich und Skandinavien unbekannt, auf erstauntes Unverständnis:

„Jede Mutter ist 'ne gute Mutter. Rabenmütter gibt es nicht. "

„Das Wort Rabenmutter gibt es in französisch nicht, kann man auch nicht übersetzen. Warum heißt es Rabenmutter. Ob die ihre Kinder verlassen ? Abgeben in die KiTa ? [verlegenes Lachen im Hintergrund] In die Raben-KiTa? "

„Dieses Wort Rabenmutter finde ich absolut schrecklich. Ich finde es ist eine Zusammenfassung von allen Erwartungen, die auf den deutschen Frauen lasten. Es klingt wie Hexe, finde ich. "

Soziale Prägungen durch die Mutter oder über gleichaltrige Kinder?

„Es wird schlecht angesehen, wenn man zu Hause bleibt und sich entscheidet nicht zu arbeiten. Das versteht man nicht so richtig. Hinzu kommt, dass man als Mutter ein schlechtes Gefühl hat, so allein mit dem Kind zu sein. Man denkt, das Kind verpasst was. In der KiTa bekommt das Kind soziale Kontakte, entwickelt sich, wird unabhängig. Mit der Mutter, na ja, es ist bisschen langweilig. "

„Wir legen großen Wert auf die Selbständigkeit der Kinder. Das bekommt man dadurch, dass die Kinder nicht den ganzen Tag von der Mutter betüttelt werden. Da gibt es überhaupt keine Diskussionen darüber, dass Kindergarten für kleine Kinder etwas Schlechtes sei. Das ist ein absurder Gedanke. Das sind doch die besten Voraussetzungen. Die Freunde, die anderen Kinder, da lernt man soziale Kompetenz. "

„Da hat man doch ein gutes Gefühl, wenn man Kinder da hinschickt, wo es viele Freunde hat, wo es gutes Personal gibt, wo es viele Angebote hat. "
„Wir haben hier einen ganz tollen Kindergarten gefunden, ich bin da sehr zufrieden. Aber es tut mir wirklich leid, auch für das Personal, dass sie so wenig sind. Für so viele Kinder. Und das ist so eine Sache, wo man denkt, wo man in Dänemark als Frau mit gutem Gewissen sein Kind abgeben kann. In Deutschland denke ich oft, ist das jetzt auch richtig? Bringe ich mein Kind nur hin, weil ich die Freiheit brauche oder bringe ich es hin, weil es dort auch was lernt oder weil es dem Kind gut tut? Viele Mütter in Deutschland denken, uuhhh, mein armes kleines Kind, es soll doch nicht so den ganzen Tag weg sein. Ich denke, beides kann gut sein für ein Kind, aber zuviel Mutter oder Vater kann auch schlecht sein. Vor allem wenn die Mutter nicht zufrieden ist. Was, wie ich denke, sehr gefährlich ist. Auch wenn man nicht mehr so jung ist, einfach zu sagen, das war's jetzt, jetzt bin ich Mutter. Ich hätte da große Angst. Ich hätte Angst, wenn die Kinder mich nicht mehr brauchen, dass ich dann dastehe und nicht weiß, was habe ich denn hier in meinem Leben gemacht, wie wird es weitergehen? "

Obwohl in Dänemark fast alle Frauen und Männer einer Arbeit nachgehen, sind nicht alle zufrieden. Die ganztägige Trennung von Kleinkindern im Alter von sechs Monaten bis zu drei Jahren bereitet Eltern und Kindern offensichtlich doch Probleme, wie eine Pädagogin in einer Vuggestue berichtet (vgl. Hauser 2001). Die Kinder sind einfach zu lange von den Eltern getrennt und diese sind darüber verunsichert, wie wenig Zeit sie mit ihrem Nachwuchs verbringen. Auch die von Mackerodt/Pfundt interviewten drei Frauen aus Frankreich, Dänemark und Finnland sind sich darin einig, dass das in Deutschland übliche Verfahren der „Elternzeit" als eine Zeit außerhalb des Berufes, in der die Mutter oder der Vater ganz in der Familie sei, seine positiven Seiten aufweist.

Männliche und weibliche Lebenswelten

Auch heute existieren allenthalben noch ganz konkrete Vorstellungen von rein männlichen und rein weiblichen Lebenswelten. Um dies zu erfassen, ist zunächst die Erkenntnis unerlässlich, dass erstens Geschlechterverhältnisse überall und zu jeder Zeit Bedeutung haben und zweitens Männer und Frauen davon in unterschiedlicher Weise betroffen waren, sind und werden. Denn gleichgültig um was es geht, ob um die individuelle Lebensweise, die Kleidung, das seelische Befinden, die reale Möglichkeit zur Verwirklichung von Wünschen, - was immer es auch sei, in allen Lebensbereichen ist von ausschlaggebender Bedeutung, ob der betreffende Mensch ein Mann oder eine Frau ist. Immer und überall ist das biologische Geschlecht als fundamentaler Ausdruck der Identität präsent.

Es scheint ein allgemeiner Konsens darüber zu bestehen, welchen Rollenerwartungen Frauen zu entsprechen haben. Die bloße (natürlich von einem Mann, der vielleicht sogar Vorgesetzter ist) in den Raum geworfene Bemerkung „es muss Kaffee gekocht werden" wird überwiegend nicht als rein sachliche Feststellung verstanden, sondern als Aufforderung an die anwesende(n) Frau(en), sich darum zu kümmern. Sofern sich eine der Frauen diesem Reglement nicht rollenkonform unterwirft, sondern abwartet, die Aussage bestätigt oder sogar eine alle Anwesenden einbeziehende Regelung initiiert, durchbricht sie zwar tradierte Gepflogenheiten, sie trägt aber auch wesentlich zur Geschlechtergerechtigkeit bei.

Die geschlechtsbezogenen Auswirkungen, denen unser aller Leben unterworfen ist, können jedem und jeder mit folgendem Experiment[64] deutlich und klar bewusst werden:

„Stellen Sie sich vor, wie es wäre, wenn Sie (sei es als lang gehegter Wunsch, der sich endlich erfüllt oder als nie in Erwägung gezogener Schicksalsschlag) ab sofort für alle Zeiten unwiderruflich das andere Geschlecht anzunehmen hätten."

Die bei Ihnen in diesem Augenblick aufkommenden Gedanken stellen mit großer Wahrscheinlichkeit Verbindungen zu von Ihnen vermuteten bedeutenden Faktoren der jeweils anderen Lebenswelt her. Darüber hinaus geben sie Ihnen aufgrund ihrer Gegensätzlichkeit zu Ihrem tatsächlichen Lebensbereich Aufschluss über eigene Möglichkeiten, Wünsche und Befürchtungen.

Die folgende Auswahl schriftlicher Antworten zu der von mir in schriftlichen Interviews gestellten Frage „*Was würden Sie in diesem Augenblick denken und unternehmen, wenn Sie jetzt, sofort und auf der Stelle, unwiderruflich das andere Geschlecht besäßen?*" ermöglicht ebenfalls interessante Einblicke in subjektiv geprägte Perspektiven, wie sie sich aufgrund des natürlichen Geschlechtes für männliche und weibliche Lebenswelten in unserer Gesellschaft eröffnen oder auch verschließen[65].

Frau, keine Angabe zum Lebensalter: „*Ich [...] brauchte ich mir keine Gedanken darum zu machen, wie ich es schaffe trotz Kinder (die in Zukunft geplant sind) weiter zu arbeiten. Mein Pferd bräuchte ich dann auch nicht zu verkaufen. Ich denke, ich wäre freier. Ich würde mich wohl so fühlen*"

Frau, 21 Jahre: „*Mich wie ein Mann im Unterricht verhalten.*"

---

[64] Experimentell im Wintersemester 2000/01 im interdisziplinär an der Universität Osnabrück von Dr. Katharina Liebsch veranstalteten Seminar „*Die Kategorie Geschlecht in Wissenschaft, Kultur und Gesellschaft*" durchgeführt. Die Ergebnisse wurden in der Veranstaltung präsentiert und waren Diskussionsgrundlage für weitere Erkenntnisse, die sich aus Sondierungen der Fachliteratur ergaben.
[65] Befragt wurden nicht nur Polizeiangehörige, sondern auch Studentinnen/Studenten der Universität Osnabrück sowie Teilnehmerinnen/Teilnehmer an politischen Veranstaltungen.

Frau, 21 Jahre: *„Wahrscheinlich nicht viel anders als jetzt auch. Es gibt viele Männer, die primitiver handeln und denken als Frauen, doch ist das nicht die Regel. Männer und Frauen sind gar nicht so unterschiedlich, es gibt in beiden Geschlechtern solche und solche – eine Frage der Erziehung, des Umfeldes."*

Frau, 22 Jahre: *„Mich fragen, was an Fußball so toll ist, - ganz schnell Auto fahren."*

Frau, 22 Jahre: *„Würde meine allabendliche Ritualsitzung mit meinen Kumpels noch mal durchgehen, Tanke, Bier, ..."*

Frau, 22 Jahre *„[...] könnte abends ohne Angst durch die Straßen ziehen."*

Frau, 22 Jahre: *„Müsste mir nie wieder die Beine rasieren."*

Mann, 23 Jahre: *„Einkaufen! Schuhe kaufen!"*

Frau, 23 Jahre: *„Ich glaube, ich würde zuerst mal versuchen, im Stehen zu pinkeln – am besten an der Straße gegen einen Baum. Danach würde ich klassisch zum Fußball gehen, da das doch alle Männer machen, oder?"*

Frau, 24 Jahre: *„Ich würde mich um eine hochdotierte Stelle bewerben."*

Frau, 24 Jahre: *„Auf jeden Fall würde ich dann andere Frauen besser verstehen können, weil ich ja schon mal eine war."*

Frau, 30 Jahre: *„Ich könnte noch ein Brötchen essen."*

Mann, 32 Jahre: *„Mich neu einkleiden, heiraten, schwanger werden und meinen Mutterschutzurlaub genießen."*

Mann, 38 Jahre: *„Ich muss nach Hause, um die Kinder zu beaufsichtigen."*

Mann, 39 Jahre: *„Wenn ich die einzige Frau im Lehrsaal wäre, hätte ich Bedenken, wie ich in einer reinen 'Männerklasse' behandelt werden würde."*

Mann, 39 Jahre: *„Ich würde wie fast alle Frauen bei der Polizei sofort versuchen Mutterschaftsurlaub/Erziehungszeiten auszunutzen, um möglichst wenig Dienst zu machen und trotzdem das gleiche Gehalt verdienen."*

Frau, 40 Jahre: *„Ich würde mich freuen, dass ich nicht mehr soviel Verantwortung bezüglich des Geldverdienens habe und mehr zu Hause bleiben könnte. Insgesamt bräuchte ich weniger Verantwortung für die Familie tragen."*

Keine Angabe zum Geschlecht, 40 Jahre: *„Die Hälfte der Weltbevölkerung kommt damit klar; ich besser, da ich die 'andere Hälfte' davon ja bereits 40 Jahre kenne."*

Mann, 40 Jahre: *„Nichts, ich hätte damit kein Problem. Mensch ist Mensch."*

Frau, 42 Jahre: *„Ach, du Schreck! Jetzt muss ich mich ja beweisen."*

Mann, 43 Jahre: *„Kaffee trinken, telefonieren."*

Die Lebenswirklichkeit von Frauen

Die inzwischen landauf, landab als ideal propagierte Verbindung von Beruf und Familie ist nur schwer zu verwirklichen. Obwohl *„der Gesetzgeber bereits seit über 20 Jahren das Leitbild der ‚Hausfrauenehe' aufgegeben hat"* (Deutscher Bundesrat 20. Dezember 2002, Drucksache 888/02), wurde bisher das Vor-Bild der Kleinfamilie, bestehend aus „Vater, Mutter, Kind" idealisiert. Die in der Gesellschaft vorhandene traditionelle Arbeitsteilung weist der Frau im Grundsatz hinsichtlich der beruflichen Haupttätigkeit immer noch die Funktion „Kinder, Küche, Haus, Garten" zu. Die Sicherung des Familienunterhaltes unterliegt diesem Verständnis nach auch heute noch dem Mann. Außerhäusliche Berufstätigkeit der Frau hat darin, jedenfalls von dem Zeitpunkt an, an dem „die Kinder da sind", lediglich den Platz des „Hinzuverdienens". Dieses Leitbild impliziert die bekannte Teilung der Rollen und Aufgaben von Männern und Frauen. Frauen wird historisch begründend und weiter tradierend anerzogen, dass ihr Platz zu Hause in der Familie sei und sie, wenn es notwendig wird, bestenfalls nebenher beruflich sein können. Diese Lebensregel ist nach wie vor tief im Unterbewusstsein verwurzelt, ein Paradigmenwechsel ist individuell nur schwer vorstellbar und wohl nur vereinzelt anzutreffen. Die wenigen Männer, die sich in einer solchen Rolle einfinden und den damit verbundenen Doppelbelastungen stellen, können, wie jeder schnell durch einen Blick in sein Umfeld bestätigen wird, auf die Gesellschaft bezogen, völlig vernachlässigt werden.

Dies soll an einem Beispiel aus meiner beruflichen Tätigkeit als Fachlehrer und Lehrsaalleiter an der damaligen Landespolizeischule Niedersachsen verdeutlicht werden.

Zu meinen Aufgaben gehörten persönliche „Betreuungsgespräche" mit den jungen Kolleginnen und Kollegen im Alter von 16 bzw. 17 Jahren, die mir in meinem Lehrsaal für ein Jahr anvertraut waren. Wie es unter jungen Leuten (nicht nur) üblich ist, entwickelten sich zwischen den heranwachsenden Männern und Frauen zuweilen engere Freundschaften, die aus damaliger Sicht nicht nur eine Episode, sondern eine langfristige Bindung zu sein schienen. Normalerweise fanden die „Betreuungsgespräche", da auch persönliche Dinge zur Sprache kamen, unter vier Augen statt. In diesem Fall erschienen „er" und „sie" auf eigenen Wunsch gemeinsam. Während des Gespräches brachte ich den Gedanken ein, dass es aufgrund entsprechender Leistungsunterschiede sinnvoll sei, wenn „sie" die bei ihr vorhandenen besseren Karriereaussichten nutzen würde und „er" dann, wenn „die Kinder da sind", sich um „Kinder, Küche, Haus, Garten" kümmern könnte. Insbesondere unter dem häufig eingebrachten Aspekt der besseren Verdienstmöglichkeiten eines Mannes schien mir dies in diesem Fall eine durchaus überdenkenswerte Frage zu sein. Das war aber offensichtlich nicht so. Die beiden von mir mit dieser Überlegung konfrontierten jungen Kollegen zeigten mir mit eisigen Gesichtern und schneller Beendigung des Gespräches, dass ich zwar ein ihnen durchaus bewusstes Problem angesprochen hatte, aber wohl etwas zu weit in ihre privaten Lebensangelegenheiten eingedrungen war.

„Gerade in der Polizei sehen die Frauen die Arbeitssituation mit anderen Augen" als Männer, äußerte sich die Fraktion Bündnis 90/Die Grünen im Niedersächsischen Landtag in einer Pressemitteilung vom 18. Februar 2002. Gemeinsam mit anderen wird es als notwendig angesehen, spezielle Fragen zur Berufszufriedenheit der Polizeibeamtinnen, zum Arbeitsklima, zur Sprache und zum Umgangston, besonders aber zur Vereinbarkeit von Familie und Beruf zu stellen. Denn Polizeibeamtinnen fällt es besonders schwer, die an sie herantretenden Anforderungen von Familie und Beruf miteinander in Einklang zu bringen. Unregelmäßige Dienstzeiten erfordern nun einmal Kinderbetreuungsmöglichkeiten, die entweder nicht vorhanden, nicht organisierbar oder nicht bezahlbar sind. Sie lassen sich beurlauben, was angesichts der Finanznot öffentlicher Kassen und der kostenintensiven qualifizierten Ausbildung dringend eine Anpassung der Organisationsstruktur der Polizei an die Berufs- und Lebensverläufe von Frauen erforderlich macht (vgl. Klein 1999). *„Die Frauenerwerbsquote muss steigen, wenn wir einen wirtschaftlichen Aufschwung wollen"* (Trauernicht, Evangelische Zeitung 11. November 2001). Gestützt auf entsprechende Forschungen des Göttinger Soziologen Baethge forderte Niedersachsens damalige Sozialministerin ebenfalls den Ausbau von Kindertagesstätten sowie ein besseres Angebot an Tagesmüttern ein und warb bei den Arbeitgebern für die Vorteile flexibler Arbeitszeitmodelle. Zukunftsgerichtete Gedanken, wie sie inzwischen in vielen Bereichen diskutiert werden. Acht Kommunen des Südkreises Osnabrück organisierten im Herbst 2001 unter dem Leitgedanken *„Den Frauen die halbe Welt, den Männern das halbe Haus"* eine Veranstaltungsreihe mit dem Ziel, mehr Einvernehmen zwischen Männern und Frauen in Familie und Beruf zu erreichen (vgl. Stadtgespräch Bad Iburg September 2001). Die Einladung zu den etwa im Abstand einer Woche durchgeführten Informationsabenden wurde in Hoffnung auf Beteiligung von Frauen **und** Männern ausdrücklich an beide Geschlechter gerichtet. Teilgenommen haben aber, das muss im Nachhinein festgestellt werden, fast nur Frauen, die Mehrzahl davon als an der Organisation der Veranstaltung beteiligte Frauenbeauftragte der Kommunen. Die inhaltsbezogenen Beiträgen und Diskussionen, an denen ich mich mit Gewinn beteiligen konnte, ließen aber keinen Zweifel darüber aufkommen, wie effizient und imagefördernd eine familienfreundliche Personalpolitik der Betriebe wirken kann. Im Ergebnis wurde festgehalten, dass *„der Weg in eine nachhaltige Zukunft nur durch eine bessere, partnerschaftliche Organisation von Familie und Beruf gesichert werden kann. Dazu gehört auch die flexiblere Gestaltung der Arbeitswelt."*

Um die Vereinbarkeit von Familienarbeit und Erwerbstätigkeit zu erreichen, reicht es nicht aus *„familienfreundlichere Strukturen am Arbeitsplatz"* zu schaffen, die Arbeitsgemeinschaft für allein erziehende Mütter und Väter in der Landeskirche Hannover (AGAE) fordert die Einrichtung *„verlässlicher, qualifi-*

zierter und bezahlbarer Betreuungsmöglichkeiten in Kindertagesstätten und Schulen" (Sonntag der Diakonie 2001, S. 30). Die Männerarbeit der Evangelischen Kirche Deutschlands (EKD) hat dies ebenfalls erkannt und hebt diesen Mangel in ihren Wahlprüfsteinen zur Bundestagswahl 2002 besonders hervor: *„Hinsichtlich des Bedarfes einer ganztägigen Kinderbetreuung besteht in Deutschland nach wie vor eine eklatante Deckungslücke"* (Arbeitsgemeinschaft der Männerarbeit der EKD 2002). In eher konservativ ausgerichteten Teilen unserer Gesellschaft wird diese Notwendigkeit unter Hinweis auf althergebrachte Lebensformen im Sinne von „der Mann geht zur Arbeit, die Frau kümmert sich um die häuslichen Angelegenheiten und die Erziehung" bestritten. Es ist jedoch völlig legitim, einen Anspruch auf bedarfsgerechte und qualitativ gute Unterstützung durch öffentliche Kinderbetreuung zu erheben. 40 Prozent der Schüler brauchen nach Kenntnis der niedersächsischen Landesregierung einen Ganztagsplatz, erklärte die damalige Sozialministerin Niedersachsens, Trauernicht, am 26. November 2002 in Bad Iburg während einer öffentlichen Veranstaltung, an der ich teilgenommen habe. Eltern wünschen, ohne sich aus ihrer Erziehungsverantwortung stehlen zu wollen, nicht nur mehr, sondern auch eine früher einsetzende Ganztagsbetreuung. Damit auch allein erziehende Väter und Mütter erwerbstätig und eigenes Geld verdienen können, wird insbesondere eine Verbesserung der Tagesbetreuung für Kleinkinder unter drei Jahren und für alle Schüler außerhalb des Unterrichtes als zwingend notwendig erachtet (vgl. Neue Osnabrücker Zeitung 3. September 2001). Diese sollte nicht als Pflicht, sondern als Angebot für die vorhanden sein, die es sich wünschen. Denn alle Mütter und Väter, ob in einer Partnerschaft oder allein erziehend lebend, brauchen in der Zeit, in der sie arbeiten, Menschen, die sich um ihre Kinder kümmern, resümiert die Evangelische Zeitung in ihrer Beilage zum Sonntag der Diakonie am 9. September 2001. Die außerhalb der Familie vermittelte Bildung und die Erziehung durch die Eltern sind auch keine Gegensätze, sie ergänzen sich, sind miteinander verzahnt.

Es geht für die erwerbstätige Mütter ja nicht nur um die außerhalb von Haus und Familie verbrachte Arbeitszeit. Väter, sofern sie nicht allein erziehend sind, können von folgenden Fragen unbelastet ihrer Arbeit und ihren sonstigen Aktivitäten nachgehen. Sei es der eigene Arztbesuch, politisches Engagement, die Trainingsstunde im Sportverein und so manches andere, - alles ist nur schwer zu verwirklichen, wenn Kinder zu versorgen sind. Unvorhergesehene Termine darf es eigentlich überhaupt nicht geben. Es hängt vom Wohnort, den finanziellen Möglichkeiten, dem Organisationsgeschick und der individuellen sozialen Situation ab, ob zum Beispiel ein Konzertbesuch oder Treffen mit Freunden überhaupt möglich ist. Was immer dies aus individueller Sicht bedeuten mag, den Frauen werden in unserer Gesellschaft die Doppelbelastungen mit Familie und Beruf, ohne dass diese davon viel Aufhebens machen, zugemutet. Sie müssen, wie Nüsslein-Volhard es Alice Schwarzer gegenüber äußerte, eben beides bringen: *„Ihren Mann stehen und irgendwie Frau sein."* Sie, als Single lebend, findet es übrigens *„richtig schön, nach Hause zu kommen – und niemand ist da, der was von einem will"* (Schwarzer 2001, S. 105).

An die Stelle von Großeltern oder sonstigen im Haus lebenden Verwandten, die früher einsprangen, müssen jetzt öffentliche Tageseinrichtungen für Kinder treten. Privat organisierte Tagespflege und „Babysitting", die ebenfalls in Anspruch genommen werden können, beinhalten nicht nur großen finanziellen Aufwand, sondern auch zumindest unterschwellig die Sorge darüber, wem das eigene Kind ausgeliefert wird, denn Kinderbetreuung ist Vertrauensangelegenheit. Dieses Problem besteht nicht nur für allein Erziehende, sondern auch für Familien, in denen beide Elternteile aufgrund der wirtschaftlichen Verhältnisse berufstätig sein müssen. Kritiker der zur Zeit diskutierten Ausweitung der ganztägigen Betreuung in Kindergarten und Schule übersehen häufig diese Zwangslage, in der sich Eltern befinden, bei denen der Lebensunterhalt der Familie durch einen Erwerbstätigen nicht gesichert ist. Außerdem besteht bei Männern und auch bei Frauen häufig ein tief verwurzeltes Schuldbewusstsein, verantwortungslos zu handeln, *„wenn sie ihre Kinder von morgens bis nachmittags in unsere Obhut geben"*, verdeutlicht Elisabeth Stetskamp, Leiterin des St.-Josef-Kindergarten in Belm, in der Neuen Osnabrücker Zeitung vom 8. Februar 2003.

Ganztagsbetreuung der Kinder macht es Frauen überhaupt erst möglich ganz oder teilweise berufstätig zu sein. Nur so erhalten sie die Chance, ihre Arbeit während der normal üblichen Zeit antreten und beenden zu können. Außerdem steht auch noch Zeit für Einkauf und andere Dinge wie Vorbereiten der Mahlzeiten zur Verfügung. Sorgen in Richtung „Schlüsselkind" sind unbegründet, denn zusätzlich zu den in der Familie üblichen erzieherischen Einflüssen regen weitere positive Einwirkungen die Entwicklung der Kinder an. Elisabeth Stetskamp: *„Die Kinder haben durch eine ganztägige Betreuung immense Vorteile, weil sie oftmals im privaten Bereich nicht so viele soziale Kontakte haben. Teilweise wollen sie gar nicht nach Hause, weil sie hier ihre Freunde zum Spielen haben"* (Neue Osnabrücker Zeitung 8. Februar 2003, vgl. dazu auch S. 158).

Bedarf und Angebot an Ganztagsbetreuung wird jedoch unterschiedlich beurteilt. Dort, wo bisher kaum oder wenig Nachfrage besteht, kann es auch darin liegen, dass kein entsprechendes Angebot gemacht wird. In diesem Zusammenhang wird von mir auf das nach ihm benannte Theorem des belgischen Ökonomen Jean Baptiste Say (1767 – 1832) *„Jedes Angebot sucht sich seine Nachfrage"* aufmerksam gemacht. Viel bedeutsamer ist jedoch der für das unzulängliche Angebot ursächliche derzeitig immer noch nicht überwundene Konservatismus der deutschen Familienpolitik. Dieses Tabu sieht die Verantwortung für die Erziehung bei den Eltern und stützt sich neben hergebrachtem Rollenverständnis von Mann und Frau vor allem auf Artikel 6 Abs. 2 der deutschen Verfassung: *„Pflege und Erziehung der Kinder sind das natürliche Recht der Eltern* *und die zuvörderst ihnen obliegende Pflicht."* Daher sei es, so in konsistenter Fortführung dieses Gedankens, in erster Linie eine Pflicht der Eltern und nicht des Staates, sich zeitlich und vor allem finanziell einzubringen. Da Kinder demzufolge ja zu Hause erzogen werden, spielt die Schule für den Staat *„nur eine Nebenrolle und Kindertagesstätten sind nur als Notlösung da, und deshalb braucht man dort auch kein Geld reinzustecken"* (Sichtermann 2002). Kinder brauchen jedoch dringend, wie Barbara Sichtermann, Elisabeth Stetskamp und andere betonen, familienfremde Erziehungseinflüsse, um Chancen nutzen zu können, sich zu formen und zu prägen. Kindertagesstätten, Spielkreise, Miniclubs, Lehrer, Freunde, Trainer, Ferienlagerbetreuer, wer viel mit dem Kind zusammen ist, erzieht es auch, *„und wenn es Nachbars Katze ist"* (Sichtermann 2002).

Die derzeitig offenkundig immer weiter auseinander klaffende Schere zwischen dem deutlich steigendem Bedarf an entsprechenden Einrichtungen und den stets behaupteten knappen finanziellen Möglichkeiten wird zum Teil notdürftig von nichtstaatlichen Organisationen geschlossen. Dazu vier Beispiele, zwei davon aus dem Bereich der Polizei, aus einer nicht allzu üppigen Anzahl entsprechender Aktionen.

Die Evangelische Zeitung berichtet am 9. September 2001 über ein von der Landeskirche Hannover organisiertes Modellprojekt zur Kinderbetreuung. Der in Lüneburg ansässige Verein „Tagesmütter" managte zu diesem Zeitpunkt mit 180 (!) qualifizierten Frauen und Männern insgesamt 128 (!) Betreuungsverhältnisse. Insbesondere für Alleinerziehende stellt dieses Angebot, so wird näher ausgeführt, eine nahezu optimale Betreuungsform dar, da nur hier die notwendige Flexibilität, so wie sie von Berufstätigen nachgefragt wird, geleistet werden kann. Anders als eine Kindertagesstätte mit festen Betreuungszeiten steht eine Tagesmutter auch mal vor- oder nachmittags, vor oder nach der Schule und sogar am Wochenende zur Verfügung.

Ein weiteres bemerkenswertes Schulbeispiel für Zusammenarbeit zwischen nichtstaatlichen Einrichtungen und staatlichen Dienststellen zur Erfassung von Problemlagen und ihrer Bewältigung besteht in Hannover mit der *„Villa Kunterbunt".* Dort erhalten allein Erziehende Wohnmöglichkeiten mit persönlich gestaltbarem Privatraum. Kirchliche Thomas-Gemeinde, einige Stiftungen (*Stephans-, Walter-Nebel- und Bürgerstiftung*) und das *Jugendamt des Landkreises Hannover* setzen hier zusätzlich noch ein kooperativ entwickeltes Beratungs- und Betreuungsangebot für die dort lebenden zehn Frauen und 17 Kinder um. Der *„Treffpunkt Kids"* steht mit täglicher nachschulischer Betreuung (Mittagessen, Hausaufgaben, Freizeitgestaltung) unter sozialpädagogischer Betreuung auch Kindern aus der Nachbarschaft zur Verfügung. Mit Sorge wurde jedoch die finanzielle Absicherung dieses Wohn-Projektes, welches unter dem Expo-Motto *„Mensch, Natur, Technik"* realisiert wurde, angesehen. Die zur Verfügung stehenden Gelder reichten noch bis zum Sommer 2002 (Sonntag der Diakonie 2001, S. 28).

Innerhalb seiner kritischen Ausführungen zum *„hohen Schwund an ausgebilde-
ten Frauen in der Polizei"* (vgl. S. 153) berichtete der Direktor der Hessischen
Bereitschaftspolizei, Gero Kolter, von einem innerhalb der Bereitschaftspolizei
Wiesbaden eingerichteten „Betriebskindergarten." Dort standen zu Anfang des
Jahres 2000 30 Plätze für Kinder ab dem Alter von einem Lebensjahr zur Verfügung. Die Betreuungszeit war auf die Besonderheiten des Polizeidienstes mit
Früh-, Spät- und Tagesdienst zugeschnitten. Mit Hinweisen auf *„moderne Firmen, welche mit Betriebskindergärten qualifiziertes Personal binden"*, bemängelte Kolter, dass diese Maßnahme nicht vom Dienstherrn angeboten wurde,
sondern einer privaten Initiative zu verdanken war. *„Ich bin allerdings der Auffassung, daß verlorengehende Ausbildungsinvestitionen zu wertvoll sind, als
dass man dies auszugleichen einer kleinen Gruppe von Idealisten überlassen
kann. [...] Und bei all den Widrigkeiten, mit denen wir in dieser Gruppe zu
kämpfen haben, würde es mich nicht wundern, wenn man bald resigniert"*
(Verwaltungsfachhochschule Wiesbaden 2000, S. 19).

Zur schnellen Wiedereingliederung nach Mutterschaft und Elternzeit sowie mit Blick auf die Kinderversorgung für Eltern im Schichtdienst hat sich in
der Landespolizeidirektion Stuttgart II die Betreuungseinrichtung *„Polifant"*
bewährt (vgl. Polizeispiegel September 2000).

Die Probleme, die nach einer verbesserten Vereinbarkeit von Beruf und
Familie drängen, sind nicht eine reine Privatangelegenheit, wie es allgemein in
der Gesellschaft und insbesondere bei Arbeitgebern gesehen wird. Alle Familien
haben einen Anspruch darauf, dass der Blick primär auf ihre Stärken, Erfolge
und die von ihnen eingebrachte gesellschaftliche Leistung gerichtet wird. Immerhin verkörpern Eltern, ob als Paar gemeinsam oder als Vater bzw. Mutter
allein erziehend, das Band zwischen dem Staat und seinen Bürgern. Ihre Probleme müssen stärker in das Bewusstsein gerückt werden, die Bewältigung ihrer
vielfältigen Aufgaben verdient und benötigt die Unterstützung des Staates und
aller gesellschaftlichen Gruppen. Im Mittelpunkt von Verbesserungen der Rahmenbedingungen für Familien muss daher eine günstigere Vereinbarkeit von
Familie und Berufsleben stehen. Volle Berufstätigkeit erscheint nur dann reali-
sierbar, wenn jedes Kind bis zum Alter von 16 Jahren einen Rechtsanspruch auf
Ganztagsbetreuung hat. In Zusammenarbeit mit Erziehern/innen, Lehrern/innen,
Jugendpflege und Jugendhilfe müssen daher bedarfsorientierte und wohnortnahe
Angebote eingerichtet bzw. ausgebaut werden (vgl. Verband alleinerziehender
Mütter und Väter 2002). Inwieweit wirklich Taten folgen und es sich hierbei
nicht um eine der oft „wohlfeil angebotenen Sonntagsreden" handelt, bleibt ab-
zuwarten. Familienverbände, Kommunen, Landesarbeitsgemeinschaften der
Freien Wohlfahrtspflege, Kirchen, Wirtschaftsverbände, Gewerkschaften, Me-
dien, Niedersächsische Landesregierung wollen gemeinsam ein „Bündnis für ein
Leben mit Kindern" schließen und mit einer Erhöhung des Stellenwertes der
Familie eine Kultur der gemeinsamen Verantwortung etablieren (vgl. Sonntag

der Diakonie 2001, S. 4). In erster Linie ist wohl überall innerhalb der beruflichen und auch privaten Lebenswelt ein partnerschaftlicher Klärungsprozess vonnöten. Die eigentliche Herausforderung liegt dabei nicht nur in der einvernehmlichen Verständigung von Mann und Frau. Die Zielsetzung muss darauf ausgerichtet sein, dass *„diese Klärung nicht auf dem Rücken der Kinder"* ausgetragen wird (vgl. Arbeitsgemeinschaft der Männerarbeit der EKD 2002). Diese Forderung beinhaltet unausgesprochen die Befürchtung vorwiegend traditionell ausgerichteter Bevölkerungskreise, bei voller Erwerbstätigkeit der Mutter könne nicht im ausreichenden Maße dem Wohl des Kindes entsprochen werden, was jedoch empirisch nicht nachvollziehbar ist (vgl. S. 191).

Alle steuer-, familien- und sozialpolitischen Systeme orientieren sich in Deutschland immer noch am Modell der Vollerwerbsbiographie des Mannes. Darin wird der Hauptgrund dafür gesehen, dass nur zwei Prozent der Väter Elternzeit in Anspruch nehmen und es nicht gelingt, die Arbeitszeiten individuell anzupassen. Sofern der Hauptverdiener *„in Elternzeit geht"*, geht die Familie ein hohes finanzielles Risiko ein. Erziehungsgeld, Kindergeld, auch die hochgelobten familienunterstützenden Transferleistungen wie Steuerfreibeträge reichen bei weitem nicht aus, um auf Erwerbsarbeit zu verzichten und stattdessen Erziehungs- und Betreuungsarbeit zu übernehmen. Zu berücksichtigen ist zusätzlich auch noch die reale Existenzbedrohung, wenn familiäre Krisen eintreten (vgl. Arbeitsgemeinschaft der Männerarbeit der EKD 2002).

„Deutschland ist in puncto Vereinbarkeit von Familie und Beruf ein Entwicklungsland. Wir sind das Schlusslicht in Europa," stellte Bundesfamilienministerin Schmidt zu einer vom Meinungsforschungsinstitut *„Gewis"* durchgeführten Untersuchung zur aktuellen Familienpolitik kurz und knapp fest (vgl. Neue Osnabrücker Zeitung 4. Januar 2003). Im Auftrag der Zeitschrift *„Für Sie"* waren 1013 Frauen zwischen 20 und 45 Jahren zur Vereinbarkeit von Familie und Beruf befragt worden. Drei Viertel (76 Prozent) von ihnen fühlten sich Männern gegenüber benachteilig, vier Fünftel (41 Prozent) sogar stark zurückgesetzt. Auch die seit dem 1. April 2003 geltenden Regelungen der abgaben- und steuerbegünstigten geringfügigen Beschäftigungsverhältnisse (400 Euro-Jobs)[66] werden hier nach Ansicht des Deutschen Frauenrates keine Änderung herbeiführen. Die in Frage kommenden Tätigkeiten liegen fast ausschließlich im Bereich Haushalt, Handel, Gaststätten, Zeitungsaustragen u. ä. und sind für Männer wenig lukrativ. Zwei Drittel der dort geringfügig Beschäftigten sind daher Frauen (vgl. Neue Osnabrücker Zeitung 8. Februar 2003).

Wenn Frauen im Interessen von Familie und Partnerschaft den Beruf aufgeben, leiden sie häufig unter Einsamkeit und mangelnder finanzieller Unab-

---

[66] Bei diesen Tätigkeiten fallen für den Arbeitnehmer keine Sozialabgaben oder Steuern an, diese sind in Höhe von 25 Prozent pauschal vom Arbeitgeber zu tragen.

hängigkeit. Die Lebensentwürfe von Frauen sind durch die Doppelrolle von Haus- und Familienarbeit, insbesondere wenn auch noch Erwerbsarbeit hinzukommt, umfangreicheren Variationen unterworfen als die von Männern. Sie betreiben ein eigenes *„Serviceinstitut"* (Klima-Bündnis Frankfurt 2001). Neben den im Haus anfallenden vielfältigen Angelegenheiten verbringen sie besonders viel Zeit mit Bring- und Holdiensten, was alles in allem ein straffes Zeitmanagement und hohe Mobilität verlangt. Die Erziehungsleistung, welche nahezu vollständig von den *„Hausfraumüttern"* erbracht wird, verdient ohne Zweifel den hohen Wertmaßstab *„Einüben von Lebenskunst."* Denn *„wer diskutiert mit den Kindern, hilft bei Mathe oder Liebeskummer, lehrt Manieren, füttert, hegt, spornt an, muntert auf? Wie viel Zeit darf denn sein für so was? Reichen zwei Stunden? Für wie viele Kinder?"* (Mayer 2002).

Die damit angerissene Problematik soll mit folgender rhetorischer Frage, gestellt von Astrid Bühren, Präsidentin des deutschen Ärztebundes, deutlich gemacht werden: *„Können und dürfen Mütter eigentlich krank werden?"* (Evangelische Zeitung 16. September 2001). Damit ist nicht die Flucht in die Krankheit gemeint, wie sie früher von *„besser gestellten Damen der feineren Gesellschaft"* genutzt wurde, um sich individuelle Freiräume zu sichern. Es geht darum, real vorhandenen Mehrfachbelastungen entgegenzuwirken und damit unter anderem auch für die Mutter eine bessere seelische Zufriedenheit als Basis der Gesundheit zu erlangen. Das *„Hotel Mama, mit jederzeit einforderbaren Service-Leistungen, rund um die Uhr geöffnet"*, dürfte dann eher mehr als weniger dienstunfähig werden. Und was dann? Sich wie andere Arbeitende bei Krankheit krankschreiben zu lassen, sich ansonsten auch mal was zu gönnen, um ein Gespür für die Befindlichkeiten des eigenen Körpers zu entwickeln? Mit Blick auf die Realität der Lebenswirklichkeit von Frauen sind die von Astrid Bühren gestellten Fragen durchaus provokativ zu verstehen. Was von der Präsidentin sicherlich auch beabsichtigt war.

Die unbezahlte Tätigkeit „Hausfrau" wird gering geschätzt. Frauen, die sich für die Familie und den Haushalt entscheiden, vergeben ihre Chancen im Beruf. Für berufstätige Frauen ist der Spagat zwischen Kindern und Karriere das größte Problem.

Dem aufkommenden Gedanken, hierin eine „Quittung für die Emanzipation" zu sehen, um damit auf „eine bessere, nämlich die männlich strukturierte Gesellschaftsform" zu verweisen, halte ich folgende Analyse entgegen, die qualitativ ebenfalls voll, quantitativ aber nur gelegentlich zutrifft:
Die unbezahlte Tätigkeit „Hausmann" wird gering geschätzt. Männer, die sich für die Familie und den Haushalt entscheiden, vergeben ihre Chancen im Beruf. Für berufstätige Männer ist der Spagat zwischen Kindern und Karriere das größte Problem.

Ulrike Denecke, Leiterin des Frauenwerkes der hannoverschen Landeskirche, hat in ihrem beruflichen Alltag folgende Erfahrung gewonnenen: *„Frauen sind anders sozialisiert. Sie drücken sich anders aus, haben eine andere Spiritualität und müssen diese auch leben können."* Ihr explizit vorgetragenes Anliegen ist es, *„Frauen bei der Suche nach ihrer eigenen Identität zu unterstützen"* sowie ihre Kompetenz und Fähigkeiten sichtbar zu machen. Sie bezweifelt, ob *„wirklich immer wahrgenommen wird, was Frauen alles tun"* und wünscht sich, *„dass Frauen ihre eigenen Begabungen, Sichtweisen und Lebenserfahrungen in alle Bereiche des Alltags einbringen"* (Evangelische Zeitung, 2. September 2001).

Die Lebenswirklichkeit von Männern

Die Lebenswirklichkeit von Männern ist völlig anders als es zum Beispiel mit den bereits wiedergegebenen plakativ gehaltenen Symbolen vermeintlicher Männlichkeit (vgl. S. 147) ausgedrückt wird. Gesellschaftlich wird diese Tatsache bisher kaum zur Kenntnis genommen, sie wird marginalisiert.

Die Gender-Forschung hat nachgewiesen, dass Geschlecht eine soziale Kategorie ist, die gelernt, die produziert wird (vgl. S. 59 ff.). Es gilt *„zu bedenken, dass Männer auch heute noch viele Aufgaben mit ‚das kann ich ja nicht' oder ‚das gehört eh in Frauenhände' ablehnen, weil sie es im Elternhaus nicht anders gelernt haben"* (Bordfeld 2003). Es wird auch die Ansicht vertreten, Männer würden aufgrund ihrer Sozialisation in der Kindheit nur Dinge erledigen, die ihnen Bewunderung einbrächten. Im Gegensatz zu Mädchen würden sie für ihre Leistungen regelmäßig gelobt und daher regelrecht süchtig nach Anerkennung (vgl. Conen 2003).

„Die Verschiedenheit der Geschlechter ist nichts Natürliches", sondern Ergebnis vorherrschender dogmatischer Denkweisen (vgl. Stolpe 2000). Bisher wurden solche Dogmen ausschließlich Männern, die ihre privilegierte Stellung verteidigen, zugeschrieben. Inzwischen tauchen auch Stimmen auf, die warnend auf die Gefahr einer doktrinären Nachfolge durch den Feminismus hinweisen. Doris Lessing[67] sagte zum Beispiel einem Bericht des *„The Guardian"* zufolge während einer Literaturdiskussion in Edinburgh: *„Ich bin zunehmend schockiert über die gedankenlose Abwertung von Männern, die so sehr Teil unserer Kultur geworden ist, dass sie kaum noch wahrgenommen wird."* Sie berichtet über ihren Besuch in einer Schule, in der die Lehrerin Beifall heischend erklärt habe, Kriege seien auf die angeborene Gewalttätigkeit von Männern zurückzuführen. *„Da saßen die kleinen Mädchen fett, selbstgefällig und eingebildet, während die*

---

[67] Die 81jährige Autorin wurde mit ihren Büchern *„The Grass is Singing"* und *„Das goldene Notizbuch"* zu einer literarischen Heldin des Feminismus. Sie gilt als Kandidatin für den Literaturnobelpreis (vgl. Neue Osnabrücker Zeitung 15. August 2001).

kleinen Jungs zusammengesunken waren, sich für ihre Existenz entschuldigten und dachten, dass das so ihr ganzes Leben weitergehen würde" (vgl. Neue Osnabrücker Zeitung 15. August 2001). Die Männerarbeit der Evangelischen Kirche in Deutschland (EKD) hat dies Problem ebenfalls erkannt und wie folgt präzisiert: *„Jungen werden im elementaren und primären Erziehungsbereich überrepräsentativ als Problemfälle wahrgenommen. Sie gelten"* bei Erzieherinnen und Lehrerinnen, denen sie in den ersten Entwicklungsjahren vorrangig begegnen, *„als gewaltbereiter, verhaltensauffälliger und lernschwächer als Mädchen"* (Arbeitsgemeinschaft der Männerarbeit der EKD 2002). Erzieher und Lehrer, mit denen sich Jungen bejahend identifizieren könnten, sind im ersten Lebensjahrzehnt so gut wie nie vorhanden.

In früheren Generationen ging es Männern darum, den Frauen deutlich zu machen, wo und wie sie ihren *„von der Natur"* vorgegebenen Platz einzunehmen hätten. Bestenfalls waren Frauen aufgerufen *„individuelle Zurückhaltung, weiblich schüchternes Zögern und ähnliches"* zu überwinden und das alles, wie es Frauen anerzogen wurde, im ihrem *„wohlverstandenen eigenem Interesse"* (Stolpe 2000). Da heutzutage von dieser Art weiblicher Zurückhaltung nicht mehr viel übrig ist, im Gegenteil sogar sehr selbstbewusste Frauen in allen Lebenslagen die Dinge selbst in die Hand nehmen, regt sich auch Widerstand aus Reihen der Männer, zumindest gegen allzu rasche Veränderungen der Sitten. Der Paradigmenwechsel von männlich dominierten Denkstrukturen zu solchen, in denen die Standpunkte beider Geschlechter einander gleichwertig zu beachten sind, vollzieht sich nicht überall *„im Zeichen der Freundschaft, Brüderlichkeit und Zärtlichkeit"* (Stolpe 2000).

Nach einer Forsa-Umfrage der Hamburger Zeitschrift *„Brigitte"* schätzen sich 70 Prozent aller Männer als stark und leistungsfähig ein. Aber *„die Herausforderung, gleichzeitig ein prima Vater, ein toller Liebhaber und super im Job zu sein, bedeutet vor allem für junge Familienväter Stress."* Jeder dritte Vater von Kindern unter sechs Jahren fühlt sich *„häufig total ausgebrannt"*, 41 Prozent sagen sogar: *„Nach dem Wochenende freue ich mich auf den Job"* (Morgenstern, Brigitta 2001). Es ist daher konsequent, wenn aus weiblicher Sicht die Frage gestellt wird, ob es sich bei dem Verhalten von Männern, die sich auf ihre Arbeit freuen und dort mit Begeisterung hohe Leistungsbereitschaft einbringen, nicht um „Fahnenflucht" handelt. Sie flüchten, um ihr schlechtes Gewissen gegenüber der Familie zu betäuben, nicht selten in die Abhängigkeit *„Arbeitssucht"* (Squarr 2001). Bemerkenswert an der Forsa-Umfrage ist, und daher soll dies auch besonders hervorgehoben werden, die Erkenntnis, dass jeder vierte Mann darüber nicht mit seiner Partnerin reden kann. Sie glauben, dass *„Frauen nicht nachvollziehen können, was es heißt, immer seinen Mann stehen zu müssen."* Im Allgemeinen machen sich Männer, da vom täglich in Haus und Familie zu bewältigenden Geschehen bei weitem nicht so betroffen wie Frauen, vielfach kein reales Bild von den Dingen, die Frauen, ohne davon viel Aufhebens zu machen oder gar Anerkennung zu erhalten, mit Bravour meistern. Frauen können auch nicht an den außerhäuslichen Arbeitsplatz flüchten, auch wenn, um bei den oben zitierten Gedanken zu bleiben, für sie *„die Herausforderung, gleichzeitig eine prima Mutter, eine tolle Liebhaberin und super im Job zu sein, vor allem als junge Familienmutter Stress bedeutet."* Der Osnabrücker Sozialwissenschaftler Otten fordert in seinem Buch *„MännerVersagen"* ein konsequentes Umdenken der Männer, um den von ihm erkannten *„Graben zwischen den Geschlechtern"* nicht noch weiter zu vertiefen. Er sieht *„eine ungeheure soziologische Bombe"* entstehen, wenn Männer nicht endlich bereit sind, von Frauen zu lernen. *„Frauen gelingt es, Partnerschaft, Kinder und den Beruf unter einen Hut zu bekommen, das ist ein Erfolgsmodell. Warum sollen Männer das nicht ebenso können?"* (Schmidt 2000).

Immerhin wissen Männer inzwischen um die sie betreffenden Einengungen, die mit der ihnen anerzogenen einseitigen Festlegung der Lebensinhalte auf beruflichen Erfolg und Rationalität verbunden sind. Geschlechtsspezifische Arbeitsteilung und daraus resultierende Rahmenbedingungen von Arbeitswelt und Gesellschaft lassen ihnen bisher kaum Raum, sich im „Innenbereich" zu engagieren. Mittlerweile lernen Männer nicht nur Macht, Einfluss und Vorwärtskommen in den Mittelpunkt ihrer Interessen zu stellen. Der *„familienorientierte Mann"* (Gottschlich 2003) begreift inzwischen, dass Leben mehr als Erwerbsarbeit sein kann. Die Realität des Tagesgeschehens, in dem Erwerbstätigkeit als Versorgungsarbeit zur Sicherung des Lebensunterhaltes notwendig ist, bleibt davon unberührt. Das neue Bewusstsein von Männern entwickelt sich in Richtung *„gerechte Verteilung der bezahlten Erwerbsarbeit und der unbezahlten gesellschaftlichen Arbeit innerhalb der Familie."* Was und wie sie wirklich empfinden und dies auch dürfen, lässt Männer zunehmend erkennen, *„dass die Familie ein Punkt sein kann, in den sie sich mit all ihren Gefühlen fallen lassen können"* (Bordfeld 2003).

Einige Sichtweisen von Polizeibeamten zur Rolle des Mannes als Lebenspartner und Vater bestätigen diese Erfahrungen:

22 Jahre: *„[...] und was bringt mir der beste Job, wenn dann die Familie in die Brüche geht, dann denk ich, von mir aus gesehen hat die den höheren Stellenwert."*

22 Jahre: *„[...] ob der Mann dann doch vielleicht lieber zu Hause bleiben möchte, weil ihm der Beruf nicht so ganz so gut mehr passt."*

29 Jahre: *„[...] also ich hätte da auch nicht so die Schwierigkeiten gehabt, meiner Frau in der Erwerbstätigkeit den Vortritt zu lassen, dass ich dann nur teilweise oder gar nicht gearbeitet hätte."*

37 Jahre: *„Wir betreiben es zu Hause auch so, dass wir uns alles aufteilen wie es eben halt für uns rationell ist, so dass wir dann auch für die Familie genügend Freizeit haben. Das ist letztlich so und muss unterm Strich stehen. Dann kann es auch sein, dass ich dann mal bügeln muss oder dass ich den Einkauf*

erledigen muss, wenn dadurch eben halt mehr Freizeit für die Familie unterm Strich rauskommt."

37 Jahre: „*[...] für mich wäre das kein Problem jetzt selber auf meine Arbeit zu verzichten und wegen meiner die Kindererziehung zu übernehmen, wenn man dabei den gleichen Lebensstandard halten kann."*

56 Jahre: „*[...] Meine Frau ist voll berufstätig, immer gewesen, wir haben immer gemeinsam gearbeitet. Wir hatten keine Kinderfrau, Putzfrau [...] Wir sind immer beide aktiv gewesen, wir teilen Arbeitszeiten, ich übernehme auch Hausaufgaben. ich bügele auch zu Hause, ich habe mich um die Kinder gekümmert, ich habe die Kinder gewickelt, ich habe glaube ich mehr Pampers gewickelt als meine Frau [...] Ach, das ist eine gemeinsame Sache, das ist eine Gemeinschaft, wo beide für verantwortlich sind, also ich hab so, ich bin da sehr offen und ich schäme mich auch nicht zum Kochkurs zu gehen und als einziger Mann unter vielen Frauen da mit der Schürze rumzulaufen."*

Die traditionellen Männerrollen verlieren an Bedeutung, es entwickeln sich neue männliche Leitbilder. Zunehmend sind Männer bereit, sich auch *„Spielräumen zu alternativen männlichen Lebensentwürfen"* zu öffnen und sich die *„Fülle der Lebenschancen"* zu erobern. Immer mehr Männer erkennen, dass ein „Weniger an Arbeit" ein „Mehr an Lebensqualität" bedeuten kann. Insbesondere das stärkere familiengestalterische Handeln von Männern wird als wirksame Formel für die Realisierbarkeit einer wirklichen Geschlechterdemokratie angesehen (vgl. Arbeitsgemeinschaft der Männerarbeit der EKD 2002). *„Beruf und Karriere haben nicht mehr solch einen hohen Stellenwert. [...] Vor allem jüngere Männer aus der Mittelschicht sind zunehmend bereit, mehr Verantwortung in der Kindererziehung und in der Hausarbeit zu übernehmen"* (Meesmann (B) 2001, S. 8). Männer sind heutzutage tatsächlich besser als ihr Ruf und sie stecken mehr Zeit in die Familie als es früher der Fall gewesen ist. Die Zeit, die mit den eigenen Kindern verbracht werden kann, schlägt in diesem Sinne zwar positiv zu Buche. Nicht übersehen werden dürfen dabei jedoch ernsthafte negative Auswirkungen durch finanzielle Einbußen, sofern diese nicht durch den Verdienst der Lebenspartnerin aufgefangen werden können.

Inzwischen existieren sogar, zum Beispiel in Buxtehude (vgl. Evangelische Zeitung 16. März 2003, S. 19), Vater-Kind Gruppen, die sich am allerorts bewährten Modell der Mutter-Kind-Gruppen orientieren. Ausschlaggebend für diese von Vätern initiierten Projekte ist der Wunsch, mit anderen Vätern und ihren Kleinkindern zusammenzutreffen und sich im zwanglosen Freizeitbereich auszutauschen und zu begegnen. Soweit es die von traditionell eingestellten Frauen und Männern geprägten eher familienfeindlich geprägten Strukturen zulassen, wollen Männer durchaus als Vater präsent sein. Wie schwierig diese neue Rolle Männern trotz ehrenhafter und achtbarer Grundeinstellung fällt, darauf wird mit einem in der Neuen Osnabrücker Zeitung vom 6. September 2001 unter der Überschrift *„Junge Väter oft total ausgebrannt"* veröffentlichten Bericht, der die Überforderung von Männern aufgrund der Mehrfachbelastungen durch Beruf und Familie deutlich macht, hingewiesen. Mütter schaffen durchwachte Nächte am Kinderbett, Arztbesuche, Baby-Schwimmen, Eltern-Kind-Turnen, Töpfern, Musikschule, Ballett, Schularbeiten, Hausarbeit und so manches andere. Alles in dem Bemühen, eine gute Beziehung und ein harmonisches Familienleben zu sichern, in welchem das Gefühl, geliebt, getragen, geborgen zu sein, vorhanden ist und wächst. Der Bericht endet mit der skeptischen Frage, ob Väter auch in derselben Weise dazu in der Lage sind?

Männer, die eine Balance zwischen Kinder, Partnerschaft und beruflicher Selbstverwirklichung suchen, werden in derselben Weise wie Frauen durch gesellschaftlich übermächtige Rahmenbedingungen enorm behindert. Alle, die ihr Leben nicht der beruflichen Karriere weihen wollen, sind oft Opfer institutioneller Eigendynamiken. *„Wenn Männer keine Superkarriere anstreben und sich lieber ihrer Familie widmen, sind sie weniger anerkannt als andere"* (Foreck (A) 2001, S. 21). Die Gesellschaft macht es Männern nicht leicht, zum Beispiel in „Frauenberufen" wie Erzieher zu arbeiten, als Vater in Elternzeit zu gehen oder seine Gefühle zu zeigen, bedauert der Berliner Männerforscher Peter Döge (vgl. Evangelische Zeitung 8. Juni 2003, S. 15). Nach seinen Erkenntnissen wird die „neue Männerrolle" nicht nur von Männern kritisch bewertet, auch Frauen sehen sie problematisch an. *„Sie wollen einerseits Männer mit vielfältigen Interessen, andererseits empfinden sie diese wiederum als un-männlich."* Eine Feststellung, die auch auf die „neue Frauenrolle" zu übertragen ist. Männer sehen es zum Beispiel, offen ausgedrückt oder auch unbewusst, als eine „Gefährdung ihrer privilegierten gesellschaftlichen und privaten Position" an, wenn Frauenarbeit nicht nur anerkannt, sondern sogar aufwertend denselben Stellenwert erhält wie die von Männern (vgl. S. 126, 128, 129). Der oben zitierte Gedanke von Peter Döge kann daher auch in folgender Weise umformuliert werden: *„Sie wollen einerseits Frauen mit vielfältigen Interessen, andererseits empfinden sie diese wiederum als unweiblich."*

Die Berufsbezeichnung „Hausmann" ist eindeutig negativ besetzt. Darunter wird in derselben Weise wie bei „Hausfrau" keinesfalls eine zwischenmenschlich und auch gesellschaftlich hoch anzusetzende Tätigkeit im Sinne einer Berufung verstanden. Ganztägiger Arbeit innerhalb von Haus und Familie haftet ein eher geringes soziales Ansehen an. Auch Frauen scheuen sich überwiegend „Hausfrau" als Berufsbezeichnung anzugeben, zumindest ist eine entsprechende Hemmschwelle zu beobachten. Sie weichen auf die in Ausbildung und Studium erreichte Qualifikation aus oder bezeichnen sich als „Familienfrau". Bei Männern ist dies noch deutlicher festzustellen. Sofern überhaupt Begriffe wie „Familienmann" oder „erziehender Vater" verwendet werden, kommt es anschließend sofort zu Hinweisen auf ehemals erworbene hochanzusetzende Befähigungen. Das geringe soziale Ansehen eines „Hausmannes" kann für Männer sogar katastrophale Folgen haben. *„Hausmänner oder Geschlechtsge-*

nossen, deren Arbeit oder soziale Rolle sich außerhalb der Norm befindet, lei-den häufiger an einer Herzerkrankung und sterben auch früher." Dieses Ergeb-nis ihrer Forschungen stellte Elaine D. Eaker auf dem Asia Pacific Scientific Forum der Amerikanischen Herzgesellschaft vor. Männer, die vorwiegend die Rolle des Hausmannes ausüben, haben nach diesen Erkenntnissen gegenüber ihren außer Haus arbeitenden Geschlechtsgenossen eine um 82 Prozent höhere Sterblichkeitsrate. Geringes soziales Prestige wirkt sich bei Männern signifikant negativ auf die Gesundheit aus. Im Vergleich dazu hat Eaker bei Männern in Berufen mit gesellschaftlich hoher Akzeptanz (Mediziner, Anwälte, Architekten, Ingenieure) ein geringeres Risiko für eine Herzerkrankung erkannt (vgl. Wech-sel 2002).

Ausgesprochen kritisch bewertet Inge Seiffge-Krenke, Professorin für Entwicklungspsychologie an der Universität Mainz, eine Entscheidung des Bundesverfassungsgerichtes mit nachteiligen Auswirkungen für Väter, die nicht mit der Mutter ihres Kindes verheiratet sind. Das Gericht hat die Kindererzie-hung ausschließlich an der Frau und Mutter festgemacht und damit Männer, die sich produktiv einbringen wollen, vor unüberwindliche Schwierigkeiten gestellt. *„Das entspricht dem Mutter-Mythos, der unsere Gesellschaft prägt"*, konstatiert Seiffge-Krenke und macht dann auf Frauen aufmerksam, die aufgrund schwieri-ger Situationen nicht gut mit der Mutterrolle zurechtkommen und dem Kind mehr schaden als nützen. Sie verweist außerdem auf einen völlig anderen As-pekt, die Machtfrage: *„Viele Frauen haben es nicht gelernt, die Paar-Ebene und die Eltern-Ebene zu trennen. Sie benutzen das Sorgerecht, um den Mann zumin-dest an dieser Stelle zu ‚besiegen'* und *verteidigen ihre traditionelle Rolle als Erzieherin"* (vgl. Publik Forum April 2003).

„Männer sind [daher] anders sozialisiert als Frauen. Sie drücken sich an-ders aus, haben eine andere Spiritualität und müssen diese auch leben können" (Evangelische Zeitung 2. September 2001)[68]. Diesem Wunsch wird sich jede Frau und auch jeder Mann, der sich einmal näher mit den bisher konsequent auf Männerinteressen ausgerichteten gesellschaftlichen Rahmenbedingungen aus-einander gesetzt hat, anschließen können. Trotz dieser ehrenwerten Grundein-stellung muss erneut darauf hingewiesen werden, es wird zu kurz gegriffen, nicht weit genug gedacht. Es geht nicht mehr nur um das Artikulieren und die Polarisierung von Männer- und Fraueninteressen, sondern um die einander glei-che Wertigkeit von Menschen männlichen und weiblichen Geschlechtes an. Die-se Strategie Gender Mainstreaming zur Herstellung von Geschlechtergerechtig-keit ist daher auch keine spezielle Frauen- und auch keine spezielle Männerför-dermaßnahme (vgl. S. 24, 25).

---

[68] Die Aussage bezog sich im Originaltext auf Frauen, sie wurde von mir sinngemäß auf Männer übertragen.

Die von Ulrike Denecke auf Frauen bezogenen Gedanken (vgl. S. 227) sind daher nochmals umzuformulieren und auf beide Geschlechter auszuweiten:

*„Frauen **und** Männer sind jeweils anders sozialisiert. Sie drücken sich anders aus, haben eine andere Spiritualität und müssen diese auch leben können. Männer **und** Frauen sind bei der Suche nach ihrer eigenen Identität zu unterstützen. Frauen **und** Männer sollen ihre eigenen Begabungen, Sichtweisen und Lebenserfahrungen in alle Bereiche des Alltags einbringen. "*

Die drei Frauen aus Frankreich, Dänemark und Finnland (vgl. S. 213 ff.) sind übereinstimmend der Ansicht, es müsse eine freie Entscheidung der Frau oder auch des Mannes sein, wie sie oder er sich verhalten wolle. Dem kann nur zugestimmt werden, sofern die Rahmenbedingungen für die individuell zu treffende Entscheidung auch stimmig sind. Dies ist in Deutschland noch nicht in der Weise wie in den beispielhaft aufgeführten Nachbarländern der Fall, es besteht ein besonderer Nachholbedarf. Renate Schmidt, Bundesministerin für Familie, Senioren, Frauen und Jugend hat errechnet, dass insbesondere Betreuungsangebote für Kinder im Vorschulbereich, aber auch die Möglichkeit der Nutzung einer Ganztagesschule, ausschlaggebend die Gleichstellung von Frauen im Beruf sind. Langfristig zahlt sich diese Daseinsvorsorge durch höhere Geburtenzahlen aus und erlangt damit auch für die Rentenpolitik richtungsweisende Bedeutung (vgl. Evangelische Zeitung 23. Februar 2003).

Die aufgezeigten für die Berufstätigkeit von beiden jungen Elternteilen günstigen Rahmenbedingungen sind auch in unseren Nachbarländern nicht von allein entstanden. Sie sind innerhalb der dortigen Frauenbewegung als das den Frauen zustehende Anrecht auf Gleichberechtigung von Frauen, die sich organisiert haben, zielstrebig und konsequent eingefordert worden.

Daran wird deutlich, dass die Strategie des Gender Mainstreaming bei uns in Deutschland nicht in eine der üblichen politischen Absichtserklärungen verwässern darf. Die Herstellung der notwendigen gesellschaftlichen Rahmenbedingungen ist eindeutig eine Aufgabe des Staates, aber das reicht nicht. Auch in den Köpfen aller Menschen männlichen und weiblichen Geschlechtes muss sich etwas ändern.

Neues Denken ist gefragt

„Solange Frauenfragen in der politischen Praxis auf einem Abstellgleis rangieren und als ‚Software' oder gar ‚Frauengedöns' eingestuft werden, kommt die tatsächliche Gleichstellung von Frauen und Männern nicht aus dem Schneckentempo heraus" (Polizeispiegel Juni 2002, S. 126). Trotz vorzeigenswerter Erfolge wurde stets und wird auch weiterhin die Notwendigkeit gesehen, Strategien und Methoden zu entwickeln, um das Ziel der Gleichstellung der Geschlechter nicht nur in Theorie und Lehre, sondern auch im real vorhandenen

beruflichen Umfeld zu erreichen. Eine dieser Verfahrensweisen ist Gender Mainstreaming. *„Mit dieser Strategie soll die Kernfrage der Gleichstellung auf eine umfassendere Ebene als bisher gestellt und auch ein größeres Spektrum an Agierenden einbezogen werden"* (Merk 1999). Es geht um nichts Geringeres, als das klassische Rollenverständnis der Geschlechter unter ein völlig neues Paradigma zu stellen. Durch Gender Mainstreaming werden beachtliche gesellschaftliche Vorgänge in Gang gesetzt, die eine tiefgründige, historische Dimension aufweisen. Gender Mainstreaming setzt auf eine neue kulturelle Orientierung. Auch Frauen sollen, dürfen, können berufliche Außenorientiertheit, auch Männer sollen, dürfen, können innendimensionierte Fürsorgequalitäten entdecken und für sich beanspruchen.

Die mit Gender Mainstreaming angestrebte Geschlechtergerechtigkeit ist als elementare Voraussetzung für die Zukunftsfähigkeit unserer Gesellschaft einzustufen. *„ ‚Gender Main- streaming' - ein Wort, welches wie kaum ein anderes die Entwicklung in Politik, Wirtschaft und Gesellschaft zukünftig und langfristig beeinflussen wird"* (Morgenstern, Vera (A) 2000). Gender Mainstreaming zielt nicht auf bloße Gleichmacherei, die stets Unrecht bedeutet, ab. Beide Geschlechter sollen bei der Gestaltung aller Sachlagen, von denen sie betroffen werden oder sind, ihre individuellen Interessen vertretend entscheidend mitwirken. Nicht das Geschlecht Mann oder Frau an sich, sondern die Person als Mensch weiblichen oder männlichen Geschlechtes steht im Mittelpunkt. So unterschiedlich Menschen in allem sind, was sie darstellen und vermögen, so unterschiedlich sollen sie behandelt werden, soll persönlich auf sie eingegangen werden.

Damit wird zunächst einer Gesellschaft mit dem Recht auf einen von der Person abhängigen individualistischen Lebensstil und daraus resultierender Selbstverwirklichung das Wort geredet. Verwirklicht werden soll dies aber innerhalb einer Kultur, in welcher die Tatsache, dass beide Geschlechter einander gleichwertig sind, realisiert wird. Elmar Stolpe vertritt hierzu die Ansicht, dass im Wunsch nach Gleichstellung die Sehnsucht nach Akzeptanz desselben Wertes, den jeder, gleichgültig ob Mann oder Frau, aufgrund des bloßen Daseins als Mensch besitzt, offenbar wird. In den allgegenwärtigen alltäglichen Ähnlichkeiten wie zum Beispiel Kleidung und Äußeres, in denen Gleichheit zwischen dem Ich und den Anderen, zwischen Männern und Frauen, ersichtlich wird, erkennt er die Botschaft *„Wir sind wie ihr! Ihr seid wie wir!"* (Stolpe, 2000). Festgefügt scheinende soziale Konstruktionen der Geschlechter werden einem Wandel unterworfen. Mit Gender Mainstreaming, durch Gender Mainstreaming kommt zu der unbestreitbar vorhandenen Vielfalt männlich beeinflusster Gestaltungsformen unserer Gesellschaft eine Fülle weiblicher Ausformungen hinzu, was zweifellos eine Verbesserung der Lebensqualität bedeutet. Beide Kategorien der Gattung Mensch, Frauen und auch Männer, werden von wirklicher Geschlechterdemokratie profitieren. Das Ansehen, der Einflussbereich von Männern wird nicht entwertet, ihr Wirkungskreis erfährt lediglich eine neue Orientierung, wird inhaltlich umgewertet. Eine andere Sichtweise, ein anderes Verständnis als bisher, ein besseres Wissen um die Probleme der tradierten geschlechtsspezifischen Rollenzuweisungen soll das Dasein positiv verändern. Inwieweit die mit und durch Gender Mainstreaming zu den heute bestehenden Geschlechterverhältnissen neu einzunehmende Perspektive als wesentliche Schnittstelle zur Herstellung von Geschlechtergerechtigkeit bereits in das Zentrum des gesellschaftlichen Bewusstseins gerückt ist, muss stark bezweifelt werden. Diese Ausgestaltung derselben Wertigkeit beider Geschlechter ist noch nicht im Bewusstsein der gesellschaftlichen Akteure verankert, in großen Bereichen überhaupt noch gar nicht erkannt worden. Der Prozess des Umdenkens ist zwar in Gang gesetzt, vollzieht aber nur sehr langsam. Das muss aber nicht so bleiben, denn alle Genderrollen[69] *„werden erlernt und können deshalb auch verlernt werden"* (Scherer 1999, S. 9). Eine treffend prägnant reflektierende Inhaltsbestimmung geschlechtsspezifischer Rollenzuweisungen und ihres Zustandekommens. Es wird nicht nur auf die lediglich scheinbar untrennbaren Zusammenhänge zwischen natürlichem Geschlecht und den diesem durch und in der Gesellschaft zugewiesenen Aufgaben hingewiesen. Aufmerken lässt die aufgezeigte offenkundige Wechselbeziehung zwischen Lernen, Verlernen und Neulernen. Im Gegensatz zu biologisch unveränderlich festgelegten Geschlechterrollen, die auf den Zeugungsakt selbst, die Schwangerschaft und die Geburt reduziert werden können, sind die gesellschaftlich bestimmten Rechte und Pflichten von Männern und Frauen, zusammengefasst in dem Fachausdruck *„Gender"*, durchaus veränderbar (vgl. Frey 2000, S. 6). Was nicht natürlich ist und das gilt auch für das soziale Verhältnis zwischen den Geschlechtern, steht auch zur freien Disposition. Dies wurde bereits durch das, was bisher aus der Frauenbewegung heraus erreicht wurde (vgl. S. 96, 97 ff.), überzeugend bestätigt.

Kultur ist kein statisches Gebilde, sie ist ständig in Bewegung, verändert sich. Die bis heute tradierte Geschlechterkultur ist erst in zweiter Hinsicht ein Angebot an Mann und Frau, sich entsprechend einzubinden oder auch einbinden zu lassen. In erster Linie ist Kultur ein durchgängiger Zustand, in welchem weder Männer noch Frauen Belehrungen des anderen Geschlechtes, sondern Akzeptanz ihrer Andersartigkeit als derselbe Wert bedürfen. Allein schon durch das Hinzukommen dieses Gedankens verändert sich innerhalb der vorhandenen Geschlechterkultur substantiell Wesentliches. Die Wirklichkeit wird von uns selbst hergestellt (vgl. S. 68). Alle Genderrollen stellen sich, sobald intensiver darüber nachgedacht wird, stets als Klischee heraus. Diese Erkenntnis ist nicht nur für das Heranbilden des eigenen Bewusstseins und sich hierdurch ergebende neue Einsichten für das persönliche Leben bedeutsam, es eröffnet sich auch eine gesamtgesellschaftliche Perspektive. Da die Konstruktion und Reproduktion von Gender sowohl auf individueller als auch auf gesellschaftlicher Ebene geschieht,

---

[69] Gesellschaftlich und kulturell geprägte Funktionen, Rechte und Pflichten von Männern und Frauen.

trägt jeder Einzelne durch die Art und Weise, wie er sich verhält (*doing gender*), zur Ausformung der Geschlechterrollen bei und *„reproduziert sie auch, indem er sich den Erwartungen gemäß verhält"* (Europarat 1998, S. 5). Solange es also als normal und völlig in Ordnung angesehen wird, dass die Frau sich um das Leben im Hause und der Mann sich um die Sicherung dieses Lebens kümmert und es nicht als normal und völlig in Ordnung angesehen wird, wenn diese Rollen ausgetauscht werden, kann und wird sich nichts ändern. Rendtorff/Moser haben dazu einen Erklärungsansatz in einem offensichtlich in der Gesamtheit der Menschen vorhandenen „kollektiven Bewusstsein" gefunden. Sie gehen davon aus, *„daß jede Gemeinschaft von Menschen, jede Kultur oder Gesellschaft [...] ein ‚Denkkollektiv' darstellt, das eigene Wahrnehmungsmuster ausbildet, eigene Vorstellungswelten entwirft, eigene Welterklärungsmodelle usf. und dementsprechend bei seinen Mitgliedern auch eine eigene ‚Denkbereitschaft' erzeugt"* (Rendtorff/Moser 1999, S. 21). „Denkgemeinschaften", wie sie sich bisher in der traditionell eher männlich geprägten polizeilichen Lebenswelt entwickelt haben, sind danach sehr darum bemüht, an ihren vertrauten Strukturen festzuhalten und in ihnen zu beharren. Neue Einflüsse, zum Beispiel schon das bloße Vorhandensein von Frauen im Berufsalltag, irritieren und verunsichern. *„Um diese Irritationen zu verarbeiten, versucht man* [Mann], *sie* [die Frauen] *gewissermaßen ‚einzubauen' in die Denkstrukturen, die man bereits beherrscht und an die man gewöhnt ist"* (Rendtorff/Moser 1999, S. 21).

Neben Tatkraft bedarf es danach wohl vor allem auch einer gehörigen Portion Mut, um sich als Frau „fraubleibend" in der Männerwelt Polizei zu behaupten. Polizeibeamtinnen stufen inzwischen *„sexuelle Witze, obzöne Reden und Sprüche teilweise nicht als sexuelle Belästigung ein, weil Frauen diese Verhaltensweisen für eine männlich dominierte Polizeiorganisation als normal ansehen"* (Gütges 1999). Hinsichtlich der hier behaupteten „Normalität" soll nicht nur Zweifel angebracht werden. Die Notwendigkeit von „mehr Frau in der Polizei" kann deutlicher kaum hervorgehoben werden. *„Frauen im Polizeiberuf sollen [...] selbstbewusst bleiben und sich nicht vom männlich herben Ton der Kollegen vereinnahmen lassen"*, ermuntert Erwin Hetger, Landespolizeipräsident Baden Württemberg, oberster Vorgesetzter der Polizei dieses Landes mit einem Frauenanteil von etwa neun Prozent, seine Kolleginnen (vgl. Polizeispiegel Juli/August 2001, S. 153). Immerhin offenbart die Äußerung des Polizeipräsidenten eine Erweiterung des Wissens um Besonderheiten des „ Mannseins in der Polizei" und des „Frauseins in der Polizei."

Denkgewohnheiten und Denkmodelle sind nicht nur historisch zu verstehen, sondern in Abhängigkeit von der *„Denkbereitschaft"* auch einem stetigen Umbruch unterworfen (vgl. Rendtorff/Moser 1999, S. 21 ff.). Die Fähigkeiten des „Denkkollektivs Polizei", sich selbst in Frage zu stellen und zu verändern, kann bei der Umsetzung von Gender Mainstreaming durchaus ein Problem darstellen, es ist aber durchaus möglich (vgl. S. 152 ff.).

Der angemahnten Neuorientierung bisheriger Denkstrukturen wird inzwischen tatsächlich entsprochen. Dies trifft zumindest für das Bemühen zu, die rechtlichen Gegebenheiten zu überdenken und sich der Realität eines Berufsbildes „Polizei für Männer und Frauen" anzunähern.

Üblicherweise werden Dienstposten der Polizei als Vollzeitbeschäftigung angesehen. Unterschwellig schwingt dabei die durchaus begründete Befürchtung mit, die Forderungen nach Überdenken tradierter Organisationsformen der Polizei wären tatsächlich berechtigt und müssten einer ernsthafteren Prüfung als bisher unterzogen werden.

In der Vergangenheit wurden polizeiintern einsetzbare Dienstzeitmodelle, welche Männern und Frauen, die aufgrund familiärer Verpflichtungen keine Vollzeitbeschäftigung ausüben können, eine Teilzeittätigkeit ermöglichen, nur unzulänglich entwickelt. Der Gewerkschaft der Polizei (GdP) im Deutschen Gewerkschaftsbund (DGB) ist daher zunächst voll zuzustimmen, wenn sie auf notwendige Änderungsprozesse innerhalb der „Denkkollektive Polizei" hinweist: *„Wenn Stellen angeblich per se nicht teilbar sind, wenn Karriere nur der machen kann, der sich mit Leib und Seele dem Unternehmen* [Polizei] *verschreibt, wenn Jobs* [Dienstposten] *nach Konkurrenz- und Kampfmustern vergeben werden, wenn Leitung* (Führungsaufgabe) *automatisch 60-Stunden-Woche bedeutet, dann kann Gleichstellungspolitik* [Gender Mainstreaming] *nicht funktionieren"* (Gesterkamp 2002). Es haben sich aber inzwischen Entwicklungen ergeben, die den Prozess des Gender Mainstreaming günstig beeinflussen.

Seit 1995 gilt für die Polizei Niedersachsen die Anweisung, es „*[...] ist davon auszugehen, daß grundsätzlich alle Arbeitsplätze und Dienstposten teilzeitgeeignet sind"* (Nds. Ministerium des Innern 1995, Frauenförderkonzept für die Polizei Niedersachsen, S. 22, Kapitel Öffentliche Sicherheit und Ordnung durch 24stündige polizeiliche Präsenz). Aus dem Begriff „grundsätzlich" ist zu ersehen, dass dies im Einzelfall aufgrund tatsächlicher personeller Gegebenheiten für eine absehbare Zeit nicht überall realisiert werden kann. Die Entscheidung über die Nichtteilzeiteignung eines Dienstposten obliegt dann gemäß dem Erlaß 15.3-06031.2 vom 4. Juli 1984 dem Innenministerium des Landes Niedersachsen.

Diese Regelung ist mir während meiner aktiven Dienstzeit völlig entgangen[70]. Meine Recherchen zu dieser Arbeit haben dann aber den Zugang zu In-

---

[70] Mein Dienstverhältnis als Polizeivollzugsbeamter endete nach mehr als 40 Jahren mit Erreichen der gesetzlich vorgeschriebenen Altersgrenze von 60 Jahren mit Ablauf des 31. Oktober 1999.

formationen eröffnet, die das ernsthafte Bemühen erkennen lassen, Gender Mainstreaming in der polizeilichen Praxis umzusetzen.

Alle Dienstellenleiterinnen und –leiter sind zum Beispiel aufgefordert, Angebote zur flexiblen Arbeitszeitgestaltung, zur Heimarbeit, zum Führen eines Arbeitszeitkontos während der Ferien, zu einer dem jeweiligen Alter der Kinder angepassten Zeitorganisation, usw. einzelfallbezogen zu prüfen und zu gestalten (vgl. Anlage 4 *„Maßnahmen und Verantwortlichkeiten zur Betreuung bzw. zum Coaching und zur Wiedereinstellung von längerfristig beurlaubten Mitarbeiterinnen und Mitarbeitern"*). Ferner bieten die Polizeibehörden und das Bildungsinstitut der Polizei Niedersachsen (BIPNI) Workshops und Seminare an, in denen auf die Polizei zugeschnittene Arbeitszeitmodelle vorgestellt und diskutiert werden.

Mit Gender Mainstreaming
von einer geschlechtsbestimmten Zuweisung von Lebensinhalten in einen geschlechtsneutralen sozialen Lebensraum

Den demographischen Zahlen nach leben in Deutschland fast gleichviel Männer und Frauen, mit einer leichten Überzahl von Frauen. Daher ist es ein wesentlicher Mangel, wenn Frauen nicht in allen Lebensbereichen gleichwertig vorhanden sind und diesem bedeutenden Teil der Bevölkerung die Mitwirkung in den Entscheidungsebenen weiter versagt bleibt. *„Keine Gleichung, kein Exempel stimmt, wenn im Ansatz ein Faktor fehlt"*, formulierte bereits 1928 Agnes von Zahn-Harnack und erkannte in der *„von Männern nach Männerbedürfnissen und – wünschen eingerichteten Männerwelt"* schwere gesellschaftliche Mangelerscheinungen, die nicht nur den Frauen, sondern der gesamten Menschheit zum Nachteil gereichen würden. Jeder soziologische Gesellschaftsentwurf, der bereits im Ausgangspunkt eine den Frauen gegenüber gewichtigere Stellung von Männern festschreibt, führt zwangsläufig dazu, dass die Gleichung ungleich ist, das Muster nicht stimmt. Dieser Grundfehler, der bereits im Ansatz des Ausgangspunktes gelegt wurde, könne, so von Zahn-Harnack, nur gelöst werden, wenn Frauen *„ihre Eigenart, Können, psychologische Feinheit, Logik und Mut"* zur Lösung aller Aufgaben einbringen würden und dies auch dürften (vgl. Nave-Herz 1997, S. 12).

Die Strategie Gender Mainstreaming geht von der Konstellation aus, nach der Frauen und Männer ihre Lebenswirklichkeit unterschiedlich erfahren. Männer und Frauen sehen sich und ihre konkreten Möglichkeiten im täglichen Leben nicht gleichwertig ausgeprägt, es sind reale Ungleichgewichte vorhanden. Als gegeben wird demzufolge im Gender Mainstreaming inhaltlich davon ausgegangen, dass unsere Lebenswelt durch und durch männlich geprägt wurde, dies immer noch so ist und Frauen aufgrund der dadurch bewirkten strukturellen Gewalt Nachteilen ausgesetzt sind. *„Dieses Konstrukt* [Gender Mainstreaming] *geht von ungleichen Machtverhältnissen aus, in denen die Männer dominieren und die Frauen ihnen in den meisten Lebensbereichen untergeordnet sind. Die Männer und die ihnen zugeschriebenen Aufgaben, Rollen, Funktionen und Werte werden – in vielerlei Hinsicht – höher eingestuft als diejenigen, die zu Frauen gehören"* (Europa-Rat 1998, S. 6). Das soziale Geschlecht „Gender" stellt zweifellos einen Machtfaktor zu Ungunsten von Frauen dar, da *„die Dominanz von Männern* insbesondere *in Macht- und Herrschaftspositionen sich in den letzten 30 Jahren so gut wie nicht geändert hat"* (Floreck (B) 2001, S. 17). Frauen lebten und leben in einer Umwelt, *„deren Anforderungen an Arbeitszeit, Verfügbarkeit und Mobilität ungebrochen männliche Werte und Orientierungen diktieren"* (Gesterkamp 2002).

Die Ursache für diese Einschätzung wird in einem Rollenmuster gesehen, welches für Männer und Frauen unserer Gesellschaft als richtungsweisend gilt und von dem Soziologen Dux *„Innen-Außen-Dimensionierung"* genannt wird (vgl. Güntner 2001). Darunter ist die überlieferte traditionelle Verteilung der Geschlechterrollen zu verstehen. Frauen werden auf den inneren Kreis der Familie fixiert. Es ist ihre Aufgabe, sich um die Kinder und den Haushalt zu kümmern. Der Mann vertritt die Familie nach außen und besorgt die öffentlichen Geschäfte. Diesem Zuschnitt wohnte ursprünglich eine *„Schutzpflicht"* des Mannes der Frau gegenüber inne. Die von Dux als *„Innen-Außen-Dimensionierung"* bezeichnete Grundlage unserer Gesellschaft hat sich nach und nach, wie er weiter ausführt, als *„der beste Boden für Bevormundung"* der Frau erwiesen. Das ursprünglich auf zweckmäßige Arbeitsteilung gründende Verhältnis der Geschlechter zueinander mutierte in eine kulturelle *„Machtverfassung."* Der Mann entwickelte sich vom Beschützer zum Beherrscher der Frau. Der Frau fiel nicht selten die Rolle einer *„leibeigenen Dienerin,"* auch und insbesondere mit Funktionen, die als *„Gebärerin von Söhnen"* (Güntner 2001) und *„Ergänzung des Mannes durch ihre besonderen Gaben als Frau"* (Neuer 1985, S. 168) beschrieben werden, zu.
Es bringt nichts, ständig nach rückwärts zu schauen und Probleme von heute nur mit Handhabungen von gestern lösen zu wollen. Es geht schließlich nicht um „Heile-Welt-Fantasien", sondern um die Gestaltung einer möglichst **herr**schaftsfreien Gesellschaft. *„Frauen wollen nicht mehr nur im Nachhinein ihre Gleichstellung fordern. Frauen wollen von vornherein sicher sein, dass ihre Interessen von Anfang an berücksichtigt werden"* (Morgen-stern, Vera (B) 2000). Mit der Betonung *„von Anfang an"* wird erstmals postuliert, beide Geschlechter einander gleichwertig behandeln zu wollen, d. h. weder Mann noch Frau zu bevorzugen oder zu benachteiligen und damit die Demokratisierung auch innerhalb der Geschlechterverhältnisse voranzutreiben. *„Frauen und Män-*

ner müssen sich zuständig fühlen. Nur gleiche wechselnde Beziehungen helfen weiter" (Jansen 2001). Dieser Leitidee folgend fordert dann auch der Deutsche Frauenrat konsequenterweise neben den Leitprinzipien von *„Nachhaltigkeit"* und *„Partizipation"* insbesondere die Einbeziehung der Kategorie *„Geschlecht"* in alle Themenbereiche ein, um *„Geschlechtergerechtigkeit (gender mainstreaming)"* herzustellen (vgl. Deutscher Frauenrat 1999, Frauen wollen es wissen). Das Prinzip Gender Mainstreaming zur Veränderung von Entscheidungsprozessen erlangt gerade in patriarchalen Organisationen wie der Polizei, in der *„die männlichen Haltungen und Einstellungen das Maß darstellen"* (Deutsche Polizei Juni 2002, S. 1), richtungsweisende Bedeutung. Der Ansatzpunkt von Gender Mainstreaming geht in erster Linie vom Menschen und nicht wie bisher üblich von der Organisation aus. Es gilt nach Möglichkeiten Ausschau zuhalten, wie sich die Organisation Polizei den Bedürfnissen der in ihr ihren Dienst verrichtenden Männer und Frauen anpassen kann. Unstreitig werden sich alle Polizeibeamtinnen und Polizeibeamte auch weiterhin in dienstliche Notwendigkeiten einordnen müssen, das ist in jedem Berufsfeld der Fall. Inwieweit dies jedoch unabänderlich so sein muss wie bisher, kann und soll durchaus überprüft werden. Eine Polizeibeamtin, die ihr wenige Monate altes Baby zu einem Seminar mitbringt und es zwischendurch stillt, das war vor wenigen Jahren völlig außerhalb jeder Vorstellungskraft innerhalb der Polizeiorganisation, trifft inzwischen aber, wie ich selbst feststellen konnte, durchaus zu. Im März des Jahres 2003 habe ich das während meiner Bemühungen um das Zustandekommen von Interviews erleben können.

„Revolutionär" bezeichnete Ideen der als *„Neue Frauenbewegung"* im Zuge der Studentenbewegung von 1967/68 bekannt gewordenen Frauengruppen mit krasser feministischer Zielsetzung finden in der Strategie Gender Mainstreaming keinen Raum. Die sich in dieser Zeit engagierenden Frauen sahen sich in ihren Aktionsgruppen denselben männlich dominierten Gegebenheiten ausgeliefert, wie sie von ihnen in der gesamten Gesellschaft erlebt wurden. *„So gingen ihrer männlichen Kommilitonen zu Demonstrationen, Vorträgen und diskutierten untereinander, entwarfen Flugblätter usw. und diktierten den Frauen ausführende Arbeiten zu: Frauen durften Flugblätter abtippen, Kaffee kochen und die Kinder während der öffentlichen Aktionen betreuen. Auf Versammlungen kamen sie kaum zu Wort oder ihre Äußerungen wurden milde belächelt, zumindest blieben sie ohne Wirkung. Sie hatten nur einen abgeleiteten Status als Frau oder Freundin"* eines der Männer. Aus dieser Erkenntnis heraus propagierte die *„Neue Frauenbewegung"* Vorstellungen, mit denen die soziale Lage der Frau durch Frauen selbst, d. h. unter Ausschluss von Männern und auch ausdrücklich gegen männliche Interessenlagen gerichtet, verändert werden sollte (vgl. Nave-Herz 1997, S. 53 ff.).

Gender Mainstreaming wirkt also aus einer übergeordneten, beide Geschlechter umfassenden Gesamtschau als Querschnittsaufgabe überall direkt dort hinein, wo die Entscheidungen getroffen werden und geschlechtsspezifische Fragen bisher kaum oder gar nicht berücksichtigt wurden. Ein geradezu revolutionärer Ansatz, da fundamentale Vorgänge individueller und gesellschaftlicher Lebensvorgänge entscheidend davon berührt werden, inwieweit *„doing gender"* (vgl. in dieser Arbeit S. 68) überhaupt zur Kenntnis genommen werden. Männer und Frauen sind sich ähnlicher, als gemeinhin angenommen wird.

Gender Training

Wirkliche Geschlechterdemokratie muss aber auch in das reale Leben umgesetzt und dort von allen Beteiligten tagtäglich praktiziert werden. Dies erfordert ein hohes Maß an Genderkompetenz. Mehrere Organisationen (vgl. *Heinrich Böll Stiftung NRW* 2003; *Frauenreferat der EKD* 1999) bieten daher nicht nur Einführungsseminare zu Gender Mainstreaming an, um Männern und Frauen *„zur Reflexion der eigenen Geschlechterrollen und –bilder"* anzuregen. Im Rahmen berufsbegleitender Qualifizierungsmaßnahmen werden Weiterbildungen zur Gendertrainerin bzw. zum Gendertrainer durchgeführt, um Sachverstand zu genderspezifischen Fragestellungen und zur Durchführung von Gender-Trainings innerhalb des beruflichen Umfeldes zu erkennen. Ein erfolgversprechender Ansatz zur Umsetzung von Gender Mainstreaming muss nämlich genau dort erfolgen, wo *„der Wandel in den Köpfen"* erforderlich ist, im privaten Leben, direkt am Arbeitsplatz und innerhalb der Organisation. Ziel eines Gender-Trainings ist es daher, die Teilnehmerinnen und Teilnehmer zunächst in die Kategorien und Methoden der Gender-Analyse einzuführen. Sie sollen für die eigenen Wahrnehmungs- und Bewertungsweisen männlicher und weiblicher Rollen sensibilisiert werden (vgl. Engelhardt-Wendt 2000, S. 29). Obwohl Stiegler eine solche Kompetenzerweiterung durch Gender-Trainings auf einer Tagung der Gewerkschaft der Polizei (GdP) im Deutschen Gewerkschaftsbund (DGB) explizit speziell für Führungskräfte in der Polizei einfordert (vgl. Deutsche Polizei Juni 2002, S. 1), gilt dies im Kontext ihrer Ausführungen inhaltsbezogen für alle Akteure. Denn *„ohne ein breites Fortbildungsangebot für alle ist die Einführung und Durchführung des Gender Mainstreaming Prinzips in eine Organisation nicht möglich. Über den Verpflichtungsgrad, die Intensität und die Dauer sowie die Häufigkeit dieses Trainings kann je nach den Verhältnissen entschieden werden"* (Stiegler 2000, S. 13,14).

Solche Übungen sind unbedingt erforderlich, so die einhellige Meinung aller, die sich mit der Umsetzung von Gender Mainstreaming auseinandersetzen (vgl. Gesterkamp 2002). Die Trainings können auf Seminaren in organisierter Form dargeboten werden, um Ausmaß, Dichte, Umfang und Breite der geschlechtsbezogenen Auswirkungen des Lebensumfeldes, in dem wir uns tagtäglich bewegen, den Akteuren bewusst zu machen. Lohnender und vorteilhafter ist es jedoch, wenn dies tagtäglich innerhalb des normalen Umfeldes durchgeführt wird. Jeder Mann, jede Frau kann sich selbst um Klarheit innerhalb konkret vorliegender geschlechtsspezifischer Gegebenheiten, wie zum Beispiel Vereinbarkeit von Beruf und Familie, lange oder kurze Dauer im Schichtdienst, Besonderheiten der Tätigkeit in der Sachbearbeitung und innerhalb eines Teams, usw., bemühen.

Zunächst sind die Kommunikationskulturen zwischen den Geschlechtern zu überdenken und auf eine dem Gender Mainstreaming entsprechende Ebene zu ausdehnen. Zum Bewusstsein *„Frauen sind nicht die besseren Menschen"* (TERRE DES FEMMES, S. 30) gehört als Pendant *„Männer sind nicht die besseren Menschen",* um den Blick auf positive Ansatzpunkte, die Frauen und Männer gemeinsam einbringen können zu lenken. Eine pauschalierende weibliche Sichtweise auf das andere Geschlecht in Richtung „Männer gleich Täter, Frauen gleich Opfer" ist ebenso wenig angebracht wie die bisher geübte Praxis einflussreicher, sich stillschweigend verstehender Männerallianzen, das „ganze leidige und überaus lästige Geschlechterthema in Ausschüsse" zu verlagern, um sich dann um „die wirklich wichtigen Dinge des Lebens" zu kümmern. Frauen sollen und müssen ihren Blick in Richtung *„Schattenseiten männlicher Lebensentwürfe"* erweitern, Männer sollen und müssen erkennen, das alles, aber auch wirklich alles, was sie als *„reine Sachebene"* verstehen, eine zusätzliche Gender-Dimension enthält (vgl. Gesterkamp 2002).

Folgende Leitfragen[71] können dabei wertvolle Impulse und Hilfestellungen liefern:

Herstellen einer Beziehung zur Realität:
Wo und wie kommt das Thema im Leben von Polizeibeamtinnen vor?
Wo und wie kommt das Thema im Leben von Polizeibeamten vor?

Die Vorgeschichte:
Welche Erfahrungen spielen für Polizeibeamte bei diesem Thema eine Rolle?
Welche Erfahrungen spielen für Polizeibeamtinnen bei diesem Thema eine Rolle?

Zur Tradition:
Wo und wie kommen Polizeibeamtinnen innerhalb von Rechtsgrundlagen und polizeilicher Tradition zu diesem Thema vor?
Wo und wie kommen Polizeibeamte innerhalb von Rechtsgrundlagen und polizeilicher Tradition zu diesem Thema vor?

---

[71] Erstellt in Anlehnung an Frauenstudien- und -bildungszentrum der EKD, ohne Datum.

Die Gerechtigkeitslücken:
Welche Fragen und Probleme haben Polizeibeamte bei diesem Thema?
Wo sind sie benachteiligt? Was wollen sie verändern?
Welche Fragen und Probleme haben Polizeibeamtinnen bei diesem Thema?
Wo sind sie benachteiligt? Was wollen sie verändern?
Der fachspezifische Erkenntnisstand:
Was sagen Polizeibeamtinnen individuell, insbesondere aber aus Gewerkschaften, Personalräten, Frauenvertretungen, Dienstellenleitungen, Polizeiforschung und anderen Zusammenschlüssen, fachspezifisch zu diesem Thema?
Was sagen Polizeibeamte individuell, insbesondere aber aus Gewerkschaften, Personalräten, Männervertretungen, Dienstellenleitungen, Polizeiforschung und anderen Zusammenschlüssen, fachspezifisch zu diesem Thema?

Der allgemeine wissenschaftliche und politische Erkenntnisstand:
Was sagen Männer aus Politik und Gewerkschaften zu diesem Thema?
Wie ist der aktuelle Forschungsstand?
Was sagen Frauen aus Politik und Gewerkschaften zu diesem Thema?
Wie ist der aktuelle Forschungsstand?

Reflektion von Vielfalt und Verschiedenheit der Positionen:
Spiegeln die erkannten Positionen die Vielfalt und Verschiedenheit der Lebenswelten, Vorerfahrungen und Gerechtigkeitsbedürfnisse von Polizeibeamtinnen und Polizeibeamten bei diesem Thema wider?

Reflektion von Geschlechterdifferenz in den Positionen:
Spiegeln die erkannten Positionen die Unterschiede in den Lebenswelten, Vorerfahrungen und Gerechtigkeitsbedürfnisse von Polizeibeamten und Polizeibeamtinnen aufgrund des biologischen und sozialen Geschlechtes wider?

Die Position von Gerechtigkeit:
Haben die erkannten Positionen die Überwindung (und nicht nur die Abmilderung) von geschlechtsspezifischen Benachteiligungen und Ungerechtigkeiten von Polizeibeamtinnen und Polizeibeamten zum Ziel?

Nichtpositionen sind auch Positionen!
Was wird nicht behandelt? Was geschieht dadurch mit den Lebenswelt und Vorerfahrungen, mit den Problemlagen und Gerechtigkeitsbedürfnissen von Polizeibeamten?
Was wird nicht behandelt? Was geschieht dadurch mit den Lebenswelt- und Vorerfahrungen, mit den Problemlagen und Gerechtigkeitsbedürfnissen von Polizeibeamtinnen?

Wer besitzt Macht und Einfluss zur Durchsetzung oder Verhinderung von Gender Mainstreaming?

Was hat das Thema, was haben die erkannten Positionen und Nichtpositionen mit Privilegien und Macht ganz allgemein von Frauen, aber speziell von Polizeibeamtinnen zu tun?

Was hat das Thema, was haben die erkannten Positionen und Nichtpositionen mit Privilegien und Macht ganz allgemein von Männern, aber speziell von Polizeibeamten zu tun?

Methodische Umsetzung von Gender Mainstreaming innerhalb der Organisation Polizei

Die Einsicht allein zur notwendigen Umsetzung von Gender Mainstreaming innerhalb der Polizei verbessert die Geschlechtersituation noch nicht, es muss auch konkret gehandelt werden. Da nicht davon auszugehen ist, dass sich die Akteure und Akteurinnen von alleine um Gender Mainstreaming bemühen, muss es als „Top-Dow-Modell" gezielt in die Administration hinein implementiert werden (vgl. S. 28). Um das Ziel der Gleichstellung der Geschlechter nicht nur in Theorie und Lehre, sondern auch im real vorhandenen beruflichen Umfeld zu erreichen, bedarf es speziell auf die Umsetzung von Gender Mainstreaming zugeschnittener Methoden.

Die Gewerkschaft ÖTV (jetzt Ver.di) hat zum Thema *„Gender Mainstreaming in der alltäglichen Gewerkschaftsarbeit"* zwei Konzepte vorgestellt, die geeignet erscheinen, direkt in die Struktur der Organisation Polizei hineinwirkend Analysen zu veranlassen und Veränderungen zu bewirken (vgl. Zentrales frauenpolitisches Forum der ÖTV 2000):

Die 3-R-Methode - entwickelt in Schweden

Repräsentation:
Wie ist die quantitative Geschlechterbeteiligung in diesem Dienstbereich (Anzahl von Männern und Frauen)?
Wie viele Männer, wie viele Frauen sind in leitender Funktion?
Wie ist die qualitative Geschlechterbeteiligung in diesem Dienstbereich?
Wie viele Frauen, wie viele Männer beteiligen sich aktiv innerhalb von Gestaltungsprozessen?

Ressourcen:
Wird den dienstlich zur Verfügung stehenden finanziellen und zeitlichen Möglichkeiten geschlechteregalitärer Raum zugebilligt?
Wie lange sprechen Frauen, wie lange sprechen Männer innerhalb der Gestaltungsprozesse? Wie viel Zeit nehmen sich die Verantwortlichen zur Beantwortung der von Männern, der von Frauen gestellten Fragen?
Wie viel Aufwand treibt die Behörde zur Bearbeitung der von Frauen, der von Männern eingebrachten Themen?
Haben Männer und Frauen tatsächlich gleichen Zugang zu den Informationen?
Haben sie Zugang zu denselben Informationen?
Gibt es Unterschiede zwischen Frauen und Männern in der ihnen zur Teilnahme an Versammlungen, Treffen etc. zur Verfügung stehenden Zeit?

Realisierung:
Sofern die Geschlechterverteilung in Repräsentation und/oder Ressourcenverteilung unterschiedlich ausfällt, wieso ist das so?
Wie kann das geändert werden?

Die 6-Schritte-Prüfung - nach Krell/Mückenberger/Tondorf

1. Welcher Soll-Zustand wird durch das zu entscheidende Vorhaben angestrebt?
(Vorausgehen müssen eingehende Analysen des Ist-Zustandes und der einschlägigen Rechtsnormen sowie Koordinierung mit allen betroffenen Bereichen.)

2. Welches sind die konkreten Hemmnisse auf dem Weg zu mehr Chancengleichheit?
Wer ist konkret betroffen?

3. Welche Alternativen bestehen hinsichtlich der Realisierung?

4. Analyse der Optionen im Hinblick auf die voraussichtlichen Auswirkungen auf die Gleichstellung und Entwicklung eines Lösungsvorschlages.
Welche Option lässt den höchsten Zielerreichungsgrad erwarten?

5. Umsetzung der getroffenen Entscheidung.

6. Erfolgskontrolle und Evaluation.
Wurden die Ziele erreicht?
Ursachen für Nicht- oder Teilerreichung?
Welche Maßnahmen sind notwendig?

Gender Mainstreaming – Utopie oder Chance zur Herstellung von Geschlechtergerechtigkeit?

Das Land Niedersachsen steht, so Barbara Stiegler im Anschluss an ihren am 29. März 2001 in Osnabrück gehaltenen Vortrag *„Alles Gender – Oder was?"* auf meine mündlich gestellten Frage zur rechtlichen Verbindlichkeit der Anwendung von Gender Mainstreaming, in Deutschland in vorderster Linie. Auch Merk, ehemals Ministerin für Frauen, Arbeit und Soziales in Niedersachsen, hebt im Oktober 1999 besonders hervor, dass *„Niedersachsen als erstes Bundesland die Initiative zur Umsetzung des Gender Mainstreaming-Ansatzes in der Bundesrepublik ergriffen und eine Vorreiterrolle übernommen"* habe (vgl. Niedersächsisches Ministerium für Frauen, Arbeit und Soziales (C) 1999, Gender Mainstreaming). Dies klingt alles sehr fortschrittlich und begrüßenswert, es besteht jedoch kein Anlass zu jubeln oder sich selbstgefällig zurückzulehnen. Denn nicht einmal der Begriff Gender Mainstreaming an sich ist den in meiner Untersuchung im Mittelpunkt stehenden Angehörigen der Polizei Niedersachsen geläufig (vgl. in dieser Arbeit S. 18, 19). Polizeibeamtinnen und Polizeibeamte gehören anerkannter Maßen zu der Bevölkerungsgruppe, die hinsichtlich ihrer allgemeinen und besonderen Qualifikationen eine Spitzenstellung einnehmen. Wenn sogar sie in dieser Frage kaum informiert sind, lässt dies mit Blick auf die übrige Bevölkerung Niedersachsens und auch darüber hinaus nur negative Schlussfolgerungen zu. Die von Merk hochgelobte *„Unterrichtung des niedersächsischen Kabinetts im Oktober 1999, die bundesweit für Aufsehen gesorgt hat"* (Niedersächsisches Ministerium für Frauen, Arbeit und Soziales (C) 1999) ist in der Bevölkerung jedenfalls nicht bemerkt worden. Die hier wiedergegebenen Aussagen, Niedersachsen sei in Sachen Gender Mainstreaming führend in Deutschland, können allenfalls als Hinweis verstanden werden, dass es anderswo um die Einführung dieser Strategie zur Herstellung von Geschlechtergerechtigkeit noch schlechter bestellt ist.

Die Lebenslagen von Frauen und Männern sind deutlich unterschiedlich typisiert, wie den bisherigen Darlegungen detailliert zu entnehmen ist. Es kann und darf aber nicht generalisierend von **den** Männern und **den** Frauen gesprochen werden. Die individuellen Unterschiede der Lebensgeschichte jedes Menschen sind überzeugende Indikatoren für das Öffnen oder auch Verweigern von Entwicklungs- und Lebenschancen für Männer und für Frauen. Frauen und Männer sind *„auf ein bestimmtes Bild und eine bestimmte Rolle festgelegt und dadurch untereinander ausgespielt worden. Einlinige Analysen, Positionen und Orientierungsmaßstäbe unterdrücken die Vielfalt von Lebenslagen und Lebensplänen."* (Frauenstudien- und -bildungszentrum der EKD, ohne Datum). Wirkliches Herstellen von Geschlechtergerechtigkeit kann daher nur unter den Zielsetzungen von Gender Mainstreaming, der einzigen Strategie mit inhaltlicher Betonung der Gleichwertigkeit von Menschen männlichen und weiblichen Ge-

schlechtes unter Anerkennung ihrer Vielfalt und Verschiedenheit, erfolgversprechend sein.

Der als *„Symbolischer Interaktionismus"* bezeichnete sozialtheoretische
Ansatz geht davon aus, dass sich das geltende Sozialsystem immer wieder neu
in einzelnen Interaktionen direkt *„re-konstituiert"* (Benke 2000, S. 140 ff.).
Deshalb kann angenommen werden, dass sich ein bestehender Zustand wie die
innerhalb der Polizei vorhandene männliche Dominanz, wie sie in dieser Untersuchung zunächst als gegeben vorausgesetzt und dann als überwiegend noch
vorhanden nachgewiesen wurde (vgl. S. 153 ff.), immer wieder aufs Neue herstellt. Eine fundamental bedeutsame Feststellung, die dann, wenn sie nicht aus-
geräumt werden könnte, ein nahezu unüberwindliches Hindernis für die Einführung von Gender Mainstreaming sein dürfte. Beide Geschlechter bestehen ja aus
Menschen, die in ihrer tradierten Wesensart *„doing gender"* denken und praktizieren. Polizeibeamtinnen und Polizeibeamten muss erst bewusst werden, was
da geschieht und wie sie und das ihr Verhalten prägende Denken veränderbar
sind. Einsichten in tradierende Strukturwirkungen des *„doing gender"* müssen
erst bewusst werden und sich entwickeln. Es sind daher neben bewusstseinsbil-
denden Schulungen zur Erweiterung des Wissens um *„doing gender"* vor allem
organisatorisch wirksame Strukturen innerhalb der Polizei Niedersachsen zu
schaffen.

Wir befinden uns hinsichtlich Gender Mainstreaming unverkennbar noch
in einem Entwicklungsland. Wer kümmert sich eigentlich in der Organisation
Polizei, in der von jeher Männer die Entscheidungsmehrheit haben, die diese
Strategie vielleicht sogar in Frage stellen, um Gender Mainstreaming? Dieses
Werkzeug zur Herstellung von Geschlechtergerechtigkeit muss von der Mehrheit massiv unterstützt werden (vgl. Engelhardt-Wendt 2000, S. 31). Um das zu
erreichen, ist in Bezug auf Entwicklungshilfe ist noch einiges an Arbeit zu leisten und zwar bei Frauen und bei Männern, sowohl auf individueller Ebene als
auch organisatorisch. Die Umsetzung von Gender Mainstreaming ist eine
„schwierige Aufgabe, eher eine Utopie eines neuen Gesellschaftsvertrages"
(Weg 1999, S. 16). Ein Kalenderspruch, auf den ich während meiner Recherchen aufmerksam wurde und passend gefunden habe, ruft zukunftsorientiert dazu auf, unbeirrt und beständig aktiv zu sein: *„Nicht weil die Dinge schwierig
sind, wagen wir sie nicht, sondern weil wir sie nicht wagen, sind sie schwierig."*
Schnelle Erfolge sind mit Sicherheit nicht zu erwarten, denn der Vorgang eines
Bewusstseinwandels in den Köpfen der Menschen verläuft schwerfällig. Ein
wenig zynisch wird im Max-Planck-Institut Hamburg dazu Stellung bezogen:
*„Das ist ein langsamer Sickerprozess. Um Verhaltensänderungen in der nächs-
ten Generation durchzusetzen, helfe manchmal nur die ‚biologische Uhr'"*
(Neue Osnabrücker Zeitung vom 25. November 2000).

Es mischen sich inzwischen auch Zweifel ein, wachsende Vorbehalte hinsichtlich der Realisierung von Gender Mainstreaming. Die Umsetzung solcher „Zukunftsträume" wird auch sehr skeptisch gesehen. Kurz-Scherf diagnostiziert, dass es in der patriarchalen Gesellschaft nicht pauschal *„die"* Männer sind, die herrschen. Im System gibt es auch männliche Verlierer, die aber selten das Konkurrenzverhalten und die Männlichkeitsstruktur in Frage stellen. *„Die Zusammenarbeit* [von Frauen] *mit Männern ist auch deshalb problematisch, weil sich viele Männer zwar verbal für Gleichberechtigung aussprechen, in ihrem konkreten Verhalten aber weiter Dominanz über Frauen beanspruchen"* (Floreck (B) 2001, S. 16 ff.). Die Bereitschaft von Männern *„Frauen einen qualitativ besseren, gerechteren Anteil an Verantwortung und Partnerschaft zu ermöglich, Rollenklischees zu überprüfen und Männerprivilegien aufzugeben"* wird erheblichen Zweifeln unterworfen. Obwohl *„in dieser postmodernen Innovation der Frauenpolitik* [Gender Mainstreaming]*"* eine Möglichkeit gesehen wird, *„die Geschlechterfrage zu lösen und die Frauen aus ihrer Zweitrangigkeit zu befreien"*, wird nicht ausgeschlossen, dass Gender Mainstreaming lediglich als eine für modern gehaltene *„längst hinfällige Anpassung an Männer und männliches Denken"* verstanden wird und damit die Gefahr eintritt, dass das Ganze verwässert wird (vgl. Nave-Herz 1997, S. 51). Stolpe formuliert es sogar noch krasser. Er sieht *„hinter kultureller Feminisierung [...] die Stabilisierung und Universalisierung des maskulinen Systems. Das Spiel mit der sexuellen Indifferenz, die gesellschaftliche Inszenierung des Sichauflösens und Verschwindens der Geschlechterrollen maskiert eine nur um so rigorosere Ausrichtung an männlichen Werten"* (Stolpe 2000).

Gender Mainstreaming erfordert zu seiner Umsetzung individuelle und gesellschaftliche Kompetenzvielfalt.

Zunächst hinsichtlich des eigenen Bewusstseins für die tradierende Wirkung von *„doing gender"*, für die jeder einzelne, jede einzelne von uns eigene Verantwortung zu übernehmen hat.
Dann aber auch innerhalb der Gesellschaft an sich. Seiner Natur nach kann die Strategie Gender Mainstreaming nämlich nur interdisziplinär angegangen werden (vgl. Rendtorff/ Moser 1999, S. 14). Fragen des Rechts, der Ethik, von Moral und Macht, der Arbeitsteilung und aus anderen Lebensbereichen wirken existentiell in die Geschlechterverhältnisse hinein und zeigt deutlich die Notwendigkeit einer gemeinsamen Betrachtung von Anthropologie, Medizin, Naturwissenschaften, Philosophie, Politologie, Soziologie, Theologie und anderen. Die Chance für eine insgesamt gerechtere, intelligentere, effektivere und kreativere Gestaltung der vorhandenen gesellschaftlichen Ressourcen liegt darin, wie die berufs- und familienbezogenen Veränderungen der Rollenverteilung der Geschlechter in das praktische Leben umgesetzt werden können. Gender Mainstreaming ermöglicht eindeutig ein Mehr an Geschlechterdemokratie. Die

dadurch Männern und Frauen ermöglichte „*Balance zwischen Arbeit, Familie und Freizeit*" (Arbeitsgemeinschaft der Männerarbeit der EKD 2002) verteilt nicht nur die vorhandene Arbeit und darin liegende gesellschaftliche Möglichkeiten gerechter als bisher. Die verbesserte Beteiligung beider Geschlechter an der Haus-, Familien- und Beziehungsarbeit bedeutet nicht nur die Erledigung von Arbeit an sich, es eröffnen sich völlig neue Perspektiven für die individuelle auszugestaltende Lebenswelt.

Jean Monnet, französischer Politiker der ersten Nachkriegzeit, dem der Gedanke „*Nichts ist möglich ohne Menschen, nichts hat Dauer ohne Institutionen*" zugeschrieben wird, hat trefflich formulierend ausgedrückt worum es geht. Die Zusammenhänge erkennende Vernunft des einzelnen steht am Beginn des Prozesses Gender Mainstreaming, gehört aber auch die institutionelle Einbindung in die Gesellschaft dazu. Ein klares Mandat dazu und auch die Werkzeuge sind vorhanden (vgl. S. 32 ff., 38 ff.).

Die jeweilige Gesellschaft ist nicht nur das Band zwischen der Gegenwart und dem, was vorher war und in das Heute hinein wirkt, sondern auch zwischen den Lebenden und den noch nicht Geborenen. Daher gilt es „*heute und morgen und übermorgen jeden einzelnen Schritt, der möglich ist, zu tun*" (Weg 1999, S. 16). Reifungsprozesse erfordern neben ausdauernder Geduld vor allem Durchhaltevermögen. Gender Mainstreaming ist ein Weg, der erst beim Gehen entstehen wird, der auch nicht gradlinig, sondern kurvenreich verläuft und weiterhin verlaufen wird, auf dem auch Hindernisse auftauchen und beiseite geräumt werden müssen. Ein Jahrzehnt, wie argwöhnt wird (vgl. Gottschlich 2003; Engelhardt-Wendt 2000), reicht dazu nicht aus. Geschlechtergerechtigkeit, wie sie mit der Strategie Gender Mainstreaming verwirklicht werden kann und soll, erfordert generationsübergreifendes Wirken, um wirklich akzeptiert und implementiert zu sein.

„Man muss die Welt so nehmen wie sie ist (männlich geprägt), aber nicht so lassen!"
(Weg 1999)

„Um zukunftsfähig zu bleiben, bleibt nichts anderes übrig als Gender Mainstreaming!"
(Gottschlich 2003)

Quellenverzeichnis

Periodika:

Andere Zeiten Magazin zum Kirchenjahr, Hamburg
Der Spiegel Das Deutsche Nachrichten-Magazin, Hamburg
Deutsche Polizei Fachorgan der Gewerkschaft der Polizei (GdP) im Deutschen Gewerkschaftsbund (DGB), Hilden
Die Zeit Wochenblatt, Hamburg
Ein schöner Spruch für jeden Tag Kalender für das Jahr 2001, Düsseldorf
EMMA Emma-Frauenverlags GmbH, Köln
Evangelische Zeitung Christliche Wochenzeitung für Niedersachsen, Hannover
Frankfurter Rundschau Tageszeitung, Frankfurt
HALLO Berlin Anzeigenblatt, Berlin
IPA aktuell Fachorgan der International Police Association, Bexbach
JUDO-MAGAZIN Fachorgan des Deutschen Judo-Bundes, Aachen
Neue Osnabrücker Zeitung (NOZ) Überregionale Tageszeitung, Osnabrück
Osnabrücker Sonntagsblatt Wochenendmagazin, Osnabrück
Polizeispiegel Fachorgan der Deutschen Polizeigewerkschaft (DPolG) im Deutschen Beamtenbund (DBB), Berlin
Publik-Forum Zeitung kritischer Christen, Oberursel
Running Das Laufmagazin, Freiburg
schrägstrich Zeitschrift für bündnisgrüne Politik, Berlin
Sonntag der Diakonie Beilage der Evangelischen Zeitung und der Diakonischen Werke zum 9. September 2001, Hannover
Sport und mehr / Sportjugend und mehr LSB Niedersachsen, Hannover
Stadtgespräch Mitteilungen aus und für Bad Iburg, Georgsmarienhütte
TERRE DES FEMMES Zeitschrift für Frauenrechte, Tübingen
Unbequem BAG Kritischer Polizistinnen und Polizisten, Hamburg
UNICEF- Nachrichten UNICEF Deutschland, Köln

Fernseh- und Rundfunkanstalten:

Arbeitsgemeinschaft der Rundfunkanstalten Deutschlands Fernsehen, Köln
DeutschlandRadio Berlin, Berlin
Westdeutscher Rundfunk (WDR 3, WDR 5), Köln

Standardwerke:

Die Bibel nach der deutschen Übersetzung Martin Luthers, Stuttgart 1961
Duden Band 5 Das Fremdwörterbuch, Mannheim 1997
Etymologisches Wörterbuch der deutschen Sprache 19. Auflage, Berlin 1963
Europa von A bis Z 7. Auflage, Bonn 2000
Langenscheidts Taschenwörterbuch Englisch 6. Bearbeitung, München 1983
Lexikon 2000 Weinheim 1984
Zahlenbilder 9. Ausgabe, Berlin 1955

Gesetze, Verordnungen, andere verbindlich zu beachtende Normierungen:

Charta der Grundrechte der Europäischen Union vom 2.10.2000 i. d. F. der
„feierlichen Proklamation" des Europaparlamentes, des Rates und der Kommis-
sion vom 7.12.2000 in Nizza Friedrich-Ebert-Stiftung, Bonn 27. Februar 2001
Gesetz zum Erziehungsgeld und zur Elternzeit (Bundeserziehungsgeldgesetz
– BErzGG) i. d. F. vom 1. Dezember (BGBl. I S. 1645)
Gesetz zur Durchsetzung der Gleichstellung von Frauen und Männern
(DGleiG) vom 30. November 2001 (BGBl. I S. 3234)
Grundgesetz für die Bundesrepublik Deutschland
vom 23. Mai 1949 (BGBl. S. 1) i. d. F. vom 16. Juli 1998 (BGBl. I S. 1822)
Koalitionsvertrag zwischen den Regierungsparteien
Sozialdemokratische Partei Deutschlands und Bündnis 90/Die Grünen
vom 16. Oktober 2002, veröffentlicht am 17. Oktober 2002 in Berlin
Niedersächsisches Beamtengesetz (NBG) i. d. F. vom 18. Dezember 2001
(GVBL. S. 806)
Niedersächsisches Gleichberechtigungsgesetz (NGG) vom 15. Juni 1994
(Nds. GVBl. Nr. 13/1994, S. 246) i. d. F. vom 21. November 1997 (Nds. GVBl
Nr. 22/1997, S.481)
Niedersächsische Verfassung vom 19. Mai 1993 (Nieders. GVBl. S. 107)
i. d. F. vom 21. November 1997 (Nieders. GVBl. S. 480)
**Verordnung über die Laufbahnen des Polizeivollzugsdienstes des Landes
Niedersachen** vom 8. Mai (GVBl: S. 237)

Veröffentlichungen von Behörden, Institutionen und Organisationen:

Arbeitsgemeinschaft der   Männerpolitische Prüfsteine zu Bundestagswahl
Männerarbeit der EKD   2002, Kassel 2002

ArbeitsgemeinschaftSozial-demokratischer Frauen	Neuer Geschlechtervertrag für Europa in: Frauenthemen Nr. 29, Bonn Juni 1999
Bundesministerium für Familie, Senioren, Frauen und Jugend	Erziehungsgeld, Elternzeit - Das neue Bundeserziehungsgeldgesetz für Eltern mit Kindern ab dem Geburtsjahrgang 2001, Berlin Februar 2001
Bundesministerium für Familie, Senioren, Frauen und Jugend	Familienfreundliche Maßnahmen im Betrieb Eine Handreichung, Bonn,ohne Jahresangabe
Deutscher Bundesrat	Entwurf eines Gesetzes zu Änderung der §§ 1360,1360a BGB, Drucksache 888/02 (Beschluss vom 20. Dezember 2002), Pressemitteilung 262/2002
Deutscher Frauenrat (Hrsg.)	Projekt Weltkonferenzen, Dokumentationen: Adams nachhaltige Erneuerung - Frauen wollen es wissen – 4. Weltfrauenkonferenz- Zeitlos - , Bonn 1999
Deutsche Polizei-gewerkschaft Niedersachsen	Newsletter 05/2003, 7. Februar 2003
Die Bundesregierung Presse- und Informationsamt	Familie Deutschland, „Über 100 Vor teile für dasFamilienleben", Berlin November 2001
Der Niedersächsische Minister des Innern	Pressemitteilung Nr. 126/80 vom 6. November 1980 und Fernschreiben Nr. 159 vom 12. November 1980 an die Polizeibehörden und –einrichtungen des Landes Niedersachsen
Europabüro für Projektbegleitung	Alles Gender oder was? Bonn Mai 2000
Europäische Union	Chancengleichheit von Frauen und Männern, Berichte 1.2.23 und 1.2.24 der Kommission, Bulletin der Europäischen Union, 3-2000
Europarat	Gender Mainstreaming, Konzptueller Rahmen, Methodologie und Beschreibung bewährter Praktiken, Schlußbericht über die Tätigkeit der Expertenguppe für Mainstreaming GR-EG(98)1, Mai 1998
Frauenreferat der EKD	Gender-Training, Beispiele/Erfahrungen – Eine Materialsammlung, Hannover September 1999
Frauenstudien- und bildungszentrum der EKD	Und schuf sie als Mann und Frau, Leitlinien für das Erarbeiten kirchlicher Verlautbarungen, Gelnhausen ohne Datum
Heinrich Böll Stiftung NRW	Seminarkalender, Dormund 2003
Hessisches Sozialministerium	Frauen-Info Nr. 36/01, Wiesbaden 2001
Internationale Organisation Leitender Polizeibeamter	Frauen im Polizeidienst, Report über ein Symposium vom 18. bis 20. Januar 1980, Düren 1980

Klima-Bündnis Frankfurt a.M.	Frauen bewegen die Stadt, Flugblatt zur Aktion „Autofreie Stadt" am 22. September 2001
Landesarbeitsgemeinschaft Frauenpolitik Bündnis 90/ Die Grünen Niedersachsen	Protokoll der Sitzung vom 6. Juni 2002 in Hannover
Niedersächsisches Ministerium des Innern	Frauen in den Vollzugsdienst der niedersächsischen Schutzpolizei, FS-Erlaß Nr. 159 vom 12. November 1980
Niedersächsisches Ministerium des Innern	Frauenförderkonzept für die Polizei Niedersachsen, Stand 1995, als „Erlass" in Kraft gesetzt
Niedersächsisches Ministerium für Frauen, Arbeit und Soziales (A)	1. Bericht der Landesregierung über die Durchführung des Niedersächsischen Gleichberechtigungsgesetzes, Niedersächsischer Landtag, Drucksache 14/1290, Januar 2000
Niedersächsisches Ministerium für Frauen, Arbeit und Soziales (B)	Kabinettsvorlage „Unterrichtung der Landesregierung über Gender Mainstreaming" Az.: 01.11-380/1 vom 19. 05.1999, auf der Kabinettssitzung am 6. Juli 1999 besprochen
Niedersächsisches Ministerium für Frauen, Arbeit und Soziales (C)	Gender Mainstreaming, Informationen und Impulse, kein konkretes Datum ersichtlich, vermutlich nach Oktober 1999 veröffentlicht
Niedersächsisches Sozialministerium	Kabinettsvorlage „Auflösung des Niedersächsischen Frauenministeriums zum 01.07.1998" vom 16.6.1998, Az.: Z/1.1-01460-05, am 23. Juni 1998 wie vorgelegt beschlossen
Niedersächsisches Umweltministerium	Bericht der Niedersächsischen Landesregierung zur Umsetzung der Agenda 21, Niedersächsischer Landtag Drucksache 14/920, 1999
Universität Konstanz	Call for Papers zur Tagung „Gender Studies zwischen Theorie und Praxis" vom 24. bis 25 April 2003
Verband alleinerziehender Mütter und Väter e.V.	Positionspapier zum Thema Kinderbetreuung und Ganztagsschule, Bonn 2002
Verwaltungsfachhochschule Wiesbaden Fachbereich Polizei	Teamarbeit von Frauen und Männern in der Polizei, Von der Philosophie über die Theorie zur Praxis, Dokumentation der Fachtagung vom 10. und 11 Januar 2000
Zentrales frauenpolitisches Forum der ÖTV	Gender Mainstreaming in der alltäglichen Gewerkschaftsarbeit, Tagungsdokumentation, Stuttgart 3. März 2000

Autorinnen und Autoren:

Adam, Konrad	Menschenrechte In: DeutschlandRadio Berlin, 3. April 2003
Annuß, Evelyn	Grenzen der Geschlechterforschung In: Feministische Studien 17/1999, H. 1
Bayer, Jens	Menschensohn – Menschenkind „Geschlechtergerechte" Bibel. In: Neue Osna- brücker Zeitung, 17. November 2001
Beauvoir, Simone de	Das andere Geschlecht: Sitte und Sexus der Frau Frankfurt a. M. 1951
Becker-Schmidt, Regina	Geschlechterdifferenz – Geschlechterverhältnis- se: Soziale Dimension des Begriffs „Geschlecht" In: Zeitschrift für Frauenforschung 1 u. 2/1993
Becker-Schmidt, Regina	Maskulinität und Kontingenz Macht als Kompensation eines männlichen Kon- flikts. In: Zeitschrift für Frauenforschung 4/1999
Becker-Schmidt, Regina/ **Knapp,** Gudrun-Axeli	Von Jungen, die keine Mädchen und Mädchen, die gerne Jungen sein wollen. Das Geschlechter- verhältnis als Gegenstand der Sozialwissen- schaften, Frankfurt am Main – New York 1995
Behr, Rafael	Cop Culture, Der Alltag des Gewaltmonopols, Opladen 2000
Benke, Cornelia/ **Meuser,** Michael	Geschlechterforschung und qualitative Methoden In: Qualitative Sozialforschung Band 1, Opladen 1999
Benke, Gertraud	Diskursanalyse als sozialwissenschaftliche Un- tersuchungsmethode. In: SWS-Rundschau 2/2000
Biermann, Hans Joachim	Frauenmacht ohne Herrschaft Das Volk der Moso in China lebt nach matriar- chalen Grundsätzen und kennt keine Gewalt. In: Evangelische Zeitung, 28. Juli 2002
Böker, Marion	Demokratie gewinnen. In: schrägstrich 07-08/00, Berlin Juli/August 2000
Böhlich, Bernd	Der Verleger. Fernsehfilm nach der Biografie „Der Fall Axel Springer" von Michael Jürgs. In: ARD, 1. Programm, 9. und 10. Oktober 2001
Bordfeld, Petra	Kochen statt Karriere In: Evangelische Zeitung, 2. Februar 2003
Brandau, Birgit/ **Schickert,** Hartmut	Das rätselhafte Hethiter-Reich In: Denkanstöße 2002, München 2002

Breunlein, Jürgen

Auf einer Kirchensynode in Franken wird über die Seele der Frau debattiert. Kalenderblatt zum 23. Oktober 585 In: DeutschlandRadio Berlin, 23. Oktober 2000

Breyer, Hiltrud (Hrsg)

EU-Frauennews, Berlin Juni 2002

Breyer, Hiltrud (Hrsg)

Frauen greifen nach den Sternen. Bonn Mai 1998

Brocker, Michael

Ohne Englisch keine „Science." In: WDR 5, 3. April 2001

Cockburn, Cynthia/ **Ormrod,** Susan

Wie Geschlecht und Technologie in der sozialen Praxis „gemacht" werden. In: Dölling, Irene/Krais, Beate (Hrsg.): Ein alltägliches Spiel Geschlechterkonstruktion in der sozialen Praxis. Frankfurt a. M. 1997

Conen, Horst

Du bist der Größte! Männer wollen bewundert werden. In: WDR 5, 4. Februar 2003

Cunow, Dietlinde für den Konvent Evangelischer Theologinnen in der Bundesrepublik Deutschland und Berlin (West)

Das Weib schweigt nicht mehr. Katalog zur gleichnamigen Ausstellung. - Lilienthal, Januar 1990

Dackweiler, Regina-Maria

Zur Versozialwissenschaftlichung von Alltagswissen: Feministische Forschung als Material sozial rationalisierter Geschlechterdifferenz-Diskurse. In: Österreichische Zeitschrift für Politikwissenschaft, Jg. 28, H. 1, 1999

Dausien, Bettina

Geschlechtsspezifische Sozialisation, Konstruktuvi (istisch)e Ideen zur Karriere und Kritik eines Konzepts. In: Dausien/Hermann/Oechsle/Schmerl/Stein-Hilbers (Hrsg): Erkenntnisprojekt Geschlecht. Feministische Perspektiven verwandeln Wissenschaft. Opladen 1999

Döge, Peter

Geschlechterdemokratie als Männlichkeitskritik. Männerforschung, Männerpolitik und der „neue Mann". In: „Aus Politik und Zeitgeschehen" Beilage zur Wochenzeitung „Das Parlament" 28. Juni 2000

Dörfel, Sabine

Jungen. Rezension der Rowohlt-Bücher „Lauter starke Jungen" und „Lauter starke Mädchen". In: Evangelische Zeitung, 10. November 2002

Dudin, Mey	Selbstbewusstsein und ein dickes Fell. Immer mehr Frauen in Männerberufen erfolgreich. In: Neue Osnabrücker Zeitung, 23. Februar 2002
Eckholt, Mathias	Geburtstag des österreichisch-amerikanischen Neokybernetikers Heinz von Foerster. In: WDR 3, 19. November 2001
Enders-Dragässer, Uta/ **Sellach,** Brigitte	Der „Lebenslagen-Ansatz" aus der Perspektive der Frauenforschung. In: Zeitschrift für Frauenforschung 4/1999
Engelhardt-Wendt, Eva	Was Sie schon immer über Gender wissen sollten .... Gender-Trainings in den Institutionen. In: Malestreaming gender? Sonderheft Gender der Aktion Dritte Welt e.V. (Hrsg.) Freiburg i. Br. März 2000
Engels, Markus	Die europäische Grundrechtecharta. Auf dem Weg zu einer europäischen Verfassung ? In: Reihe Eurokolleg der Friedrich-Ebert-Stiftung, Bonn, 2001
Floreck, Nils (A)	Mit viel Muße zu viel mehr Jobs. Über das Recht auf Faulheit – und die Zukunft der Arbeit. Fragen an die Wirtschaftsexpertin Christa Müller. In: Publik-Forum Nr. 15/2001
Floreck, Nils (B)	Und kein bisschen widerspenstig. Fragen zur europäischen Frauenbewegung an Prof. Dr. Ingrid Kurz-Scherf. In: Publik-Forum Nr. 17/2001
Franzke, Bettina	Was Polizisten über Polizistinnen denken. Ein Beitrag zur geschlechtsspezifischen Polizeiforschung. Bielefeld 1997
Frey, Regina	Begriffs – Konstruktionen. Zum theoretischen Subtext des entwicklungspolitischen Gender-Diskurses. In: Malestreaming gender? Sonderheft Gender der Aktion Dritte Welt e.V. (Hrsg.), Freiburg i. Br. März 2000
Füllgrabe, Uwe	In gewaltsamen Konflikten spielt das Geschlecht keine Rolle. In: Deutsche Polizei, April 2002
Gaarder, Jostein	Sofies Welt. München Wien 1993
Geissler, Birgit	Innovative Potenziale von Politikerinnen. Mehrfachorientierung auf Politik, Beruf und Privatleben, in: „Aus Politik und Zeitgeschehen", Beilage zur Wochenzeitung „Das Parlament", 28. Juli 2000
Geissler, Birgit/ **Oechsle,** Mechtild	Die Modernisierung weiblicher Lebenslagen. In: „Aus Politik und Zeitgeschehen" Beilage zur Wochenzeitung „Das Parlament", 28. Juli 2000

Gesterkamp, Thomas   Neuanfang in den Geschlechterbeziehungen.
In: Deutsche Polizei, April 2002

Goethe, Johann Wolfgang   Faust. In: Sämtliche Werke, Band 5,Unveränderter Nachdruck der Bände 1-17 der Atemis-Gedenkausgabe zu Goethes 200. Geburtstag am 28. August 1949, Zürich 1950, 1961 bis 1966

Gokova, Jonah   Männer ohne Bewegung.
In: Malestreaming gender? Sonderheft Gender der Aktion Dritte Welt e.V. (Hrsg.) Freiburg i. Br. März 2000

Goltz, Jutta/
Schwarz, Anne/
Stauber, Barbara   Wider die Kategorisierung von Weiterbildung für Frauen! In: Neue Praxis, März 1999

Gonser, Ute/
Regner, Petra-Johanna   Materalien als Arbeitsunterlage auf dem 10. Frauenbildungstag am 13. Oktober 2000 in Georgsmarienhütte

Gottschlich, Daniela   Gender Mainstreaming. Vortrag auf der Abschlussveranstaltung der Frauenbeauftragten Landkreis Osnabrück „Den Männern die halbe Welt" am 5. März 2003 in Georgsmarienhütte

Güntner, Joachim   Die jüngsten Triumphe der Gleichheit.
In: DeutschlandRadio Berlin, 22. August 2001

Gütges, Karina   Polizistinnen vor und nach der Wende.
Ein Vergleich. In: Unbequem, Juni 1999

Hagemann-White, Carol,   Sozialisation: weiblich – männlich?
Opladen 1984

Hauser, Bernd   Däninnen in Dauer-Glück? Dänische Familienpolitik. In: Publik-Forum Nr. 16/2001

Herbrecht, Dagmar   Erste Frauenordination vor 60 Jahren.
In: Evangelische Zeitung, 26. Januar 2003

Herrnkind, Martin   „Der Polizei". Geschichte und Gegenwart der Männerdomäne im Spiegel der Wissenschaft.
In: Unbequem, Juni 1999

Hirscher, Timm Maximilian   Rezension von Levang, Elisabeth: Männer trauern anders. In: Neue Osnabrücker Zeitung,
2. November 2002

Höhler, Gertrud   Männer und Frauen – als Team unschlagbar. In: „Aus Politik und Zeitgeschehen", Beilage zur Wochenzeitung „Das Parlament", 28. Juli 2000

Höyng, Stephan   Die Ausbremser. Wie Männer die Gleichstellung verhindern, Zürich 2000

Höyng, Stephan/ **Puchert,** Ralf	Die Verhinderung der beruflichen Gleichstellung Bielefeld 1998
Honnef, Sibylle,	Alles Gender oder was? In: Europabüro für Projektbegleitung im Auftrag des Bundesministeriums für Arbeit und Sozialordnung (Hrsg.): Europäische Arbeitsmarkt- und Sozialpolitik, Bonn Mai 2000
Hopf, Christel	Methoden der qualitativen Sozialforschung. Jahresbericht der Arbeitsgruppe 1999/2000 In: Soziologie 4/2000
Hornung, Ursula	Stachel „Geschlecht". Der soziologische Diskurs über den Wandel und die Zukunft in Arbeit, Ökonomie und Geschlechterverhältnis – ein Überblick. In: SOZIOLOGIE 3/2000, Opladen 2000
Huhnke, Brigitta	Frauenpolitik. Anerkennung der politischen Notwendigkeit. In: Beiträge zur feministischen Theorie und Praxis, Jg. 22, H. 53, 1999
Jäger-Sommer, Johanna	Die Machokultur kopiert? Feministische Ethik – männliche Theologie. In: Publik-Forum 22/2000
Jansen, Mechtild	Die Frauen stehen dumm und dämlich da. In: Frankfurter Rundschau, 5. November 2001
Kelle, Udo/ **Erzberger,** Christian	Integration qualitativer und quantitativer Methoden. In: Kölner Zeitschrift für Soziologie und Sozialpsychologie, 1999
Klein, Christine	Frauen in der Polizei. In: Unbequem, Juni 1999
Knigge, Hans-Dieter	Die Frau für den Herd. In: Evangelische Zeitung, 9. Februar 2003
Köpke, Monika	„Natürlich gleich! ... Aber in Maßen". Die 50er Jahre und das Gleichberechtigungsgebot. In: DeutschlandRadio Berlin, 9. Februar 2003
Kocher, Eva	Geschlechterdifferenz und Staat. In: Kritische Justiz, Jg. 32, H. 2, 1999
Kreiner, Brigitte	Rezension von Dowling, Colette: Hürdenlauf, Frauen, Sport und Gleichberechtigung. In: Neue Osnabrücker Zeitung, 16. November 2002
Küng, Hans,	Die Frau im Christentum. In: Denkanstöße 2002, München 2002

Lamnek, Siegfried   Methodische Fragen empirischer Sozialforschung. Zum Verhältnis von qualitativer und quantitativer Forschung. In: Clemens, Wolfgang/Strübing, Jörg (Hrsg.): Empirische Sozialforschung und gesellschaftliche Praxis. Opladen 2000

Lau, Mariam   Allein erziehen – Unglücksfall oder Lifestyle? Eine Polemik. In: DeutschlandRadio Berlin, 6. Dezember 2002

Laqueur, Thomas   Auf den Leib geschrieben. Die Inszenierung der Geschlechter von der Antike bis Freud. Frankfurt a.M. 1992

Leitner, Barbara   Die UN-Kommission für die Rechte der Frau verabschiedet eine Entschließung zur Gleichberechtigung. In: DeutschlandRadio Berlin, 27. März 2002

Lenz, Karl   Methodische Grundlagen einer qualitativen Langzeitstudie. In: Combe, A. & Helsper, W. (Hrsg.): Hermeneutische Jugendforschung, Opladen, 1991

Libuda-Köster, Astrid   Kommissarinnen und Polizistinnen. Frauen unter dreifachem Sozialisationsdruck. In: Unbequem, Juni 1999

Linnemeyer, Monika,   Die Zukunft geteilter Arbeit für Frauen und Männer. Für einen neuen Arbeitsbegriff. In: Kalinski, Andrea/ Von der Haar, Monika (Hrsg.): Dokumentation der Beiträge zum 9. Frauenbildungstag in Georgsmarienhütte am 9. Oktober 1999

Lipinsky, Astrid   Geschlechterpolitik in allen Politikfeldern. In: Hessische Frauen-Info Nr. 36/01, S. 13, Hessisches Sozialministerium, Wiesbaden 2001

Mackerodt, Maike/ **Pfundt,** Karin   Ich möchte beides und mich nicht dafür entschuldigen. Berufstätige Frauen mit Baby. In: DeutschlandRadio Berlin, 1. November 2002

Mann, Sabine   Essay zum Todestag der französischen Schriftstellerin Simone de Beauvoir 14. April 1986. In: WDR 5, 14.4.2001

Mann, Ulrike   Menschenrechte für die Frau. In: TERRE DES FEMMES (Hrsg.), Zeitschrift für Frauenrechte 3/2001, Tübingen 2001

Marenholz, Ernst-Gottfried   In der Bundesrepublik treten alle der
Gleichberechtigung widersprechenden Gesetze
außer Kraft.
In: DeutschlandRadio Berlin, 31. März 2003
Mayer, Susanne   Die Hausfrauenehe.
In: DeutschlandRadio Berlin, 7. November 2002
Meesmann, Hartmut (A)   Wie kann man heute an das Alte Testament
glauben?
In: Publik-Forum Nr. 20/2001
Meesmann, Hartmut (B)   Die Väter kommen.
In: Publik-Forum Nr. 15/2001
Meesmann, Hartmut (C)   Geschlechterdemokratie. Friede, Freude, Händ-
chenhalten? In: Publik-Forum Nr. 21/2001
Merk, Heidi   Rede am 18.3.99 in Hannover. Presseinformati-
on des Niedersächsischen Ministeriums für
Frauen, Arbeit und Soziales, 18. März 1999
Morgenstern, Brigitta   Väterlastige Reform. Rezession von Vinken,
Barbara: Die deutsche Mutter.
In: Evangelische Zeitung, 18. November 2001
Morgenstern, Vera (A)   Nur T-Shirts sind geschlechtsneutral!
Deshalb: Gender Mainstreaiming! Stuttgart 2000
Morgenstern, Vera (B)   Gender Mainstreaming in der alltäglichen Ge-
werkschaftsarbeit.
Tagungsdokumentation. Zentrales frauenpoliti-
sches Forum der ÖTV, Berlin, 10. Februar 2000
Müller, Cornelia   Die Bibel und ihre Übersetzungen.
In: WDR 5, 16. April 2001
Müller, Iris   Eine Frau. Biografischer Textauszug aus:
Zur Priesterin berufen. Gott sieht nicht auf das
Geschlecht. In: Publik-Forum 13/2001
Müller-Franke, Waltraud   Frauen in der Polizei.
Maskottchen oder Partnerinnen?
In: Neue Kriminalpolitik, H. 4; 1996
Nave-Herz, Rosemarie   Die Geschichte der Frauenbewegung in
Deutschland.
Bundeszentralezentrale für politische Bildung
Bonn 1997
Neuer, Werner   Mann und Frau in christlicher Sicht.
Basel 1985
Nüsser, Judith   Barbara Strozzi, Komponistin und Kurtisane.
In: WDR 3, 12. November 2002
Panke-Kochinke, Birgit   Vorstellungen für die Zukunft der Familie.
An der Universität Osnabrück am 29. Oktober
2001 gehaltener Vortrag.

Pernoud, Régine

Petropulos, Kostas

Poreski, Tomas

Rapp, Hans Reinhard

Rendtorff, Barbara/
Moser, Vera (Hrsg.)

Rill, Bernd

Rossius, Miriam

Schäfer, Sascha

Scherer, Heike

Schewe-Gerigk, Irmingard

Schmidt, Oliver

Schulze, Petra

Überflüssiges Mittelalter?
Deutschsprachige Übersetzung der Originalausgabe „Pour en finir avec le Moyen Age",
Paris 1977, Zürich und München 1997
Mehr Kinder für den Standort.
In: DeutschlandRadio Berlin, 28. August 2001
Kindergrundsicherung. Ein grünes Konzept gegen Kinderarmut. Bündnis 90/Die Grünen, Bundestagsfraktion, Berlin August 2001
Ein Philosoph, der beweisen will, was er glaubt.
In: Evangelische Zeitung, 3. März 2002
Geschlecht als Kategorie.
Soziale, strukturelle und historische Aspekte.
In: Geschlecht und Geschlechterverhältnisse in der Erziehungswissenschaft, Opladen 1999
Kemal Atatürk.
Rowohlt-Monographie Nr.50346, 1985
Frauenalltag um 1900.
In: DeutschlandRadio Berlin, 8. März 2003
Eine Mädchen-Mut-Mach-AG an einer Schule für Lernhilfe.
Mädchenparteiliche Arbeit und Hindernisse.
Unveröffentlichte Hausarbeit für das 1. Staatsexamen Lehramt an Sonderschulen, Universität Hannover, September 1997
Richtlinien für Geschlechtergerechtigkeit und Partnerschaft. Übersetzung aus dem Englischen von Gender Justice and Partnerships Guidelines der United Church of Canada, Februara 9, 1998.
In: Materialsammlung „Gender-Training",
Frauenreferat der Evangelischen Kirche in Deutschland, Hannover 1999
Nur eine emanzipierte Gesellschaft hat Zukunft.
Geschlechtergerechtigkeit ist Voraussetzung für eine gerechte Familienpolitik. Positionspapier von Bündnis 90/Die Grünen, Berlin Mai 2001
Soziologische Bombe! Männerwelt am Ende?
Interview mit Prof. Dr. Dieter Otten. In: Neue Osnabrücker Zeitung, 12. September 2000
Was Kinder und Jugendliche über Gott denken.
In: WDR 3, 14. Juni 2001

Schulze Hobeling, Hubert	Irgendwann ist frau müde. Ansichten eines „Quoten-Mannes". In: Deutscher Frauenrat, 4. Weltfrauenkonferenz, Bonn 1999
Schunter-Kleemann, Susanne	Mainstreaming. Die Geschlechterfrage und die Reform der europäischen Strukturpolitik. In: Zeitschrift für Frauenforschung 3/1998
Schunter-Kleemann, Susanne (A)	Mainstreaming. Die Geschlechterfrage in der europäischen Politik. Manuskript des Vortrages beim Kommunalpolitischen Frauenforum im Jagdschloss Göhrde am 10. Mai 1999
Schunter-Kleemann, Susanne (B)	Gender Mainstreaming als neoliberales Projekt? In: UTOPIE kreativ, H. 108, Oktober 1999,
Schwarzer, Alice	Die Nobelpreisträgerin. Porträt der Biochemikerin Christiane Nüsslein-Volhard in: EMMA, September/Oktober 2001
Sichtermann, Barbara	Familienpolitik – auf einem Auge blind. In: DeutschlandRadio Berlin, 23. Mai 2002
Spaemann, Robert	Wer verdienet nicht ein Mensch zu sein? Von der Schwierigkeit Hass zu überwinden. In: DeutschlandRadio Berlin, 2. April 2003
Spannbauer, Christa	Das verquere Begehren. Sind zwei Geschlechter genug? Würzburg 1999
Squarr, Brigitta,	Die Gesellschaft fördert die Sucht nach Arbeit. In: Neue Osnabrücker Zeitung, Anfang November 2001
Stiegler, Barbara	Frauen im Mainstreaming. Politische Strategien und Theorien zur Geschlechterfrage. In: Expertisen zur Frauenforschung der Friedrich-Ebert-Stiftung, Bonn 1998
Stiegler, Barbara	Wie Gender in den Mainstream kommt. Konzepte, Argumente und Praxisbeispiele zur EU-Strategie des Gender Mainstreaming. Bonn 2000
Stoller, Silvia	Merleau-Ponty im Kontext der feministischen Theorie. In: Regula Giuliani (Hrsg.): Merleau-Ponty und die Kulturwissenschaften. München 2000
Stolpe, Elmar	Die Abschaffung des anderen. Nachrichten aus dem Geschlechterkrieg. In: WDR 3, 10. April 2001
Strobl, Rainer/ **Böttger,** Andreas (Hrsg.)	Wahre Geschichten? Zu Theorie und Praxis qualitativer Interviews. Baden-Baden 1996

Toben, Karin

Tondorf, Karin/
Krell, Gertraude
Trettin, Käthe

Vorländer, Karin

Wechsel, Frank

Weg, Marianne

Wege, Anja

Witzel, Andreas

Witzel, Andreas

Wolff, Monika

Young, Iris Marion

Ein Telefon speziell für „harte Männer". In:
Neue Osnabrücker Zeitung, 13. November 2000
An den Führungskräften führt keine Weg vorbei!
Düsseldorf 1999
Braucht die feministische Wissenschaft eine
„Kategorie"?
In: Wobbe, Theresa/ Lindemann, Gesa (Hrsg):
Denkachsen. Zur theoretischen und institutio-
nellen Rede von Geschlecht. Frankfurt a.m.
1994
Was ist ein Kinderlächeln wert?
In: Evangelische Zeitung, 19. August 2001
„Hausmänner sterben früher".
In: Running, Juli 2002
Frauenförderung. Chancengleichheit durch Gen-
der-Mainstreaming in der Wirtschafts-, Struktur-
und Arbeitsmarktpolitik. Wiesbaden Mai 1999
Auf den Leib geschrieben. Die Inszenierung der
Geschlechter von der Antike bis Freud.
Semesterarbeit im Blockseminar „Aktuelle Zu-
gänge zu einem neuen Begriff von Geschlecht:
Wahrnehmen, Verstehen, Herstellen".
Universität Osnabrück, Sommersemester 2001
Verfahren der qualitativen Sozialforschung.
Überblick und Alternativen.
Frankfurt a. M. 1982
Das problemzentrierte Interview.
In: Jüttemann, G. (Hrsg.): Qualitative Forschung
in der Psychologie. Weinheim 1985
Gender Mainstreaming,
eine neue Gleichstellungsstrategie.
In: Reader 1/2000 der Landtagsfraktion Bündnis
90/DIE GRÜNEN in Niedersachsen anlässlich
eines Hearings zur Arbeitssituation der Frauen in
der niedersächsischen Polizei.
Werfen wie ein Mädchen.
Eine Phänomenologie weiblichen Körperverhal-
tens, weiblicher Motilität und Räumlichkeit
(1977). Aus dem Amerikanischen von Barbara
Reiter. In: Dtsch. Z. Philos. 41, 1993

Anlage 1

Fragebogen

Der Begriff Gender Mainstreaming ist mir bekannt.
Er bedeutet...

Der Begriff Gender Mainstreaming ist mir nicht bekannt.

Was würden Sie in diesem Augenblick denken und unternehmen, wenn Sie jetzt, sofort und auf der Stelle, unwiderruflich das andere Geschlecht besäßen?

In unserer Gesellschaft existieren bedeutungsvolle Rollenzuweisungen für Frauen und für Männer.
Welche sind Ihnen bekannt?

Alternativ auch:
Welche gesellschaftlich relevanten Rollen für Frauen und Männer sind Ihnen bekannt?

Existieren in der Polizei Rollenzuweisungen für Frauen und Männer?
Welche sind Ihnen bekannt?

Können Sie (wenn Sie ein Mann sind) **sich vorstellen, ein Leben als allein erziehender Vater zu führen?**
ja ()   nein ()   ich weiß es nicht ()
Was sind die Gründe für Ihre Antwort?
Ich befinde mich in dieser Situation   ()

Können Sie (wenn Sie eine Frau sind) **sich vorstellen, ein Leben als allein erziehende Mutter zu führen?**
ja ()   nein ()   ich weiß es nicht ()
Was sind die Gründe für Ihre Antwort?
Ich befinde mich in dieser Situation   ()

Wer sollte sich Ihrer Meinung nach innerhalb einer Partnerschaft um die Familie (Partnerschaft ohne oder mit Trauschein, aber mit mindestens einem Kind) **kümmern?**
Der Mann ()   die Frau ()   beide ()
Warum sollte das so sein ?

Wer sollte in einer Familie (Partnerschaft ohne oder mit Trauschein, aber mit mindestens einem Kind) **den Lebensunterhalt sicherstellen?**
Der Mann ()   die Frau ()   beide ()
Warum sollte das so sein?

Sollte die Erwerbstätigkeit für den Mann nach der Geburt von Kindern zurückstehen?
Gar nicht ()   teilweise ()   völlig ()
Warum?

Sollte die Erwerbstätigkeit für die Frau nach der Geburt von Kindern zurückstehen?
Gar nicht ()   teilweise ()   völlig ()
Warum?

Was hat Ihrer Meinung nach in unserer Gesellschaft einen höheren Wert?
Erwerbstätigkeit ()   Hausfrau ()   Hausmann ()
Erwerbstätigkeit und Hausfrau/Hausmann sind gleichwertig ()
Kann ich nicht entscheiden ()
Warum ist das Ihrer Meinung nach so?

Was hat für Sie persönlich einen höheren Wert?
Erwerbstätigkeit ()   Hausfrau ()   Hausmann ()
Erwerbstätigkeit und Hausfrau/Hausmann sind gleichwertig ()
Kann ich nicht entscheiden ()
Warum?

Kennen Sie männliche/weibliche Denkgemeinschaften?

Was meinen Sie, wie oder was denken Polizeibeamte über Männer in der Polizei?

Was meinen Sie, wie oder was denken Polizeibeamte über Frauen in der Polizei?

Was meinen Sie, wie oder was denken Männer allgemein über Männer?

Was meinen Sie, wie oder was denken Männer allgemein über Frauen?

Was meinen Sie, wie oder was denken Polizeibeamtinnen über Frauen in der Polizei?

Was meinen Sie, wie oder was denken Frauen allgemein über Männer?

Was meinen Sie, wie oder was denken Frauen allgemein über Frauen?

Gibt es etwas, von dem Sie denken, Frauen im Polizeidienst können das nicht oder nicht so gut?

Alternativ
Frauen können im Polizeidienst alles bewältigen. Ja/Nein,
....

Gibt es etwas, von dem Sie denken, Männer im Polizeidienst können das nicht oder nicht so gut?

Alternativ
Männer können im Polizeidienst alles bewältigen. Ja/Nein,
....

Männer bewirken in der Polizei eher Positives, eher Negatives.
Zum Beispiel
....

Frauen bewirken in der Polizei eher Positives, eher Negatives.
Zum Beispiel
....

Gibt es Bevorzugungen/Benachteiligungen von Männern oder Frauen innerhalb der Polizei Niedersachsen?
Nein/Ja,

....

Verändern sich Frauen/Männer, wenn sie Dienst in der Polizei verrichten?
Nein/Ja,

....

Verändern sich Frauen/Männer, wenn sie Vorgesetzte werden?
Nein/Ja,

....

Die in der Polizei Niedersachen vorhandenen Strukturen lassen es zu, mich für eine Partnerschaft mit Trauschein (), ohne Trauschein (), für Kinder (), für ein Leben als alleinerziehender Vater (), als allein erziehende Mutter () **zu entscheiden.**

Was möchten Sie mir sonst noch mitteilen ?

....

Anlage 2

Interviewleitfaden

Ich darf Sie jetzt erst mal bitten einfach zu sagen wie alt Sie sind und wie lange Sie bei der Polizei sind und was Sie bei der Polizei für eine Tätigkeit ausüben. Bitteschön!

Wie sind Ihre Lebensverhältnisse? Leben Sie alleine, haben Sie einen Lebenspartner?

Kinder, sind Kinder da?

Wie kommt es, dass Sie Polizist(in) geworden sind? Was war der Anstoß?

Wie haben Sie Ihren Dienst erlebt hinsichtlich des Blickes darauf, dass es doch mehr Männer als Frauen bei der Polizei gibt?

Gibt es etwas, von dem Sie meinen das ist typisch männlich, das ist typisch weiblich?.

Gibt es in unserer Gesellschaft bestimmte Aufgaben, Zuweisungen, dass man sagt, das sollten Männer machen, das sollten Frauen machen?

Und innerhalb der Polizei, gibt es da auch bestimmte Aufgaben wo man sagt, das sollten Frauen machen, das sollten Männer machen?

Wie ist Ihre Meinung? Wer sollte sich in einer Partnerschaft um die Familie, wer sollte sich um die Sicherung des Lebensunterhaltes kümmern?

Was hat Ihrer Meinung nach in unserer Gesellschaft einen höheren Wert, Erwerbstätigkeit, Hausfrau/Hausmann oder ist beides gleich? Wie sehen Sie das?

Wenn ein Kind angekommen ist in einer Partnerschaft, sollte da für den Mann nach der Geburt die Erwerbstätigkeit zurückstehen, sollte für die Frau nach der Geburt die Erwerbstätigkeit zurückstehen? Wie meinen Sie?

Was meinen Sie, was denken Männer über Frauen in der Polizei?

Was meinen Sie, was denken Frauen über Frauen in der Polizei?

Was meinen Sie, was denken Frauen über Männer in der Polizei?

Und die letzte Kombination, was denken Männer über Männer in der Polizei?

Gibt es etwas von dem Sie denken, Männer könnten das nicht so gut wie Frauen und umgekehrt auch, Frauen könnten das nicht so gut wie Männer?

Gibt es innerhalb der Polizei Niedersachsen Bevorzugungen, Benachteilungen von Männern, von Frauen?

Wie stehen Sie zu der Quotierung?

Wir sind fast am Ende, was hätten Sie lieber als Vorgesetzten, einen Mann oder eine Frau?

Der Begriff Gender Mainstreaming, ist der Ihnen bekannt?

Was möchten Sie mir zum Schluss noch insgesamt mitteilen?

Anlage 3

Ich bin schwanger ... was nun ?

Checkliste für betroffene Beamtinnen, Angestellte und Arbeiterinnen der Polizei im Regierungsbezirk Lüneburg !

Während der Schwangerschaft:

- Bescheinigung an den Arbeitgeber (unter Angabe des voraussichtlichen Entbindungstermines - die Kosten trägt die Heilfürsorge bzw. die Krankenversicherung und Beihilfe)

- Konsequenzen:

- eingeschränkte Dienstverrichtung (keine Einsatz- oder Schießausbildung, kein Außendienst oder Dienst zu ungünstigen Zeiten, kein Umgang mit Gefahrstoffen, eingeschränkte Bildschirmtätigkeit).

- Tragen von Zivilkleidung nach persönlichem Befinden (Kostenerstattung ab dem dritten Schwangerschaftsmonat möglich).

- Die vor der Umsetzung in den Tagesdienst durchschnittlich gezahlten Zulagen bleiben erhalten.

- Schwangerschaftsvorsorge und Geburtsvorbereitungskurs. Kostenerstattung (ggf. anteilig) gegen Quittung durch die Heilfürsorge oder die Krankenversicherung / Beihilfe.

- Ggf. Beantragung von Wohngeld (beim kommunalen Wohnungsamt).

- Unterlagen zur Beantragung von Erziehungsgeld beim Jugendamt besorgen, (einkommensabhängig bis 600,-- DM).

- Für Angestellte und Arbeiterinnen: Beantragung von Mutterschaftsgeld. (Frühestens 7 Wochen vor Entbindungstermin. Zahlung durch Krankenversicherung/Bundes-versicherungsamt.)

- Mutterschutzfrist: 6 Wochen vor (der voraussichtlichen) und 8 Wochen nach der Geburt (Ausnahmen: Früh- und Mehrlingsgeburten). Der Anspruch auf Erholungsurlaub bleibt natürlich bestehen.

Nach der Geburt:

- Die Kosten für die Geburt tragen die Heilfürsorge bzw. die Krankenversicherung und Beihilfe (auch ambulante oder Hausgeburten bzw. die Betreuung nach der Geburt). Ausnahmen: bei Komplikationen bzw. krankgeborenen Kindern - daher ist es empfehlenswert, <u>vor</u> der Geburt für das Kind eine gesonderte Krankenversicherung (für die 20 %, die die Beihilfe nicht abdeckt) abzuschließen.

- Möglichkeit der Inanspruchnahme einer Haushaltshilfe während des stationären Krankenhausaufenthaltes, wenn mindestens das zweite Kind erwartet wird und ein weiteres Kind unter 15 Jahren alt ist. (Die Auslagen sind beihilfefähig.)

- Was sollte noch veranlaßt werden ?

Standesamt
Erstellung der Geburtsurkunde

Dienststelle
Veränderungsmeldung mit (nachgereichter) Geburtsurkunde

Jugendamt — Erziehungsgeldstelle
Beantragung des Erziehungsgeldes

Finanzamt
Änderung der Steuerkarte

Krankenversicherung
Privat- oder Pflichtversicherung für das Kind

Landesamt für Versorgung und Bezüge, Beihilfestelle
Beantragen der Erstlingsausstattung (z Z 250,- DM) und der Haushaltshilfe

BR Lüneburg, Dez 302 über 304
Beantragung des Erziehungsurlaubes (spätestens 4 Wochen vor gewünschter Inanspruchnahme, Dauer angeben (z B zunächst 1 Jahr), maximale Dauer z Z 3 Jahre, Wechsel unter den Ehepartnern bis zu 3 x möglich)

Im Erziehungsurlaub:

- Unter völliger Freistellung vom Dienst oder

- mit bis zu 19 Stunden wöchentlicher Arbeitszeit.
  (Sie können also auch z. B. lediglich fünf Stunden in der Woche arbeiten.)

- Beachtung der bestehenden Sonderregelungen zu den „Stillzeiten".

- Anteilige Kürzung des Erholungsurlaubes im Erziehungsurlaub.

- Regelungen zur Krankenversicherung.

- Heilfürsorge bzw. Beihilfe für *Vollzugsbeamtinnen*
- Beitragsfreie Versicherung für *Angestellte* und *Arbeiterinnen*
- Auf Antrag bei der Besoldungsstelle Zuschuß zur Krankenversicherung für *Verwaltungsbeamtinnen*
- Sonderzuwendungen werden gezahlt während des ersten Lebensjahres des Kindes.
- Urlaubsgeld wird für das erste Jahr gezahlt, sofern für volle drei Kalendermonate Anspruch auf Bezüge bestand, ggf. auch für das letzte Jahr.

- Beförderungen sind während der Beurlaubung möglich.
- Erziehungsurlaubszeiten werden als Dienstzeiten für Beförderungen oder die Zulassung zum Laufbahnwechsel gewertet, jedoch nicht zur Berechnung von Jubiläumsdienstzeiten.
- Vermögenswirksame Leistungen werden anteilig gewährt, sofern Bezüge gezahlt werden.

Wiedereinstieg in den Beruf:

- Klärung der Rahmenbedingungen bei Behörde und Dienststelle (Zeitpunkt, Wochenstundenzahl etc.).
- Personalgespräch mit Vorgesetzter/m bzw. Personalsachbearbeiter/in terminieren.
- Erörterung der Arbeitszeitregelungen (ggf. flexible Dienstzeiten).
- Regelung des zukünftigen Arbeitsplatzes / Aufgabenfeldes.
- Überprüfung der Uniformausstattung. Bei einer möglichen Veränderung der Figur werden Dienst- und Schutzkleidung im erforderlichen Umfang an Schutzpolizeibeamtinnen ohne Anrechnung auf das Bekleidungsgeld ausgegeben.
- Formulierung Ihres Ausbildungs-/ Weiterbildungsbedarfes.
- Vorlage eines formlosen schriftlichen Antrages zur Wiederaufnahme des Dienstes mit gewünschter Arbeitszeit an die Bezirksregierung Lüneburg, Dezernat 302 über 304, auf dem Dienstweg.

FÜR DEN GESAMTEN ZEITRAUM GILT NATÜRLICH:
HALTEN SIE KONTAKT ZU IHREN KOLLEGINNEN UND KOLLEGEN
! ! !

Ausführliche Informationen zu diesem Thema erhalten Sie in unserem Leitfaden „Betreuung und Wiedereinarbeitung von beurlaubten Mitarbeiterinnen", der in Ihrer Dienststelle bereit liegt,
oder bei Ihren Ansprechpartnerinnen in der
Bezirksregierung Lüneburg, Dezernat 304,
Frau [...]
oder
Frau [...],
Tel.: 04131/29-.....,
Fax: 04131/29-.....

Bei Rückfragen sprechen Sie uns bitte an:

Herausgegeben durch: Bezirksregierung Lüneburg - Dezernat 304 -
Projektgruppe „Betreuung und Wiedereinarbeitung von Beurlaubten"
Auf der Hude 2
21335 Lüneburg
Stand: Sept. 1999

Anlage 4
Bezirksregierung Weser-Ems
Dezernat 303 - Betreuung und Wiedereinarbeitung von Beurlaubten •
Friedhofsweg 30, 26121 Oldenburg

**Betreuung / Coaching von Mitarbeitern / Mitarbeiterinnen während einer
längeren Unterbrechung der aktiven Berufsphase (Mutterschutz / Elternzeit / Beurlaubung aus familiären oder sonstigen Gründen)**

Allgemeine Rahmenbe-dingungen	Verantwortlichkeit	Bemerkungen
➤Anlegen eines allgemein zugänglichen „Informations-ordners" in den Dienstberei-chen ESD, KED, ZKD, PK (B)	gemäß PI-Regelung, ggfls. per Verfügung	
➤ Dienststelleninterne Be-kanntgabe des/der für Beur-laubte zuständigen An-sprechpart-ners/Ansprechpartnerin mit Erreichbarkeit und Vertretung (auch an SB/in Fortbildung)	SB/in Personal und Ansprech-partner/in nach Benennung	
➤Einbeziehung des betroffe-nen Personenkreises in die Bedarfserhebung für die dienstliche Fortbildung	SB/in Fortbildung	sofern bekannt: frühzeitige Vor-bereitung im Hinblick auf geplante Ver-wendung

Konkrete Maßnahmen	Verantwortlichkeit	Bemerkungen
➤ Aktives Fördern des persönlichen Kontaktes	Unmittelbare/r Vorgesetzte/r; Ansprechpartner/in	Anschreiben in regelmäßigen Zeiträumen (mindestens alle 6 Monate)
➤ Einladungen zu Veranstaltungen mit sozialem Charakter (Dienstzweig-/ Dienststellenfeiern, Tage der offenen Tür, pp.)	unmittelbare/r Vorgesetzte/r; Ansprechpartner/in	
➤ Regelmäßige Zusendung des aktuellen Fortbildungsangebotes	SB/in Fortbildung	
➤ Einladungen zu konkreten örtlichen Fortbildungsveranstaltungen / Dienst- und Personalversammlungen	SB/in Fortbildung; Ansprechpartner/in	nach Möglichkeit: Fortbildung in Wohnortnähe; Seminare für Aktive und Beurlaubte, insbesondere bei Gesetzesänderungen; Lernangebote für PC / EDV
➤ Aktives Angebot zur Führung von zeitgerechten Perspektivgesprächen / Karriereberatungsgesprächen	Unmittelbare/r Vorgesetzte/r; Dienststellenleiter/in; Dienstzweigleiter/in; Ansprechpartner/in	ggf. in Absprache mit der Behörde (Dez. 303)
➤ Ermöglichung der Teilnahme unter Gewährung von Dienstunfallschutz am allgemeinen Dienstsport, an dienstlichen Sportveranstaltungen, am dienstlichen Schießen (Zusendung von Terminen für Dienstsport, Schießen, pp.)	SB/in Fortbildung	sofern notwendig an die Privatanschrift
➤ Zeitnahe Übersendung dienststelleninterner Mitteilungsblätter (PI-Nachrichten)	Ansprechpartner/in oder Geschäftsstelle (gem. PI-Regelung)	sofern notwendig an die Privatanschrift

➤ Gezielte Mitteilungen über organisatorische oder personelle Veränderungen in der Dienststelle	Ansprechpartner/in Oder Geschäftsstelle (gem. PI-Regelung)	sofern notwendig an die Privatanschrift
➤ Zeitgerechte Übersendung aller dienstlichen Ausschreibungen / Stellenangebote, sofern der/die Beurlaubte der Zielgruppe zugeordnet werden kann (Bewerbungsfristen beachten!)	SB/in Personal Ansprechpartner/in	sofern notwendig an die Privatanschrift

Vorbereitung und Förderung des beruflichen Wiedereinstiegs von Mitarbeitern / Mitarbeiterinnen nach einer längeren Unterbrechung der aktiven Berufsphase

Allgemeine Rahmenbedingungen	Verantwortlichkeit	Bemerkungen
➢ Angebote zur flexiblen Arbeitszeitgestaltung während der Beurlaubung (auch ohne konkreten Anlass)	Dienststellenleiter/in; Ansprechpartner/in	Im Einzelfall Zuständigkeit der Behörde (Dez. 101) beachten
➢ Angebot zur Heimarbeit, sofern dienstlich vertretbar	Dienststellenleiter/in; Ansprechpartner/in	ggf. Rücksprache mit der Behörde (Dez. 303/101)
➢ Zeitgerechte Abstimmung im Hinblick auf konkreten Arbeitsplatz und sonstige Arbeitsbedingungen	Dienststellenleiter/in; Unmittelbare/r Vorgesetzte/r; Ansprechpartner/in	
➢ Angebot zum Führen eines Arbeitszeitkontos für die Ferienregelung	Dienststellenleiter/in; Ansprechpartner/in	
➢ Dem jeweiligen Alter der Kinder angepasste Zeitorganisation	Dienststellenleiter/in; Unmittelbare/r Vorgesetzte/r	
➢ Flexibilität im Hinblick auf die ggf. auch schichtübergreifende und regeldienstplanunabhängige Einbindung imESD	Dienststellenleiter/in; Unmittelbare/r Vorgesetzte/r	
➢ Gewährung einer angemessenen Wiedereinarbeitungszeit	Unmittelbare/r Vorgesetzte/r	

➢ Kontinuierliche Begleitung der Einarbeitungsphase	Unmittelbare/r Vorgesetzte/r	ggf. auch Begleitung durch Dienstzweigleiter-/in
➢ Dienststelleninterne Öffentlichkeitsarbeit (zur Förderung der Akzeptanz unter den Mitarbeiterinnen, beispielsweise Information über den rechtlichen Status des/der betroffenen Mitarbeiters/ Mitarbeiterin)	Dienststellenleiter/in; Ansprechpartner/in	u. a. auch zur Erhöhung der Selbstsicherheit bei Betroffenen

Konkrete Maßnahmen	Verantwortlichkeit	Bemerkungen
➢ Rechtzeitige Erörterung des individuellen Einarbeitungsplanes unter Einbeziehung des/der unmittelbaren Vorgesetzten (Berücksichtigung der letzten Verwendung, Dauer der Beurlaubung, ggf. persönliche Stärken und Schwächen vor der Beurlaubung)	unmittelbare/r Vorgesetzte/r; Ansprechpartner/in; ggf. Dienststellen- oder Dienstzweigleiter/in	Fixieren im Rahmen einer Zielvereinbarung
➢ Vereinbarung regelmäßiger Orientierungsgespräche über den Einarbeitungsverlauf	unmittelbare/r Vorgesetzte/r	
➢ Aktives Auffordern zur Rückmeldung durch Betroffene	unmittelbare/r Vorgesetzte/r; Ansprechpartner/in	ggf. Unterstützung durch die Behörde (Dez. 303)
➢ Gezielte Schulung / Fortbildung vor und im Rahmen der Wiedereinarbeitung	Dienststellenleiter/in; unmittelbare/r Vorgesetzte/r; Ansprechpartner/in; SB/in Fortbildung	ggf. auch Pl-übergreifend

➤ Dem Einzelfall angemessene Hospitationszeit in benachbarten Dienstzweigen/Dienststellen gemäß gemeinsamer Vereinbarung	Dienststellenleiter/in; unmittelbare/r Vorgesetzte/r	
➤ Rotation durch alle wesentlichen Dienstzweige der eigenen Dienststelle	Dienststellenleiter/in; unmittelbare/r Vorgesetzte/r	
➤ Angemessene Freiräume in der Vorgangszuweisung (je nach Einzelfall teilweise oder vollständige Vorgangsfreiheit) in der Anfangsphase der Wiedereinarbeitung	unmittelbare/r Vorgesetzte/r	
➤Benennung einer/eines geeigneten Mitarbeiterin/ Mitarbeiters zur Einarbeitung im vorgesehenen Dienstzweig (diensterfahrene/r und verständnisvolle/r Kollege/Kollegin als „Bärenführer/in")	unmittelbare/r Vorgesetzte/r	
➤ Bekanntgabe des momentanen Leistungsbildes in einem Mitarbeitergespräch nach einem angemessenen Einarbeitungszeitraum (mindestens drei Monate bei Vollzeitbeschäftigten)	unmittelbare/r Vorgesetzte/r (ggf. nach Rücksprache mit Zweitbeurteiler)	

Einstellungen m. D./ g. D. in den Polizeivollzugsdienst

Jahr	gesamt	Schutzpolizei				Kriminalpolizei				Übernahme BGS
		Männer	in Prozent	Frauen	in Prozent	Männer	in Prozent	Frauen	in Prozent	
1981	810	673	83,09	137	16,91					
1982	721	512	71,01	118	28,99	55	60,44	36	39,56	
1983	394	338	85,79	37	14,21	12	63,16	7	36,84	
1984	447	447	100,00	0	0,00					99
1985	666	556	83,48	110	16,52					51
1986	285	203	71,23	82	28,77					48
1987	188	138	73,40	50	26,6					70
1988	105	75	71,43	30	28,57					18
1989	245	173	70,61	72	29,39					26
1990	268	157	58,58	111	41,42					59
1991	325	191	58,77	134	41,23					68
1992	393	228	58,02	165	41,98					64
1993	435	281	64,60	154	35,4					42
1994	580	388	66,90	192	33,1					50
1995	202	146	72,28	56	27,72					
1996	269	183	68,03	86	31,97					
1997	344	240	69,77	113	30,23					
1998	460	302	65,65	159	34,35					
1999	314	194	61,78	120	38,22					152
2000	471	289	61,36	182	38,64					

* Die Gesamtzahl stellt die Planungsgröße für das gesamte Jahr dar. Die Einzelwerte beziehen sich auf die Einstellungen April 2000

Anlage 6

Frauenanteil in der Polizei Niedersachsen in den Jahren 1998, 2000, 2001 und 2002

	Polizeivollzug S + K (ohne MI)							
	Gesamtbeschäftigte				Frauen			
BBesG	2002	2001	2000	1998	2002	2001	2000	1998
A7	363	694	880	1591	146	295	319	569
A8	1688	1967	2745	3625	511	502	538	392
A9	1901	2024	2185	2553	224	184	148	102
m.d. gesamt	3952	4685	5810	7769	881	981	1005	1063
A9	5784	5375	5031	3809	623	458	330	186
A10	4112	4034	3455	2825	232	238	204	177
A11	1587	1472	1433	1447	105	80	72	74
A12	740	756	799	719	24	25	21	12
A13	327	341	348	325	7	8	6	4
g.D. gesamt	12550	11978	11066	9125	991	809	633	453
A13	49	42	60	61	7	3	3	3
A14	107	113	124	123	3	3	3	1
A15	62	unvollst	74	67	1	1	0	0
A16	22	unvollst	29	22	1	0	0	0
B2			2	2	0	0	0	0
h.D. gesamt	240		289	275	12	7	6	4
Gesamt	16956	16956	17165	17169	1884	1797	1644	1520

Zum Autor

Manfred Kloweit-Herrmann, geboren am 7. Oktober 1939 in Tilsit (Ostpreußen), lebt in Bad Iburg (Teutoburger Wald). Seine Kindheit verbrachte er in Wietzendorf (Lüneburger Heide). Mit 14 Jahren nahm er eine Berglehre in Bochum auf und bestritt danach seinen Lebensunterhalt als Hilfsarbeiter in Osnabrück. Von 1958 bis 1999 war er Polizeivollzugsbeamter, zunächst in der Bundespolizei (BGS) und anschließend in der Polizei Niedersachsen.

1987 verlieh ihm die Niedersächsische Fachhochschule für Verwaltung und Rechtspflege Hildesheim den Diplomgrad Diplom-Verwaltungswirt (FH).

In seiner Freizeit studierte er an der Universität Osnabrück Soziologie, Sozioökonomie, Politikwissenschaften sowie Wirtschafts- und Sozialgeographie.

Nach Erreichen der gesetzlich vorgeschriebenen Altersgrenze wurde er in den Ruhestand versetzt (Erster Polizeihauptkommissar a. D.) und beendete kurz darauf sein Studium (Diplom-Sozialwirt).

Sein im Jahre 2000 bei Prof. Dr. Carsten Klingemann begonnenes Promotionsverfahren schloss er 2004 mit der Verleihung des akademischen Grades Doktor der Philosophie durch die Universität Osnabrück ab.